PRÜFUNGSWISSEN HOTEL · RESTAURANT · KÜCHE

PRÜFUNGSBUCH
Restaurantfachmann/ Restaurantfachfrau

Prüfungsbereiche
Restaurantorganisation und Service

Reinhold Metz
Thomas Kessler
Hermann Grüner
Uwe Girke

8. Auflage

PFANNEBERG

Bestell-Nr.: 03732

Autoren

Reinhold Metz	Fachlehrer und Küchenmeister	86825 Bad Wörishofen
Thomas Kessler	Fachlehrer und Hotelbetriebswirt	94209 Regen-March
Hermann Grüner	Studiendirektor	82467 Garmisch-Partenkirchen
Dr. Uwe Girke	Studienrat	86825 Bad Wörishofen

Lektorat

Hermann Grüner

Verlagslektorat

Benno Buir

Bildbearbeitung

Verlag Europa-Lehrmittel, Zeichenbüro, 70771 Leinfelden-Echterdingen
Dipl.-Designer Harrald Höhn, 60329 Frankfurt/Main, Mail: harrald@hoehn.de

Das vorliegende Buch wurde auf der **Grundlage der neuen amtlichen Rechtschreibregeln** erstellt.

8. Auflage 2008

Druck 5 4 3 2 1

Alle Drucke derselben Auflage sind parallel einsetzbar, da sie bis auf die Behebung von Druckfehlern untereinander unverändert sind.

ISBN 978-3-8057-0607-0

Umschlaggestaltung: braunwerbeagentur, 42477 Radevormwald, unter Verwendung eines Motivs von getty images, 80469 München
Layout, Grafik, Satz: Satz+Layout Werkstatt Kluth GmbH, 50374 Erftstadt
Druck: Triltsch Print und digitale Medien GmbH, 97199 Ochsenfurt-Hohestadt

VORWORT

Dieses völlig neu konzipierte Prüfungsbuch orientiert sich am gültigen neu geordneten Berufsbild für Restaurantfachleute. Entsprechend den Strukturen des Ausbildungsrahmenlehrplanes ist es fächerübergreifend und folgt einer lernfeldorientierten Aufgabenstellung. Sachlich umfasst es die Prüfungsgebiete

- Restaurantorganisation
- Service.

Der Prüfungsbereich Restaurantorganisation wird handlungsorientiert in Form offener Fragen geprüft. Ein Beispiel im Anhang informiert darüber. Bei Service werden gebundene Aufgaben in Form von Auswahl-, Zuordnungs- und Reihenfolgeaufgaben eingesetzt.

Vielfältige Kombinationen der gängigen Aufgabenformen machen den Prüfling mit allen Arten von Fragestellungen bekannt. Viele Abschnitte schließen mit einer komplexen, handlungsorientierten Aufgabengruppe ab, die so gewählt ist, dass der Schwierigkeitsgrad auch von mehr praxisbezogenen Restaurantfachleuten bewältigt werden kann.

Der Lernende wird unterstützt durch begleitende Hinweise zu den Lerntechniken und fachliche Erklärungen. Motivierende Einschübe, ein Lernplaner und ein Raster zur Notenberechnung helfen weiter.

Rechenaufgaben, z.B. zu Materialmengen, Materialpreisen oder Speisen- und Zimmerkalkulation ergänzen die Sachgebiete. Alle Aufgabenstellungen berücksichtigen den Euro.

Das Werk schließt ab mit je einem konkreten Prüfungssatz zu Restaurantorganisation und Service. Dabei wird auf die Auswertungsweise bei der Gehilfenprüfung eingegangen.

Zur Selbstkontrolle stehen getrennte, übersichtlich angeordnete Lösungen (bei Rechenaufgaben mit Ansatz) am Ende des Buches zur Verfügung.

Die Autoren — Herbst 2008

Inhaltsverzeichnis

0 Einleitung

Sie haben sich für das Lernen entschieden, sonst würden Sie dieses Buch nicht in Händen halten. Wir gratulieren zu Ihrem Entschluss.

Doch wenn Sie erfolgreich sein wollen, dann erst mal langsam. Leichter lernt, wer einige Grundsätze kennt, nach denen das Lernen abläuft.

0.1 Lernen mit Erfolg

Wir wollen Ihnen dabei helfen. Wer erfolgreich lernen will, wer ein Ziel erreichen will, muss das Ziel genau kennen. Einfach gesagt:

Man muss wissen, was man will. – Das Ziel muss bekannt sein.

Das Ziel kann unterschiedlich sein, z. B.

- die nächste Schulaufgabe,
- besser sein als ...,
- die Gehilfenprüfung mit Note „gut".

Wer sich vornimmt, täglich eine Viertelstunde zu lernen, tut sich schwerer. Es ist nur der Arbeitsaufwand festgelegt. Und wenn einer nachfragt: „Warum lernst Du?", dann merkt man, dass das Ziel fehlt. Man weiß nicht, warum man sich anstrengt. Und warum sollte man sich mit dem Lernen plagen? Einfach so? Jeden Tag?

Man muss wissen, warum man etwas will. – Man braucht eine Motivation.

Wer nicht weiß, warum er etwas lernen soll, beschäftigt sich zwar mit dem Stoff, es bleibt aber kaum etwas hängen. Man vergisst schnell wieder. Eigentlich ist die Zeit für das Lernen verschwendet.

Eine kleine Geschichte dazwischen:

Der Leiter einer Abendschule, die zum Abitur führt, berichtet: „Ich spreche persönlich mit jedem, der sich zur Schule anmeldet. Ich will wissen, warum die Person zu uns kommt. Und am Ende des Gespräches unterscheide ich: Realist oder Idealist. Ein Realist, das ist jemand, der einen bestimmten Abschluss anstrebt und darum vorher den Schulabschluss unbedingt benötigt.

Idealisten erzählen mir z. B., dass alle Bekannten diesen Abschluss haben und sie auf die Dauer nicht zurückstehen wollen usw.

Für die Organisation und die Planung der Klassen ist diese Unterscheidung sehr wichtig. Denn es springen sehr viele wieder ab, und ich muss den Lehrereinsatz planen. Von den Realisten kommen ?? Prozent in die letzte Klasse und damit mit großer Wahrscheinlichkeit auch zum Ziel, von den Idealisten sind es jedoch nur ?? Prozent." Soweit der Schulleiter.

Und jetzt raten Sie einmal. Wie steht es mit dem Unterschied Realisten zu Idealisten?

Realisten sind die, die wissen, warum sie die Plage eines Unterrichts am Abend auf sich nehmen, sie haben ein Ziel. Sie wissen, warum sie lernen, auf Freizeit verzichten. Schauen Sie nach oben: Das sind die Leute mit Motivation. Die sind erfolgreich.

Die Idealisten sagen: „Es wäre schön wenn ..., weil alle – oder weil man dann angesehener ist." Von solchen Vorstellungen kann man nicht runterbeißen. Wenn man in der Woche mehrere Abende auf die Freizeit verzichtet, muss man genau wissen warum. Man muss sich sagen können: „Jetzt geht es mir zwar schlechter, aber ..."

Und jetzt kommt der Knackpunkt der Geschichte. Und der ist für Sie wichtig: Von den Realisten schafft etwa jeder Zweite das Ziel, trotz der starken Belastung. Und bei den Idealisten? Von zehn Leuten, die anfangen, bleibt am Ende nur einer. Also nur 10 Prozent schaffen es. Das ist kein Vorwurf, nur ein Beispiel. Und darum nochmals:

Sie müssen unbedingt wissen, warum Sie lernen. Dafür gibt es unzählige Gründe.

Positiv für Sie:

- Echtes Interesse an der Sache – gut für Sie,
- Wunsch nach beruflichem Erfolg – z. B. mit ... Jahren will ich ... sein,
- Erstmal muss ich diese Prüfung schaffen, dann ... .

Das Interesse ist nicht überwältigend, aber man weiß warum:

- Eigentlich will ich ... werden, hier suche ich Erfahrung als ...
- Hilfsarbeiter ist in der Sprache der Arbeitsverwaltung ein Mensch, der keinen Abschluss geschafft hat. Das sind die, die am schwersten vermittelbar sind. Das will ich nicht sein.

Und wenn Sie nur egoistisch sind. Auch das sind Ziele:

- Ich will mindestens so gut sein wie ...
- Denen werde ich es zeigen! So blöde, wie die meinen, bin ich noch lange nicht.

Oder suchen Sie sich ein ganz anderes Ziel. Geben Sie sich eines!

Und jetzt nochmals: Suchen Sie sich ein Ziel. Lesen Sie erst dann weiter, wenn Sie ein Ziel festgelegt haben. In Ihrem Interesse.

Warum Prüfungsaufgaben/Bücher mit Prüfungsaufgaben?

Klar ist, wer mit dem Fachbuch alleine zurechtkommt, benötigt keine zusätzlichen Prüfungsaufgaben.

Manche haben aber Probleme, wenn sie versuchen, nach dem Fachbuch auf eine Prüfung zu lernen. Und in diesen Fällen will dieses Buch helfen.

Wie das geht? Wir wollen versuchen, Ihnen den Weg zu zeigen, auf dem wir Sie führen.

Ein Beispiel:

Von einer ganzen Melone kann man schlecht abbeißen. Man kann die Melone aber aufteilen und die Schnitze aus der Melone lassen sich problemlos verzehren. Darum schneiden wir den Lernstoff in Teile – Sie können leichter lernen.

Noch ein Beispiel: Das Seil einer Bergbahn auf einmal zu durchtrennen, das schafft man nicht. Aber Schritt für Schritt, das bedeutet Draht für Draht, jeden einzeln und nacheinander, das ist möglich.

Sie sehen:

Wenn eine große Einheit in Abschnitte zerlegt wird,

- kann man den Stoff leichter bewältigen,
- kann man das Pensum gezielter bearbeiten.

Ähnlich verhält es sich beim Lernen.

Wenn der Lernstoff in Fragen aufgedröselt ist, kann man Stück für Stück lernen. Alles zusammen gibt dann wieder ein Ganzes. Darum wird der Stoff in Einzelfragen zerlegt.

Manche haben Probleme, weil sie das Lernen nicht gelernt haben. Wer erfolgreich lernen will, muss über das Lernen Bescheid wissen. Nur wenige kennen die Hintergründe.

Die Wissenschaft sagt: Lernen ist die Aufnahme von Informationen in das Langzeitgedächtnis. „Das ziehe ich mir hinein", bedeutet eigentlich das Gleiche. Doch wie funktioniert das?

Jeder hat schon eine Telefonnummer nachgeschlagen und gleich gewählt. TUT – TUT ... – belegt. Wieder wählen ... wie war doch die Nummer? Fort, entfallen. Man hatte ja auch nicht die Absicht, sie zu behalten. Die Telefonnummer, die Information, ist nicht im Gedächtnis geblieben. Andere Dinge bleiben länger haften. Nach einem oder zwei Tagen kann man sich noch an vieles erinnern.

Wirklich gelernt hat man eine Sache aber erst, wenn die Information aus dem Gedächtnis für lange Zeit verfügbar ist. In das Gedächtnis kommt der Stoff aber nicht so leicht hinein. Lernen muss jeder, auch der Superschlaue. Es kostet ihn nur weniger Zeit.

Wem das Wissen nicht so leicht in den Kopf geht, kann den Erfolg genauso schaffen. Mit etwas mehr Aufwand kann auch derjenige, der nicht so leicht lernt, den Erfolg schaffen.

Die Wissenschaft stellt die Wissensaufnahme so dar:

Informationen dringen auf uns ein — z. B. 300 Informationen
Auge, Ohr, ... — Diese gelangen in den Kurzspeicher.

→ **Kurzspeicher**
300 Informationen — Davon gelangen nur 10 Informationen in das Kurzzeitgedächtnis.

→ **Kurzzeitgedächtnis**
10 Informationen — Davon gelangt nur 1 Information in das Langzeitgedächtnis.

→ **Langzeitgedächtnis**
1 Information wird auf Dauer gespeichert.

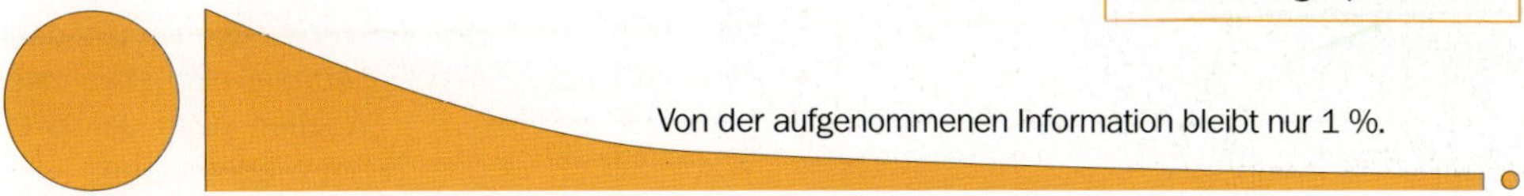

Das klingt schrecklich, wenn man lernen will, wenn man sich auf eine Prüfung vorbereitet. Man muss diese Tatsache aber auch in anderem Zusammenhang sehen. Es ist unmöglich, all das zu behalten, was den ganzen Tag an Informationen auf einen einströmt. Denken Sie nur an die vielen Verkehrszeichen, an denen man vorbeifährt. Warum sollte man sich diese Informationen merken? Warum sollten sie im Gedächtnis noch haften bleiben, wenn man daran vorbeigefahren ist?

Wenn es die Natur nun einmal so eingereicht hat, dass wir das meiste nicht behalten, was tut man dann, wenn man lernen will, wenn man behalten will?

Wie kann man wirkungsvoller lernen?

Einfache Antwort: Man muss die Informationen in das Langzeitgedächtnis hinüberbringen. Nun zur einfachen Antwort eine ausführlichere Erklärung.

Übersicht:

Der Lernerfolg, das ist der Übergang von Informationen in das Langzeitgedächtnis, wird gefördert durch:

1. Überschaubare Lernportionen – die werden in diesem Buch angeboten.
2. Einordnen des Neuen in bereits Gelerntes oder in andere Zusammenhänge – Lernübersichten in diesem Buch helfen, Zusammenhänge herzustellen.
3. Sofortiges Abfragen – das müssen Sie selbst bewältigen.
4. Geplantes Wiederholen – dazu erhalten Sie gleich Hilfen.

Der richtige Zeitplan für das Wiederholen

Wiederholen wirkt dem Vergessen entgegen. Wer wiederholt, vergisst weniger. Die Wissenschaft hat Durchschnittswerte ermittelt für das, was bleibt, wenn man nicht wiederholt. Man nennt das eine Vergessenskurve. Und jetzt die Erklärung zum Wiederholen. Schauen Sie zunächst auf die Vergessenskurve. Sie fällt am Anfang sehr schnell, später langsamer.

Durch das Wiederholen wird der Wissensstand immer wieder auf das ursprüngliche Maß angehoben. Am rationellsten wiederholt man, wenn man genau entgegengesetzt der Vergessenskurve arbeitet:

Beim Wiederholen anfangs kurze, später längere Abstände.

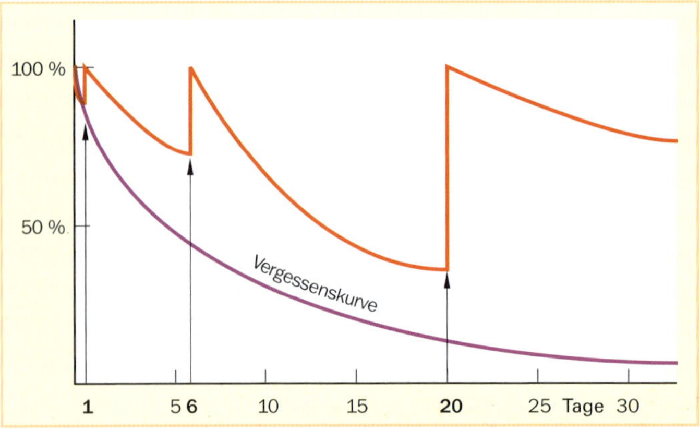

1. **Wiederholung**
   einen Tag später als der Lerntag,
2. **Wiederholung**
   eine Woche nach dem Lerntag, also etwa fünf Tage nach der ersten Wiederholung,
3. **Wiederholung**
   drei Wochen nach dem Lerntag, also etwa zwei Wochen nach der zweiten Wiederholung.

Wiederholung ist unbedingt notwendig! Wer nicht wiederholt, vergisst! Je öfter man gezielt wiederholt, desto mehr behält man.

Jetzt kann man das umdenken in einen Lernplan. Dabei muss man unterscheiden, ob man für die Gehilfenprüfung lernt oder für die Berufsschule mit Teilzeitunterricht. (Bei Blockunterricht bleibt ohnehin nur die Wiederholung der letzten Einheit für die folgende Stunde.)

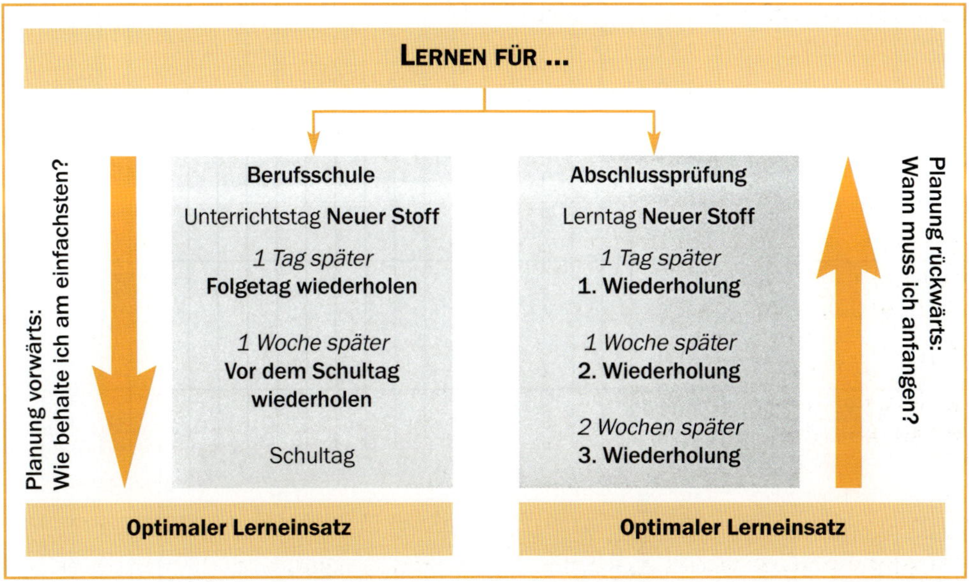

Wie bringe ich das jetzt zeitlich unter?

Auf der nächsten Seite finden Sie einen **Lernplaner.** Das ist ein Kalender, der Ihnen die zeitliche Einteilung des Lernens erleichtert, der das Lernen planen hilft.

Wie arbeitet man mit dem Lernplaner?

Kopieren Sie die Seite 13 (Das Original im Buch bleibt dann neutral.). Vergrößern Sie die Vorlage so, dass Sie in die Zeilen schreiben können. Und dann müssen Sie in der Reihenfolge festlegen:

1. Was will/muss ich lernen? ➡ **Stoffumfang**
2. Wann muss das Wissen zur Verfügung stehen? ➡ **Zeitpunkt**
3. Für welche Prüfung benötige ich das Wissen? Für eine Schulaufgabe läuft die Vorbereitung nämlich anders als für die Gehilfenprüfung.

Für die Schulaufgabe wird der Stoff von einigen Monaten abgefragt. Man bereitet sich für diesen verhältnismäßig geringen Stoffumfang kurzfristig vor – Denkweise oben links.

Bei der Gehilfenprüfung wird das Wissen aus der gesamten Ausbildungszeit gleichzeitig verlangt. Wenn ein so großer Stoffumfang gleichzeitig bewältigt werden muss, verlangt das eine andere Vorbereitung – Denkweise oben rechts.

Nach dem nun folgenden Raster (nächste Seite) tragen Sie das Thema oder die Buchseite in den Plan ein.

Beispiel für eine Vorbereitung auf eine Schulaufgabe (Lernplaner):

	September	Oktober	November	Dezember	Januar	Februar	März	April	Mai	Juni
1										
2										
3										
4										
5										
6										
7										
8										
9										
10										
11										
12										
13										
14										
15										
16										
17										
18										
19										
20										
21										
22										
23										
24										
25										
26										
27										
28										
29										
30										
31										

Mein Zeitraster

Lerntag

1. Wiederholung Die Wiederholungen gleich eintragen!

2. Wiederholung **Richtig wiederholen ist wichtiger für das Behalten, als vieles nur anlesen.**

3. Wiederholung

Lernplaner

	September	Oktober	November	Dezember	Januar	Februar	März	April	Mai	Juni
1										
2										
3										
4										
5										
6										
7										
8										
9										
10										
11										
12										
13										
14										
15										
16										
17										
18										
19										
20										
21										
22										
23										
24										
25										
26										
27										
28										
29										
30										
31										

0.2 Aufgabenformen

Bei Prüfungen kennt man verschiedene Formen von Aufgaben.

1. Offen-Antwort-Aufgaben

Eine Frage wird gestellt. Welche Antwort gegeben wird, bestimmt der Prüfling mit seinem Wissen. Die Antwort ist offen, nicht festgelegt.

Es können auch mehrere Antworten richtig sein.

Beispiel:

1 **Aus welchen Nährstoffen gewinnt der Körper vorwiegend Energie?**

1. Möglichkeit: • Kohlenhydrate und Fett
2. Möglichkeit: • Stärke, Zuckerarten und Fette

Beide Antworten sind als richtig zu werten.

2. Mehrfachwahlaufgaben/Multiple-choice-Aufgaben

Von mehreren vorgegebenen Antworten ist eine richtige Antwort auszuwählen. Die entsprechende Lösungsziffer ist in das vorgesehene Kästchen einzutragen.

Beispiel:

1 **Welches der folgenden Kohlenhydrate ist ein Einfachzucker?**

(1) Rohrzucker
(2) Rübenzucker
(3) Malzzucker
(4) Traubenzucker
(5) Milchzucker

4

Bei Abschlussprüfungen ist aus fünf vorgegebenen Antwortmöglichkeiten nur eine richtig. Wenn bei anderen Prüfungen mehrere Antworten gültig sind, erkennt man das an der Zahl der Kästchen für die Lösungen.

3. Zuordnungsaufgaben

Sachlich Zusammengehörendes ist einander zuzuordnen.

1 **Ordnen Sie die Arten der Kohlenhydrate den entsprechenden Gruppen der Kohlenhydrate zu.**

Arten der Kohlenhydrate	Gruppen von Kohlenh.	
(1) Stärke		
(2) Milchzucker	Einfachzucker	**6**
(3) Malzzucker		
(4) Rohrzucker		
(5) Rübenzucker	Vielfachzucker	**1**
(6) Traubenzucker		

Wenn man z. B. wissen will, ob Sie den Verwendungsmöglichkeiten von Eiern die entsprechenden Zubereitungen von Eiern zuordnen können, formuliert man etwa folgendes Beispiel.

1 Eierzubereitungen	Verwendungsmöglichkeit	
(1) Auflaufomelett		
(2) Spiegelei mit Speck	Kalte Vorspeise	6
(3) Omelett mit Geflügelragout und Schmelzkartoffeln		
(4) Rührei mit Streifen von gedünstetem Mangold	Frühstücksgericht	2
(5) Auflaufpudding		
(6) Gefüllte Eier mit hausgebeiztem Lachs	Warmer Hauptgang	3

4. Reihenfolgeaufgaben

Schritte von Arbeitsvorgängen oder Teile von Sachverhalten sind vorgegeben. Doch die Reihenfolge ist durcheinander geraten. Sie müssen die richtige Reihenfolge wieder herstellen.

Beim Lösen von Aufgaben dieser Art kommt es oft zu Missverständnissen. Darum wird zunächst gezeigt, wie Reihenfolgeaufgaben entstehen.

Beispiel:
Eine Aufgabe soll prüfen, ob ein Prüfling die Verdauungsorgane in der richtigen Reihenfolge nennen kann. Der Text kann lauten:

Bringen Sie die Organe des Verdauungssystems in die richtige Reihenfolge, indem Sie die Ziffern in die entsprechenden Kästchen eintragen.

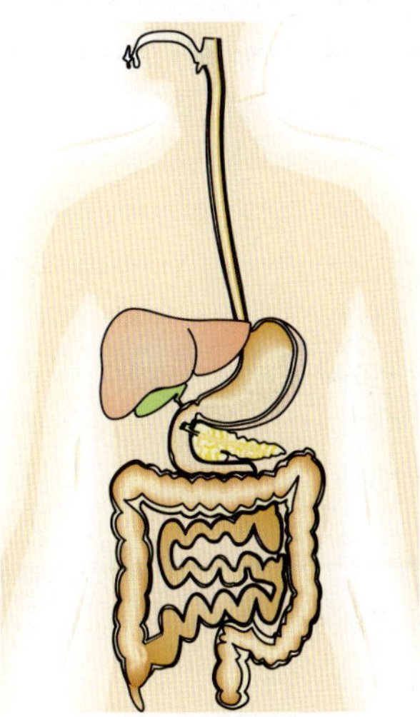

Die richtige Antwort muss sinngemäß lauten:

Die Speise gelangt

vom (1) **Mund**

über die (2) **Speiseröhre**

in den (3) **Magen**, von dort über den (4) **Zwölffingerdarm**

in den (5) **Dünndarm** und schließlich

in den (6) **Dickdarm.**

Diese Stichworte werden nun für die Aufgabe in anderer Reihenfolge gezeigt, also durcheinandergewürfelt, z.B. so:

Magen

Dickdarm

Zwölffingerdarm

Mundhöhle

Dünndarm

Speiseröhre

Jetzt entsteht daraus die Aufgabe:

Bringen Sie die Organe des Verdauungssystems in die richtige Reihenfolge, indem Sie die Ziffern 1 bis 6 in die Kästchen eintragen.

		Lösungshinweise:
Magen	3	An dritter Stelle folgt der Magen, hier die 3, usw.
Dickdarm		
Zwölffingerdarm		
Mundhöhle	1	In den Mund kommt die Speise **zuerst**, darum hier die **1.**
Dünndarm		
Speiseröhre	2	Dann folgt die Speiseröhre, also eine 2.

Die Lösung der fertigen Aufgabe lautet dann: 3 - 6 - 4 - 1 - 5 - 2.

Hinweis:

Bei Aufgaben dieser Art gilt Teilbewertung. Das bedeutet, dass jede einzelne Lösungsziffer nur als Teil der ganzen Aufgabe bewertet wird. Hier ist also die richtige Lösung in einem Kästchen weniger wert als bei den anderen Aufgabenarten.

Von diesen vier Fragearten werden in diesem Buch alle verwendet. Der offenen Form (Beispiel 1) gilt der Vorzug. Warum? Weil man nach dieser Art am rationellsten lernt.

Warum dann auch die anderen Fragestellungen? Weil es durchaus Sachverhalte gibt, für die sich andere Fragestellungen gut eignen und weil diese Fragestellungen bei schriftlichen Prüfungen verwendet werden.

Oft finden Sie eine kurze Erläuterung bei der Fragestellung. Das erleichtert Ihnen den Durchblick. Dass jetzt „wir miteinander reden", erkennen Sie an der kursiven Schrift und farbigen Unterlegung.

5. Situative Aufgabeneinheiten

Eigentlich sagt es schon der Name: Es sind Aufgabeneinheiten, also mehrere Aufgaben, die von der gleichen Situation ausgehen.

Ein Beispiel:

1 In Ihrem Hause findet eine Sonderveranstaltung statt und Sie sind zum Service eingeteilt. Folgendes Menü wird serviert:

Melonencocktail mit Portwein

***

Zwischenrippenstück
Kartoffelkroketten
Gedünsteter Fenchel

***

Karamelpudding

Während des Essens tauchen Fragen zum Menü auf, die Sie richtig beantworten sollen.

So sieht die Vorgabe aus. Zu dieser Situation werden nun mehrere Fragen gestellt. Weil wir uns im Platz beschränken müssen, nennen wir mögliche Fragen und die fachlichen Bereiche, denen die Fragen zuzuordnen sind. Im Prüfungssatz sind die einzelnen Fragen so gestellt, wie vorne das Beispiel 2 zeigt; es sind mehrere Aufgaben, jede in der Form von Mehrfachaufgaben.

Fragen		**Fachliche Bereiche**
Welche Bestandteile des Menüs sind besonders eiweißreich?	➠	Ernährungslehre
Wie wurde der Fenchel zubereitet?	➠	Garverfahren
Von welchem Tier stammt der Hauptgang des Menüs?	➠	Speisenkunde
Wie heißt der fremdsprachliche Fachausdruck für Zwischenrippenstück?	➠	Fachausdrücke
Welche Fehler enthält das Menü? (Lösung siehe Fußnote)	➠	Menükunde
Welche Arbeit ist von der rechten Seite des Gastes auszuführen?	➠	Servierkunde

0.3 Leistungsbewertung bei der Abschlussprüfung

Die Abschlussprüfung hat einen praktischen und einen schriftlichen Teil. Beide Teile werden getrennt bewertet. Bestanden hat, wer in jedem Teil mindestens ausreichende Leistungen erzielt. „Ausreichend“ bedeutet mindestens 50 Punkte von 100 möglichen Punkten.

Die **schriftliche Prüfung** umfasst die Prüfungsbereiche

- Gästeempfang und Beratung,
- Marketing und Arbeitsorganisation,
- Wirtschafts- und Sozialkunde.

Für jeden Bereich gibt es einen Aufgabensatz. Es sind folglich drei Aufgabensätze zu bearbeiten.

Rechnen ist kein eigenes Prüfungsgebiet, es ist in die anderen Prüfungsbereiche integriert.

Jeder Bereich der schriftlichen Prüfung wird zunächst nach dem 100-Punkte-Schlüssel bewertet.

Dann zählt man die Ergebnisse der drei Prüfungsbereiche zusammen und erhält das Gesamtergebnis der schriftlichen Prüfung. Dieses Ergebnis wird durch 3 geteilt. Es kann im besten Fall wiederum 100 Punkte sein und wird in die Note für die schriftliche Prüfung umgewandelt. Die Notenskala befindet sich unten auf Seite 19. Man muss mindestens 50 Punkte erreichen, denn das ist gerade noch ausreichend, um die Prüfung zu bestehen.

Fach	Punkte	Faktor	Erg. 1	MEPr	Erg. 2	Div.	Erg. 3
Gästeempfang und Beratung		× 2	=	+	=	: 3	=
Marketing und Arbeitsorganisation		× 2	=	+	=	: 3	=
Wirtschafts- und Sozialkunde		× 2	=	+	=	: 3	=
Erg. schriftl. Prüfung	➡	➡	➡	➡	Summe Erg. 3 : 3		
Wenn keine mündliche Ergänzungsprüfung (MEPr) gilt: Erg. 3 = Punkte							

Und wenn es nicht gereicht hat?

Dann hilft vielleicht eine **mündliche Ergänzungsprüfung.** Diese ist möglich, wenn man in den drei Prüfungsbereichen einmal oder zweimal eine Fünf (mangelhaft) hat und die anderen Prüfungsbereiche nicht schlechter als Vier (ausreichend) bewertet sind.

Auf Antrag des Prüflings oder im Ermessen des Prüfungsausschusses wird diese mündliche Prüfung durchgeführt. Die Prüfung muss in einem mit Fünf bewerteten Fach durchgeführt werden und in diesem Fach müssen in der vorausgegangenen schriftlichen Prüfung mindestens 30 Punkte erreicht worden sein.

Die mündliche Prüfung dauert etwa 15 Minuten, der Prüfling muss sich für das Prüfungsgebiet entscheiden.

Die Punkte aus der mündlichen Prüfung werden zu den Punkten aus der schriftlichen Prüfung 1:2 gewichtet. Dann wird so gerechnet:

Lösung zum Menü: Gemüse ist vor Kartoffelbeilage zu nennen; Karamellpudding mit „ll“

Fach	Punkte	Faktor	Erg. 1	MEPr	Erg. 2	Div.	Erg. 3
Gästeempfang und Beratung	40	× 2	= 80	+ 85	= 165	: 3	= 55
Marketing und Arbeitsorganisation	40	× 2	=	+	=	: 3	= 40
Wirtschafts- und Sozialkunde	66	× 2	=	+	=	: 3	= 66
Erg. schriftl. Prüfung	➡	➡	➡	➡	Summe Erg. 3 : 3		= 54

Eine mündliche Prüfung zur Verbesserung der Note, etwa um von einer Vier auf eine Drei zu kommen, ist nicht möglich.

Bewertungsskala zur Gehilfenprüfung

bestanden:
100 – 92 Punkte Note 1
091 – 81 Punkte Note 2
080 – 67 Punkte Note 3
066 – 50 Punkte Note 4

nicht bestanden:
049 – 30 Punkte Note 5
029 – 00 Punkte Note 6

1 Übergreifende Themen

Es gibt Dinge, die muss man immer beachten. Das sind Themen wie Arbeitssicherheit, Hygiene oder die richtige Ernährung. Im Ausbildungsplan steht bei diesen Bereichen: „Während der gesamten Ausbildungsdauer.“

Wir behandeln diese Bereiche darum im Voraus und erinnern bei wichtigen Stellen nochmals daran.

1.1 Sicherheit und Gesundheitsschutz

Unfallverhütung

1 Wer ist Träger der gesetzlichen Unfallversicherung?

- Die Berufsgenossenschaft

2 Welche Aufgaben erfüllt die Berufsgenossenschaft?

- Sie bietet allen Arbeitnehmern Versicherungsschutz bei Berufsunfällen und Berufskrankheiten.
- Sie informiert über berufsspezifische Unfallgefahren und deren Verhütung.

3 Welche Bedeutung haben folgende Zeichen?

linkes Zeichen:	rechtes Zeichen:
Giftige Stoffe	Feuergefährliche Stoffe
Zutritt verboten	Ätzende Stoffe
Rauchen verboten	Feuer und offenes Licht verboten
Schutzhandschuhe tragen	Augenschutz tragen
Fluchtweg	Hinweis auf Erste Hilfe
Handfeuerlöscher	Warnung vor elektrischem Strom

4 Was besagt das GS-Zeichen?

- GS bedeutet „geprüfte Sicherheit“.
- Geräte mit diesem Zeichen sind besonders auf Sicherheit geprüft.

---

5 Nennen Sie häufige Unfallursachen im Gastgewerbe.

- Stürze auf rutschigen Böden
- Verbrennungen
- Schnitt- und Stichverletzungen

---

6 Nennen Sie Unfallursachen ...

... **bei Fußböden**	• Nicht trittsichere, rutschende bzw. rutschige Beläge
– **im Allgemeinen**	• Rutschgefahr durch Wasser, Fett oder Abfälle
– **im Küchenbereich**	• Glatte, nicht rutschsichere Schuhsohlen
... **bei Treppen**	• Ausgetretene Stufen • Fehlende Handläufe • Mangelhafte Beleuchtung
... **bei Gargeräten**	• Unvorsichtigkeit beim Umgang mit heißem Wasser, Wasserdampf und heißem Fett • Unvorsichtigkeit bei offener Flamme – beim Flambieren – bei Gasherden
... **bei Schneidemaschinen**	• Mangelhafte Schutzvorrichtungen und unvorsichtige Bedienung • Hineingreifen und Reinigen bei gleichzeitigem Betrieb

---

7 Nennen Sie grundlegende unfallverhütende Richtlinien für den Umgang mit Messern.

- Am Arbeitsplatz deutlich sichtbar ablegen und nicht mit Lebensmitteln oder Abfall überdecken
- Beim Tragen Spitze nach unten und Schneide vom Körper weghalten
- Beim Spülen einzeln in der Hand haltend reinigen und nicht in das Spülwasser legen
- Beim Trocknen vom Messerrücken her abwischen

8 Welche Aussage entspricht den Sicherheitsregeln im Gaststättengewerbe?

1 Türen im Verlauf von Rettungswegen müssen in Fluchtrichtung aufschlagen.

2 Notausgänge müssen sich bei Gefahr automatisch öffnen.

3 Notausgänge dürfen nur von Sicherheitsbeauftragten geöffnet werden.

4 Automatische Schiebetüren sind unzulässig.

5 Drehtüren sind als Eingangstüren nicht erlaubt.

9 Welcher Text nennt eine gültige Unfallverhütungsvorschrift?

1 Küchenräume müssen 2 m hoch gekachelt sein.

2 An die Bierleitung angeschlossene Kohlensäureflaschen müssen liegen.

3 Wenn der Handschutz am Wolf entfernt ist, dürfen nur ausgebildete Köche mit dem Wolf arbeiten.

4 Nur unbeleuchtete Kellertreppen müssen mit einem Handlauf versehen sein.

5 Tiefkühlräume müssen von innen geöffnet werden können.

10 Ordnen Sie entsprechend zu:

1 Rauchen verboten

2 Zutritt für Unberechtigte verboten

3 Warnung vor feuergefährlichen Stoffen

4 Warnung vor ätzenden Stoffen

5 Offenes Licht und Feuer verboten

6 Kein Trinkwasser

11 Das Fritteusenfett hat Feuer gefangen. Wie verhält man sich richtig?

1 Man schaltet den Strom aus und sucht den Küchenchef.

2 Man bringt sich schnell in Sicherheit und schaltet die Entlüftungsanlage aus.

3 Man deckt das brennende Fett sofort ab und schaltet die Entlüftungsanlage aus.

4 Man gießt Wasser auf das brennende Fett und verringert die Leistung der Entlüftungsanlage.

5 Man macht sofort Meldung beim zuständigen Sicherheitsbeauftragten.

12 Warum ist das Löschen von brennendem Fett mit Wasser höchst gefährlich?

(1) Durch die hohe Temperatur zerlegt sich das Wasser in hoch explosives Knallgas.

(2) Durch den Sauerstoffanteil im Wasser entstehen noch höhere Temperaturen.

(3) Durch die Menge des benötigen Wassers entstehen schwere Raumschäden.

(4) Der im Wasser enthaltene Wasserstoff ist bei großer Hitze brennbar.

(5) Durch entstehenden Wasserdampf verspritzt brennendes Fett.

13 Sie sehen auf einer Flasche mit Reinigungsmittel nebenstehendes Symbol. Was bedeutet es?

(1) Nur tropfenweise verwenden

(2) Darf nicht mit anderen Stoffen vermischt werden

(3) Vor Gebrauch mischen

(4) Giftige Stoffe

(5) Ätzende Stoffe

14 Was ist die Besonderheit bei Steckdosen in Feuchträumen?

(1) Sie dürfen nur für Drehstrom eingerichtet werden.

(2) Sie sind mit einem federnden Deckel versehen.

(3) Sie sind mit einem Blitz gekennzeichnet.

(4) Sie sind mit einem Schutzkorb versehen.

(5) Sie müssen mindestens 0,90 m hoch montiert werden; der Raum muss einen Abfluss haben.

15 Ordnen Sie zu:

Unfälle	Ursachen
(1) Stolpern	Aufschnittmaschine
(2) Quetschungen	
(3) Ausrutschen	herumstehende Geräte
(4) Verbrennungen	
(5) Ätzungen	zufallende Raum- oder Schranktüren
(6) Schnittverletzungen	verschüttete Fette

16 Warum dürfen keine Messer in einem mit Wasser gefüllten Spülbecken liegen bleiben?

(1) Weil Messer nur abgerieben werden dürfen

(2) Weil Messer vor Feuchtigkeit geschützt werden müssen

(3) Weil Edelstahlmesser sehr leicht auf Wasser reagieren

(4) Weil starke Abnutzungsgefahr der Messer besteht

(5) Weil Verletzungsgefahr für jedermann besteht

Erste Hilfe

17 Wie werden Schnittwunden versorgt?

Kleine Verletzungen	• Pflaster auflegen oder verbinden • Beim Umgang mit Lebensmitteln dicht abschließen
Größere Verletzungen	• Wunde nicht auswaschen, keimfreien Verband anbringen, ärztliche Versorgung

18 Warum sollen Wunden nicht ausgewaschen werden?

- Das Wasser spült die Keime tiefer in die Wunde.

19 Wie hilft man bei Verbrennungen?

- Kleinere Verbrennungen in kaltem Wasser kühlen, mit Brandwundenverband abdecken
- Bei größeren Verbrennungen nach Möglichkeit Kleidungsstücke abnehmen, Brandbinde auflegen, ärztliche Versorgung

20 Ein Mitarbeiter verätzt sich mit einem Grillreiniger. Nennen Sie Hilfsmaßnahmen.

- Bekleidung von betroffenen Stellen abnehmen, mit viel Wasser spülen, Verband auflegen

21 Eine ätzende Flüssigkeit ist in ein Auge eingedrungen. Wie leistet man erste Hilfe?

- Den Kopf in eine Lage bringen, dass das betroffene Auge unten ist
- Mit reichlich Wasser spülen

22 Ein Mitarbeiter ist in Ohnmacht gefallen. Helfen Sie.

- Seitlich flach lagern (stabile Seitenlage),
- Beine hoch lagern,
- Beengende Kleidungsstücke lockern.

23 Wie verfährt man, wenn jemand „am Strom hängt"?

- Unbedingt Stromkreis unterbrechen, z. B. durch
  - Sicherung herausnehmen/Wegschalten,
  - Maschine ausschalten,
  - Gerätestecker ziehen.
- Wenn nicht möglich,
  - sich isolieren, z. B. durch Pappunterlage,
  - nicht leitenden Gegenstand reichen, z. B. Besenstiel.

24 Welche Aussage zur ersten Hilfe ist richtig?

1. Erste Hilfe darf nur vom Arzt geleistet werden.
2. Erste Hilfe darf nur der Betriebsinhaber leisten.
3. Erste Hilfe sollte jeder Mitarbeiter leisten können.
4. Erste Hilfe dürfen nur Küchenchef, Oberkellner und Hausdame leisten.
5. Erste Hilfe braucht von Auszubildenden nicht geleistet werden.

25 Welche erste-Hilfe-Maßnahme ist bei leichten Verbrennungen richtig?

1. Sofort mit kühlem Öl übergießen
2. Sofort mit viel kaltem Wasser behandeln
3. Sofort viel Salbe auftragen
4. Sofort mit steriler Watte abdecken
5. Sofort kühlenden Puder überstreuen

26 Ein Mitarbeiter ist bewusstlos geworden. Welche erste-Hilfe-Maßnahme ist richtig?

1. Bewusstlosen seitlich lagern
2. Bewusstlosen aufsetzen, Kopf senkrecht halten
3. Bewusstlosen auf den Rücken legen, Kopf mit Kissen stützen
4. Bewusstlosen flach lagern, Flüssigkeit einflößen
5. Bewusstlosen flach lagern, Kinn fest auf die Brust drücken

27 Welche erste-Hilfe-Maßnahme ist bei Hautverätzung an der Hand zu ergreifen?

1. Wundpuder auftragen
2. Mit kaltem Wasser spülen
3. Stärkemehl auf die Wunde streuen
4. Verätzte Stelle sofort keimfrei verbinden
5. Brandsalbe auftragen

28 Bei einem offenen Bruch leistet man erste Hilfe durch:

1. Auswaschen der Wunde
2. Auftragen von Jod
3. Einrichten des Bruches
4. Steriles Abdecken der Wunde
5. Anlegen fester Bandagen

29 Wie verhält man sich bei Augenverletzungen richtig?

(1) Unbedingt den eingedrungenen Splitter entfernen

(2) Nichts unternehmen, denn der Splitter eitert von selbst aus

(3) Reiben, damit die Tränen den Splitter ausspülen

(4) Weiche Binde auflegen und zum Arzt gehen

(5) Mit Wasser (z. B. aus einer Kanne) ausspülen genügt

30 Ein Mitarbeiter hat sich eine tiefe Schnittwunde an der Hand zugezogen. Wie wird die Wunde als Maßnahme der ersten Hilfe versorgt?

(1) Die Wunde wird gründlich ausgespült.

(2) Die Hand über Waschbecken halten und gut ausbluten lassen

(3) Den Arm hängen lassen, damit die Wunde ausreichend Blut erhält

(4) Den Verletzten mit einem Branntwein stärken

(5) Auf die Wunde einen Druckverband bringen

31 Wie leistet man bei Verrenkungen und Verstauchungen erste Hilfe?

(1) Sofort einrenken

(2) Den Arm oder das Bein schienen

(3) Den Arm oder das Bein nur ruhig stellen

(4) Einen Druckverband anlegen

(5) Keimfrei abdecken

1.2 Umweltschutz

1 Durch welche Faktoren ist die Umwelt heute in starkem Maße gefährdet?

- Durch Abgase
- Durch Abwässer
- Durch Müll

---

2 Welche Folgen ergeben sich aus einer zu starken Umweltbelastung?

- Der natürliche Lebensraum des Menschen wird zerstört:
  - Luft, Wasser und Boden werden vergiftet,
  - Pflanzen und Tiere sterben (z. B. Baum- und Fischsterben).
- Eine sterbende Umwelt gefährdet auch das Leben des Menschen.

---

3 Was versteht man unter Recycling?

- Unter Recycling versteht man die Wiederverwertung von Stoffen, die Wiedereinführung in den Nutzkreislauf.

4 **In welche Rohstoffgruppen wird beim Recycling sortiert? Nennen Sie Beispiele.**

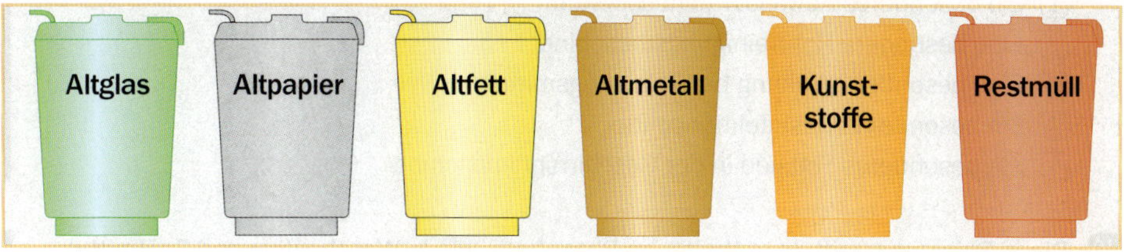

5 **Auf vielen Packungen ist nachstehendes Symbol abgedruckt. Wie entsorgt man diese Packungen sachgerecht?**

DER GRÜNE PUNKT

1. Sie werden verbrannt.
2. Sie werden wiederverwertet.
3. Sie werden zum Restmüll gegeben.
4. Sie werden kompostiert.
5. Sie kommen unsortiert zur Mülldeponie.

6 **Welche Aussage über die Abfallbeseitigung im Betrieb ist richtig?**

1. Der Abfall soll vom Betrieb den Materialien entsprechend vorsortiert werden.
2. Die Abfallbeseitigung obliegt den Umweltschützern.
3. Für ordnungsgemäße Abfallbeseitigung ist das Ordnungsamt verantwortlich.
4. Die Abfallbeseitigung ist allein Sache der Müllabfuhr.
5. Die gesamte Entsorgung erfolgt über Müllcontainer.

7 **Welche Gruppe von Materialien besteht ausschließlich aus Sondermüll?**

1. Altöle, Arzneimittel, Glas
2. Altöle, Arzneimittel, Papier
3. Altöle, Arzneimittel, Eisen
4. Altöle, Arzneimittel, Batterien
5. Altöle, Fette, Stärke

8 **Wie sollte mit Abfällen aus der Küche umgegangen werden?**

1. Sie sollten nach Glas und flüssigen Stoffen sortiert werden.
2. Sie sollten, wie sie anfallen, an die Müllabfuhr abgegeben werden.
3. Sie sollten nach pflanzlichen und festen Stoffen sortiert beseitigt werden.
4. Sie sollten nach Fisch- und Gemüseabfällen sortiert beseitigt werden.
5. Sie sollten nach Fetten, Glas und organischen Stoffen sortiert beseitigt werden.

9 **Was versteht man im Bereich der Entsorgung unter einem Fettabscheider?**

1. Ein besonderes Abwasser-Abflusssystem
2. Eine besondere Rohrreinigungsmaschine
3. Eine besondere Wirkung bei Reinigungsmitteln
4. Ein besonderes Desinfektionsmittel
5. Ein besonderes Fettsieb in der Geschirrspülmaschine

10 **Die in Reinigungsmitteln enthaltenen Phosphate, wie in Waschpulver und Spülmittel, belasten die Umwelt. Welche Auswirkungen haben sie?**

1. Es entstehen Krebs erregende Nitrosamine.
2. Sie beeinträchtigen im Regen die Assimilation (Photosynthese).
3. Es entstehen Schädigungen in der Atmosphäre durch frei werdenden Phosphor.
4. Sie überdüngen Gewässer durch phosphathaltige Abwässer.
5. Es entstehen Ablagerungen in den Ableitungen; besonders bei Metallrohren besteht erhöhte Rostgefahr.

11 **Umweltschutz erfordert, dass die Abfälle richtig sortiert werden. Ordnen Sie unter diesem Gesichtspunkt passende Gruppen von Abfällen entsprechend zu.**

1. Essensreste, Desinfektionsmittel
2. Medikamente, leere Batterien
3. Einkaufstüten aus Kunststoff, leere Flaschen
4. Leuchtstofflampen, Kunststoffabfälle
5. Blätter und Strünke von Blumenkohl, Kartoffelschalen
6. Essensreste, Tabletten mit abgelaufener Mindesthaltbarkeit

Kompostmaterial

Recycling

Sondermüll

12 **Nennen Sie Möglichkeiten, in der Küche Energie einzusparen.**

- Herdplatten zurückschalten, wenn sie im Moment nicht benötigt werden
- Bei Fritteuse/Fettbackgerät Stand-by-Schaltung nutzen
- Lüftung muss nicht immer voll laufen
- Türen von Kühlräumen und Frosteranlagen nicht offen stehen lassen

---

13 **Wie kann die Küche dazu beitragen, die Umweltbelastung zu verringern?**

- Produkte aus der Region verwenden. Das spart Transportkosten.
- Großgebinde bevorzugen. Das bedingt weniger Verpackungsmaterial.
- Auf Mehrwegverpackungen achten. Dann geht die Verpackung an den Lieferanten zurück.
- Abfälle trennen. Dann können Wertstoffe genutzt werden.

1.3 Hygiene

1 Im Zusammenhang mit Lebensmitteln spricht man von Hygiene. Was versteht man unter diesem Begriff?

- Hygiene ist die Lehre von der Erhaltung und Förderung der Gesundheit.

2 Im Zusammenhang mit Lebensmitteln unterscheidet man drei Bereiche der Hygiene. Nennen Sie diese.

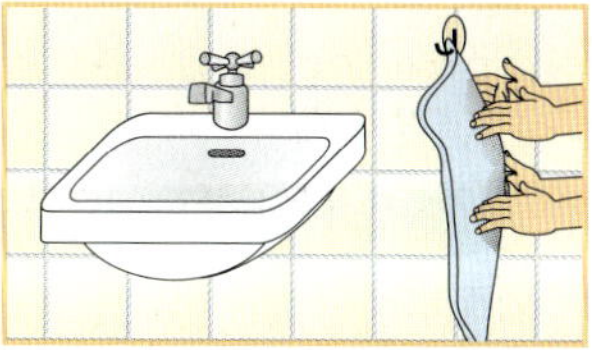

- Hygiene der Personen
- Hygiene der Räume
- Hygiene der Rohstoffe

3 Nennen Sie je zwei Beispiele für unhygienisches Verhalten ...

... in der Küche
- Gemüse nicht sauber gewaschen
- Nach Toilettenbesuch Hände nicht gewaschen

... im Service
- Auf Speisen husten
- Aschenbecher mit Serviertuch auswischen

... auf der Etage
- Benutzte Handtücher für den nächsten Gast im Badezimmer belassen
- Keine getrennten Lappen für den WC-Bereich

4 Wer überprüft die Einhaltung der Vorschriften aus dem Lebensmittelrecht?

- Die Lebensmittelüberwachungsbehörden, z. B. der Lebensmittelkontrolldienst

5 Welche Vorschriften des Bundesseuchengesetzes sind für den lebensmittelverarbeitenden Betrieb von Bedeutung?

- Krankheiten wie Tuberkulose, Ausscheiden von Staphylokokken und Salmonellen sowie ansteckende Hauterkrankungen müssen gemeldet werden.
- Personen mit ansteckenden Krankheiten dürfen nicht beschäftigt werden.

6 Welche Personen müssen sich einer Belehrung nach dem Infektionsschutzgesetz unterziehen?

- Alle Personen, die Lebensmittel be- oder verarbeiten

7 Warum sollen Sanitärräume mit Seifenspender und Papierhandtuch ausgestattet sein?

- Diese Einrichtungen verhindern die Gefahr einer Übertragung von Keimen.

8 **Was spricht gegen die Verwendung eines Gemeinschaftshandtuches?**

- Über das Gemeinschaftshandtuch können Keime übertragen werden.

Hinweis: In einer gut gestellten Frage wird bei Aufzählungen die Zahl der erwarteten Antworten genannt. Diese Anzahl sollten Sie erfüllen. Wenn Sie mehr wissen, zählen Sie die Fakten auf. Zeigen Sie Ihr Wissen!

Hygiene im Umgang mit Lebensmitteln

9 **Welche Einflüsse schädigen Lebensmittel aus hygienischer Sicht?**

- Kleinlebewesen oder Mikroorganismen
- Nager (Mäuse, Ratten) und Insekten (Fliegen, Schaben)

10 **Nennen Sie die Hauptursache für Veränderungen bei Lebensmitteln.**

- Kleinlebewesen oder Mikroben

11 **In welche Gruppen werden die Kleinlebewesen unterteilt?**

- Eubakterien/Bakterien
- Schimmelpilze
- Hefen

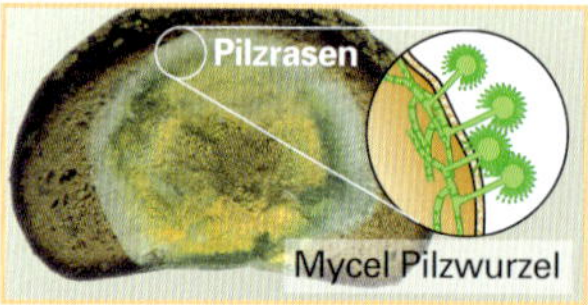

12 **Nennen Sie Arten von Kleinlebewesen, die Giftstoffe an Lebensmittel abgeben.**

- Salmonellen
- Fäulniserreger
- Eitererreger (Staphylokokken)
- Bodenbakterien (Botulinus)
- Manche Schimmelpilze
- EHEC
- Listerien

13 **Ordnen Sie den Schädlingen bzw. Mikroben die Lebensmittelschädigungen zu.**

1. Fliegen
2. Kahmhefe
3. Bodenbakterien
4. Edelschimmel
5. Milchsäurebakterien
6. Schnecken

Vergiftung ☐

Fraßschäden ☐

Übertragung von Mikroben ☐

14 **Welche Waren dürfen entsprechend den Hygienebestimmungen zusammen gelagert werden?**

(1) Milch in Kannen, Eier im Karton, frisches, ausgenommenes Geflügel

(2) Bier im Keg, Pilze in Dosen, vorbereitete Koteletts

(3) Milch in Tüten, Aufschnitt auf Tellern, vorbereitetes Röstgemüse

(4) Muscheln im Sack, Austern im Korb, Fische zwischen Eisstücken

(5) Reh im Fell, ungerupfter Fasan, Rinderkeule

15 **Erklären Sie Fachbegriffe aus dem Bereich Hygiene, indem Sie entsprechend zuordnen.**

(1) Bakterien

(2) Therapie

(3) Desinfektion

(4) Infektion

(5) Immunität

(6) Mikroben

Gattungsbezeichnung für Krankheitskeime

Abtötung krankheitserregender Keime

Unempfindlichkeit gegenüber Krankheitserregern

16 **Welches Lebensmittel ist am stärksten von einer Infektion durch Mikroben bedroht?**

(1) Schnittfläche eines Apfels bei der Bereitung eines Obstsalats

(2) Brotscheiben auf dem Tisch für das Frühstücksbüfett

(3) Cremespeise, die in der Küche zum Abkühlen steht

(4) In Scheiben aufgeschnittene Essiggurken

(5) Anschnittfläche einer Salami

17 **Welche Gruppe von Speisen ist besonders durch Salmonellen gefährdet?**

(1) Kartoffelsalat, Eierteigwaren, Kalbsfilet

(2) Gekochte Eier, Pökelwaren, Brötchen

(3) Bayerische Creme, Hackfleisch, Geflügel

(4) Käse, Eierteigwaren, Toastbrot

(5) Joghurt, geräucherte Wurst, Emmentaler

Wer Mikroben beeinflussen will, muss deren Lebensbedingungen kennen.

Übersicht

	Mikroben				
Lebensbedingungen	Temperatur	Feuchtigkeit	Milieu	Sauerstoff	**Abtöten**
Messgröße	°C Kühlen Frosten	a_w-Wert Trocknen Salzen Zuckern	pH-Wert Säuern	Vakuumieren Begasen	Pasteurisieren Sterilisieren

18 **In Verbindung mit den Lebensbedingungen für Mikroben werden verschiedene Messgrößen verwendet, z. B. °C für die Temperatur. Erklären Sie:**

a_w-Wert
- Messzahl für aktives Wasser. Nur das aktive Wasser können die Mikroben nutzen.

pH-Wert
- Messzahl für die saure oder alkalische Eigenschaft

19 **Welchen a_w-Wert haben ...**

... Wasser?
- 1,0

... trockene Lebensmittel?
- 0,0

20 **Bei welchem a_w-Wert ...**

... wird bereits das Wachstum der Kleinlebewesen gehemmt?
- 0,9

... wird das Wachstum gänzlich unterbunden?
- 0,6

21 **Welche Aussage über die Lebensbedingungen der Mikroben ist richtig?**

1. Hefen bevorzugen Lebensmittel ohne Kohlenhydrate.
2. Essigsäurebakterien vermehren sich nur auf alkoholfreien Flüssigkeiten.
3. Schimmelpilze können auf allen Lebensmitteln wachsen.
4. Milchsäurebakterien benötigen eiweißhaltige Lebensmittel.
5. Fäulniserreger sind gegenüber Säuren unempfindlich.

22 **Welcher Temperaturbereich wird von den meisten Mikroorganismen bevorzugt?**

1. 5 °C bis 10 °C
2. 10 °C bis 15 °C
3. 20 °C bis 40 °C
4. 40 °C bis 80 °C
5. 100 °C bis 120 °C

23 Was versteht man unter Anaerobiern?

- Keime, die sich auch ohne Luftsauerstoff vermehren können, z. B. in Vakuumverpackungen

24 Durch welche Maßnahme werden die Sporen von Kleinlebewesen abgetötet?

- durch Erhitzen auf mindestens 120 °C

25 Eine Dose hat einen aufgewölbten Deckel wie nebenstehende Abb. zeigt. Wie nennt man diesen Mangel bei Konserven?

- Dosen mit aufgewölbtem Deckel bezeichnet man als Bombagen.

26 Was versteht man unter Bombagen?

- Bombagen sind Konservendosen, die durch Gasentwicklung aufgetrieben sind.

27 Wie verhält man sich bei aufgetriebenen Dosen?

- Aus Sicherheitsgründen sollten man den Inhalt nicht verwenden.

28 Nennen Sie drei Lebensmittel, die besonders anfällig für Salmonellenbefall sind.

- Cremespeisen, Salate mit Mayonnaise, Hackfleisch, Geflügel, Eier

29 Welche Personengruppen erkranken bevorzugt an Salmonellen? Begründen Sie.

- Kranke und alte Menschen
- Die Abwehrkräfte dieser Personen sind geschwächt, sodass die Salmonellen in den Körper eindringen können.

30 Welche Merkmale weisen auf eine Lebensmittelvergiftung hin?

- Übelkeit und Kopfschmerzen
- Erbrechen und Durchfall

31 Nennen Sie die häufigsten Ursachen der Erkrankung an Lebensmittelinfektionen und die ungefähren Prozentwerte.

- Salmonellen mit etwa 75 %
- Eitererreger mit etwa 10 %

32 **Warum genügt es nicht, die sichtbar von Schimmel befallenen Stellen auszuschneiden?**

- Das Wurzelgeflecht der Pilze, das Mycel, reicht weiter als der sichtbare Schimmel. Auch das Mycel kann gesundheitsschädigende Stoffe enthalten.

Reinigen – Desinfizieren

Auf diesem Gebiet ist es besonders nützlich, wenn man die Grundlagen, die Gesetzmäßigkeiten, kennt. Reinigen – abspülen.

Beim Reinigen, z. B. beim Abspülen oder beim Waschen, wirken zusammen

- Wasser, das Schmutz löst und transportiert,
- Reinigungsmittel, das das Wasser entspannt,
- Temperatur, die Wärme – bis zu etwa 60 °C gilt: je wärmer, desto wirksamer,
- Zeit der Einwirkung – je länger, desto wirksamer.

Das Bild zeigt den Zusammenhang beim Waschen.

33 **Wie wirken Spülmittel?**

- Spülmittel entspannen das Wasser.
- Entspanntes Wasser löst den Schmutz leichter.

34 **Wie wirken Reinigungsmittel bei Fettverschmutzungen?**

- Sie entspannen das Wasser,
- damit wird das Fett leichter abgelöst, emulgiert und
- in der Schwebe gehalten (setzt sich nicht mehr fest).

35 **Warum sollen Spülmittel maßvoll angewandt werden?**

- Überschüssiges Spülmittel bringt keine zusätzliche Reinigungswirkung, aber
- es belastet das Abwasser.

36 **Welchen Einfluss hat die Wasserhärte auf die Menge des benötigten Reinigungsmittels?**

- Die Mineralstoffe im Wasser binden einen Teil des Reinigungsmittels. Darum:
- Je härter das Wasser, desto höher der Bedarf an Reinigungsmitteln.

37 **Durch welche mechanischen Einwirkungen wird die Entfernung von Schmutz gefördert?**

- Abkratzen
- Abreiben
- Abwischen bzw. Abwaschen

38 Warum darf Anrichtegeschirr aus Zinn nicht mit einem Topfreiber bearbeitet werden?

- Zinn ist weich,
- die harten Stahldrähte des Topfreibers führen zu Kratzern.

---

39 Wie wirkt ein Dampfsprühstrahler?

- Es wirken auf der Grundlage von Wasser zusammen:
  - Spritzdruck (mechanisch),
  - Dampf (Temperatur) und
  - Reinigungsmittel (Chemie).

---

40 Warum muss eine Fritteuse (Fettbackgerät) nach dem Reinigen gründlich mit klarem Wasser nachgespült werden?

- Spülmittelreste verändern das Fett.
- Das Fett wird nach kurzer Zeit unbrauchbar.

---

41 Zum Schutz des Abwassers sind Fettabscheider vorgeschrieben. Nach welchem Prinzip arbeiten diese?

- Das Abwasser wird in einen Schacht eingeleitet,
  - das leichtere Fett schwimmt obenauf,
  - das Wasser fließt durch ein tiefer liegendes Rohr in den Abwasserkanal.

---

42 Ein Entkalkungsmittel soll wirksam sein und die Umwelt möglichst nicht belasten. Auf welches Mittel treffen beide Eigenschaften zu?

1. Gallseife
2. Salzwasser
3. Essigwasser
4. Salmiakgeist
5. Neutralseife (pH 7)

43 Welche Flüssigkeit ist am besten zum Reinigen von Glasflächen (Spiegel, Fenster) geeignet?

1. Spülmittel in hartem Wasser
2. Spülmittel in weichem Wasser
3. Feinwaschmittel in Wasser
4. Spiritus in Wasser
5. Milde Seifenlauge

44 **Bei welchen Mitteln muss man besonders vorsichtig sein, weil die Gefahr von Hautverätzungen besteht?**

(1) Bei Sprayflaschen mit Treibgas

(2) Bei Kohlensäureflaschen

(3) Bei Reinigungsmitteln für den Grill

(4) Bei Kühlmittel aus Frostern

(5) Bei starken Lösungen mit Pökelsalz

45 **Ordnen Sie die Reinigungsmittel den entsprechenden Wirkungsweisen zu.**

Reinigungsmittel	Wirkungsweisen	
(1) Möbelpolitur	mechanisch und chemisch wirkendes Reinigungsmittel	6
(2) Waschmittel		
(3) Schmierseife	ätzendes und desinfizierendes Reinigungsmittel	5
(4) Fensterputzmittel		
(5) WC-Reiniger	reinigendes und wasserabstoßendes Pflegemittel	1
(6) Scheuermittel		

46 **Welche Grundregel gilt für das Desinfizieren?**

- Erst reinigen,
- dann desinfizieren und wirken lassen,
- abschließend nachspülen.
- Desinfektionsmittel dürfen nicht mit Lebensmitteln in Berührung kommen.

47 **Welche Einflüsse wirken bei der Anwendung von Desinfektionsmitteln zusammen?**

- Konzentration des Mittels
- Einwirkungstemperatur
- Einwirkungsdauer

48 **Auf Regalen wird Pilzbefall festgestellt. Wie ist zu verfahren?**

- Ausräumen, Behältnisse entleeren,
- Regale und Behältnisse spülen, dann desinfizieren,
- mit klarem Wasser nachspülen.

49 **Wovon ist die Wirkung von Desinfektionsmitteln neben Konzentration und Temperatur der Lösung abhängig?**

1. Luftfeuchtigkeit
2. Luftbewegung
3. Einwirkungsdauer
4. Trockenheit
5. Sauerstoffgehalt in der Luft

50 **Welche Aussage über die Anwendung von Desinfektionsmitteln und Schädlingsbekämpfungsmitteln ist richtig?**

1. Anwendung nur unter Aufsicht des Geschäftsführers
2. Anwendung nur durch eine zugelassene Schädlingsbekämpfungsfirma
3. Keine Anwendung in Räumen, in denen Lebensmittel verarbeitet werden
4. Anwendung nur während des Betriebsurlaubs
5. Anwendung nur in einer Form, die Lebensmittel nicht beeinträchtigt

51 **Wer ist für die Überwachung der Sauberkeit in der Hotelküche verantwortlich?**

1. Direktionsassistent
2. Hausdame
3. Das beauftragte Reinigungsunternehmen
4. Technischer Leiter
5. Küchenleiter

52 **Welche Stelle überprüft gastgewerbliche Betriebe bei der Einhaltung der Hygienevorschriften?**

1. Industrie- und Handelskammer
2. Berufsgenossenschaft
3. Lebensmittel-Kontrolldienst
4. Gewerkschaft
5. Hotel- und Gaststättenverband

Berechnungen zu Lösungen

Sie erhalten folgenden Auftrag: „Stellen Sie mit diesem Konzentrat eine Desinfektionslösung mit 1 Prozent her. Der Eimer enthält 8 Liter Wasser.“

53 **Wie viel ml Konzentrat müssen Sie beigeben?**

Auf einer Flasche mit Reinigungsmittel steht: „Gebrauchsfertige Lösung: 2,5 ml ≙ 1 Messbecher auf 1 Liter Wasser."

54 Wie viel l Reinigungslösung lassen sich aus 1 l Konzentrat herstellen?

Eine Flasche mit Reinigungsmittel trägt nebenstehende Aufschrift.

55 Ergänzen Sie die Lücke bei der Mengenangabe.

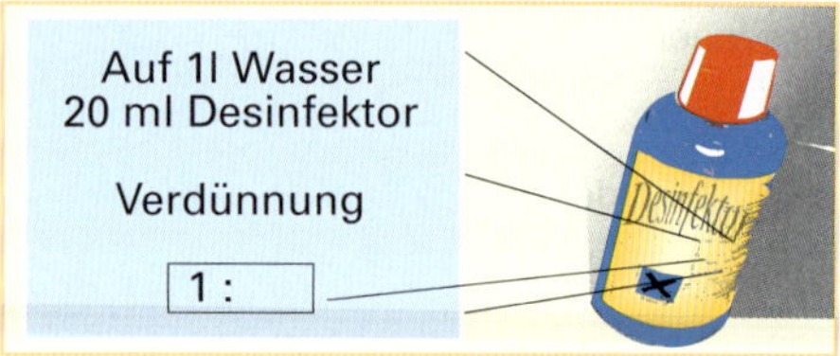

Maßnahmen gegen Nager und Insekten

56 Nennen Sie Kleintiere, die Lebensmittel schädigen.

Nager	• Mäuse und Ratten
Insekten	• Milben, Raupen, Käfer, Schaben, Fliegen, Wespen und Motten

57 Welche Lebensmittelschädigungen werden durch Nager und Insekten hervorgerufen?

- Fraßschäden
- Verunreinigungen
- Übertragung von Kleinlebewesen und Krankheitserregern

58 Nennen Sie drei Schutzmaßnahmen gegen Schädlinge.

- Abfälle vorschriftsmäßig lagern, abdecken
- Kellerfenster vergittern
- Fenster mit Fliegengitter versehen
- Berührungsgifte nach Vorschrift anwenden
- Fallen gegen Mäuse aufstellen

59 Bei welchen Umweltbedingungen breiten sich Küchenschaben besonders gut aus?

1. Bei Helligkeit, Wärme und Ruhe
2. Bei Helligkeit, Wärme und Betriebsamkeit
3. Bei Licht von Neonlampen und Kälte
4. Bei Dunkelheit, Wärme und Betriebsamkeit
5. Bei Dunkelheit, Wärme und Ruhe

60 Wie können Küchenschaben (Kakerlaken) praxisgerecht bekämpft werden?

1. Die Räume gründlich mit heißen Wasser reinigen
2. Die Räume gründlich reinigen, dann desinfizieren
3. Die Böden der Räume mit Heißdampf behandeln
4. In den Räumen das Licht brennen lassen, denn Küchenschaben sind lichtscheu
5. Die Räume mit einem Summer ausstatten, der die Schaben vertreibt

**61 In den Umkleideräumen wurde das abgebildete Ungeziefer entdeckt.
Es ist etwa 1 cm groß, lichtscheu und ernährt sich gerne von Kohlenhydraten.
Um welche Art von Ungeziefer handelt es sich?**

1. Küchenschabe
2. Milbe
3. Silberfischchen
4. Kleidermotte
5. Mehlmilbe

2 Ernährung

2.1 Bestandteile der Lebensmittel

Wir essen Lebensmittel und verwerten die darin enthaltenen Nährstoffe. Darum müssen wir Bescheid wissen über:

- *Bestandteile der Lebensmittel,*
- *Eigenschaften der Lebensmittel bei der Verarbeitung,*
- *Aufgaben der Nährstoffe im Körper.*

Kohlenhydrate

1 Aus welchen chemischen Elementen bestehen die Kohlenhydrate?

- Kohlenstoff – C
- Sauerstoff – O
- Wasserstoff – H

2 Wie unterscheidet man Kohlenhydrate nach dem Aufbau?

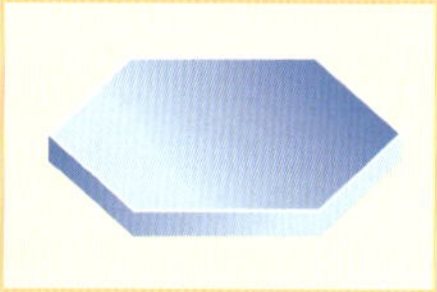

- Einfachzucker
- Zweifachzucker (Doppelzucker)
- Vielfachzucker (Mehrfachzucker)

3 Wie heißen die drei Einfachzucker, und wo kommen sie in der Natur vor?

- Traubenzucker in Obst und Honig
- Fruchtzucker in Obst und Honig
- Schleimzucker in der Milch

4 Was versteht man unter Zweifachzucker? Wo kommen sie vor?

- Rohr- oder Rübenzucker
- Im Zuckerrohr und in der Zuckerrübe

5 Nennen Sie Beispiele für Vielfachzucker.

- Stärke
- Pektin
- Zellulose

6 Nennen Sie Beispiele, wo Vielfachzucker vorkommen.

Stärke
- In Kartoffeln
- In Getreide
- In Hülsenfrüchten

Zellulose
- In den Zellwänden aller Pflanzen

Pektin
- In Äpfeln
- In Zitrusfrüchten

---

7 Was geschieht beim Zusammenschluss von Einfachzuckern zu höher aufgebauten Kohlenhydraten, und wie wirkt sich dies auf die Eigenschaften des Zuckers aus?

- Es wird stufenweise Wasser abgespalten.
- Die Struktur der Kohlenhydrate wird zunehmend dichter und fester.

---

8 Was versteht man unter Glykogen?

- Es ist ein stärkeähnlich aufgebautes Kohlenhydrat im menschlichen Körper.

---

9 Welche Aufgaben hat Glykogen?

- Es dient in der Leber als Vorratsstoff.

---

10 Welche Wirkung haben Rohr- und Rübenzucker auf das Wasser in Lebensmitteln?

- Sie ziehen das Wasser an und binden es.

---

11 In welchem Zusammenhang nutzt man die wasseranziehende Wirkung?

- Beim Herstellen von gezuckerten und kandierten Früchten sowie bei der Zugabe zu Teigen für Gebäcke.

---

12 Wie verändert sich Zucker beim Erhitzen?

- Er schmilzt, bräunt und nimmt Karamellgeschmack an.

---

13 Nennen Sie Beispiele, bei denen das Karamellisieren von Zucker von Bedeutung ist.

- Beim Herstellen von Cremes, Saucen und Bonbons, beim Herstellen von Zuckerfarbe für Speisen, Saucen und Getränke.
- Für die Ausbildung von Farbe und Geschmack an der Oberfläche von Speisen und Gebäcken beim Backen oder Überbacken.

14 Unter welchen Voraussetzungen verkleistert Stärke?

- Kleister entsteht, wenn Stärke mit Flüssigkeit über 70 °C erhitzt wird.

15 Nennen Sie Beispiele, wo Stärke zum Binden verwendet wird.

- Mehlschwitze (Roux) und Mehlbutter (Beurre manié) für Suppen und Saucen
- Vanillesauce

16 Wie entstehen Dextrine?

- Beim Erhitzen ohne Wasser wird Stärke in kleinere Teile zerlegt. Diese nennt man Dextrine.

17 Was versteht man unter Fotosynthese?

1. Entstehung von Fett aus Glycerin und Fettsäuren
2. Ausscheiden von Fremdstoffen
3. Entstehung von Einfachzucker aus Kohlendioxid und Wasser
4. Entstehung von Eiweißstoffen
5. Vermengen verschiedener Stoffe

18 In welcher Gruppe sind nur Kohlenhydrate genannt?

1. Kollagen, Milchzucker, Stärke
2. Traubenzucker, Kleber, Oxalsäure
3. Stärke, Dextrin, Fruchtzucker
4. Kleber, Fruchtzucker, Kalzium
5. Albumin, Rübenzucker, Stearinsäure

19 In welcher Lebensmittelgruppe sind vorwiegend Kohlenhydratträger aufgeführt?

1. Cornflakes, Biskuit, Knäckebrot
2. Frankfurter Würstchen, Mettwurst, Kalbszunge
3. Suppenhuhn, Schinken, Kabeljau
4. Lebertran, Butter, Schweineschmalz
5. Speisequark, Trinkmilch, Edamer Käse

20 Zucker ist hygroskopisch. Was heißt das?

1. Zucker zieht Luftfeuchtigkeit an, ist also wasseranziehend.
2. Es ist die Fähigkeit, Feuchtigkeit zu bilden. Darum kann Zucker feucht werden.
3. Es ist die Fähigkeit, Feuchtigkeit abzustoßen.
4. Zucker wirkt konservierend, also bakterienfördernd.
5. Zucker hat die Fähigkeit, sich in Wasser zu lösen, ist also wasserlöslich.

21 Bei der Verarbeitung können aus Stärke Dextrin und Kleister entstehen:

Das geschieht bei ...

1. Erhitzen mit Wasser auf mindestens 70°C	
2. Erhitzen mit Butter	Dextrin
3. Erhitzen ohne Wasser auf 170 °C	
4. Erhitzen ohne Wasser auf 70 °C	Kleister
5. Erhitzen mit Wasser auf mindestens 100 °C	

22 Was versteht man unter Zuckercouleur?

1. Eine andere Bezeichnung für Karamell
2. Bis auf 85 °C gekochter Zucker von brauner Farbe
3. Gebräunter Zucker, mit Wasser abgelöscht, von tiefbrauner Farbe
4. Ein geschmolzender Zucker, der in kaltem Zustand glasklar ist
5. Aufgelöster, gekochter und von Schaum befreiter Zucker

23 Ordnen Sie die Kohlenhydrate den entsprechenden Kohlenhydratgruppen zu.

Kohlenhydrate	Gruppen von Kohlenhydraten
1. Stärke – Glykogen	Monosaccharide oder Einfachzucker
2. Stärke – Milchzucker	
3. Fruchtzucker – Traubenzucker	Disaccharide oder Zweifachzucker
4. Invertzucker – Stärke	
5. Malzzucker – Rübenzucker	Polysaccharide oder Vielfachzucker
6. Glykogen – Rohrzucker	

24 **Ordnen Sie den Nahrungsmitteln die Kohlenhydratart zu, die mit dem höchsten Anteil enthalten ist.**

(1) Einfachzucker	Gemüse
(2) Zweifachzucker	Honig
(3) Stärke	Brot
(4) Zellulose	Nudeln

Hinweis: Eine Lösungsziffer kann auch mehrmals vorkommen.

Fette

25 **Welche chemischen Elemente sind am Aufbau der Fette beteiligt?**

- Kohlenstoff
- Wasserstoff
- Sauerstoff

26 **Wie heißen die beiden Bausteine, aus denen Fette aufgebaut sind?**

- Glycerin
- Fettsäuren

27 **Wie unterscheidet man Fette nach der Herkunft?**

- Man unterscheidet pflanzliche und tierische Fette.

28 **Nennen Sie vier pflanzliche Fettlieferanten.**

- Baumwollsamen, Rapssamen
- Erdnuss- und Sonnenblumenkerne
- Kokosfrucht und Sojabohnen
- Ölpalmenfrüchte (Fruchtfleisch und Kerne)
- Oliven (Fruchtfleisch)

29 **Nennen Sie Beispiele für tierische Fette.**

- Schmalz vom Schwein, von Gänsen und Enten
- Butter
- Talg von Rind und Schaf

30 **Nennen Sie zwei bekannte fettähnliche Stoffe und ihr Vorkommen.**

- Lecithin – Eigelb
- Cholesterin – Fleisch, Eigelb, Butter

31 In welchen Veränderungen sind von Bedeutung ...

... Lecithin?
- Bei der Bildung von Emulsionen

... Cholesterin?
- Bei Verengung der Blutgefäße

---

32 Welche beiden Gruppen von Fettsäuren gibt es?

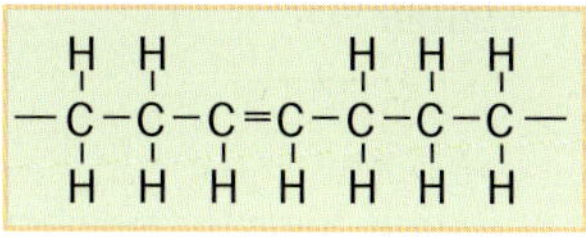

- Gesättigte Fettsäuren
- Ungesättigte Fettsäuren

---

33 Erklären Sie die Bezeichnungen:

Gesättigte Fettsäuren
- Alle Kohlenstoffanteile sind mit Wasserstoffatomen gesättigt.

Ungesättigte Fettsäuren
- Nicht alle Kohlenstoffanteile sind mit Wasserstoffatomen gesättigt.

---

34 Welche Auswirkungen auf die Beschaffenheit eines Fettes haben die Fettsäuren?

Viel gesättigte Fettsäuren
- Der Schmelzbereich liegt zunehmend höher

Viel ungesättigte Fettsäuren
- Der Schmelzbereich liegt zunehmend niedriger

---

35 Nennen Sie je ein Beispiel für Fette ...

... mit niedrigem Schmelzpunkt
- Olivenöl, Erdnussöl, Sojaöl

... mit hohem Schmelzpunkt
- Rinderfett, Fett vom Lamm (Hammeltalg)

---

36 Welcher Zusammenhang besteht zwischen dem Schmelzbereich der Fette und den an ihrem Aufbau beteiligten Fettsäuren?

- Je höher der Anteil an ungesättigten Fettsäuren, desto niedriger ist der Schmelzbereich des Fettes.
- Je höher der Anteil an gesättigten Fettsäuren, desto höher der Schmelzbereich des Fettes.

---

37 Welche drei Gruppen von Fetten unterscheidet man nach dem Schmelzbereich?

- Flüssige Fette – Pflanzenöle
- Weiche Fette – Butter und Schweineschmalz
- Feste Fette – Rinder- und Lammfett

---

38 Welches ist der Schmelzbereich folgender Fette?

Pflanzenöle
- Etwa zwischen – 5 und + 10 °C

Butter
- Etwa zwischen 28 und 38 °C

Schweineschmalz
- Etwa zwischen 26 und 40°C

39 Der Schmelzbereich entscheidet auch über die Verwendungsmöglichkeiten. Nennen Sie Anwendungsbeispiele für ...

Pflanzenöle
- Für Salatmarinaden
- Für kalt gerührte Saucen (Mayonnaise)

Butter
- Als Streichfett und als Teigfett
- Für warm aufgeschlagene Saucen (holländische Sauce)

40 Warum kann Butterschmalz (Butterreinfett) höher erhitzt werden als Butter?

- Butterschmalz enthält keine Eiweiß- und Wasseranteile.

41 Worauf ist beim Servieren von Speisen mit Rind- und Schaffleisch zu achten?

- Sie müssen sehr heiß angerichtet werden.
- Beim Servieren dürfen keine Verzögerungen eintreten.
- Warmhalteplatten benutzen.

42 Fett kann im Gegensatz zu Wasser über 100 °C erhitzt werden. Welche Bedeutung hat diese Eigenschaft beim Garen von Lebensmitteln?

- Bei Temperaturen über 100 °C werden Lebensmittel gebräunt, es entstehen besondere Duft- und Geschmacksstoffe. Man spricht von trockenen Garverfahren.

43 Warum darf der Rauchpunkt des Fettes nicht überschritten werden?

- Es werden Stoffe gebildet,
  - die unangenehm riechen und schmecken und
  - die die Gesundheit gefährden.

44 Welche Fette können auf Grund ihrer Eigenschaften ...

... höher erhitzt werden?
- Fette, die von Wasser und anderen Stoffen befreit sind. Das sind zum Beispiel Pflanzenöle sowie Schweineschmalz.

... nicht so hoch erhitzt werden?
- Butter, Margarine

45 Nennen Sie Verwendungsmöglichkeiten für folgende Fette:

Öl und Schweineschmalz
- Zum Braten und Dünsten

Butter
- Zum Dünsten und beim Braten lediglich zum kurzen Nachbraten

46 Was versteht man unter einer Emulsion?

- Eine Emulsion ist ein Gemisch, in dem Fett und Wasser dauerhaft miteinander verbunden sind.

47 Nennen Sie Beispiele für Emulsionen.

- Butter, Margarine, Sahne
- Mayonnaise, holländische Sauce

---

48 Nennen Sie zwei Emulsionen aus dem Arbeitsbereich der Küche sowie die jeweils verwendeten Zutaten.

- Holländische Sauce – Eigelb und Butter
- Mayonnaise – Eigelb und Öl

49 Welches Fett ist reich an ungesättigten Fettsäuren?

1. Pflanzenfett
2. Rinderfett
3. Milchfett
4. Lammfett
5. Schweinefett

50 Welche Aussage über Ranzigkeit bei Fetten ist richtig?

1. Butter ist das Fett, das am wenigsten ranzig wird.
2. Ranzigkeit entsteht vor allem durch Einwirkung von Licht und Sauerstoff.
3. Ranzige Fette verlieren ihren unangenehmen Geruch, wenn sie hoch erhitzt werden.
4. Das Ranzigwerden der Fette wird durch Proteasen bewirkt.
5. Bei warmer Lagerung werden Fette nicht ranzig.

51 Warum sind Fette mit ungesättigten Fettsäuren weniger lange haltbar als Fette mit gesättigten Fettsäuren?

1. Sie enthalten keine Bindegewebe mehr.
2. Sie sind empfindlich gegen kühle Lagerung.
3. Sie sind bei chemischen Reaktionen langsamer.
4. Sie enthalten zuviel Eiweiß.
5. Sie verändern sich durch Wärme und Sauerstoff.

52 Kennzeichnen Sie die auf eine Emulsion zutreffende Feststellung.

1. Emulsionen sind eine Vermischung zwischen Fett und Wasser.
2. Emulsionen sind eine Vermischung zwischen Glycerin und Fettsäuren.
3. Emulsionen kommen bei der Lebensmittelverarbeitung nicht vor.
4. Emulsionen bilden sich, wenn sich Fette spalten.
5. Emulsionen sind eine Vermischung zwischen Fettsäuren und Wasser.

53 Welches Ferment (Enzym) beeinflusst die Fettspaltung?

[1] Amylase

[2] Zymase

[3] Peptase

[4] Maltase

[5] Lipase

Eiweißstoffe

54 Welche Elemente (Atome) sind am Aufbau der Eiweißstoffe beteiligt?

Bei allen Arten
- Kohlenstoff, Wasserstoff, Sauerstoff, Stickstoff

Bei bestimmten Eiweißstoffen
- Phosphor, Schwefel

55 Wie nennt man die Bausteine der Eiweißarten?

- Aminosäuren

56 Warum gibt es unterschiedliche Eiweißstoffe?

- Es gibt 20 Aminosäuren. Diese können in unterschiedlicher Kombination zu Eiweiß zusammengefügt werden, ähnlich wie Buchstaben zu verschiedenen Wörtern.

57 Wie heißen die Eiweißstoffe, ...

... die nur aus Aminosäuren aufgebaut sind?
- Proteine

... in die außer Aminosäuren noch andere Stoffe eingebunden sind?
- Proteide

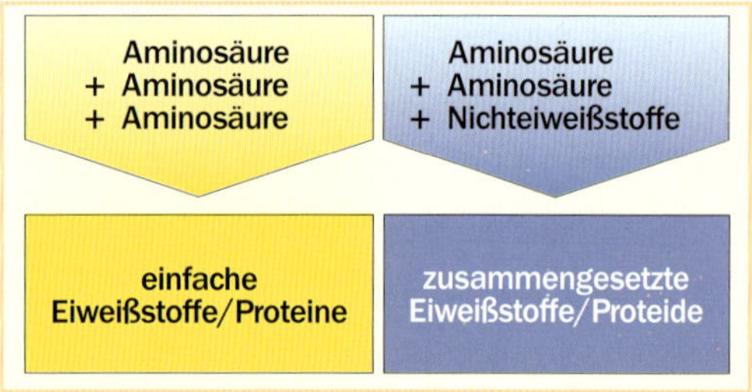

58 Nennen Sie für die Ernährung bedeutsame Eiweißstoffe.

- Albumin
- Glutenin und Gliadin
- Globulin
- Kasein

59 **In welchen Lebensmitteln sind vorwiegend enthalten:**

Albumin	• Milch, Ei und Fleisch, Getreide und Kartoffeln
Globulin	• In allen tierischen und pflanzliche Zellen
Glutenin und Gliadin	• Getreide, insbesondere Weizen
Kollagen	• Knochen, Knorpel und Bindegewebe
Kasein	• Milch

60 **Nennen Sie wichtige technologische Eigenschaften von Albumin und Globulin.**

- Albumin löst sich in Wasser.
- Globulin löst sich nur in gesalzenem Wasser.
- Beide Eiweißarten
  - quellen im Wasser,
  - lagern schwebende Stoffe an,
  - gerinnen bei der Einwirkung von Wärme.

61 **Welche Rohstoffe enthalten den Eiweißstoff Kollagen?**

- Bindegewebe
- Knochen und Knorpel

62 **Welches Lebensmittel enthält Kasein?**

- Milch

63 **Durch welche beiden Einwirkungen kann Kasein zum Gerinnen gebracht werden?**

- Durch Säure
- Durch Lab

64 **Wie nennt man die Bausteine aller Eiweißarten?**

1. Aminosäuren
2. Glycerin
3. Proteide
4. Proteine
5. Phosphorsäuren

65 **In welcher Gruppe von Lebensmitteln sind vorwiegend Eiweißträger genannt?**

1 Olivenöl, fetter Speck, Rharbarber
2 Zwiebel, Weißkraut, Radieschen
3 Zucker, Fleischbrühe, Blumenkohl
4 Kartoffel, Konfitüre, Apfelsine
5 Hering, Sojabohne, Rinderfilet

66 **Was versteht man unter biologisch hochwertigen Eiweißstoffen?**

1 Der biologische Wert wird nach Herkunft (tierisch, pflanzlich) gemessen.
2 Die Eiweißstoffe werden nach dem Ausnutzungsgrad im Körper bewertet.
3 Der biologische Wert wird nach dem Stickstoffgehalt gemessen.
4 Die Eiweißstoffe wirken biologisch auf die Darmtätigkeit.
5 Die Eiweißstoffe enthalten alle Elemente, die für den Aufbau des Körpers wichtig sind.

67 **In welchem Lebensmittel hat das Eiweiß den höchsten biologischen Wert?**

1 In Linsen
2 In parboiled Reis
3 In Spinat
4 In Quark
5 In Weißbrot

68 **Ordnen Sie die folgenden Feststellungen der entsprechenden Eiweißart zu.**

1 Bildet sich im Teig und gerinnt beim Backen
2 Löst sich weder in Wasser noch in Salzwasser
3 Quillt in Salzwasser und erstarrt beim Abkühlen
4 Löst sich in Salzwasser und gerinnt bei ca. 70 °C
5 Löst sich in Wasser und gerinnt bei ca. 70 °C

Albumin

Globulin

69 **Ordnen Sie entsprechend zu:**

Nahrungsmittel	Eiweißarten
1 Eier	Legumin
2 Milch	
3 Fisch	Kaseinogen
4 Hülsenfrüchte	
5 Fleisch	Kleber
6 Mehl	

70 Die einzelnen Eiweißarten kommen in den verschiedenen Lebensmitteln vor. Ordnen Sie entsprechend zu:

1. Globulin
2. Kollagen
3. Kleber
4. Kasein
5. Albumin
6. Legumin

Die Haut auf der Milch besteht aus ...

Aspik enthält die Eiweißart ...

71 Welcher erstarrte Eiweißstoff kann durch Erhitzen wieder in den gelösten Zustand zurückgeführt werden?

1. Kasein
2. Albumin
3. Kollagen
4. Glutenin
5. Kleber

72 Bei welchem arbeitstechnischen Vorgang darf das Eiweiß nicht gerinnen?

1. Beim Herstellen von Rindsrouladen
2. Beim Anbraten von Fleisch
3. Beim Backen von Teig
4. Beim Kuttern von Fleisch
5. Beim Klären von Brühen

Mineralstoffe, Vitamine und Wasser

73 Erklären Sie im Zusammenhang mit Mineralstoffen folgende Bezeichnungen:

Mengenelemente
- Sie kommen in Lebensmitteln in größeren Mengen vor, man misst sie in Gramm.

Spurenelemente
- Sie kommen nur in Spuren (ganz kleinen Mengen) vor, man misst in Milligramm.

---

74 Nennen Sie zu folgenden Mineralstoffbezeichnungen Beispiele.

wichtige Mengenelemente
- Calcium und Chlorid
- Kalium und Magnesium
- Natrium und Phosphor

wichtige Spurenelemente
- Eisen und Jod
- Kobalt und Kupfer
- Molybdän und Mangan
- Zink

75 **Wie werden die Vitamine nach ihrem Verhalten gegenüber Fett bzw. Wasser unterschieden?**

- Fettlösliche Vitamine
- Wasserlösliche Vitamine

---

76 **Nennen Sie Beispiele für ...**

... fettlösliche Vitamine	• A, D, E und K
... wasserlösliche Vitamine	• B und C

---

77 **Nennen Sie Beispiele für die Wirkung von Wasser auf Lebensmittel, z.B. Zucker und Gemüse.**

- Es laugt Stoffe aus.
- Es löst z.B. Zucker und Salz.
- Es bringt bestimmte Stoffe zum Quellen.

---

78 **Nennen Sie Anwendungsbeispiele aus der Küche, bei denen die auslaugende Wirkung des Wassers ...**

... erwünscht ist.	• Bei der Herstellung von Fleischbrühen
... nicht erwünscht ist.	• Beim Waschen von Fleisch, Gemüse und Obst

---

79 **Nennen Sie Beispiele, bei denen das Quellen durch Wasser wichtig ist.**

Eiweiß und Stärke im Mehl	• Bei der Teigbereitung quillt Eiweiß (Kleber)
Eiweiß und Stärke in Hülsenfrüchten	• Hülsenfrüchte quellen lassen

80 **Welche Aufgabe haben Vitamine?**

1. Sie sind Biokatalysatoren.
2. Sie zerlegen die Nährstoffe in ihre Bestandteile.
3. Sie sind notwendig für den Nährstofftransport in der Lymphe.
4. Sie sind notwendig für den Nährstofftransport in der Blutbahn.
5. Sie verhindern Mangelkrankheiten.

81 **Die Einteilung aller bisher bekannten Vitamine in zwei Gruppen erfolgt nach:**

1. Der Bedeutung für den Menschen
2. Dem Vorkommen in tierischen Nahrungsmitteln
3. Dem Vorkommen in pflanzlichen Nahrungsmitteln
4. Der Löslichkeit in Wasser oder Fett
5. Dem jeweiligen chemischen Aufbau

82 In welcher Gruppe von Lebensmitteln kommt Vitamin A vor?

(1) Graupen, Weizengrieß, Bonbons
(2) Kondensmilch, Hering, Haferflocken
(3) Schweinefleisch, Bratwurst, Goldbarsch
(4) Gerstenmehl, Banane, Cornflakes
(5) Butter, Petersilie, Karotten

83 Welche Mangelerscheinung bewirkt das vollkommene Fehlen von Vitamin C?

(1) Magengeschwüre
(2) Skorbut
(3) Rachitis
(4) Kochenerweichung bei Erwachsenen
(5) Muskelschwäche

84 Welche Gesundheitsstörung kann bei Eisenmangel auftreten?

(1) Zahnfleischschwund
(2) Knochenentkalkung
(3) Blutarmut
(4) Zahnausfall
(5) Muskelschwäche

85 Welches dieser Lebensmittel hat den höchsten Calciumgehalt:

(1) Orangen
(2) Zwiebeln
(3) Trinkmilch
(4) Schweinefleisch
(5) Eier

86 Ordnen Sie entsprechend zu:

Funktionen	Mineralstoffe
(1) Zur Blutbildung	Calcium
(2) Zum Aufbau der Nerven	
(3) Zur Gewebespannung	Eisen
(4) Zur Bildung des Zahnschmelzes	
(5) Zur Schilddrüsenfunktion	Jod
(6) Zum Aufbau der Knochen	

87 Ordnen Sie entsprechend zu:

1 Magnesiummangel
2 Eisenmangel
3 Kochsalzmangel
4 Jodmangel
5 Phosphormangel
6 Calciummangel (Kalkmangel)

Schilddrüsenfunktion wird beeinträchtigt.

Entstehung von Rachitis

Bildung von Magensäure wird beeinträchtigt.

88 Ältere Menschen neigen zur Knochenentkalkung und sollten darum viel Calzium zu sich nehmen. Welche Gruppe von Lebensmitteln ist zu empfehlen?

1 Leber, Kalbfleisch, Putenbrust
2 Bananen, Äpfel, Mineralwasser
3 Milch, Quark, Emmentaler
4 Kalbsleber, Fisch, Ei
5 Erbsen, Sellerie, Nudeln

89 Was versteht man unter Spurenelementen?

1 Als Spurenelemente werden alle Elemente bezeichnet, die der Körper verdauen kann.
2 Alle chemischen Elemente sind zugleich Spurenelemente.
3 Spurenelemente sind Mineralstoffe, die der Körper nur in sehr geringen Mengen benötigt.
4 Spurenelemente wandelt der Körper in eigenes Eiweiß um.
5 Spurenelemente haben einen ausgeprägten Geruch.

2.2 Stoffwechsel

Eine Übersicht vorweg; denn wer durchblickt, lernt leichter.

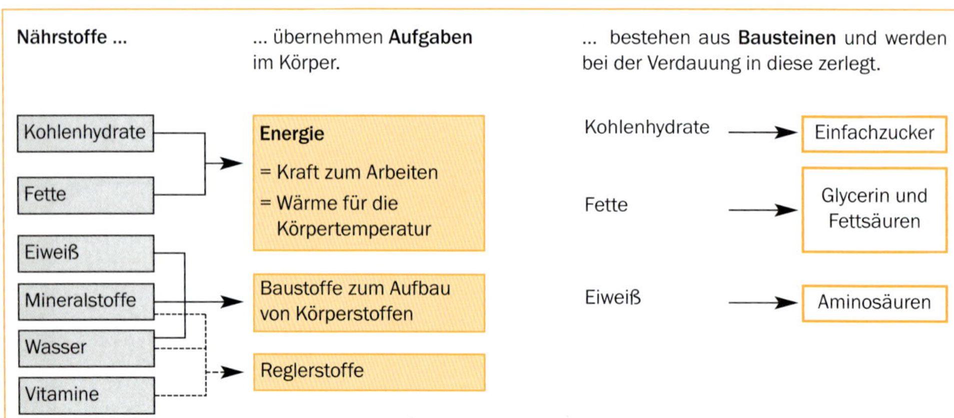

Ernährungsphysiologische Bedeutung der Nährstoffe

1 Was bedeutet die Bezeichnung „essenziell" im Rahmen der Ernährung?

- Essenziell heißt wesentlich, wichtig.
- Essenzielle Nährstoffe kann der Körper nicht selbst bilden, sie müssen zugeführt werden.

---

2 Welche Aufgabe haben Kohlenhydrate in der Ernährung?

- Sie liefern Energie.

---

3 Welche Aufgaben erfüllen die Fette im Rahmen der Ernährung?

- Sie liefern Energie.
- Sie transportieren fettlösliche Vitamine.

---

4 Beschreiben und begründen Sie die ernährungsphysiologische Wertigkeit der Fette.

- Als Energielieferant sind die Fette ersetzbar.
- Fette mit hohem Anteil an ungesättigten Fettsäuren sind hochwertiger als solche mit hohem Anteil an gesättigten Fettsäuren.

---

5 Welche Aufgaben erfüllen die Eiweißstoffe in der Ernährung?

- Sie sind vorwiegend Baustoffe des Organismus.

---

6 Was versteht man unter biologisch hochwertigem Eiweiß?

- Biologisch hochwertiges Eiweiß enthält viele essenzielle Aminosäuren.
- Hochwertig ist eine Eiweißart dann, wenn sie dem Körpereiweiß des Menschen möglichst ähnlich ist.

---

7 Welche grundlegenden Aufgaben erfüllen die Mineralstoffe in der Ernährung?

- Sie sind Bausteine für Knochen, Zähne, Gewebe und körpereigene Wirkstoffe.
- Sie sind an der Regulierung fast aller Stoffwechselvorgänge beteiligt.

---

8 Welche Aufgaben erfüllen folgende Mineralstoffe?

Calcium

- Aufbau der Knochen, Zähne und Gewebe
- Mitwirkung bei der Blutgerinnung

Chlor

- Säurebildung im Magen
- Regulierung des Wasserhaushaltes im Gewebe

Eisen	• Bildung des roten Blutfarbstoffes • Bestandteil von Enzymen
Jod	• Bildung des Schilddrüsenwirkstoffes
Kalium	• Steuerung von Reizleitungen und Muskelfunktionen
Magnesium	• Muskelkontraktion • Bestandteil von Enzymen
Natrium	• Aktivierung der Enzyme • Regulierung des Wasserhaushaltes
Phosphor	• Aufbau der Knochen • Mitwirkung beim Funktionieren des Energiestoffwechsels

9 Welche Mangelerscheinungen bzw. Mangelkrankheiten werden durch folgende Vitamine abgewendet?

Vitamin A	• Nachtblindheit sowie Verhärtungen und Funktionsstörungen an den Schleimhäuten
Vitamin B_1	• Krämpfe, Lähmungserscheinungen sowie Abmagerung und Muskelschwund
Vitamin B_2	• Augen- und Hauterkrankungen
Vitamin B_{12}	• Mangel an roten Blutkörperchen sowie verminderte Zellvermehrung
Vitamin C	• Infektionsanfälligkeit, Zahnfleischerkrankungen sowie Frühjahrsmüdigkeit
Vitamin D	• Erweichung bzw. mangelhafte Stabilisierung der Knochen, Rachitis
Vitamin K	• Mangelhafte Gerinnung des Blutes bei Verletzungen

10 Welche Aufgaben hat das Wasser im Körper?

- Es ist Baustoff.
- Es ist Transportmittel.

11 Wodurch können Lebensmittel bei der Verarbeitung in der Küche im Wert gemindert werden?

- Durch übermäßig langes Wässern (Auslaugen von Vitaminen und Mineralstoffen)
- Durch übermäßig langes Erhitzen und Lagern (Vitamine werden zerstört)

12 Warum gelten raffinierte Fette und raffinierter Zucker sowie Erzeugnisse aus geschältem Getreide nicht als vollwertige Lebensmittel?

- Weil ihnen durch das Raffinieren bzw. Schälen wertvolle Vitamine und Mineralstoffe entzogen werden

---

13 Wie viele Kilojoule liefern folgende Nährstoffe?

1 g Kohlenhydrate	• 17 kJ
1 g Fett	• 37 kJ
1 g Eiweiß	• 17 kJ

Kidney Bohnen: ein wichtiger Beitrag für eine ausgewogene Ernährung
DURCHSCHNITTLICHE NÄHRWERTE / 100 g

BRENNWERT	447 kJ / 105 kcal
EIWEISS	9,0 g
KOHLENHYDRATE	16,0 g, davon Zucker 0,7 g
FETT:	0,6 g

---

14 Was versteht man beim Energiebedarf unter folgenden Begriffen?

Grundumsatz	• Energiebedarf bei völliger Ruhe
Leistungsumsatz	• Energiebedarf, der sich aus der jeweiligen körperlichen Belastung ergibt
Gesamtumsatz	• Energiebedarf aus Grundumsatz und Leistungsumsatz

Verdauung der Nährstoffe

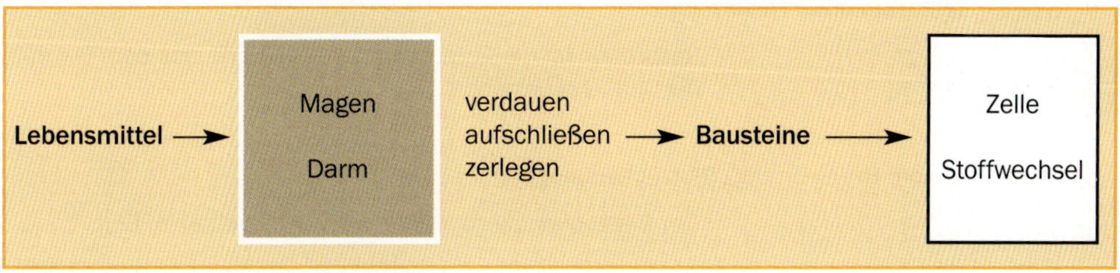

15 Was versteht man unter Verdauung der Nährstoffe?

- Verdauung ist der Abbau der Nährstoffe im Organismus.

---

16 Warum müssen die Nährstoffe in die Bausteine zerlegt werden?

- Nur die kleinsten Bausteine der Nährstoffe können aus dem Darm in den Organismus aufgenommen werden und in den Körperzellen verwertet werden.

---

17 Welches sind die kleinsten Bausteine von

Kohlenhydraten	• Einfachzucker
Fetten	• Glycerin und Fettsäuren
Eiweißstoffen?	• Aminosäuren

18 **Nennen Sie die Verdauungsorgane und jeweils die Organe, die Wirkstoffe liefern.**

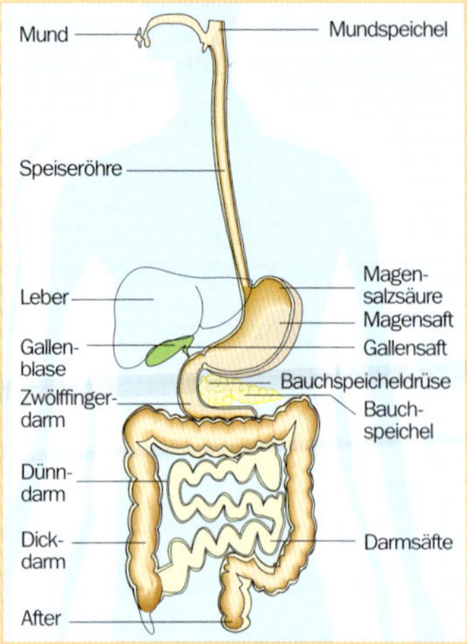

- Mund
  - Mundspeicheldrüse
- Magen
  - Magendrüsen
- Zwölffingerdarm
  - Bauchspeicheldrüse
  - Leber mit Gallenblase
- Dünndarm
- Dickdarm

19 **Welche nährstoffverändernden Wirkungen hat ...**

... die Magensäure?
- Magensäure lässt Eiweißstoffe gerinnen und erhöht dadurch ihre Oberfläche.
- Sie mindert den Keimgehalt.

... die Gallenflüssigkeit?
- Galle emulgiert Fette und erhöht damit ihre Oberfläche.

20 **Was versteht man unter Resorption?**

- Resorption ist die Aufnahme der Nährstoffe aus dem Darm in die Blut- und Lymphbahn.

21 **Erklären Sie die Bezeichnung „Blutzuckerspiegel".**

- Der Blutzuckerspiegel nennt den Zuckergehalt im Blut.

22 **Wie verwertet der Körper zuviel aufgenommene Kohlenhydrate?**

- Kohlenhydrate werden zunächst in Form von Glykogen in der Leber gespeichert.
- Weitere Überschüsse werden in Fett umgewandelt und in Fettdepots eingelagert.

23 **Wann werden Glykogen und Fettdepots zur Energiegewinnung herangezogen?**

- Die Fettdepots liefern Energie, wenn durch körperliche Belastung große Mengen Energie verbraucht werden.

24 **Welche Stoffwechselprodukte fallen bei der Auswertung der Nährstoffe im Organismus an?**

- Wasser und Kohlendioxid bei der Umwandlung aller Nährstoffe
- Harnstoff bei der Umwandlung von Eiweiß

25 Über welche Organe werden folgende Stoffe aus dem Körper ausgeschieden?

Wasser	• Niere, Lunge, Haut
Kohlendioxid	• Lunge
Harnstoff	• Niere

26 Ordnen Sie entsprechend zu:

Enzyme	Stoffwechselvorgänge
(1) Saccharose	Fettabbau
(2) Amylase	
(3) Maltase	Stärkeabbau
(4) Protease	
(5) Zymase	Eiweißabbau
(6) Lipase	

27 In der Ernährung spricht man von Stoffwechsel. Was versteht man darunter?

(1) Das Umsetzen der Ballaststoffe in verwertbare Energie

(2) Das Umsetzen der Nährstoffe in körpereigene Energie

(3) Das Wechseln von tierischer zu pflanzlicher Kost

(4) Das Wechseln von der vegetarischen Kost zur Normalkost

(5) Das Wechseln vorhergehender Beispiele auch in umgekehrter Reihenfolge

28 Was versteht man unter dem Leistungsumsatz des menschlichen Körpers?

(1) Nahrungsmenge, die täglich mindestens aufgenommen werden muss

(2) Energiebedarf für die Grundfunktionen des Körpers

(3) Energiebedarf für die körperliche und geistige Leistung für einen Tag

(4) Nahrungsaufnahme bei Spitzensportlern

(5) Energiebedarf bei vollkommener Ruhe für einen Tag

Der Verdauungsvorgang kann bei schriftlichen Prüfungen auf verschiedene Weise geprüft werden.

➤ Weg durch den Körper als Reihenfolge-Aufgabe

29 **Bringen Sie die folgenden Organe des Verdauungssystems in die richtige Reihenfolge.**

Zwölffingerdarm

Mundhöhle

Dünndarm

Magen

Speiseröhre

Dickdarm

30 **Was versteht man bei der Verdauung unter Resorption?**

1. Die Umwandlung von Stärke in Zucker
2. Die Aufnahme der Nährstoffe in die Blutbahn
3. Den Abbau von Fett in Fettsäuren und Glycerin
4. Die Regulierung des Zuckergehaltes im Blut
5. Den Abbau von Eiweiß

➤ Was geschieht in den einzelnen Organen?

31 **Ordnen Sie entsprechend zu:**

Verdauungsvorgänge	Organe
1 Speisen werden in Aminosäuren zerlegt.	Mund
2 Schädliche Stoffe werden mit Wasser ausgeschieden.	
3 Noch nicht abgebaute Kohlenhydrate werden durch Amylase in Malzzucker gespalten.	Niere
4 Glykogen wird aufgebaut und gespeichert.	
5 Der Stärkeabbau beginnt.	Leber
6 Fett wird abgebaut.	

32 **Welche Aufgabe erfüllen die Nieren im menschlichen Organismus?**

1. Sie bilden Gallenflüssigkeit.
2. Sie wandeln Zucker in Energie um.
3. Sie aktivieren die Enzyme des Stoffwechsels.
4. Sie scheiden Abbauprodukte des Stoffwechsels aus.
5. Sie scheiden Kohlendioxid aus dem Körper aus.

33 Welche beiden Stoffe sind nährstoffabbauende Enzyme?

1. Lipase, Glyzerin
2. Glykogen, Chlorophyll
3. Maltase, Myogen
4. Glykose, Amylase
5. Amylase, Lipase

34 Ordnen Sie entsprechend zu:

Organe	Stoffwechselvorgänge
1 Zwölffingerdarm	Das Enzym Pepsin leitet den Eiweißabbau ein.
2 Mund	
3 Dünndarm	Traubenzucker wird zu Glykogen aufgebaut.
4 Leber	
5 Bauchspeicheldrüse	Aufnahme der zerlegten Nährstoffe
6 Magen	

Ernährung des gesunden und des kranken Menschen

35 Welche Kostformen unterscheidet man?

- Normalkost
- Schonkost
- Aufbaukost
- Reduktionskost

---

36 In welche beiden Kostformen wird die Schonkost unterschieden und welche Bedeutung hat diese Unterscheidung?

- Allgemeine Schonkost
  - als Entlastung bei unspezifischen Beschwerden
- Spezifische Schonkost
  - als Entlastung bei bestimmten krankhaften Beschwerden

---

37 Nennen Sie Regeln für allgemeine Schonkost.

- Keine überhöhte Nahrungsaufnahme
- Die Nahrungsaufnahme soll in kleinen Mengen erfolgen und auf 5 bis 6 Mahlzeiten verteilt sein.
- Die Nahrungsmittel bzw. Speisen sollen leicht verdaulich sein.
- Salz und Gewürze sollen nur in geringen Mengen verwendet werden.

38 Nennen Sie Speisen, die bei allgemeiner Schonkost ...

... empfohlen werden.

- Fettarm zubereitete Teigwaren, Reis und Kartoffeln
- Zartes Gemüse und Obst
- Zartes und fettarmes Fleisch
- Milch, Tee und Obstsäfte

... verboten sind.

- Fetthaltige und ballaststoffreiche Speisen
- Gebratene, gegrillte und frittierte Speisen
- Gepökelte und geräucherte Speisen
- Alkoholhaltige Getränke und Kaffee

---

39 Welche Maßeinheit wird bei Zuckerkrankheit für die täglich erlaubte Kohlenhydratmenge verwendet?

- Broteinheit (BE)

---

40 Wie viel Gramm Kohlenhydrate entsprechen einer Broteinheit?

- Etwa 12 g

---

41 Welche krankhaften Erscheinungen ...

... machen eine Aufbaukost erforderlich?

- Unterernährung

... machen eine Reduktionskost erforderlich?

- Überernährung

---

42 Welches sind die Merkmale einer Aufbaukost?

- Erhöhte Anzahl von Mahlzeiten
- Reich an Nährstoffen, insbesondere Kohlenhydraten
- Reich an Vitaminen und Mineralstoffen
- Leicht verdauliche und appetitanregende Speisen

---

43 Welches sind die Merkmale einer Reduktionskost?

- Geringe Nahrungszufuhr in wenigen Mahlzeiten, ohne Zwischenmahlzeiten
- Reich an Ballaststoffen
- Arm an fett- und kohlenhydratreichen Speisen

44 Ordnen Sie den Nährstoffen die entsprechenden Bestandteile zu:

Bestandteile	Nährstoffe
① Einfachzucker	Fett
② Glykogen und Fettsäuren	
③ Vitamine	Kohlenhydrate
④ Aminosäuren	
⑤ Enzyme oder Fermente	Eiweiß
⑥ Glycerin und Fettsäuren	

45 Ordnen Sie entsprechend zu:

Inhaltstoffe von Lebensmitteln	Aufgaben im Körper
① Eiweiß, Wasser	Ballaststoff
② Vitamine, Zellulose	
③ Zellulose/Rohfaser	Baustoff
④ Kohlenhydrate, Fette	
⑤ Fette, Wasser	Brennstoff
⑥ Ätherische Öle, Eiweiß	

46 Wie reagiert der gesunde Körper auf zu viel aufgenommene Kohlenhydrate und Fette?

① Er wandelt sie in Blutzucker um und speichert sie dann.

② Er wird kurzfristig zu erhöhter Aktivität angeregt.

③ Er verwertet nur die zu seiner Erhaltung notwendigen Energiestoffe.

④ Er speichert sie als Fett.

⑤ Er scheidet sie wieder aus.

47 Ordnen Sie entsprechend zu:

Gerichte	Ernährungsweisen
① Eisbein mit Sauerkraut	Rohkost
② Deutsches Beefsteak mit Pommes frites	
③ Gemischte Salatplatte, Zitrone und Olivenöl	Schonkost
④ Forelle blau mit Salzkartoffeln	
⑤ Rehrücken mit Edelpilzen	Diabetikerkost
⑥ Rumpsteak mit Pommes frites	

48 Welche Aussage verstößt gegen die Regeln der allgemeinen Schonkost?

1. Die verabreichten Speisen sollen abwechslungsreich sein.
2. Nicht zu scharfe Gewürze verwenden.
3. Die verabreichten Speisen sollen leicht verdaulich sein.
4. An Fett soll gespart werden.
5. Höchstens zwei größere Mahlzeiten, damit der Verdauungstrakt nicht zu sehr belastet wird.

49 Welche drei Garverfahren eignen sich für die Zubereitung von Schonkost?

1. Backen, Schmoren, Braten
2. Dünsten, Dämpfen, Kochen
3. Braten, Dünsten, Rösten
4. Grillen, Dünsten, Braten
5. Schmoren, Kochen, Grillen

50 Bei welcher Diät ist auf die Menge des verwendeten Salzes genau zu achten?

1. Leberdiät
2. Gallendiät
3. Nierendiät
4. Magendiät
5. Zuckerdiät

51 Bei welcher Krankheit spielt die Broteinheit (BE) eine wesentliche Rolle?

1. Bei einer Nierenkolik
2. Bei einer Darmentzündung
3. Bei Diabetes
4. Bei einer Leberzirrhose
5. Bei Gallenleiden

52 Welcher Stoff ist bei einem Zuckerkranken in zu geringem Maße vorhanden?

1. Saccharase
2. Amylase
3. Lipase
4. Insulin
5. Inulin

53 Wie müssen Speisen für einen Diabetiker beschaffen sein?

1. Nur fettreich
2. Eiweißreich und fettreich
3. Kohlenhydrat- und fettarm
4. Wenig gewürzt
5. Nur kohlenhydratreich

54 Welche Gruppe von Lebensmitteln ist frei von Ballaststoffen (Faserstoffen)?

1. Wildfleisch, Gemüse, Obst
2. Eier, Milchprodukte, Vollkornbackwaren
3. Hülsenfrüchte, Eier, Geflügelfleisch
4. Milch, Schlachtfleisch, Geflügelfleisch
5. Teigwaren, Backwaren, Salatgemüse

55 Welche Stoffe werden als Ballaststoffe angesehen?

1. Alle unverdaulichen Stoffe
2. In der Nahrung sind keine Ballaststoffe enthalten, da die gesamte Nahrung umgesetzt wird.
3. Ballaststoffe sind die Nahrungsbestandteile, die das Sättigungsgefühl hervorrufen.
4. Das vom Körper ausgeschiedene, überflüssige Wasser
5. Als Ballaststoffe werden die schädlichen Genussmittel bezeichnet.

Berechnungen zur Ernährung

Bei Berechnungen zur Ernährung unterscheidet man zwischen:

Berechnung der Nährstoffe

die Antwort ist dann ...... Kohlenhydrate, Fett oder Eiweiß, die Maßeinheit ist Gramm.

Berechnung des Energiegehaltes

die Antwort ist dann der Energiegehalt, ausgedrückt in ... kJ oder kcal.

Magerquark enthält 14 % Eiweiß. Im Rahmen einer Diät sollen täglich 56 g Eiweiß aufgenommen werden.

56 Wenn man diesen Eiweißbedarf nun mit Magerquark decken will, wie viel Gramm Quark muss man dann essen?

Eine Portion Emmentaler Käse wiegt 150 g. Auf der Packung sind angegeben: Trockenmasse 62 %, Fett 45 % i.Tr.

57 Wie viel Gramm Fett enthält die Portion?

Eine BE (Broteinheit) entspricht 12 g Kohlenhydraten. Trockene Teigwaren enthalten 70 % Kohlenhydrate.

58 Wie viel Gramm Teigwaren entsprechen einer Broteinheit?

Der Kalziumbedarf eines Erwachsenen beträgt 0,9 g Kalzium. In 100 g Dickmilch sind 115 mg Kalzium enthalten.

59 Wie viel % des Tagesbedarfes sind mit 250 g Dickmilch gedeckt?

Die Deutsche Gesellschaft für Ernährung schlägt vor, täglich 30 Gramm Ballaststoffe aufzunehmen. Eine Person isst 120 g Roggenvollkornbrot (100 g enthalten 7 g Ballaststoffe) und 20 g Knäckebrot (100 g enthalten 17 g Ballaststoffe).

60 Wie viel Prozent des empfohlenen Tagesbedarfs sind damit gedeckt?

Nach den Empfehlungen für eine richtige Ernährung sollte der Mensch 55 % seines Energiebedarfs durch Kohlenhydrate decken. 1 Gramm Kohlenhydrate liefert 17 kJ. Ein Mensch hat einen Energiebedarf von 12 000 kJ.

61 Wie viel Gramm Kohlenhydrate muss er zu sich nehmen?

Ein Gast isst ein unpaniertes Schnitzel mit 180 Gramm. Die Nährwerttabelle nennt für 100 g mageres Schweinefleisch folgende Werte: Eiweiß 21 g, Fett 7 g. Eiweiß liefert je Gramm 17 kJ, Fett liefert je Gramm 37 kJ.

62 Wie viel kJ enthält dieses Schnitzel?

Butter enthält 83 % Fett und 1 % Eiweiß. Ein g Fett liefert 37 kJ, 1 g Eiweiß 17 kJ.

63 Wie viel kJ nimmt man mit einer Portion Frühstücksbutter zu sich, wenn diese 25 g wiegt?

3 Grundtechniken der Lebensmittelverarbeitung

Fachbegriffe

Die Grundstufe Ihrer Ausbildung sieht den Lernbereich Küche vor. Für die speziellen Arbeiten in der Küche gibt es eine Reihe von Fachbegriffen. Diese muss man kennen, um Arbeitsanweisungen richtig ausführen zu können aber auch, um den Gast fachlich richtig zu beraten. Hier „echte" Fachwörter. Was man unter Schneiden oder Abwiegen versteht, das z. B. weiß doch ohnehin jeder.

1 Erklären Sie folgende Fachbegriffe und suchen Sie dazu je ein Beispiel.

Ausbrechen
- Entfernen der Knochen bei gegartem Geflügel und
- Herausnehmen der genießbaren Teile bei gegarten Krustentieren.

Auslösen
- Fleisch von den Knochen ablösen, ausbeinen, z. B. Roastbeef vom Rückenknochen abtrennen.

Blanchieren
- Kurzes Abwällen oder Überbrühen mit heißem Wasser, um die Beschaffenheit zu lockern oder die Farbe zu erhalten, z. B. Spinat.

Filetieren
- Bei Fischen das Ablösen der Filets, bei Orangen das Herausschneiden des Fruchtfleisches.

Dressieren
- Allgemein übersetzt bedeutet es, Lebensmittel in Form bringen. Es wird angewandt bei der Arbeit mit dem Spritzsack (Dressiersack).

Marinieren
- Einlegen in säurehaltige Flüssigkeit, um den Geschmack zu verbessern, z. B. Rindfleisch für Sauerbraten, Salate von gekochten Gemüsen.

Panieren
- Umhüllen von (meist portionierten) Lebensmitteln z. B. mit Ei oder Paniermitteln, z. B. Wiener Schnitzel.

Plattieren
- Flach- oder Breitklopfen von Fleischscheiben vor dem Braten, mit dem Ziel, das Fleisch zarter zu machen, z. B. Schnitzel oder Koteletts.

Parieren
- Zurechtschneiden; Fett und Sehnen vor dem Garen abtrennen.

Spicken
- Einziehen von Speckstreifen in mageres Fleisch, um dieses saftiger zu machen, z. B. Schmorbraten, Rehrücken.

Tournieren
- Formgeben, zuschneiden kleinerer Stücke von Gemüse oder Kartoffeln, z. B. Olivenkartoffeln.

Tranchieren
- Schneiden von Portionsstücken oder Scheiben (Tranchen), z. B. Entrecôte double.

So kann das bei einer schriftlichen Prüfung aussehen.

2 Welcher Fachausdruck beschreibt das Zuschneiden von Kartoffeln in eine ovale Form?

1. Lardieren
2. Passieren
3. Tournieren
4. Bardieren
5. Nappieren

Geräte

3 Warum ist die Garzeit im Drucktopf kürzer als in einem üblichen Topf?

- Bei höherem Druck steigt die Siedetemperatur höher als 100 °C, meist auf etwa 120 °C. Bei höherer Temperatur laufen die Garvorgänge rascher ab.

---

4 Warum darf in ein Mikrowellengerät kein Metallgeschirr gestellt werden?

- Metallgefäße können von Mikrowellen nicht durchdrungen werden. Darum werden die Speisen nicht erwärmt, das Magnetron kann zerstört werden.

---

5 Ordnen Sie die Nummern der Abbildungen dem entsprechenden Fachbegriff zu:

1 

2 

3 

4 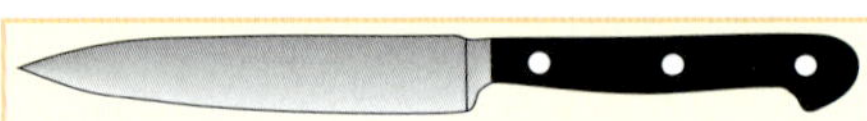

5 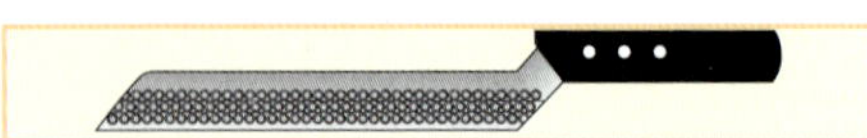

6 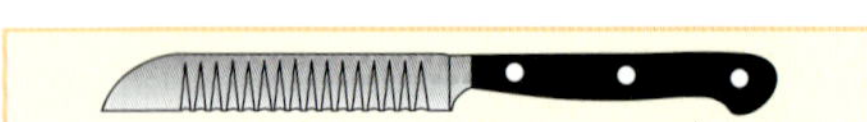

7 

Buntschneidemesser

Palette

Ausbeinmesser

Käsemesser

Tourniermesser

6 Wozu verwendet man ein Officemesser?

1. Um Fleisch auszubeinen
2. Als Ersatzmesser für den Fleischwolf
3. Für alle Arbeiten im Service
4. Zum Zerteilen einer Forelle
5. Für kleine Gemüsevorbereitungen

5

7 Ordnen Sie den Zerkleinerungszielen die entsprechende Schneidemaschine zu.

Schneidemaschinen	Zerkleinerungsziele	
1 Aufschnittmaschine	Scheiben schneiden	1
2 Fleischwolf mit grober Scheibe		
3 Schälmaschine	Schroten	2
4 Steaker		
5 Würfelschneider	Pürieren, Brei herstellen	6
6 Mixer		

8 Was bedeutet Gastro-Norm?

1. Portionen nach normgerechten Rezepten
2. Normierung aller Gläser für den Ausschank
3. Vereinigung von Wirten, die für die Einführung von Normen sind
4. Arbeiten nach normierten Verfahren
5. Normen für alle Einsätze im Bereich der Küche

5

9 Ordnen Sie den Küchengeräten die Fachbegriffe zu.

Fachbegriff	Küchengerät
1 Braisière	
2 Poissonnière	
3 Sautoir	
4 Marmite	
5 Rôtissoire	
6 Sauteuse	

4

2

1

10 **Wozu verwendet man in der Küche einen Salamander?**

1. Zum Warmhalten von Speisen
2. Zum Flambieren
3. Zum Aufbacken von Brötchen
4. Zum Grillen von Fleischscheiben
5. Zum Überbacken oder Gratinieren

5

11 **Nach welchem Prinzip wird in Konvektomaten gegart? Durch Garen ...**

1. Mit Dampf unter Druck
2. Mit Mikrowellen
3. Mit Unterdruck
4. In Fett
5. Mit umgewälzter Heißluft

5

12 **Fritteusen haben unter der Heizschlange einen freien Raum, den man Kaltzone nennt. Wozu dient diese?**

1. Sie verhindert das Schäumen des Frittierfettes.
2. Sie verhindert das Verbrennen des Frittierfettes.
3. Sie verhindert zu starkes Bräunen des Frittierfettes.
4. Sie verhindert das Ranzigwerden von Fetten.
5. Sie verhindert das Verbrennen der Backreste.

5

13 **Welche Arbeitsanweisung zur Pflege einer Fritteuse ist richtig?**

1. Wenn das Fett zu schäumen beginnt, muss neues Fett zugegeben werden.
2. Leere Fritteusen sollten nur mit festem Fett aufgefüllt werden, damit die Hitzeschlangen besser wirken.
3. Rückstände an Heizschlangen müssen abgekratzt werden.
4. Der Bodensatz in der Kühlzone sollte täglich entfernt werden.
5. Vor dem Neubefüllen mit Fett gründlich mit einem spülmittelhaltigen Wasser ausspülen.

4

14 **Welche Aussage zum Mikrowellengerät ist richtig?**

1. Je geringer der Wassergehalt, desto kürzer die Garzeit.
2. Kochgeschirr aus Metall wirft die Mikrowellen zurück.
3. Große Portionen können besonders günstig erwärmt werden.
4. Mikrowellen erwärmen das Kochgeschirr, dieses leitet die Wärme an die Speisen.
5. Metalltöpfe sind für Mikrowellengeräte am besten geeignet.

2

Vorbereitung

15 Beim Vorbereiten von Lebensmitteln sind bestimmte Grundsätze zu beachten. Begründen Sie die folgenden Regeln.

Gemüse kurz, aber gründlich waschen.

- Durch das Waschen erzielt man hygienisch einwandfreie Rohstoffe, Auslaugverluste sollen aber vermieden werden.

Gemüse erst waschen, dann zerkleinern.

- Beim Zerkleinern wird die Oberfläche größer, die Auslaugverluste werden dadurch höher.

Vorbereitete Rohstoffe kühl und abgedeckt lagern.

- Bei Licht und Wärme laufen Abbauvorgänge in Lebensmitteln rascher ab, Verderb tritt schneller ein.

Garverfahren

16 Welche Arten von Wärmeübertragung unterscheidet man bei der Zubereitung von Speisen? Nennen Sie dazu je ein Beispiel.

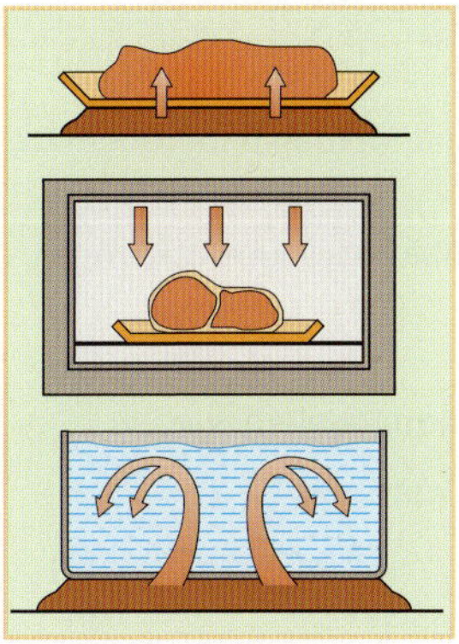

- Kontaktwärme:
  Die Wärme geht in direktem Kontakt auf die Speisen über,
  - in der Pfanne wird z. B. das Schnitzel gebraten,
  - am Kontaktgrill wird das Steak zubereitet.
- Strahlungswärme:
  Die Wärme strahlt z. B. von der Wand des Herdrohres auf das Gargut, z. B. auf den Kuchen oder das Spanferkel.
- Konvektion oder Umwälzung:
  Die Wärme wird von der Luft übertragen, darum können in einem Garraum mehrere Ebenen ausgenutzt werden, z. B. mehrere Bleche Plätzchen, die zur gleichen Zeit gebacken werden.

17 Wodurch unterscheiden sich die Garverfahren Kochen und Dämpfen?

- Beim Kochen wird in kochender Flüssigkeit gegart. Beim Dämpfen ist das Gargut von Dampf umgeben. Beim Dämpfen sind die Auslaugverluste geringer.

18 Wie unterscheiden sich Braten in der Pfanne vom Braten im Ofen?

- Beim Braten in der Pfanne wirkt die Wärme nur von einer Seite. In der Pfanne werden zarte Portionsstücke von Fleisch, Geflügel, Wild und Fischen gegart. Meist kurze Garzeit.
- Beim Braten im Ofen wirkt die Wärme von allen Seiten. Im Ofen werden vor allem größere Stücke gegart. Meist längere Garzeit.

19 **Nennen Sie besondere Merkmale des Grillens.**

- Beim Grillen wirkt eine starke Wärme in direktem Kontakt (Grillplatte) oder als Strahlungswärme (am Spieß).
- Grillen eignet sich nur für zarte und saftige Stücke.

---

20 **Beschreiben Sie die folgenden Verfahren des Garmachens und nennen Sie Beispiele.**

Sautieren oder Schwenken

- Sautieren ist eine besondere Form das Kurzbratens. Zarte Lebensmittel werden in der Pfanne erhitzt und durch Schwenken gewendet:
  - zarte Fleischstücke
  - Kartoffeln (Schwenkkartoffeln), Gemüsestücke

Pochieren oder Garziehen

- Beim Pochieren bleibt die Flüssigkeit unter dem Siedepunkt, das Wasser sprudelt nicht. Das Garverfahren eignet sich besonders für zarte Rohstoffe wie verlorene/pochierte Eier, Eierstich/Royal oder Klöße.

Glasieren oder Überglänzen

- Gedünstetes Gemüse in dem sirupartig eingekochten Fond schwenken und dadurch überglänzen:
  - glasierte Karotten
  - glasierte Maronen

Gratinieren oder Überbacken

- Speisen, die bereits gegart sind, werden unter Oberhitze kurz überbacken.
  - gedünstetes Gemüse, mit Mornaysauce überzogen, dann überbacken

---

21 **Speisen müssen oftmals zwischen Zubereitung und Verzehr warmgehalten werden.**

Welche Möglichkeiten hat die Küche? Welche Geräte kann sie nutzen?

- Bain-marie oder Wasserbad
- Infrarotlampe oder Wärmestrahler

Wie werden die Speisen am Tisch des Gastes warmgehalten?

- Rechaud

Die richtige Beschreibung der einzelnen Garverfahren kann so abgefragt werden.

22 **Was versteht man unter Pochieren oder Garziehen?**

1. Garen durch Wasserdampf bei etwa 110 °C
2. Garen durch heißes Fett bei etwa 175 °C
3. Garen durch heißes Fett und Wasserdampf bei 100 °C
4. Garen in umgebender Flüssigkeit bei 100 °C
5. Garen in umgebender Flüssigkeit unter 100 °C

5

23 Was versteht man unter dem Garverfahren Sautieren?

(1) Garen in viel Wasser bei Kochtemperatur

(2) Garen in viel Fett bei niederer Temperatur

(3) Garen in Strahlungswärme bei niederer Temperatur

(4) Garen in wenig Fett bei hoher Temperatur

(5) Garen in Dampf bei Kochtemperatur

4

Die Erklärung von Garverfahren kann auch in Aufgabengruppen zusammengefasst werden.

24 Ordnen Sie die Erklärungen den Garverfahren zu.

Erklärung	Garverfahren	
(1) Unter 100 °C garen	Poëlieren	6
(2) In Dampf garen		
(3) In kräftig sprudelnder Flüssigkeit garen	Schmoren	5
(4) Ohne Fett oder mit wenig Fett durch Kontaktwärme garen		
(5) Anbraten und in Flüssigkeit weitergaren	Grillen	4
(6) In Butter dünsten, dann bräunen, mit wenig Fond ablöschen		

Umgekehrt müssen die Garverfahren den entsprechenden Fleischgruppen zugeordnet werden.

25 Ordnen Sie die Garverfahren den Fleischgruppen zu.

Garverfahren	Fleischgruppe	
(1) Frittieren	Putenschnitzel, Hühnerbrust	5
(2) Kochen		
(3) Dämpfen	Wiener Backhähnchen, Gefügelkroketten	1
(4) Braten im Rohr		
(5) Braten in der Pfanne	Geflügelklein, Suppenhuhn	2
(6) Schmoren		

Werterhaltung von Lebensmitteln

Zwischen der Ernte oder der Gewinnung von Lebensmitteln und dem Verzehr sind geringere oder größere Zeitabstände zu überbrücken. In dieser Zeitspanne sollen die Werte eines Lebensmittels erhalten bleiben, die Qualität soll nicht absinken.

26 Welches sind die Hauptursachen für den Verderb von Lebensmitteln?

- Mikroben, die den Lebensmitteln anhaften.
- Enzyme, die in den Lebensmitteln enthalten sind.

27 Durch welche Maßnahmen können die unerwünschten Veränderungen eingeschränkt werden?

Man verschlechtert die Lebensbedingungen der Verderbniserreger. z. B. durch ...

- ... Entzug der Wärme,
- ... Verringerung des aktiven/freien Wassers.

---

28 Welche Verfahren können angewandt werden, um den Anteil an aktivem Wasser zu verringern? Nennen Sie jeweils ein Beispiel.

- Trocknen, z. B. bei Getreide, Rosinen, Bohnenkernen
- Zuckern, z. B. kandierte Früchte, Fruchtsirup
- Salzen/Pökeln, z. B. Matjeshering, Schinken
- Tiefkühlen, denn Eis ist nicht mehr aktives Wasser

---

29 Lebensmittel können zur Verlängerung der Haltbarkeit pasteurisiert oder sterilisiert werden. Beschreiben Sie den Unterschied.

- Beim Pasteurisieren werden die Lebensmittel keimarm gemacht; sie sind darum nur begrenzt haltbar.
- Beim Sterilisieren werden alle Keime zerstört; darum sind die Lebensmittel lange haltbar.

---

30 Warum sollen Lebensmittel aus unlackierten Weißblechdosen nach dem Öffnen in ein anderes Geschirr umgefüllt werden?

- Säurehaltige Lebensmittel reagieren mit dem ungeschützten Blech und können sich dabei verändern.

---

31 Was versteht man unter einer Tiefkühlkette?

- Die Tiefkühlkette ist die ununterbrochene Tiefkühlung der Lebensmittel von der Produktion bis zum Verbrauch.

---

32 Warum darf die Tiefkühlkette nicht unterbrochen werden?

- Wird die Tiefkühlung unterbrochen, tauen die Lebensmittel an. Dabei kommt es immer zu einer Qualitätsminderung, oft auch zum Verderb.

---

33 Warum muss Tiefkühlware verpackt sein?

- Unverpackte Ware trocknet an der Oberfläche aus. Es kommt zum Gefrierbrand. Das ist ein Qualitätsmangel, der die Verwendung einschränkt.

34 Eine Packung mit Tiefkühlware, z. B. Shrimps, enthält viel „Schnee". Worauf ist das zurückzuführen?

- Wenn die Lagertemperatur stärker schwankt, tritt aus den Lebensmitteln besonders viel Wasser aus, das dann den Schnee bildet. Es handelt sich um einen Qualitätsmangel.

35 Ordnen Sie die Konservierungsverfahren den entsprechenden Maßnahmen zu.

Konservierungsverfahren	Maßnahmen	
(1) Säuern	Durchkochen auf über 100 °C	3
(2) Tiefkühlen		
(3) Sterilisieren	pH-Wert senken	1
(4) Kühlen		
(5) Trocknen	Erhitzen auf mindestens 72 °C	6
(6) Pasteurisieren		

36 Ordnen Sie den Lagertemperaturen die entsprechenden Lebensmittel zu.

Lebensmittel	Temperaturen	
(1) Mehl und Zucker	Bei 0 bis + 4 °C	2
(2) Frischfleisch		
(3) Fassbier	Bei + 6 °C bis + 8 °C	3
(4) Tiefgekühltes Geflügel		
(5) Wein	Bei – 18 °C	4
(6) Ölsardinen		

37 Ordnen Sie den Lebensmitteln die geeigneten Konservierungsverfahren zu.

Konservierungsverfahren	Lebensmittel	Lösung
(1) Pökeln und Räuchern	Roher Schinken	1
(2) Eindicken oder Reduzieren		
(3) Marinieren	Mixed Pickles	3
(4) Kandieren		
(5) Trocknen	Bohnenkerne	5
(6) Pasteurisieren		

38 Welche Auswirkungen hat die Gefriergeschwindigkeit auf die Lebensmittel?

(1) Langsames Abkühlen schont die Lebensmittel.
(2) Langsames Abkühlen lässt bei späterem Auftauen weniger Tauverlust entstehen.
(3) Je schneller die Abkühlung, desto kleiner die Eiskristalle.
(4) Je schneller die Abkühlung, desto größer die Eiskristalle.
(5) Sehr schnelles Abkühlen macht keimfrei.

(Antwort: 3)

Rezeptberechnungen

Ein Grundrezept für Windbeutel ergibt 25 Stück. Für ein Sonderessen werden 140 Windbeutel benötigt.

39 Berechnen Sie die Umrechnungszahl.

Ein Rezept für 50 Markklößchen verlangt 400 g Rindermark. Es sollen 120 Markklößchen hergestellt werden.

40 Ermitteln Sie die Umrechnungszahl.

41 Wie viel g Rindermark müssen bereitgestellt werden?

Mürbeteig wird hergestellt aus 1 Teil Zucker, 2 Teilen Fett und 3 Teilen Mehl. Sie sollen Mürbeteig aus 5 kg Fett herstellen.

42 Wie viel kg Zucker und Mehl sind abzuwiegen?

Ein Kochbuch für regionale Spezialitäten nennt für „Bauernsuppe“ die Menge für vier Portionen. Sie wollen diese Suppe in das Spezialitätenprogramm aufnehmen.

43 Berechnen Sie die Umrechnungszahl für 10 Portionen.

4 Lebensmittel und Speisen

4.1 Suppen, Saucen und Butterzubereitungen

1 Welche Gruppen von Suppen werden unterscheiden? Nennen Sie vier Gruppen.

- Klare Suppen
- Gebundene Suppen
- Spezialsuppen
- Regionalsuppen
- Nationalsuppen
- Kalte Suppen

2 Ein Gast bittet Sie, den Unterschied zwischen Fleischbrühen und Kraftbrühen zu erklären.

- Wenn Fleischbrühe durch einen zweiten Ansatz mit Klärfleisch im Geschmack verstärkt und geklärt wird, spricht man von Kraftbrühe.

3 Eine Nationalsuppe wird wie folgt beschrieben: „Suppe mit Fleisch von verschiedenen Fischen sowie Muscheln und Krebstieren."
Um welche Suppe handelt es sich?

(1) Borschtsch
(2) Bouillabaisse
(3) Gazpacho
(4) Minestrone
(5) Mock Turtle Soup

2

4 Welche drei Gruppen von hellen gebundenen Suppen können Sie empfehlen?

- Samtsuppen
- Rahmsuppen
- Cremesuppen
- Püreesuppen

5 Wie wird die Bindung bei a) Samtsuppe und b) bei Cremesuppe erreicht?

- helle Mehlschwitze und Legierung
- helle Mehlschwitze

6 Nennen Sie drei typische Regionalsuppen.

- Flädlesuppe
- Münchner Leberknödelsuppe
- Schwäbische Brotsuppe
- Aalsuppe
- Westfälische Bohnensuppe

7 Ordnen Sie die Fachbegriffe für Suppeneinlagen den deutschen Übersetzungen zu.

1. Brunoise
2. Julienne
3. Célestine
4. Profiteroles
5. Royal
6. Paysanne
7. Croûtons

- Backteigkrapfen
- Gemüsestreifen
- Eierstich

8 Welche Beschreibung passt zu Kaltschalen?

1. Pürierte Früchte mit Läuterzucker, Wein und Zitronensaft gut gekühlt
2. Aus Rinderknochen hergestellte kalte Kraftbrühe
3. Pürierte Früchte mit kalter Buttermilch
4. Pürierte Früchte mit kaltem Joghurt
5. Kalte Suppe mit Gurke, Tomate, Paprika, Zwiebeln, Knoblauch und Croûtons

9 Zu welchem Gericht empfehlen Sie …

… holländische Sauce: • Gemüse, Eierspeisen, gedünstete Fischgerichte

… Meerrettichsauce: • gekochtes Rindfleisch

… Remouladensauce: • gebackener Fisch, kalter Braten

10 Ordnen Sie die Saucen den entsprechenden Grundsaucen zu.

1. Robertsauce
2. Béarner Sauce
3. Remouladensauce
4. Mornaysauce
5. Geflügelsamtsauce

- Holländische Sauce
- Mayonnaise
- Béchamelsauce

**11 Für eine Gemüseplatte wird der Blumenkohl mit einer Sauce Mornay überzogen und anschließend im Salamander überbacken.
Wie lautet der Fachbegriff für das Überbacken?**

1. Nappieren
2. Garnieren
3. Lardieren
4. Bardieren
5. Gratinieren

12 Für Feldsalat wird eine Sauce aus folgenden Zutaten hergestellt: Wein- oder Kräuteressig, Öl, Salz, Pfeffer, frische Kräuter und feine Zwiebelwürfel. Um welche Sauce handelt es sich?

(1) Sauce Cumberland
(2) Sauce béarnaise
(3) Sauce remoulade
(4) Sauce vinaigrette
(5) Sauce tatare

4

13 Ordnen Sie den Saucen die entsprechenden Zutaten zu.

(1) flüssige Sahne
(2) Rotwein
(3) Gemüsewürfel
(4) Weißwein
(5) Tomatenmark
(6) Meerrettich
(7) Sardellen

Meerrettichsahne	6
Cumberlandsauce	2
Remouladensauce	7

14 Welche Sauce passt gut zu kaltem Wild?

(1) Meerrettichsahne
(2) Pfefferminzsauce
(3) Chantillysauce
(4) Cumberlandsauce
(5) Choronsauce

4

15 Um welche Buttermischung handelt es sich, wenn folgende Zutaten verwendet werden?

Worcestersauce, Zitronensaft	• Müllerinbutter
Zwiebelwürfel	• Zwiebelbutter
Butter hat goldgelbe bis hellbraune Farbe	• Nussbutter
Semmelbrösel	• Bröselbutter
Estragon, Petersilie, Zitronensaft u. Fleischextrakt	• Colbertbutter
Schalotten, viele Kräuter	• Kräuterbutter
Knoblauch, Schalotten, Petersilie, Zitronensaft, Worcester Sauce	• Schneckenbutter

16 **Ordnen Sie die Buttermischungen den Gerichten zu.**

1. Schneckenbutter
2. Nussbutter
3. Bröselbutter
4. Müllerinbutter
5. Zwiebelbutter
6. Colbertbutter
7. Kräuterbutter

ganze Seezunge, paniert	6
Forelle blau	2
gebratenes Rinderfilet	7

Da Sie einen Beruf erlernen, den Sie weltweit ausüben können, sind die englische und französische Sprache für Sie von besonderer Bedeutung. Die wichtigsten Vokabeln sollten Ihnen in jedem Fall geläufig sein, damit Sie mit dem Gast sprechen und ihn kompetent beraten können.

17 **Ordnen Sie die fremdsprachigen Begriffe den deutschen Übersetzungen zu.**

1. Clarified soup
2. Sauce chasseur
3. Meat stock
4. Sauce mousseline
5. Beurre aux fines herbes
6. Soup

Jägersauce	2
Suppe	6
Kräuterbutter	5
Fleischbrühe	3
Kraftbrühe	1
Schaumsauce	4

4.2 Gemüse, Salate und Pilze

1 **Warum ist Gemüse für die menschliche Ernährung bedeutsam?**

1. Weil es viele Vitamine, Mineralstoffe und Ballaststoffe enthält.
2. Weil es viele Vitamine, Mineralstoffe und Zweifachzucker enthält.
3. Weil es viele Vitamine, Mineralstoffe und Fett enthält.
4. Weil es viele Vitamine, Mineralstoffe und Glucose enthält.
5. Weil es viele Vitamine, Mineralstoffe und essenzielle Aminosäuren enthält.

1

2 **Warum ist Gemüse für eine energiereduzierte Kost besonders geeignet?**

- Es enthält wenig energieliefernde Nährstoffe wie Kohlenhydrate und Fette.

3 **Welche besondere Bedeutung haben die Ballaststoffe für die menschliche Ernährung?**

1. Sie fördern den Abbau des Blutglucosespiegels.
2. Sie fördern das Immunsystem.
3. Sie wirken verdauungsanregend.
4. Sie hemmen die Bildung von Magensäure.
5. Sie senken den Blutdruck.

3

4 **In welcher Gruppe von Nahrungsmitteln finden sich nur Hülsenfrüchte?**

1. Rote Bohnen, Borschtsch
2. Serbische Bohnensuppe, Lauchcremesuppe
3. Linsensuppe, Erbsenpüree
4. Kidneybohnen, Zwiebelsuppe
5. Maissalat, Sprossen von Mungobohnen

3

5 **Nennen Sie drei Gemüse, die als eigenständiges Gericht Bedeutung haben.**

- Spargel
- Artischocken
- Blumenkohl

---

6 **Auf der vegetarischen Karte steht *Blumenkohl nach polnischer Art.* Erklären Sie.**

1. Gemüse mit in Butter gerösteten Semmelbröseln und gehacktem Ei, mit gehackter Petersilie garniert.
2. Gemüse mit geriebenem Käse überbacken.
3. Gemüse mit Butterstückchen belegt.
4. Gemüse in sirupartig eingekochtem Dünstfond geschwenkt.
5. Gemüse in Mehl gewendet, paniert und in Backteig ausgebacken.

1

7 **Im Restaurant werden Sie gebeten, Beilagen bestimmten Gerichten zuzuordnen.**

(1) Bohnen		
(2) Pfifferlinge	Lammbraten	1
(3) Spargel		
(4) Rotkohl	Seezungenfilets	3
(5) Champignons		
(6) Erbsen	Eisbein	7
(7) Sauerkraut		

8 Welche Öle werden für Salatsaucen verwendet?

Öle aus …

- Sonnenblumen
- Oliven
- Maiskeimlingen
- Erdnüssen
- Traubenkernen
- Walnüssen

---

9 In welchem Mengenverhältnis werden im Allgemeinen Essig und Öl verwendet?

- 1 Teil Essig und 2 Teile Öl

---

10 Nennen Sie fünf Beispiele für Blattsalate.

- Kopfsalat
- Endivie
- Feldsalat
- Löwenzahn
- Chinakohl
- Eissalat
- Eichblattsalat
- Frisée
- Radicchio
- Rucola

---

11 Worauf muss man bei der Zusammenstellung von Blattsalaten achten?

- Sie müssen sich farblich und geschmacklich voneinander abheben.

---

12 Nennen Sie drei Gerichte, zu denen Kartoffelsalat gereicht wird.

- Fisch paniert und gebraten
- Wiener Schnitzel
- Cordon bleu

---

13 Zum Verzehr der Salate wird vom Gast vorwiegend eine Gabel benutzt. Was muss man daher in der Küche bei der Vorbereitung beachten?

- Salatteile mundgerecht zerkleinern

---

14 Sie sollen einen gemischten Blattsalat herstellen. Bringen Sie die dazu erforderlichen Arbeitsschritte in die richtige Reihenfolge.

Bis zum Bedarf kühl aufbewahren.	4
Gründlich vom Waschwasser befreien und in mundgerechte Stücke zerteilen.	3
Blattsalate von welken Teilen befreien, Strunk und Blattrippen entfernen.	1
Bei Abruf mischen, Marinade zugeben und anrichten.	5
Waschen, dabei nicht zu lange im Wasser liegen lassen.	2

15 Für ein Extraessen um 19 Uhr sollen als Vorspeise verschiedene frische Blattsalate gereicht werden.
Wann sollen die Salate angemacht werden?

1. Um 17:30 Uhr, damit die Marinade einziehen kann und der Geschmack voll zur Geltung kommt.
2. Um 17:30 Uhr, damit das Öl die fettlöslichen Vitamine herauslösen kann.
3. Kurz bevor der Salat serviert wird, damit die Blattsalate knackig frisch bleiben.
4. Um 17:30 Uhr, damit die Faserstoffe quellen können und somit leichter verdaulich sind.
5. Um 17:30 Uhr, damit sich das Nitrat in den Blattstielen zersetzen kann.

3

16 Ein Gast bittet um eine Empfehlung für die Kombination eines Rohkostsalates.
Was empfehlen Sie?

1. Karotten, Artischocken, Schwarzwurzeln
2. Karotten, Sellerie, Kohlrabi
3. Karotten, Bohnen, Paprika
4. Rote Bete, Brokkoli, Gurken
5. Blumenkohl, Radieschen, Auberginen

2

17 Sie sollen als Vorspeise einen Rohkostsalat aus in Streifen geschnittenen Äpfeln und Karotten herstellen.
Wie bereiten Sie das Gemüse fachgerecht zu?

1. Man legt es ungeschält und geschnitten in Eiswasser.
2. Man pochiert es kurz.
3. Man legt es ungeschält in lauwarmes Wasser, um die Bitterstoffe zu entfernen.
4. Man wäscht es kurz und unzerkleinert mit kaltem Wasser.
5. Man legt es geschält für kurze Zeit in kaltes Wasser.

4

4.3 Obst

1 Warum ist Obst für unsere Ernährung so wichtig?

1. Hoher Fettgehalt
2. Geringer Gehalt an Ballaststoffen
3. Hoher Eiweißgehalt
4. Hoher Sättigungswert
5. Hoher Gehalt an Vitaminen und Mineralstoffen

5

2 **Warum können Sie frisches Obst für eine leichte Vollkost und Schonkost empfehlen?**

- Obst enthält nur leicht verdauliche Kohlenhydrate.

---

3 **Warum beginnt man bei der Zubereitung von Salat mit frischen Früchten mit den Zitrusfrüchten?**

- Zitrusfrüchte enthalten reichlich Fruchtsäuren; diese verhindern das Braunwerden anderer Obstsorten (z. B. Äpfel).

4 **Welche Gruppe von Stoffen verursacht das Braunwerden von rohen Apfel- und Birnenschnitzen?**

1. Bakterien und Mineralstoffe
2. Vitamine und Sauerstoff
3. Mikroben und Disaccharide
4. Enzyme und Sauerstoff
5. Enzyme und Wasser

5 **Am Frühstücksbüfett werden Obsterzeugnisse eingesetzt.**
Klären Sie die folgenden Fachbegriffe.

Gelee	Gekocht aus Fruchtsaft mit Zucker
Konfitüre	Gekocht aus Fruchtstücken oder Fruchtmus mit Zucker
Marmelade	Gekocht aus Zitrusfrüchten (Saft und Schale) mit Zucker
Obstkraut	Stark eingedampfter Saft von Äpfeln oder Birnen ohne Zucker
Rosinen	Getrocknete Weinbeeren
Dunstobst	Gekocht aus Fruchtstücken mit Wasser ohne Zucker

---

6 **Nennen Sie drei Beispiele, in denen Obst als eigenständiges Gericht zählt.**

- Kalte Vorspeise, z. B. marinierte Melone
- Kaltschale, z. B. Erdbeerkaltschale
- Dessert, z. B. Salat von frischen Früchten

4.4 Kartoffeln

1 Benennen Sie die beiden abgebildeten Kartoffelzubereitungen.

1 Dauphinekart.

2 Lorettekartoffeln

2 Welche Form haben Pariser Kartoffeln?

1 Birnenform
2 Rosettenform
3 Kugelform
4 Halbmondform
5 Stäbchenform

3

3 Für welche Kartoffelzubereitung gilt folgende Arbeitsanweisung: „In der Schale gekochte Kartoffeln geschält und unzerkleinert in der Pfanne braten."

1 Mandelkrusteln
2 Rissoléekartoffeln
3 Lyoner Kartoffeln
4 Schlosskartoffeln
5 Savoyardkartoffeln

2

4 Ordnen Sie die Beispiele den Möglichkeiten der Fertigstellung zu.

1 Bouillonkartoffeln
2 Streichholzkartoffeln
3 Pariser Kartoffeln
4 Annakartoffeln
5 Kartoffelpüree
6 Schaumkartoffeln
7 Schmelzkartoffeln

im Fettbad gebacken	2
in der Pfanne gebraten	3
mit Flüssigkeit im Ofen gegart	7

5 Ein Tellergericht mit Pommes frites wird mit einer Cloche warm gehalten. Welcher Fehler kann entstehen?

- Unter der Cloche bildet sich Kondenswasser, das die knusprige Oberfläche der Kartoffeln aufweicht.

Die meisten Kartoffelzubereitungen werden bestimmten Gerichten zugeordnet. Üblicherweise wird man zu einem Gericht die passende Kartoffelbeilage suchen, doch man kann auch anders herum fragen: Welches Gericht passt zu einer bestimmten Kartoffelzubereitung?

6 Ordnen Sie den Kartoffelzubereitungen die passende Gerichte zu.

1 Kalbsrückensteak	Bouillonkartoffeln	5
2 Lammkeule, rosa		
3 Forelle blau	Savoyardkartoffeln	2
4 Sauerbraten		
5 Rinderbrust, gekocht	Kartoffelklöße	4
6 Brathähnchen		

7 Nennen Sie zu jeder Zubereitung zwei passende Kartoffelbeilagen.

Steak vom Rind
- Dauphinekartoffeln
- Streichholzkartoffeln

Braten vom Schwein
- Semmelknödel
- Lorettekartoffeln

Gebratener Fisch
- Schlosskartoffeln
- Würfelkartoffeln

4.5 Getreide

1 Nennen Sie sechs verschiedene Getreidearten.

- Weizen
- Roggen
- Gerste
- Hafer
- Hirse
- Mais
- Grünkern und Dinkel

Einem Begriff können auch mehrere Eigenschaften zugeordnet werden.

2 Ordnen Sie zu.

1 Dunkle Farbe
2 Helle Farbe
3 Hohe Typenzahl
4 Höherer Stärkeanteil
5 Mehr Vitamine und Mineralstoffe
6 Mehr Ballaststoffe

Vollkornmehl	1 3 5 6
Auszugsmehl	2 4

3 Aus welcher Getreideart werden Graupen hergestellt?

- Gerste

4 Durch welche Zutaten können Nudeln grün oder rot gefärbt werden?

- Spinatpüree
- Rote-Bete-Saft

5 Wie sollen Teigwaren gegart werden?

- In gesalzenem Wasser nur so lange kochen, bis sie noch Biss haben (al dente sind).

6 Was versteht man unter Parboiled Reis?

- Dieser Reis wird mit Dampf und Druck vorbehandelt. Dabei wandert ein großer Teil der Wirkstoffe in das Innere des Korns. Zugleich wird der Reis kochfester und klebt daher beim Garen nicht so leicht.

7 Ordnen Sie entsprechend zu.

1 Das Reiskorn ist nur von seiner äußersten Hülle befreit.
2 Der Reis wird durch ein besonderes Verfahren gebleicht.
3 Der Reis wird bei großer Hitze geröstet.
4 Der Reis wird besonders gründlich gewaschen.
5 Der Reis wird mit Dampf und Druck behandelt.
6 Der Reis wird geschält und poliert.

Weißreis	6
Braunreis	1
Parboiled Reis	5

8 Nennen Sie vier typische Gerichte, zu denen Reis als Beilage gereicht wird.

- Gedünsteter Fisch
- Geflügelfrikassee
- Ragout vom Kalb
- Filetgulasch

9 Ordnen Sie die Reisgerichte bzw. Reiszubereitungen den typischen Merkmalen zu.

1. Feine Würfel von Lauch und Karotten
2. In Brühe saftig gegarter Reis mit Parmesan
3. Mit Safran, Muscheln, Garnelen und Geflügelfleisch
4. Mit Erbsen
5. Angeschwitzte Zwiebel, im Ofen gegart

Paella 3

Risotto 2

10 Auf der Karte Ihres Restaurants wird *Gedämpfter Lachs in Sauerampfersauce mit wildem Reis* angeboten.
Erklären Sie dem Gast, was wilder Reis ist.

1. Parboiled Reis, der in einem Dampf-Druck-Verfahren aufbereitet wurde.
2. Ungeschälter Reis, der poliert wurde.
3. Es handelt sich um eine alte Kulturform von Reis aus Indien.
4. Es handelt sich um Samen einer wilden Grasart aus den USA und Kanada.
5. Reis, der von Natur aus härter ist.

4

11 Welches Getreideprodukt ist ernährungsphysiologisch am hochwertigsten?

1. Weizenmehl Typ 405
2. Hartweizengrieß
3. Maisstärke
4. Vollkornschrot
5. Weizenstärke

4

12 Aus welchen beiden Getreidearten wird Mischbrot hergestellt?

- Weizen und Roggen

---

13 Ein Gast will wissen, in welchem Teil eines Getreidekorns der Anteil an Vitaminen und Mineralstoffen am höchsten ist.
Wie antworten Sie?

1. In den Randschichten
2. Im Inneren
3. Im Keimling
4. In der Kornspitze
5. Die Wirkstoffe sind gleichmäßig verteilt

1

14 Welche Gruppe von Gerichten sind gefüllte Teigwaren?

1. Spirelli, Spaghetti, Maultaschen
2. Maultaschen, Ravioli, Risotto
3. Cannelloni, Tortellini, Ravioli
4. Tortellini, Ravioli, Lasagne
5. Cannelloni, Spirelli, Maultaschen

15 Für feine Backwaren werden unterschiedliche Teige und Massen verwendet. Nennen Sie zum jeweiligen Beispiel den passenden Teig bzw. die passende Masse.

Teegebäck	• Mürbeteig
Roulade	• Biskuitmasse
Rosinenzopf	• Hefeteig
Wiener Apfelstrudel	• Blätterteig

Berechnungen zu pflanzlichen Produkten

Für einen Warenvergleich wurden 2,500 kg Karotten geschält. Die vorbereitete Ware wiegt 2,050 kg.

16 Berechnen Sie den Vorbereitungsverlust in Prozent.

Bei der Vorbereitung von Kohlrabi entsteht ein Verlust von 30 %. Für eine Portion „Kohlrabi in Rahm" rechnet man 90 Gramm vorbereitete Ware.

17 Wie viel Gramm Rohware sind für eine Portion erforderlich?

Bei frischem Spargel guter Qualität entsteht ein Vorbereitungsverlust von 15 Prozent. Man putzt 12,200 kg Spargel.

18 Wie viel kg vorbereiteten Spargel erhält man?

„Wir rechnen je Portion Spaghetti mit einem Wareneinsatz von 70 Gramm", erfahren Sie von der Küchenleitung.

19 Wie viel ganze Portionen erhält man aus einer Packung mit 2,500 kg Teigwaren?

20 Wie viel Gramm gekochte Nudeln werden als eine Portion serviert, wenn die Teigwaren beim Kochen 140 Prozent Wasser aufnehmen?

Eine Grundregel für die Zubereitung von gekochtem Reis lautet: Ein Teil Reis auf zwei Teile Wasser.

21 Wie viel Prozent beträgt die Wasseraufnahme des trockenen Reises?

Für einen Preisvergleich schälte man 2,000 kg Kartoffeln zu 0,60 €/kg und erhielt 1,600 kg geschälte Ware.

22 Wie viel € sind für 1 kg geschälte Kartoffeln zu veranschlagen?

Eine Dose mit Erbsen enthält 850 Gramm abgetropfte Ware und kostet 1,10 €. Für eine Beilage rechnet man mit 80 Gramm Erbsen.

23 Berechnen Sie die Kosten für eine Portion.

Bei frischen Steinpilzen guter Qualität rechnet man mit einem Vorbereitungsverlust von 15 Prozent. Ein kg Steinpilze wird zu 18,00 € angeboten.

24 Wie viel € kostet 1 kg geputzte Steinpilze?

Handlungsorientierte Aufgabe: Salatbüfett

Immer mehr gastronomische Betriebe bieten ihren Gästen eine reiche Auswahl an frischen Salaten an. Der Gast kann sich am Büfett seinen Salatteller selbst zusammenstellen.

25 Welche Vorteile bietet ein Salatbüfett für den Betrieb und den Gast?

Für den Betrieb:

- Personal für den Service kann eingespart werden.
- Zusätzliche Attraktion im Restaurant.
- Zufriedenere Gäste, denn der Gast wählt sich die Salate, die er bevorzugt.
- Küche wird in Stoßzeiten entlastet.

Für den Gast:

- Salate und Dressings können vom Gast nach seinen Wünschen gewählt werden.
- Die Menge kann selbst bestimmt werden.

26 Damit das Salatbüfett eine Augenweide für den Gast ist, müssen von Küche und Service besondere Vorkehrungen getroffen werden.
Zählen Sie Möglichkeiten auf, wie Küche und Service die Attraktivität eines Salatbüfetts steigern können.

- Frische Produkte
- Saisongerechte Auswahl der Salate
- Behältnisse mit den Salaten bei Bedarf auffüllen
- Appetitliche Anrichteweise und dabei das Farbenspiel bedenken
- Vorlegebesteck öfters auf Sauberkeit und Vollständigkeit prüfen
- Evtl. verschieden große Salatteller in ausreichender Menge bereitstellen und den Vorrat öfters überprüfen
- Öfter die Sauberkeit am Rand des Büfett prüfen (Spuren von Dressing, Salat usw. entfernen)
- Gäste am Tisch auf das Büfett hinweisen
- Gäste über die Produkte beraten
- Salate und Dressings eventuell mit Hilfe kleiner Schilder kennzeichnen

27 Salat ist für Menschen, die abnehmen wollen, erste Wahl. Begründen Sie diese Aussage.

- Salat enthält auf Grund des sehr hohen Wasseranteils wenig Energie.

28 Nennen Sie vier rote und vier grüne Salate.

- Rot: Lollo rosso, Radicchio rosso, roter Chicorée, Tomate, Radieschen, Karotte
- Grün: Grüner Kopfsalat, Eissalat, grüner Eichenlaubsalat, römischer Salat, Frisée

---

29 Benennen Sie mindestens vier Salatarten aus der Abbildung.

1. Chicorée
2. Endivie
3. Frisee
4. Winterportulak
5. Ruccula
6. rote Salat Zichorie
7. Raddiechio
8. Feldsalat

30 Womit können Salate garniert werden?

- Croûtons
- ausgelassene Speckstreifen
- zugeschnittene Radieschen
- Cocktailtomaten
- Champignons
- Zitronenrädchen
- Tomatenfächer
- geriefte Gurkenscheiben
- Buketts von Kresse, Petersilie und Dill

---

31 Ein Salatbüfett enthält auch Salate aus gegartem Gemüse und aus Rohkost. Nennen Sie jeweils fünf Beispiele.

Salate aus gegartem Gemüse:

- Salat von grünen Bohnen
- Salat aus verschienen Bohnenkernen
- Blumenkohlsalat
- Artischockensalat
- Spargelsalat
- Brokkolisalat
- Kartoffelsalat

Rohkostsalate:

- Apfel-Möhren-Rosinen-Salat
- Birnen-Radieschen-Kresse-Salat
- Rotkraut-Apfel-Weintrauben-Salat
- Radicchio-Fenchel-Melonen-Salat
- Krautsalat

---

32 Ein Salatbüfett besticht nicht nur durch seine Frische und das harmonische Farbenspiel, sondern auch durch schmackhafte, abwechslungsreiche Dressings.
Nennen Sie fünf verschiedene Salatsaucen.

- Vinaigrette
- Cocktailsauce
- French Dressing
- Joghurtsauce
- Roquefort Dressing

---

33 Welche Abrechnungsverfahren werden für Salatbüfetts angewandt?

- Verschiedene Teller- und Glasschalengrößen
- Wiegen der Salatmenge
- Pauschalbetrag
- Getrennte Abrechnung
- Der Salat ist bereits in das Gericht einkalkuliert

---

34 Benennen Sie die abgebildeten Pilze:

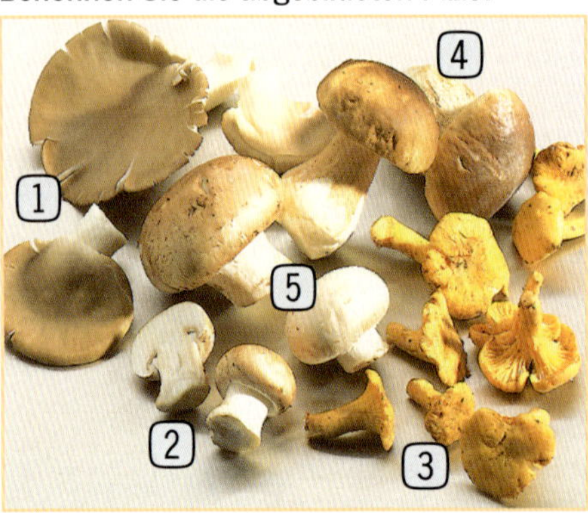

1. Austernpilze
2. Champignons
3. Pfifferlinge
4. Steinpilze
5. Egerlinge

35 Filet Wellington wird mit Duxelles serviert. Erklären Sie den Begriff Duxelles.

- Zubereitung aus gehackten Pilzen, Zwiebeln und Petersilie.

Jetzt können Sie wieder Ihre fremdsprachlichen Kenntnisse einbringen.

36 Ordnen Sie die französischen und englischen Fachausdrücke den deutschen zu.

(1) Chou-fleur	Weißkohl	5
(2) Épinard	Spinat	2
(3) Célerie-rave	Blumenkohl	1
(4) Choucroute	Sellerie	3
(5) Chou blanc	Sauerkraut	4
(6) Lettuce	Zwiebel	9
(7) Asparagus	Kopfsalat	6
(8) Cucumber	Karotten	10
(9) Onion	Gurke	8
(10) Carrots	Spargel	7

4.6 Milch, Milchprodukte und Käse

1 Was versteht man unter H-Milch?

- Ultrahocherhitzte Milch

2 Warum wünschen viele Verbraucher eine homogenisierte Milch?

- Homogenisierte Milch rahmt nicht auf, weil die Fetttröpfchen in der Milch fein verteilt sind.

3 Frischmilch wird vorwiegend in drei Fettstufen angeboten. Nennen Sie diese.

- Vollmilch 3,5 % Fett
- Teilentrahmte Milch 1,5 % Fett
- Magermilch 0,3 % Fett

4 Wie lange sind die folgenden Milchprodukte haltbar?

• H-Milch	mindestens 6 Wochen
• Sauermilch	ca. 14 Tage
• Pasteurisierte Milch	einige Tage
• Vorzugsmilch	wenige Tage

5 **Bei der Behandlung von Milch kennt man verschiedene Fachbegriffe. Ordnen Sie entsprechend zu.**

(1) Wassergehalt verringern	Kondensieren	1
(2) Fettgehalt verringern		
(3) Fett abtrennen	Homogenisieren	6
(4) Begrenzt haltbar machen		
(5) Völlig keimfrei machen	Pasteurisieren	4
(6) Fett sehr fein verteilen		

6 **Nennen Sie drei Sauermilchprodukte.**

- Sauermilch oder Dickmilch
- Joghurt
- Kefir

7 **Ein Salat wird mit Crème fraîche angemacht. Wie erklären Sie dem Gast Crème fraîche?**

- Sauerrahm mit mehr als 30 % Fett

8 **Auf einer Milchflasche finden Sie auf dem Etikett folgende Angaben: 1 Liter Vollmilch, 3,5 % Fett, pasteurisiert und homogenisiert. Welche Erläuterung ist für das Etikett zutreffend?**

(1) Es handelt sich um teilentrahmte Milch.

(2) Diese Milch ist auf Grund ihrer Hitzebehandlung ohne Kühlung sechs Wochen haltbar.

(3) Alle Mikroben sind durch die Hitzebehandlung zerstört; die Milch ist 15 Monate haltbar.

(4) Es handelt sich um Vorzugsmilch.

(5) Die Milch wurde schonend erhitzt, die Vitamine bleiben weitgehend erhalten.

5

9 **Nennen Sie die vier Gruppen der Süßmilchkäse und jeweils ein Beispiel.**

- Hartkäse: Allgäuer Emmentaler
- Schnittkäse: Edamer
- Halbfester Schnittkäse: Butterkäse
- Weichkäse: Camembert

10 Welche der folgenden Käse sind Edelpilzkäse?

(1) Stilton und Gorgonzola

(2) Camembert und Harzer Roller

(3) Hüttenkäse und Chester

(4) Danablu und Tilsiter

(5) Bavaria blu und Greyerzer

1

11 Nennen Sie Beispiele für milde und aromatische Käse.

Milde Käse:
- Edamer, Gouda
- Butterkäse
- Frischkäse
- Camembert
- Brie

Aromatische Käse:
- Allgäuer Emmentaler
- Roquefort
- Bergkäse
- Limburger
- Tilsiter

12 Sie erhalten eine Lieferung mit frischem Käse: Tilsiter, Greyerzer, Gorgonzola, Quark und Brie. Welchen der Käse müssen Sie unbedingt im Kühlschrank aufbewahren?

(1) Tilsiter

(2) Greyerzer

(3) Gorgonzola

(4) Quark

(5) Brie

4

Oder anders gefragt:

13 Wie werden folgende Käse fachgerecht gelagert?

Frischkäse
- im Kühlschrank

Weichkäse, Sauermilchkäse, Hartkäse und Schnittkäse
- in einem kühlen Raum

**14 Auf dem Frühstücksbüfett befindet sich Kefir.
Ein Gast fragt, was man darunter versteht. Was antworten Sie?**

1. Ein beim Buttern abgesondertes säuerliches Nebenprodukt.
2. Es handelt sich um einen besonderen Frischkäse.
3. Es handelt sich um einen noch nicht gereiften Sauermilchkäse.
4. Es ist ein sehr fetter Süßrahm.
5. Es ist ein leicht alkoholisches Sauermilchgetränk.

5

15 Ordnen Sie zu.

1. Harzer Käse
2. Greyerzer
3. Camembert
4. Roquefort
5. Speisequark
6. Appenzeller

Hartkäse aus der Schweiz	2
Edelpilzkäse	4
Weichkäse	3

16 Was versteht man unter Schmelzkäse?

- Käse wird eingeschmolzen und in eine bestimmte Form gebracht (Scheiben, Dreiecke). Durch die Wärmeeinwirkung wird zugleich die Reifung gestoppt. Schmelzkäse sind sehr lange lagerfähig.

17 Nennen Sie geeignete Garnituren für Käsehappen.

- Radieschen
- Zwiebeln
- Weintrauben
- Tomaten
- Paprika
- Walnusskerne

18 Nennen Sie vier Gerichte, zu denen Käse verarbeitet wird.

- Käsesuppe
- Sauce Mornay
- Teigwaren
- Lorettekartoffeln

19 Nennen Sie fünf warme und fünf kalte eigenständige Käsegerichte.

Warm:
- Gebackener Camembert, Käsefondue, Raclette, Käsetoast, Käsespätzle

Kalt:
- Käseteller, Liptauer Käse, Schweizer Käsesalat, Kräuterkäse

20 **Welcher Käse benötigt keine Reifezeit?**

(1) Roquefort
(2) Parmesan
(3) Limburger
(4) Stilton
(5) Frischkäse

5

21 **Wie lagert man einen angeschnittenen Emmentaler fachgerecht?**

(1) Warm und dunkel
(2) In einer Folie bei Zimmertemperatur
(3) Kühl, mit einem feuchten Tuch bedeckt
(4) Im Tiefkühler
(5) In einer Käseglocke bei Zimmertemperatur

3

4.7 Eier

1 **Wie kann man ein frisches von einem alten Ei unterscheiden?**

- Beim frischen Ei hat man einen hochgewölbten Dotter und kompaktes Eiweiß; beim älteren Ei ist der Dotter flacher und das Eiweiß flüssiger.

---

2 **Warum kann aus der Größe der Luftkammer auf die Güte des Eies geschlossen werden?**

- Bei der Lagerung verdunstet Wasser aus dem Ei durch die poröse Schale; dadurch wird die Luftkammer größer.

  Daraus folgt:

  Große Luftkammer – lange Lagerung – geringere Qualität.

3 **Welche Aussage zur Bedeutung der Eier für die Ernährung ist richtig?**

(1) Die im Ei enthaltenen Nähr- und Wirkstoffe haben nur geringe Bedeutung.
(2) Hart gekochte Eier sind leicht verdaulich.
(3) Das im Ei enthaltene Eiweiß hat eine geringe biologische Wertigkeit.
(4) Im Ei sind fast alle notwendigen Nähr- und Wirkstoffe enthalten.
(5) Alle wichtigen Nährstoffe sind in der Keimscheibe enthalten.

4

4 Was kann man tun, um der Gefahr einer Salmonellenübertragung zu entgehen?

- Die Lebensmittelindustrie bietet pasteurisierte Eiprodukte an, die frei von Salmonellen sind.

---

5 Erklären Sie den Unterschied zwischen Omelett und Pfannkuchen.

- Omeletts sind verrührte Eier, die man in der Pfanne unter Rühren zu einer gleichmäßigen Masse stocken lässt.
- Pfannkuchen enthalten neben Eiern auch Milch und Mehl. Sie werden in der Pfanne dünn gebacken.

---

6 Sie wollen Omeletts in Variationen anbieten. Mit welchen Zutaten können Sie diese ergänzen?

- Schinken oder Speck
- Champignons oder Kräuter
- Krebsschwänze oder Krabben
- feines Geflügelragout oder Geflügelleber
- Kalbsnierchen
- Spargelspitzen

---

7 Sie sollen Vorschläge für die Frühstückskarte unterbreiten. Nennen Sie fünf eigenständige Eiergerichte.

- Gekochte Eier
- Pochierte Eier
- Rühreier
- Spiegeleier
- Omeletts

8 Auf der Karte Ihres Restaurants werden pochierte Eier auf Florentiner Art angeboten. Erklären Sie einem Gast diese Garnitur.

1. Auf Reis, mit Tomatensauce nappiert.
2. Auf Röstbrot angerichtet, mit holländischer Sauce nappiert.
3. Auf Blumenkohlpüree, mit Mornaysauce nappiert.
4. Auf Blattspinat, mit Mornaysauce nappiert und überbacken.
5. Auf Spargelspitzen, mit holländischer Sauce nappiert und gratiniert.

4

4.8 Fische

1 Welche Fischarten werden nach ihrer Herkunft unterschieden? Nennen Sie jeweils drei Beispiele.

Süßwasserfische:
- Forelle, Hecht, Zander

Salzwasser-/Seefische:
- Seezunge, Heilbutt, Rotbarsch

Oder anders gefragt.

2 Ordnen Sie die Fische nach ihrer Herkunft zu. Beachten Sie, dass alle drei Fischarten zur entsprechenden Gruppe gehören müssen.

1. Lachs, Wels, Sardine
2. Wels, Karpfen, Seelachs
3. Kabeljau, Scholle, Schleie
4. Heilbutt, Steinbutt, Rotzunge
5. Forelle, Lachs, Goldbarsch
6. Karpfen, Aal, Schleie

Seefische: 4

Süßwasserfische: 6

3 Welcher der genannten Fische ist ein Süßwasserfisch?

1. St. Petersfisch
2. Rotbarsch
3. Zander
4. Seeteufel
5. Seezunge

3

4 Fische können auch nach dem Fettgehalt eingeteilt werden. Welche Fische bevorzugen Gewichtsbewusste und Personen, die auf Schonkost angewiesen sind?

- Magerfische: Seelachs, Kabeljau, Barsch

5 Nennen Sie drei besonders fettreiche Fische.

- Aal
- Matjeshering
- Lachs

Wieder anders gefragt.

6 In welcher Gruppe finden sich nur Fettfische?

1 Hecht, Sprotte, Lachs
2 Seelachs, Flunder, Aal
3 Thunfisch, Makrele, Schleie
4 Dornhai, Heilbutt, Forelle
5 Lachs, Aal, Makrele

5

7 Welche Vorteile für die Ernährung sind mit dem Verzehr von Fisch verbunden?

Fische enthalten …

- … hochwertiges Eiweiß und Fett.
- … die Vitamine A und D und Mineralstoffe, Seefische besonders viel Jod.

8 Warum ist Fischfleisch leichter verdaulich als das Fleisch von Schlachttieren?

- Fisch enthält weniger Bindegewebe und kann daher von den Verdauungssäften leichter zerlegt werden.
- Nur Fettfische sind schwer verdaulich.

9 Was versteht man unter Pochieren?

- Kurzes und schonendes Garverfahren in Flüssigkeit, die unter dem Siedepunkt bleibt.

10 Auf der Karte Ihres Restaurants wird *Gedämpfter Lachs mit Sauerampfersauce und mit wildem Reis* angeboten.
Um welche Fischart handelt es sich?

1 Es handelt sich um einen Fettfisch.
2 Es handelt sich um einen mageren Rundfisch aus dem Meer.
3 Es handelt sich um einen Plattfisch aus dem Süßwasser.
4 Es handelt sich um einen mageren Rundfisch aus dem Süßwasser.
5 Es handelt sich um einen Magerfisch.

1

11 Zu welchem Gericht passt die Garniturbeschreibung „mit Backteig umgebener Fisch, Tomatensauce“?

1 Seezunge Colbert
2 Steinbutt Doria
3 Seehecht Orly
4 Lachs nach Florentiner Art
5 Karpfen blau

3

12 Zu welchem der folgenden Gerichte würden Sie Kartoffelkroketten reichen?

1 Zu keinem
2 Zu Seezunge Colbert
3 Zu Steinbutt Doria
4 Zu Seehecht Orly
5 Zu Lachs nach Florentiner Art
6 Zu Karpfen blau

1

13 Beschreiben Sie folgende Fischprodukte.

Bückling	• Heißgeräucherter Hering
Schillerlocke	• heißgeräucherte Bauchstreifen des Dornhais
Kieler Sprotten	• heißgeräucherte Sprotten (Verwandte des Herings)

14 Erklären Sie einem Gast, was Kaviar ist.

- Eier der Fische aus der Familie der Störe.
- Dieser Rogen wird gesalzen und dadurch dunkel.

15 Was bedeutet die Bezeichnung malossol im Zusammenhang mit Kaviar?

- Mild gesalzener Kaviar

16 Nennen Sie drei Störarten, von denen der echte Kaviar gewonnen wird.

- Beluga
- Ossietr
- Sevruga

17 Von welchen Fischen wird Kaviarersatz gewonnen?

- Seehasen
- Lachsen
- Forellen

18 Welches Gericht passt zu nachstehendem Gedeckbeispiel?

- Suppiger Fischeintopf, Bouillabaisse

4.9 Krebs- und Weichtiere

1 Benennen Sie die Krebstiere, indem Sie die entsprechenden Ziffern den Darstellungen zuordnen.

(1) Hummer
(2) Languste
(3) Kaisergranat
(4) Krebs
(5) Garnele
(6) Königskrabbe/Taschenkrebs

2 Wie kann man Hummer und Langusten unterscheiden?

- Hummer haben unterschiedlich große Scheren.
- Langusten haben lange Fühler, die Scheren sind kaum erkennbar.

3 Für eine Aktionswoche zum Thema „Früchte des Meeres“ soll ein Büfett aufgebaut werden. Sie sollen eine Platte mit Krebstieren anrichten.
Welche Kombination ist richtig?

(1) Miesmuscheln, Hummer, Langusten
(2) Kaisergranat, Garnelen, Langusten
(3) Austern, King-Crab, Hummer
(4) Jakobsmuscheln, Kalmare, Schnecken
(5) Scampi, Langusten, Kalmare

4 Warum müssen Austern mit der Wölbung nach unten gelagert werden?

- Wenn sich die Austern öffnen, bleibt das erwünschte Seewasser erhalten, sonst fließt es ab.

5 Austern liegen geöffnet im Korb und schließen sich beim Berühren <u>nicht.</u> Erläutern Sie.

- Wenn sich die Austern bei Berührung nicht mehr schließen, sind sie tot und dürfen wegen der möglicherweise gebildeten Gifte nicht mehr verwendet werden.

6 Nennen Sie klassische Beigaben zu Austern.

- Zitrone
- Pumpernickel
- Chesterbrot
- trockener Weißwein (Chablis)
- Champagner

7 Welches ist die häufigste Zubereitungsart von Muscheln?

- Dünsten

4.10 Schlachtfleisch

1 Manche Fleischteile eignen sich zum Kurzbraten und manche nur zum Kochen. Klären Sie.

- Je höher der Bindegewebsanteil in einem Fleischstück ist, desto schlechter eignet es sich für ein kurzes, trockenes Garverfahren wie Grillen oder Kurzbraten.
- Bei den feuchten Garverfahren z.B. Kochen, wird das zähe Bindegewebe in leicht kaubare Gelatine umgewandelt.

2 Warum hat marmoriertes Fleisch eine höhere Qualität?

- Marmoriertes Fleisch ist saftiger und schmackhafter.

3 Aus welchem Fleischteil schneidet man das Rumpsteak?

- Blume/Hüfte

4 Nennen und beschreiben Sie verschiedene Kalbsschnitzel

Naturschnitzel	unpaniert gebraten
Rahmschnitzel	unpaniert gebraten, mit Rahmsauce
Paprikaschnitzel	unpaniert gebraten, mit Paprikasauce
Wiener Schnitzel	paniert gebraten
Cordon bleu	mit gekochtem Schinken und Käse gefüllt, paniert, gebraten

5 Welche Saucen reicht man zu gekochtem Rindfleisch?

- Meerrettichsauce
- Kräutersauce

6 **Nennen Sie Gerichte aus geschmortem Rindfleisch.**

- Rouladen
- Sauerbraten
- Gulasch

7 **Welche drei Gerichte werden aus einem Rinderfilet zubereitet?**

1. Entrecôte, Club-Steak, Filetgulasch
2. Tournedos, Rumpsteak, Porterhousesteak
3. Chateaubriand, Tournedos, Filetgulasch
4. Chateaubriand, Tafelspitz, Entrecôte
5. Rumpsteak, Sauerbraten, Tournedos

Oder anders gefragt.

8 **Benennen Sie anhand der Abbildung die Gerichte, die man aus dem Rinderfilet schneidet.**

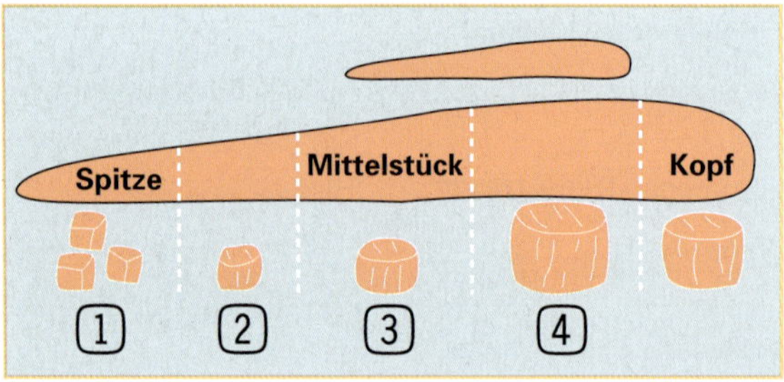

1. ______________________
2. ______________________
3. ______________________
4. ______________________

9 **Welches Fleischgericht vom Rind wird gekocht?**

1. Sauerbraten
2. Tafelspitz
3. Gulasch
4. Filetspitzen in Burgunder
5. Filet Wellington

10 Was versteht man unter einer *Piccata nach Mailänder Art*?

1. Kleine Schnitzelchen vom Kalb mit Mehl, Ei und geriebenem Käse paniert, dazu Spaghetti mit Tomatensauce, Streifen von Schinken, Pökelzunge, Champignons und Trüffel.
2. Kalbsschnitzel mit Spiegelei belegt und mit drei verschiedenen Canapés umlegt.
3. Flaches Kalbsteak mit Ragoût fin bedeckt, mit geriebenem Käse überbacken.
4. Kalbsschnitzel mit Tomatenfleischstücken belegt und nappiert mit Sauce béarnaise.
5. Kalbsschnitzelchen mit Gänseleber und Trüffeln garniert, nappiert mit Sauce Robert.

11 Ordnen Sie die Fleischarten den drei Gerichten zu.

1 Gänsefleisch	
2 Lammfleisch	Rumpsteak
3 Rindfleisch	
4 Schweinefleisch	Cordon bleu
5 Kalbfleisch	
6 Kaninchenfleisch	Irish Stew
7 Putenfleisch	

Man kann auch von der Beilage aus denken.

12 Ordnen Sie die passenden Beilagen zu den entsprechenden Fleischgerichten.

1 Bouillonkartoffeln	
2 Kartoffelpüree	Kalbsgeschnetzeltes
3 Rahmkartoffeln	
4 Spaghetti	Tafelspitz
5 Pommes frites	
6 Strohkartoffeln	Kassler Rippchen
7 Spätzle	

13 Nennen Sie drei warme Gerichte aus Hackfleisch.

- Hacksteak
- Hackbraten
- Königsberger Klopse
- Kohlroulade

14 Für das Anrichten von Fleisch auf Tellern gelten Grundregeln. Auf dem abgebildeten Teller sind die folgenden Bestandteile Fleisch mit Sauce, Karotten und Kartoffeln anzuordnen.

Bestimmen Sie die Platzierung der Bestandteile, indem Sie die entsprechenden Ziffern den Bestandteilen zuordnen.

Fleisch mit Sauce

Karotten

Kartoffeln

15 Manche Gäste wünschen zu paniertem Fleisch Sauce. Worauf ist hier zu achten?

- Sauce ist getrennt/à part zu reichen, da diese sonst die Kruste aufweichen würde.

16 Auf welche Weise werden die Saucen angerichtet bei:

rosa gebratenem Fleisch	• um- oder untergießen
durchgebratenem Fleisch	• nappieren
naturbelassenen Pfannengerichten	• untergießen

17 Welcher Unterschied besteht zwischen Fleisch- und Wurstwaren?

Fleischwaren:	• Fleischstücke
Wurstwaren:	• Erzeugnisse aus zerkleinertem Fleisch und Fettgewebe

18 Welche Auswirkungen hat das Pökeln auf das Fleisch?

- Umrötung
- Aromabildung
- Konservierung

4.11 Hausgeflügel

1 Warum sind die meisten Geflügelarten leichter verdaulich als Schlachtfleisch?

- Geflügelfleisch ist meist bindegewebsärmer und enthält weniger Fett. Ausnahme: Enten und Gänse.

2 Nennen Sie jeweils zwei Beispiele für helles und dunkles Fleisch.

- Helles Fleisch: Huhn, Truthahn
- Dunkles Fleisch: Ente, Gans

3 **Welche typischen Gemüsebeilagen werden zu dunklem Geflügel gereicht?**

- Rosenkohl
- Rotkohl
- Schwarzwurzeln
- Staudensellerie

---

4 **Welche Beilagen können zu Hühnerfrikassee gereicht werden?**

- Salzkartoffeln
- Kartoffelpüree
- Reis

---

5 **Auf welche Weise wird ein Frikassee vom Huhn angerichtet?**

- In Schüsseln (Cocotten) oder Schalen

6 **Ordnen Sie den Geflügelgerichten die geeigneten Beilagen zu.**

(1) Gedünstete Champignons und Herzoginkartoffeln

(2) Kartoffelsalat mit Remouladensauce

(3) Grüne Erbsen mit Reis

(4) Grilltomate mit Savoyardkartoffeln

(5) Rosenkohl mit Kartoffelklößen

Gedünstetes Hähnchenbrüstchen ☐

Gebackenes Hähnchen ☐

7 **Welche Beilagenkombination passt zu gebratener Ente?**

(1) Gedünstete Champignons mit Salzkartoffeln

(2) Grilltomate mit Dauphinekartoffeln

(3) Gebackene Aubergine und Reis

(4) Rotkohl und Kartoffelkroketten

(5) Schwarzwurzeln und Reis

☐

8 **Zu gebratenem dunklen Hausgeflügel kann Obst gereicht werden. Nennen Sie vier Beispiele.**

- Orangen und Pfirsiche
- Äpfel und Mandarinen

9 Ordnen Sie den Kurzbeschreibungen die Garnituren von Geflügel zu.

1 Florentiner Art
2 Chipolata
3 amerikanische Art
4 portugiesische Art
5 niedersächsische Art
6 Waidmannsart

Speckstückchen, glasierte Schalotten, gebratene Würstchen, glasierte Maronen und Karotten ☐

englischer Senf, Grilltomate, Speckscheibe, Strohkartoffeln ☐

glasierte Zwiebeln, Tomatenfleischwürfel, Champignons, Schlosskartoffeln ☐

Jetzt können Sie wieder Ihre fremdsprachlichen Kenntnisse einbringen.

10 Ordnen Sie den französischen Fachbegriffen die deutschen Übersetzungen zu.

1 Ente
2 Hähnchen
3 Gans
4 Taube
5 Truthenne

la pigeon ☐

l'oie ☐

la dinde ☐

11 Jetzt noch einige englische Fachbegriffe.

1 Turkey
2 Cock
3 Chicken
4 Goose
5 Duck

Ente ☐

Pute ☐

Gans ☐

4.12 Wild und Wildgeflügel

1 Zu welcher Jahreszeit werden Wildgerichte vorwiegend angeboten?

- Herbst und Winter, weil das Fleisch schmackhafter ist

2 In der Küche werden bei Wild besondere Vorbereitungen getroffen. Klären Sie die folgenden Fachbegriffe.

Bardieren	mit dünnen Speckscheiben umwickeln
Spicken	Fleisch mit Speckstreifen durchziehen
Marinieren	Fleisch in Beize einlegen

3 Welche typischen Obstbeilagen werden zu Wildgerichten serviert?

- Äpfel und Birnen gefüllt mit Preiselbeeren oder Johannisbeeren
- Maronen
- Ananas
- Orangen
- Mandarinen
- Pfirsiche

4 Welchen Vorteil genießt Wildfleisch (Ausnahme Wildschwein) gegenüber dem Schlachtfleisch?

(1) Wild ist eiweißreicher, vitaminreicher und kohlenhydratärmer.
(2) Wild ist fettärmer, bindegewebsärmer und energieärmer.
(3) Wild ist fettärmer, bindegewebsreicher und energieärmer.
(4) Wild ist mineralstoffreicher, vitaminreicher und energieärmer.
(5) Wild ist bindegewebsärmer, eiweißärmer und energieärmer.

5 Von welcher Wildart stammen Filets vom Frischling?

(1) Reh
(2) Hirsch
(3) Hase
(4) Wildschwein
(5) Kaninchen

6 Wildfleisch hat einen geringen Fettanteil.
Nennen Sie zwei Möglichkeiten, diesen Mangel zu ergänzen.

- Lardieren: Spicken, d.h. mit Speckstreifen durchziehen
- Bardieren: mit Speck umwickeln

7 Testen Sie Ihre französischen Sprachkenntnisse, indem Sie zuordnen.

(1) Hirsch	le cerf
(2) Wildschwein	
(3) Fasan	le chevreuil
(4) Reh	
(5) Wachtel	le sanglier

8 Das Gleiche auch in englischer Sprache.

(1) Reh	pheasant
(2) Hirsch	
(3) Wachtel	quail
(4) Fasan	
(5) Wildschwein	venison

Berechnungen zu Hauptgerichten

Frischer Lachs wird für 11,20 €/kg angeboten. Man kauft 7,200 kg und erhält daraus 60 Portionen gebeizten Lachs.

9 Wie viel € betragen die Materialkosten für eine Portion?

Es sollen 60 Portionen Geflügelsalat hergestellt werden. Für eine Portion rechnet man 40 Gramm gekochtes Fleisch. Beim Kochen und Zerlegen entsteht ein Gesamtverlust von 60 Prozent. Es werden Brathähnchen mit einem Gewicht von 1200 Gramm verwendet. Brathähnchen kosten im Einkauf 2,20 €/kg.

10 Wie viel Brathähnchen sind zu kochen?

11 Berechnen Sie die Kosten für den Fleischanteil in einer Portion Geflügelsalat.

Eine Lammkeule mit 3,200 kg wird im Ganzen gebraten. Man rechnet mit einem Brat- und Aufschnittverlust von 35 Prozent. Eine tischfertige Portion soll 170 Gramm wiegen.

12 Wie viel ganze Portionen kann man erwarten?

Ein Rollbraten mit 2,700 kg Fleischgewicht wiegt nach dem Braten 2,070 kg.

13 Berechnen Sie den Bratverlust in Prozent.

Für ein Sonderessen mit 65 Personen soll Burgunderbraten gereicht werden. Eine Portion fertiger Braten soll 180 Gramm wiegen. Der Bratverlust wird mit 32 Prozent angenommen.

14 Wie viel kg Fleisch sind zu braten?

Aus 4,200 kg Rindfleisch zu 5,90 €/kg erhielt man 3,060 kg Braten. Für eine Portion werden 170 Gramm Braten gerechnet.

15 Wie viel € betragen die Materialkosten für eine Portion?

Nach einer Preisliste kostet Schweinefleisch zum Braten 5,60 €/kg. Der Bratverlust wird mit 28 Prozent angenommen.

16 **Mit wie viel € ist eine Portion mit 180 Gramm fertigem Braten zu veranschlagen?**

Für eine Aktion wird der Küche ein Materialpreis von 2,60 € je Portion von 210 Gramm vorgeben. Der Küchenchef rechnet mit eine Bratverlust von 30 Prozent.

17 **Wie viel € darf ein kg Fleisch im Einkauf höchstens kosten?**

Handlungsorientierte Aufgabe: Fisch/Meeresfrüchte

Im Restaurant werden das ganze Jahr Fisch und Meeresfrüchte angeboten, doch an bestimmten Tagen im Jahr ist Hochsaison für Fisch.

18 **Zu welchen Zeitpunkten sind Aktionstage für Fisch und Meeresfrüchte sinnvoll?**

Januar:	• Mit Fisch in das neue Jahr
Aschermittwoch:	• Aschermittwoch-Fischessen: „Sauer macht lustig."
Mai:	• Maischolle hat Saison
Juni/Juli:	• Die frischen Matjes
November/Dezember:	• Karpfen

19 **Für einen Aktionstag werden nicht nur warme Gerichte von Fisch/Meeresfrüchten angeboten, sondern auch Suppen und kalte Gerichte.**

Nennen Sie für jede Speisengruppe drei Gerichte.

Kalte Gerichte

- Hausgebeizter Lachs mit Dill-Senfsauce und Buchweizenplätzchen
- Matjesfilets in süßsaurem Rahm mit Zwiebeln, Äpfeln und Gurke, neue Kartoffeln
- Austerncocktail mit Kirschtomaten und Spargelspitzen, Pumpernickel mit Butter
- Avocadosalat mit Krabben in Cocktailsauce

Suppen

- Fischkraftbrühe mit Meeresfrüchten
- Doppelte Kraftbrühe vom Zander mit Gemüseperlen
- Kartoffelsuppe mit Nordsee-Krabben
- Lachsschaumsuppe mit Hechtklößchen

Warme Gerichte

- Steinbutt auf Wirsing mit Rieslingsauce
- Rotzungenröllchen in Noilly-Prat-Sauce mit kleinen Kartoffelpfannkuchen
- Sankt-Jakobs-Muscheln und Austern in Schnittlauchsauce mit Steinpilznudeln
- Hummer-Maultaschen auf einem Püree von Brunnenkresse

---

20 Auf der Aktionskarte Fisch/Meeresfrüchte steht *Seezunge Colbert*.
Wie erklären Sie diese Garnitur dem Gast?

- Die ganze Seezunge ist paniert und so vorbereitet, dass die Hauptgräte nach dem Backen ausgehoben werden kann.
- In die entstehende Öffnung werden von der Küche Scheiben von Colbertbutter eingelegt.

---

21 Welche Beilagen empfehlen Sie zu einer *Forelle blau*?

- Zerlassene Butter, holländische Sauce oder Mousselinesauce
- Salzkartoffeln und Salat

---

22 Ein Gast wünscht von Ihnen eine Empfehlung für einen mageren Fisch.
Welche Fische können Sie empfehlen?

- Kabeljau, Schellfisch, Seelachs, Seezunge

---

23 Zu Fisch und Krebstieren wird gern von den Gästen ein passender Wein gewünscht.
Welche Geschmacksmerkmale sollten die Weine zu den verschiedenen Gerichten haben?

Kalte Vorspeise: Scampicocktail

- Weißwein: leicht, trocken, Blume und Bukett leicht ausgeprägt

Warme Vorspeise: Gebratenes Forellenfilet mit Zitronenbutter

- Weißwein: leicht, trocken, Blume und Bukett feinwürzig ausgeprägt

Hauptgericht: Gegrillte Salmschnitte

- Weißwein: mittelschwer und harmonisch bezüglich Säure und Restsüße, trocken bis halbtrocken, Blume und Bukett leicht ausgeprägt (mundig) und Bukett feinwürzig

---

24 Auf der Fischkarte finden Sie bei den Hauptgerichten folgende Bezeichnungen:
Berichtigen Sie die beiden Fehler:

Seezunge au vin blanc, gedünsteter Lauch und Reis

- Seezunge in Weißweinsauce, gedünsteter Lauch und Reis

Forelle Müllerin, zerlassene Butter und Salzkartoffeln

- Forelle nach Müllerinart, zerlassene Butter und Salzkartoffeln

25 **Ein Gast hat bereits alle Kartoffeln verspeist. Er wünscht einen Nachservice. Welchen französischen Fachbegriff kennen Sie dazu?**

- Supplément

26 **Ein viergängiges Menü mit Fisch als Hauptgang steht auf der Aktionskarte Fisch/Meeresfrüchte:** *Steinbutt im Wirsingmantel auf Rieslingsauce mit Kartoffelkugeln.*
Sie finden nachfolgend abgebildetes Gedeck vor. Welche Fehler liegen vor?

- Suppenlöffel (1. oder 2. Gang) fehlt.
- Eine Mittelgabel ist zuviel eingedeckt.
- Anstelle des großen Bestecks müssen zum Hauptgang Fischmesser und Fischgabel eingedeckt werden.

27 **Zu einem geräucherten Forellenfilet mit Sahnemeerrettich empfehlen Sie folgenden Wein: Wehlener Sonnenuhr, Riesling, aus dem bestimmten Anbaugebiet Mosel-Saar-Ruwer.**
Welches der abgebildeten Gläser passt zu diesem Wein?

4.13 Vorspeisen

1 **Nennen Sie Beispiele für Gruppen von kalten Vorspeisen.**

- Cocktails
- Canapés
- Salate
- Pasteten
- Terrinen
- Galantinen
- Parfaits
- Mousses

2 Zählen Sie die Bestandteile der Cocktailsauce auf.

- Mayonnaise
- Ketchup
- Salz
- Weinbrand oder Cognac
- geschlagene Sahne
- Meerrettich
- Tabasco
- Worcestersauce

3 Von welcher Seite werden Vorspeisen im Einzelservice eingesetzt?

- Von rechts

4 Für welche Vorspeise ist das Gedeckbeispiel vorgesehen?
Hinweis: Der Hauptgang ist mit eingedeckt.

- Kalte Vorspeise von Fisch mit Toast und Butter.

5 Machen Sie vier Vorschläge für Cocktails.

- Grapefruitcockail
- Spargelcocktail
- Krebscocktail
- Geflügelcocktail

6 Nennen Sie fünf warme Vorspeisen.

- Feine Ragouts
- Kroketten
- Gefüllte Pfannkuchen
- Teigwaren
- Gnocchi
- Auf Teigböden oder in Teighüllen gebackene Vorspeisen mit Füllung

7 Wann wird die warme Vorspeise innerhalb eines Menüs gereicht?

- Nach der Suppe

8 Für ein Bankett sollen Sie Vorschläge für kalte Vorspeisen machen. Welche Gruppe von Gerichten können Sie fachgerecht empfehlen?

1. Graved Lachs mit Meerrettichschaum, pochiertes Ei auf Röstbrotstück
2. Jakobsmuscheln in Sauerampfersauce mit Flan von gelben Rübchen, Gänseleberparfait in Madeiragelee
3. Geeiste Melone mit Bündner Fleisch, Schinkenröllchen mit Waldorfsalat
4. Scampicocktail in halber Avocado, Ragoût fin
5. Brokkoli-Walnuss-Soufflé, Tomaten- Zander-Terrine auf Kräutersauce

9 Welches Gericht zählt zu den warmen Vorspeisen?

1. Kalbsbriesscheibchen auf Tomatenschaum
2. Tomaten-Zander-Terrine auf Cognac- und Kräutersauce
3. Gefülltes Schinkenröllchen mit Waldorfsalat
4. Geflügelsalat
5. Gänseleberparfait

10 Mit den Vorspeisen verbinden sich auch fremdsprachliche Begriffe. Klären Sie folgende Fachwörter.

Fingerfood
- Kleine kalte oder warme Happen, die mit den Fingern oder von Spießchen gegessen werden.

Amuse bouche bzw. amuse gueule
- Kleine kalte oder warme Vorspeisen, die unabhängig von der Bestellung des Gastes gereicht werden und auf das folgende Menü einstimmen sollen.

Hors d'oeuvre
- Französischer Begriff für Vorspeisen

4.14 Nachspeisen

1 Welche Arten von Nachspeisen können wir unterscheiden?

- Käsedesserts
- Süßspeisen
- frisches Obst

2 Nennen Sie jeweils vier kalte und warme Süßspeisen.

- Kalte Süßspeisen: Cremes, Kleingebäck, Eisspeisen, Süßspeisen aus Reis und Grieß
- Warme Süßspeisen: Aufläufe, Puddinge, Omeletts, Pfannkuchen

3 Begründen Sie, warum man den Käse vor der Süßspeise serviert.

- Zum Käse reicht man roten oder weißen Wein, den man evtl. vom Hauptgang übernehmen kann.
- Zum süßen Dessert passt ein Dessertwein, ein nicht zu trockener Sekt oder Champagner.
- Nach dem Schaumwein soll kein Stillwein gereicht werden.
- Das Süße führt schneller und intensiver zum Sättigungsgefühl als würziger, pikanter Käse.

4 Aus welchen Zutaten wird Bayerische Creme hergestellt?

- Milch
- Eier
- Zucker
- Gelatine
- Schlagsahne
- Vanille

5 Nennen Sie Beispiele für Fruchtdesserts.

- Salat von frischen Früchten
- Fruchtcocktails
- Kompotte
- Gelees
- Grützen

6 Nennen Sie Gebäcke aus …

… Blätterteig	Apfel im Schlafrock, Schweinsöhrchen
… Brandmasse	Windbeutel, Eclairs
… Biskuit	Rouladen
… Mürbeteig	Obsttörtchen, Teegebäck
… Hefeteig	Savarin, Rohr- und Dampfnudeln

7 Beschreiben Sie die Herstellung von …

… Birne Helene	halbe Kompottbirne auf Vanilleeis mit Schokoladensauce
… Pfirsich Melba	halber Kompottpfirsich auf Vanilleeis mit Himbeerpüree
… Bananensplit	halbierte Banane auf Vanilleeis mit Schokoladensauce und Sahne
… Coupe Danemark	Vanilleeis mit heißer Schokoladensauce in hohem Glas
… Eiskaffee	kalter, leicht gezuckerter Kaffee mit Vanilleeis in hohem Glas, mit Schlagsahne garniert

8 Nennen Sie vier verschiedene Strudelarten.

- Milchrahmstrudel
- Traubenstrudel
- Aprikosenstrudel
- Apfelstrudel

9 Was versteht man unter einem Omelette surprise?

- Heiß überbackenes Überraschungs-Omelett mit Speiseeis im Kern

10 Wählen Sie zu nebenstehendem Bild das passende Dessert.

① Salat von frischen exotischen Früchten

② Käsespezialitäten vom Brett

③ Bayerische Creme nach Fürst-Pückler-Art

④ Aprikosenstrudel

⑤ Baumkuchen mit Fruchtsauce

4.15 Convenience Food und Instant-Produkte

1 Welche Vorteile haben Convenience-Produkte?

- Produkte können unabhängig von der Saison eingekauft werden
- Arbeitsaufwand ist geringer und damit ein geringerer Personaleinsatz
- weniger Verluste
- Kosten sind einfacher zu bestimmen

2 Convenience Food hat aber nicht nur Vorteile. Nennen Sie auch die Nachteile.

- Gefahr der Einheitsküche
- Konservierungsstoffe können enthalten sein
- das Besondere einer Küche wird geschmälert
- Ausbildungsdefizite können entstehen

3 Nennen Sie zu jeder Bearbeitungsstufe von vorgefertigten Produkten zwei Beispiele.

Küchenfertige Produkte:
- geschältes und geputztes Gemüse, geputzter und filetierter Fisch

Garfertige Produkte:
- portionierte Fischfilets, vorgebackene Pommes frites

Aufbereitungsfertige Produkte:
- Tiefkühlware, Suppen

Servierfertige Produkte:
- Wurst, Käse

4 Aus betriebswirtschaftlicher Sicht wird gerne argumentiert, dass bei vorgefertigten Produkten die Kosten geringer seien. Auf welche Kosten trifft diese Aussage zu und wo trifft sie nicht zu?

- Geringere Kosten bei der Arbeitszeit und bei der Energie
- Höhere Wareneinstandspreise

5 Bei welcher Art von Convenience-Produkten sind die Wareneinstandspreise am größten?

- Bei den tischfertigen bzw. verzehrfertigen Produkten

5 Getränke

Die große Vielfalt an Getränken kann man leichter behalten, wenn man sie in Gruppen einteilt. Die erste Unterteilung ist: alkoholfrei – alkoholhaltig. Die alkoholfreien gliedern wir gleich weiter.

GETRÄNKE

- **ALKOHOLFREIE**
  - **Erfrischungsgetränke**
    - Wässer
    - Säfte, Nektare
    - Limonaden
  - **Aufgussgetränke**
    - Kaffee
    - Tee
    - Kakao
    - Schokolade
  - **Milch- und Kakaogetränke**
    - Milch
    - Kakao
    - Schokolade
- **ALKOHOLHALTIGE**

5.1 Einteilung der Getränke

1 Die Getränke werden nach einem Inhaltsstoff in zwei Gruppen unterschieden. Nennen Sie diese.

- alkoholfreie Getränke
- alkoholhaltige Getränke

2 In welche Gruppen gliedert man die alkoholfreien Getränke? Erklären Sie die Begriffe kurz.

- Erfrischungsgetränke, die vorwiegend der Erfrischung dienen, wie Mineralwässer, Limonaden.
- Aufgussgetränke, die durch Überbrühen oder „Aufgießen" hergestellt werden, z. B. Tee, Kaffee, Kakao.

3 Nennen Sie die Arten der alkoholhaltigen Getränke.

- Bier
- Wein
- Schaumwein
- weinhaltige und weinähnliche Getränke
- Spirituosen

5.2 Alkoholfreie Getränke

Wässer – Limonaden

1 Wie unterschieden sich Mineralwässer vom Trinkwasser?

- Mineralwässer haben entweder
  - mehr Mineralstoffe oder
  - mehr Kohlendioxid/Kohlensäure als Trinkwasser.

2 Worauf beruht die prickelnde Wirkung bei Mineralwässern?

- Das im Mineralwasser enthaltene Gas entweicht beim Trinken und wirkt erfrischend.

3 Was versteht man unter „stillem Wasser"?

- Stille Wässer enthalten keine oder nur ganz wenig Kohlensäure (sie „sprudeln" nicht, sie liegen „still" im Glas).

4 Wodurch erhalten Mineralwässer den jeweils typischen Geschmack?

- Die Zusammensetzung der im jeweiligen Mineralwasser enthaltenen Mineralstoffe ist für jede Art typisch.

5 Auf Flaschen mit Mineralwasser findet man meist eine „Analyse". Erklären Sie in diesem Zusammenhang auch Anionen und Kationen.

- Die Analyse ist eine Zusammenstellung der enthaltenen Mineralstoffe.
- Kationen sind positiv geladene Teilchen wie Na = Natrium oder Ka = Kalium,
- Anionen sind negativ geladene Teilchen wie Cl = Chlor.

6 Auf dem Etikett einer Flasche mit Mineralwasser kann man den Hinweis „enteisent" finden. Warum wird dem Mineralwasser ein wichtiger Mineralstoff entzogen?

- Beim Mischen des Mineralwassers mit anderen Getränken, wie Wein oder Fruchtsaft, kann sich Eisen mit anderen Bestandteilen verbinden und zu unerwünschten Veränderungen führen.

7 Was versteht man unter Tafelwasser?

- Trinkwasser und Quellwasser werden bestimmte Mineralstoffe (zur geschmacklichen Abrundung) und Kohlendioxid/-säure (erfrischend) zugesetzt.

8 Nennen Sie Beispiele für die Verwendung von Mineral- und Tafelwasser.

- Pur zur Erfrischung,
- zum Mischen mit Wein oder Fruchtsäften (Schorle),
- zu Longdrinks, z. B. Whiskysoda.

Eine Lernhilfe für die folgenden Fragen.

Mit einem Bild kann man sich die Sache leichter vorstellen.

9 Welches Erfrischungsgetränk wird ohne Wasserzusatz hergestellt? Oder: Welches Erfrischungsgetränk besteht nur aus Fruchtanteilen?

- Nur „Säfte" sind pur, also ohne Zusatz von Wasser.

10 Warum sind bei Fruchtsaftgetränken die vorgeschriebenen Mindestanteile an Fruchtsaft unterschiedlich hoch?

- Die Geschmacksstärke der Früchte ist unterschiedlich. So gibt z. B. Zitronensaft wesentlich mehr Geschmack als Apfelsaft.

11 Fruchtsäfte sollen nicht im grellen Licht stehen. Begründen Sie.

- Fruchtsäfte enthalten viel Vitamin C, das durch Lichteinfluss geschädigt wird.

12 Es gibt Limonadearten mit arttypischen Inhaltsstoffen. Nennen Sie drei Arten und geben Sie den typischen Inhaltsstoff an.

- Kolagetränke mit koffeinhaltigen Auszügen aus der Kolanuss
- Bitter-Limonaden aus der genannten Frucht und mit chininhaltigen Auszügen aus der Chinarinde
- Ginger Ale mit Auszügen aus Ingwer
- Tonic Water mit Auszügen aus der Zitrone und Chinin

13 Was bedeutet der Hinweis „aus … konzentrat hergestellt" auf dem Etikett?

- Um Transportkosten zu sparen, werden bestimmte Fruchtsäfte zunächst konzentriert und dann vor dem Abfüllen wieder mit Wasser vermischt.

Bei Prüfungen mit Auswahlantworten gibt es folgende Möglichkeiten:

Produkte vergleichen

14 **Worin besteht der Unterschied zwischen Trinkwasser und Mineralwasser?**

1. Mineralwässer haben mehr Vitamine als Trinkwasser.
2. Mineralwässer haben mehr Schmutzteilchen als Trinkwasser.
3. Mineralwässer sind eiweißreicher als Trinkwasser.
4. Mineralwässer enthalten mehr Enzyme als Trinkwasser.
5. Mineralwässer enthalten mehr Mineralstoffe oder mehr Kohlendioxid als Trinkwasser.

Produkte beschreiben

15 **Welches Erfrischungsgetränk besteht ausschließlich aus Bestandteilen von Früchten?**

1. Fruchtnektar
2. Fruchtsaft
3. Brause
4. Fruchtsaftgetränk
5. Fruchtbowle

16 **In welcher Gruppe sind ausschließlich alkoholfreie süße Erfrischungsgetränke genannt?**

1. Cola, Fruchtsaftgetränk, Apfelwein
2. Limonade, Apfelsaftschorle, Apfelwein
3. Limonade, Brause, Fruchtsaft
4. Diätbier, Brause, Tafelwasser
5. Limonade, Fruchtsaftgetränk, Mineralwasser

17 **Ordnen Sie den angeführten Limonaden die entsprechenden Inhaltsstoffe zu, indem Sie die Nummer des Getränks dem Inhaltsstoff zuordnen.**

1. Auszüge aus Ingwer
2. Coffein
3. Zitronensaft
4. Chinin
5. Fruchtessenz

Colagetränk	2
Ginger Ale	1
Tonic Water	4

Verwendbarkeit beurteilen/Gäste beraten

18 **Ein Gast wünscht ein Mineralwasser, das zum Mischen mit Wein verwendet werden kann. Auf welche Angabe ist zu achten?**

(1) … mit Quellenkohlensäure versetzt

(2) … natürliches Mineralwasser

(3) … enteisent

(4) … am Quellort abgefüllt

(5) … mit natürlicher Kohlensäure

19 **Welches der folgenden Getränke wird ungekühlt serviert?**

(1) Weißwein

(2) Sodawasser

(3) Klarer

(4) Stilles Wasser

(5) Colagetränk

Aufgussgetränke

20 **Welche Arten von Aufgussgetränken unterscheidet man?**

- Kaffee
- Tee
- Kakao, Schokolade

---

21 **Nennen Sie zu jedem Aufgussgetränk den typischen Wirkstoff. Was ist diesen Wirkstoffen gemeinsam?**

- Kaffee – Coffein
- Tee – Coffein (Tein)
- Kakao – Theobromin
- Die Wirkstoffe in Aufgussgetränken sind kreislaufanregend.

Kaffee

22 **Kaffee wird in Mischungen angeboten. Welchen Grund hat dies?**

- Durch das Mischen werden die Unterschiede zwischen den einzelnen Sorten ausgeglichen. Der Käufer erhält ein gleichbleibendes Produkt.

23 Die Qualität eines Kaffees hängt wesentlich von der Röstung ab. Nennen Sie wichtige Veränderungen bei der Röstung.

- Es entstehen die typischen Aromastoffe.
- Zuckerstoffe karamelisieren und geben die typische Farbe.

24 Nicht alle Gäste vertragen Kaffee. Welche Personengruppen können Kaffee nicht oder nur in geringer Menge genießen?

- Kreislaufempfindliche werden vom Coffein des Kaffees stark beeinflusst.
- Magenempfindliche leiden unter dem Säuregehalt des Kaffees.

25 Was versteht man unter einem entcoffeinierten Kaffee?

- Dem Kaffee wurde das Coffein weitgehend entzogen, er darf höchstens 0,08 % Coffein enthalten.

26 Ein Kaffee wird als magenschonend bezeichnet. Wie unterschiedet er sich von üblichem Kaffee?

- Magenschonendem Kaffee werden die Reizstoffe entzogen. Diese wirken bei empfindlichen Personen auf die Magenschleimhaut.

27 Worauf ist bei der Lagerung von gemahlenem Kaffee zu achten?

- Geschlossene Verpackungen werden kühl gelagert.
- Geöffnete Verpackungen werden in Dosen umgefüllt und bald verbraucht. Der Luftsauerstoff mindert die Qualität.

28 Was versteht man unter Instant-Kaffee?

- Es ist ein sofort (engl. instantly) lösliches Kaffeepulver. Dazu wird zunächst ein Kaffeekonzentrat hergestellt und anschließend getrocknet.

29 Welche Kaffeemehlmenge benötigt man

für eine Tasse Kaffee	• je Tasse Kaffee 6 – 8 Gramm
für eine Tasse Mokka	• je Tasse Mokka 6 – 8 Gramm

30 Welche Faktoren wirken sich bei der Zubereitung von Kaffee auf die Qualität des Getränkes aus?

- Die Qualität der Röstkaffeemischung
- Die Zusammensetzung des Wassers, das zum Brühen verwendet wird
- Das Aufguss- oder Brühverfahren
- Die Einflüsse des Kaffeegeschirrs
- Wahl der Zutaten, z. B. Kondensmilch oder Kaffeesahne

31 **Nennen Sie gängige Zubereitungsverfahren für Kaffee.**

- Aufgussverfahren
- Filtersystem
- Brühen unter Druck

32 **Warum ist Porzellan als Kaffeegeschirr gut geeignet?**

- Porzellan ist geschmacksneutral und speichert die Wärme gut. Wichtig ist allerdings, dass es entsprechend vorgewärmt wurde.

33 **Was versteht man unter einem Espresso?**

- Aromastarker Kaffee. Wird im Dampfdruckverfahren gebrüht und in Spezialtassen angerichtet.

34 **Beschreiben Sie die Zubereitung eines Irish Coffee.**

- In ein vorgewärmtes Spezialglas braunen Zucker und den erforderlichen Irish Whiskey geben,
- Zucker unter Rühren auflösen,
- über Spezialrechaud erhitzen und flambieren,
- mit heißem Kaffee auffüllen,
- angeschlagene ungesüßte Sahne darübergeben.

Auswahlaufgaben stellen diesen Sachbereich so dar.

35 **Ordnen Sie den Aufgussgetränken die entsprechenden Kaffeemengen zu.**

1 ca. 2 g	Tasse Mokka	2
2 ca. 7 g		
3 ca. 15 g	Tasse Kaffee	2
4 ca. 25 g		
5 ca. 35 g	Tasse Tee	1
6 ca. 50 g		

36 **Ordnen Sie entsprechend zu.**

1 Halb Kaffee und halb Milch		
2 Kaffee mit einer Milchschaumhaube, mit Kakaopulver bestreut	Espresso	4
3 Kaffee mit Whiskey, braunem Zucker und Sahnehaube		
4 Starker Kaffee, der unter hohem Druck hergestellt wird	Irish Coffee	3
5 Kalter Kaffee mit Vanilleeis im Glas mit Sahnehaube		
6 Kaffee mit Weinbrand	Cappuccino	2

37 Wie wird ein Kaffee mit der Bezeichnung „magenschonend" in der Rösterei behandelt?

(1) Dem Kaffee werden Öle entzogen.

(2) Beim Rösten wird die Karamellbildung erhöht.

(3) Der Gehalt an Inhaltsstoffen wird erhöht.

(4) Dem Kaffee werden Reizstoffe entzogen.

(5) Dem Kaffee wird ein Großteil des Coffeins entzogen.

38 Welchen besonderen Kaffee empfehlen Sie einem Gast mit Herzbeschwerden?

- Entcoffeinierter Kaffee hat das Aroma des Kaffees, nicht aber das kreislaufanregende Coffein.

---

39 Wieviel Coffein ist in üblichem Kaffee enthalten?

- Etwa 2 % in Kaffeepulver. Wenn man auf eine Tasse Kaffee 7g Mahlgut rechnet, trifft auf eine Tasse 0,14 g Coffein.

---

40 Wie ist der Coffeingehalt bei entcoffeiniertem Kaffee?

- Entcoffeinierter Kaffee enthält 0,08 % Coffein.

Tee

41 Was versteht man unter Tee?

- Tee besteht aus den Blättern und Knospen des Teestrauches.

---

42 Was ist gemeint, wenn beispielsweise von Pfefferminz- oder Früchtetee gesprochen wird?

- Es handelt sich um Aufgüsse von Blättern oder Kräutern, jedoch nicht um Teile des Teestrauches. Diese Teearten müssen mit ganzem Namen genannt werden, dürfen also nicht nur mit „Tee" bezeichnet werden.

---

43 Welche Einflüsse bestimmen die Qualität des Tees?

Die Qualität des Tees ist abhängig von

- Höhenlage des Anbaugebietes – je höher, desto hochwertiger
- Alter des Blattes – je jünger das Blatt, desto zarter und feiner der Tee

---

44 Nennen Sie die wichtigsten Arbeitsgänge auf dem Weg vom Blatt bis zum schwarzen Tee.

- Welken
- Rollen
- Fermentieren
- Trocknen
- Sortieren

45 Welche Aufgabe hat das Fermentieren?

- Beim Fermentieren entwickeln sich die ätherischen (leicht flüchtigen) aromatischen Duftstoffe des Tees und die typische Farbe.

46 Was ist der Unterschied zwischen schwarzem und grünem Tee?

- Grüner Tee wird nicht fermentiert, er hat darum ein anderes Aroma und nicht die typische Farbe des schwarzen Tees. In der anregenden Wirkung besteht kein Unterschied.

47 Was bedeutet: Gewonnen nach dem CTC-Verfahren?

- Das bedeutet: **C** = crushing = zerquetschen
  T = tearing = zerreißen
  C = curling = rollen
- Es handelt sich dabei um ein modernes Herstellungsverfahren für schwarzen Tee.

48 Nennen Sie die Blattgrade bei schwarzem Tee, beginnend mit der besten Art.

- Flowery Orange Pekoe
- Orange Pekoe
- Pekoe

49 Welche Größensortierungen werden angeboten?

- Blatt-Tee – ganze Blätter
- Broken-Tee – Blattstücke
- Fannings – kleine Blattstücke
- Dust – Staub, es sind feinste Tee-Teilchen

50 Was bedeutet bei Tee der Zusatz „broken"?

- Broken bedeutet gebrochen. Bei broken handelt es sich um kleinere Stücke in der angegebenen Qualität. Broken Tee laugt beim Aufgießen besser aus und ist darum ergiebiger.

51 Nennen Sie bedeutende Teeanbaugebiete und beschreiben Sie das Aroma der entsprechenden Teesorten.

- Darjeeling – zart, duftig
- Assam – kräftig, würzig
- Sri Lanka (Ceylon) – kräftig, eher herb
- China – mild, auch grüne Sorten

52 Warum kann derselbe Tee anregend oder beruhigend zugleich wirken?

- Die anregenden Bestandteile des Tees lösen sich schneller als die beruhigenden. Wer also einen anregenden Tee will, lässt ihn nur kurz ziehen, wer dies nicht wünscht, lässt länger ziehen.

53 Nennen Sie bekannte Teemischungen und geben Sie deren Eigenschaften an.

- Ostfriesische Mischung: Kräftig schmeckender, dunkler Tee vorwiegend aus Assam-Teesorten
- Englische Mischung: würzig, feinherb, vorwiegend aus Darjeeling Tooaorton

Kakao

Bei Kakao beschränken wir uns auf das Produktangebot und die Zubereitung.

54 Wie wird Kakaopulver hergestellt?

- Die vorbereitete Kakaobohne wird zermahlen. Dabei entsteht ein Brei. Durch Pressen wird die flüssige Kakaobutter abgetrennt, der verbleibenden Kakao wird fein vermahlen.

55 Wie wird Kakao nach der Qualität unterschieden?

- Das Unterscheidungsmerkmal ist der Kakaobuttergehalt. Kakaobutter ist ein Pflanzenfett, das sich auf den Geschmack von Zubereitungen positiv auswirkt. Es gibt schwach entölten Kakao mit mindestens 20 % Kakaobutter – das ist die bessere Qualität. Es gibt stark entölten Kakao mit mindestens 10 % Kakaobutter – das ist die einfachere Qualität.

56 Beschreiben Sie die Zubereitung von Kakao.

- Kakaopulver wird mit etwas Milch angerührt, in die kochende Milch eingerührt und durchgekocht oder mit Dampf aufgeschäumt.

57 Wie wird Schokolade/Trinkschokolade zubereitet?

- Die käufliche Mischung von Schokoladenpulver wird mit kochender Flüssigkeit (Milch, Wasser) verrührt.

58 Was versteht man unter einem Kakaotrunk?

- Ein Kakaotrunk z. B. Kaba, ist ein Milchmischgetränk, bei dem der Milch Kakao, Malz und weitere Stoffe zugefügt werden.

Berechnungen zu alkoholfreien Getränken

Um Grundlagen für Materialberechnungen zu haben, soll bei Orangen festgestellt werden, wie viel Prozent die Ausbeute beträgt. Aus einer Kiste mit 12,800 kg Orangen konnten 8,830 Liter Saft gewonnen werden.

59 **Berechnen Sie die Ausbeute in Prozent.**

Frischen Orangensaft pressen wir selbst. Dabei rechnet man nach Erfahrungswerten mit einer Ausbeute von 72 Prozent. Für einen Empfang sind 9 Liter Orangensaft vorzubereiten.

60 **Wie viel kg Orangen müssen ausgepresst werden?**

Ein kg Orangen kostet 1,60 €. Man rechnet mit einer Saftausbeute von 72 Prozent.

61 **Berechnen Sie die Materialkosten für ein Glas Orangensaft mit 0,2 Litern.**

5.3 Alkoholische Getränke

Bier

Bierherstellung

Eine Übersicht kann das Lernen erleichtern.

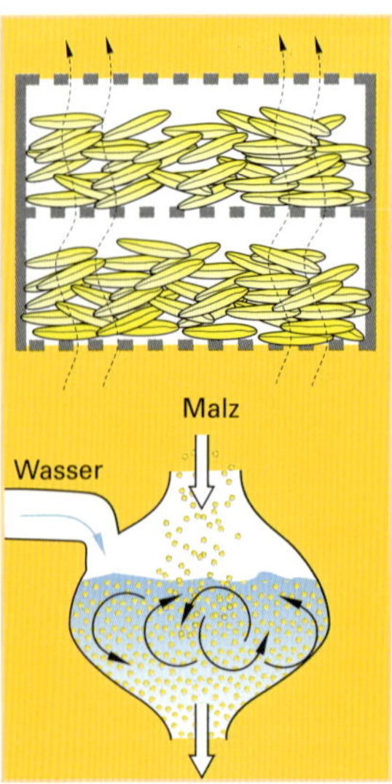

Arbeitsschritte	Stichworte für die Beratung
Mälzen	**Farbe des Bieres**
Stärke wird zu Zuckerstoffen umgewandelt.	
Trocknen des Malzes	
➤ Temperatur hoch	➤ dunkles Bier
➤ Temperatur niedrig	➤ helles Bier
Bereitung der Würze	
Verzuckerung geht weiter. Feste Bestandteile (Treber) werden abgetrennt.	
➤ Anteil der gelösten Stoffe in der Flüssigkeit = **Stammwürze**	➤ **Stärke des Bieres** = Biergattung
Aufkochen mit Hopfen	
➤ Hopfeninhaltsstoffe	➤ Geschmacksrichtung
	➤ Schaumbildung

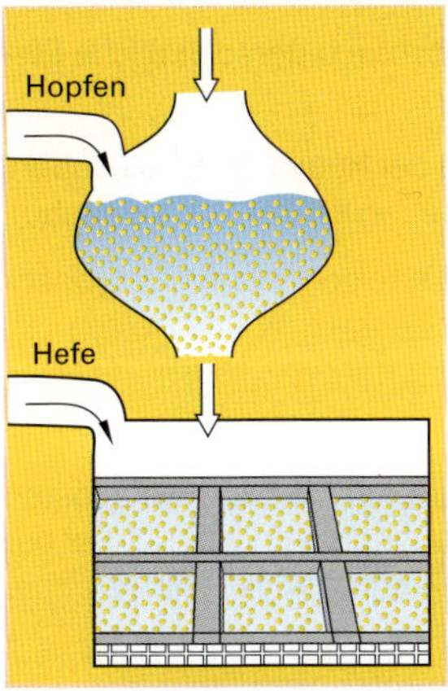

Arbeitsschritte	Stichworte für die Beratung
Vergärung Der Würze wird Hefe zugefügt. Die Art der Hefe bestimmt den Gärverlauf. ➤ untergärig ➤ obergärig	➤ **Bierart**
Je nach Gärverfahren werden etwa 30 % der Stammwürze zu Alkohol.	➤ Alkoholgehalt
Lagerung Bier „reift“	➤ Verfeinerung des Aromas ➤ Sättigung mit CO_2

1 Welche Rohstoffe werden nach dem Reinheitsgebot zur Herstellung von Bier verwendet?

- Malz, Hopfen, Hefe und Wasser

2 Welche Rohstoffe werden zur Herstellung von Malz verwendet?

- An erster Stelle steht Gerste.
- Es werden aber auch Weizen und Roggen verwendet.

3 Welche Aufgabe hat das Mälzen?

- Durch die Tätigkeit der Enzyme wird die im Getreidekorn enthaltene Stärke in Zuckerstoffe umgewandelt. Nur in dieser Form kann die Hefe die Zuckerstoffe verwerten.

4 Welche Eigenschaften des Bieres werden durch das Malz bestimmt?

- Die Farbe des Bieres wird von der Farbe des Malzes beeinflusst. Helles Malz gibt helles Bier, dunkles Malz dunkles Bier.
- Der Geschmack (Malzgeschmack) wird durch die Zuckerstoffe beeinflusst.

5 Welche Bestandteile des Hopfens sind für die Bierherstellung wichtig?

- Bitterstoffe des Hopfens beeinflussen den Geschmack.
- Hopfenharze sind dafür verantwortlich, ob die Schaumkrone stabil ist oder rasch zerfällt. Man nennt dies Schaumhaltevermögen.

6 Welche Aufgabe hat die Hefe bei der Bierherstellung?

- Hefe zerlegt Zucker in Alkohol und Kohlendioxid/Kohlensäure.

7 Je nach Art der Hefe, die zur Bierherstellung verwendet wird, erhält man unterschiedliche Biere. Wie unterscheidet man Biere nach der Hefeart?

- Untergärige Hefen sinken am Ende der Hauptgärung zu Boden; man erhält untergärige Biere. Das ist heute das Hauptangebot.
- Obergärige Hefen schwimmen am Ende der Hauptgärung obenauf. Obergärige Biere sind z. B. Weizenbier, Alt und Kölsch.

8 Was versteht man unter Stammwürze?

- Stammwürze ist der Fachbegriff für den Gehalt aller gelösten Stoffe in der Würze vor der Gärung. Würze ist der „Sud" bei der Bierherstellung.

9 Alkoholgehalt des Bieres und Stammwürze stehen in einen bestimmten Verhältnis.

- Etwa ein Viertel (25 %) bis zu einem Drittel (33 %) der Stammwürze werden zu Alkohol vergoren.

10 Biere werden nach dem Stammwürzegehalt unterschieden. Nennen Sie zur Bierbezeichnung den entsprechenden Stammwürzegehalt.

Bier mit niedrigem Stammwürzegehalt	unter 7 %
Schankbier	7 bis 11 %
Vollbier	11 bis unter 14 %
Starkbier	über 16 %

Auswahlaufgaben prüfen das so:

11 Was versteht man unter Stammwürze?

1. Den Alkoholgehalt des Bieres
2. Den Gehalt an unvergärbaren Ballaststoffen
3. Den Gehalt aller gelösten Stoffe vor der Vergärung
4. Den Malzanteil in Prozenten
5. Den Gehalt an Würzstoffen

12 Wie viel Alkohol in Prozent des Volumens (% vol) sind in Vollbier enthalten?

1. Etwa 0,5 bis 1,0 %
2. Etwa 2,0 bis 3,0 %
3. Etwa 4,0 bis 5,0 %
4. Etwa 6,0 bis 7,0 %
5. Etwa 10,0 bis 11,0 %

13 **Welche Unterscheidungsmerkmale gelten für folgende Bezeichnungen?**

Biergattung
- Stammwürzegehalt, z.B. Schankbier, Vollbier, Starkbier

Bierart
- Hefeart, wie unter- oder obergärig

Biersorte
- Die Biersorte vereinigt die Merkmale von Biergattung und Bierart in einem Begriff. Man spricht auch von Handelsbezeichnung.

Und jetzt eine Übersicht, aus der Sie die wichtigsten Biersorten ablesen können.

Gattung	Stammwürzegehalt	Arten	Sorten
Bier mit niedrigem Stammwürzegehalt	unter 7 %	obergärig	Süßbier
Schankbier	7 bis 11 %	untergärig obergärig	Leichtbiere Berliner Weiße
Vollbier	11 bis unter 16 %	untergärig obergärig	Hell, Export, Pils, Märzen Alt, Kölsch, Weizenbier
Starkbier	über 16 %	untergärig obergärig	Bock Weizenbock

Die Bierart bezieht sich also auf die Stärke des Bieres und das Gärverfahren.
Diese Kombinationen kann man im einzelnen abfragen. Sie eignen sich besonders für Zuordnungsaufgaben. Darum hier entsprechende Beispiele.

14 **Ordnen Sie der Bierart bzw. Biergattung die Biersorten zu.**

Biersorte	Bierart bzw. Biergattung	
(1) Weizendoppelbock, Weizenbock	Obergäriges Starkbier	1
(2) Kölsch, Alt		
(3) Pils, Export	Untergäriges Vollbier	3
(4) Bock, Pils		
(5) Alt, Märzen	Obergäriges Vollbier	2
(6) Export, Bock		

15 **Was versteht man unter einem Bier Pilsener Typ?**

- Ein stark gehopftes Vollbier, das deswegen auch leicht bitter schmeckt und einen feinporigen Schaum hat.

16 **Nennen Sie die Eigenschaften von Leichtbieren/Lightbieren.**

- Leichtbiere haben einen verringerten Alkoholgehalt,
- sind im Geschmack anders als normales Bier.

Bierpflege – Ausschank

17 Warum soll Bier nach der Lieferung mindestens einen Tag ruhen?

- Durch den Transport wird die Kohlensäure stark bewegt, das Bier würde zu stark schäumen. Die Kohlensäure muss sich erst wieder beruhigen.

---

18 Wie sollen Biergläser vor dem Einschenken behandelt werden?

- Sie sollen vor dem Zapfen kalt gespült werden. Dadurch kühlen sie ab und an der nassen Glaswand fließt das Bier ruhiger.

**19 Der Bierausschank läuft nicht zufriedenstellend.
Nennen Sie mögliche Ursachen für folgende Mängel.**

Das Bier läuft trüb	• Bier zu kalt gelagert, Unsauberkeit im Schanksystem
Das Bier schäumt zu stark	• Bier vor dem Anstich zu heftig bewegt, Bier zu warm
Das Bier schäumt zu wenig	• Bier zu kalt, Kohlensäuredruck zu gering, fettige Gläser
Das Bier fällt nach dem Einschenken zusammen	• Unsauberkeit bei Anstich, Bierleitung oder Glas (Fett am Glasrand)

Am Beispiel der obigen Aufgabe lässt sich gut zeigen, warum hier Aufgaben in unterschiedlicher Form dargestellt werden. Bei Auswahlantwortaufgaben muss der Lernende meist mehr lesen, auch Falsches. Wir sind für eine rationelle Lernweise. Ein Beispiel zur ersten Frage.

20 Bier läuft trüb aus der Schankanlage. Was ist die Ursache?

1. Druck falsch eingestellt
2. Bier zu kalt
3. Im Steigrohr fehlt das Sieb
4. Bierleitung undicht
5. Bier zu warm

Vergleichen Sie jetzt mit der folgenden Aufgabe.

21 Bier läuft trüb. Nennen Sie mögliche Ursachen.

- Zu kühl
- Unsauberkeit in Leitung oder am Zapfhahn
- Zu lange gelagert

22 **Getränkeschankanlagen müssen gereinigt werden.**
In welchen Zeitabständen ist mindestens zu reinigen?

- Die Reinigung muss mindestens alle 14 Tage erfolgen.

Wer ist rechtlich verantwortlich für die Durchführung?

- Die rechtliche Verantwortung trägt der Wirt.

---

23 **Bei Bier ist die Temperatur für die Qualität wichtig.**

Nennen Sie den Bereich für die Lagertemperatur.

- Bier wird zwischen 6 °C und 8 °C gelagert.

Nennen Sie den Temperaturbereich für den Ausschank von Bier.

- Bier wird mit einer Temperatur zwischen 7 °C und 9 °C ausgeschenkt.

Diese Fragestellung kann aus anderer Sicht so aussehen:

24 **Bei Bier ist die Lagertemperatur wichtig. Nennen Sie Folgen/Mängel, wenn Bier …**

… **zu warm gelagert wird.** • Bier schäumt zu stark, Geschmack ist beeinträchtigt.

… **zu kalt gelagert wird.** • Es bildet sich wenig Schaum, es können Kältetrübungen auftreten.

25 **In welchem Zeitraum müssen Bierleitungen nach den Bestimmungen der Schankanlagenverordnung gereinigt werden?**

(1) Einmal täglich
(2) Einmal wöchentlich
(3) Einmal monatlich
(4) Alle 14 Tage
(5) Jeweils nach zwei Monaten

4

Wein

Die Vielfalt der Weine wird leichter überschaubar, wenn man Zusammenhänge erkennt. Die Zeichnung hilft bei der Antwort auf die Frage, warum es unterschiedliche Weine gibt.

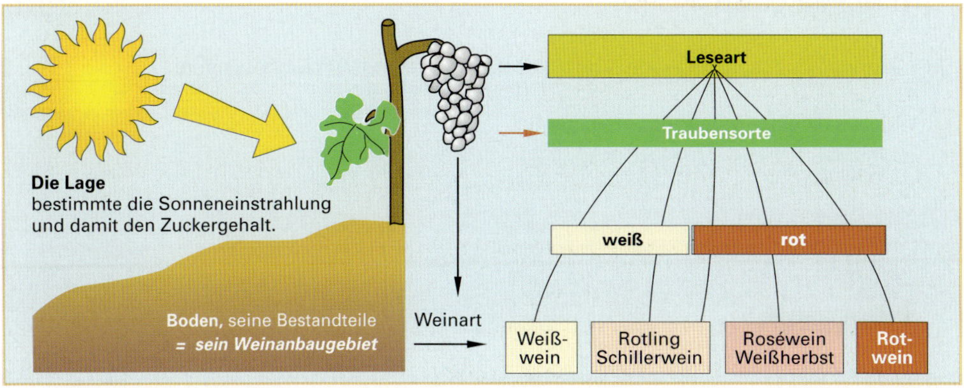

Wir beginnen mit den wichtigsten Rebsorten – manche sagen auch Traubenarten. Dann folgt die Weinbereitung und wir lernen die unterschiedlichen Qualitäten kennen. Schließlich befassen wir uns mit der Herkunft der Weine in Deutschland und Europa.

Weingewinnung

26 **Nennen Sie bedeutende Rebsorten für deutsche Weine.**

Weißweine	• Riesling, Silvaner und Müller-Thurgau sowie Ruländer und Gutedel
Rotweine	• Spätburgunder, Portugieser und Trollinger

Bei Auswahl-Antwort-Aufgaben kann das so aussehen.

27 **Welche der folgenden Rebsorten trägt blaue Trauben?**

1. Riesling
2. Silvaner
3. Portugieser
4. Traminer
5. Gewürztraminer

Oder schwieriger, weil jeweils zwei Rebsorten genannt werden:

28 **In welcher Gruppe sind ausschließlich Weißweine genannt?**

1. Silvaner, Spätburgunder
2. Portugieser, Gutedel
3. Portugieser, Trollinger
4. Riesling, Trollinger
5. Ruländer, Gutedel

Oder in anderem Zusammenhang – die Rebsorten unter anderen Fachbegriffen:

29 **Welches ist eine Rebsortenbezeichnung?**

1. Rotling
2. Rosé
3. Ruwer
4. Portugieser
5. Kabinett

30 **Nennen Sie die wichtigsten Abschnitte bei der Weißweingewinnung und die entsprechenden Produkte.**

- 1. Beim Maischen werden die Trauben gequetscht,
  – es entsteht die Maische.
- 2. Beim Keltern wird der Saft aus der Maische abgepresst,
  – man erhält den Most.
- 3. Durch die Gärung wird aus Zuckerstoffen Alkohol,
  – man erhält den Jungwein.
- 4. Der Ausbau umfasst die Trennung des Weines von den Trübstoffen (Klären) und die Stabilisierung.
  – Man erhält den verkaufsfertigen Wein.

---

31 **Erklären Sie die Fachbegriffe**

Mostgärung
- Es wird der Most = Traubensaft vergoren.

Maischegärung
- Es wird die Maische = gequetschte Traube vergoren.

---

32 **Worin besteht der Unterschied zwischen der Gewinnung von Weißwein und Rotwein?**

- Die roten Farbpigmente befinden sich in den Schalen der roten Trauben. Damit sie sich lösen und in die Flüssigkeit übergehen, wendet man zwei Verfahren an.

  Die Maische wird erwärmt und dadurch lösen sich die Farbstoffe. Dann presst man ab und vergärt (Mostgärung).

  Oder man lässt die Maische mit den Schalen gären. Dann löst der Alkohol die Farbstoffe (Maischegärung). Dann zieht man den Jungwein ab.

---

33 **Nach der Art der verwendeten Trauben und dem angewandten Verfahren der Weinbereitung unterscheidet das Gesetz fünf Weinarten.**

- Weißwein
- Roséwein
- Perlwein
- Rotwein
- Rotling

---

34 **Beschreiben Sie die Weinarten. Nennen Sie Traubenart und Arbeitsverfahren.** (Die Abbildung zwei Seiten zurück hilft dabei.)

- Weißwein: Most von hellen Trauben wird vergoren.
- Rotwein: Nach dem Erwärmen mit der Schale ist der Most rot und wird dann vergoren.
- Roséwein: Rote Trauben werden abgepresst und wie Weißwein vergoren.
- Rotling: Rote und weiße Trauben werden abgepresst und wie Rotwein vergoren.

35 **Ein Winzer spricht von Öchslegraden. Was versteht man darunter?**

1. Maßeinheit für den Mostanteil
2. Maßeinheit für den Säuregehalt
3. Maßeinheit für den Alkoholgehalt
4. Maßeinheit für den Zuckergehalt des Mostes
5. Maßeinheit für den Zuckergehalt des Weines

36 **In welchem Fall erhält man einen Roséwein?**

1. Rote Trauben werden wie weiße verarbeitet. ✓
2. Rote Trauben enthalten nur wenig Farbpigmente.
3. Rote und weiße Tauben werden gemischt und wie Weißwein verarbeitet.
4. Man verwendet spezielle Trauben aus Südfrankreich.
5. Man vermischt Weißwein mit Rotwein.

1

37 **Welche Aussage über Weißherbst entspricht dem Weingesetz?**

1. Trollinger und Ruländer, Weißherbst
2. Portugieser, Weißherbst
3. Französischer Burgunder, Weißherbst
4. Portugieser und Ruländer, Weißherbst
5. Schwarzriesling mit Riesling, Weißherbst

Weinqualität

38 **Deutsche Weine werden in Güteklassen eingeteilt. Nennen Sie diese in aufsteigender Reihenfolge.**

- Tafelwein
  - gehobener Tafelwein = Landwein
- Qualitätswein, dabei unterscheidet man:
  - Qualitätswein b. A. und
  - Prädikatswein

Aufsteigende Reihenfolge bedeutet: Mit dem Kleinsten/Geringsten anfangen und mit dem Größten/Wichtigsten aufhören.

39 **Nennen Sie die Prädikate in aufsteigender Reihenfolge.**

- Kabinett
- Spätlese
- Auslese
- Beerenauslese
- Trockenbeerenauslese
- Eiswein

Nach der vorausgegangenen Frage wird bei Prüfungen meist ein Prädikat herausgegriffen und gesondert gefragt. Weil wir nicht wissen können, welches Prädikat geprüft wird, zur Sicherheit alle:

40 Erklären Sie einem Gast die einzelnen Weinprädikate.

Kabinett
- An diese Weine werden höhere Anforderungen gestellt als an Qualitätsweine b. A.

Spätlese
- Die Trauben werden nach der Haupternte in vollreifem Zustand geerntet.

Auslese
- Der Wein besteht aus vollreifen Trauben, von denen unreife und kranke Beeren entfernt wurden.

Beerenauslese
- Es dürfen nur überreife und edelfaule Beeren verwendet werden.

Trockenbeerenauslese
- Die Beeren sind durch die Edelfäule bereits eingeschrumpft, der Zuckergehalt konzentriert sich.

Eiswein
- Die Weintrauben sind zum Zeitpunkt der Ernte und Kelterung gefroren. Dadurch ist der Most konzentrierter.

Und so wird bei Auswahlantworten nach Qualitätsstufen gefragt.

41 Welche Angabe erfolgt in Öchslegraden?

1. Zuckergehalt des Weines
2. Alkoholgehalt des Weines
3. Alkoholgehalt des Traubensaftes
4. Zuckergehalt des Mostes
5. Restsüße des Weines

42 Was versteht man unter der Bezeichnung Spätlese?

1. Wein von Trauben, die nach dem ersten Frost gelesen werden.
2. Wein von Trauben, die nach der allgemeinen Lese vollreif geerntet werden.
3. Wein von Trauben, die nach 20.00 Uhr, also spät am Abend gelesen werden.
4. Wein von Trauben, die nach der Tagesarbeit abends ausgesucht werden.
5. Wein von Trauben, die spätabends von Freiwilligen geerntet werden.

43 Wählen Sie die entsprechende Prädikatsbezeichnung.

1. Spätlese
2. Auslese
3. Kabinett
4. Trockenbeerenauslese
5. Beerenauslese
6. Eiswein

Niedrigste Prädikatsstufe 3

Höchste Prädikatsstufe 6

Nun können Einzelangaben auch kombiniert abgefragt werden. Hier zwei Beispiele.

44 Ordnen Sie die Angaben auf einem Weinetikett entsprechend zu.

1. Baden
2. 1999
3. Bereich Kaiserstuhl
4. Ruländer
5. Endinger Engelsberg
6. Spätlese

Rebsorte 4

Prädikat 6

Herkunft der deutschen Weine

Lassen Sie sich nicht irremachen von den vielen Bezeichnungen. Man kann die Sache folgendermaßen ordnen.

1. Die einfacheren Weine haben eine weniger genaue Herkunftsbezeichnung.
   Mussangabe: Weinbaugebiete (es gibt fünf)
   Kannangabe: Untergebiet für Tafelwein und Landwein
2. Qualitätsweine haben eine genauere Herkunftsbezeichnung, das bestimmte Anbaugebiet (es gibt 13).
   Sie werden deshalb Qualitätsweine bestimmter Anbaugebiete genannt (Q.b.A.).
   Die Anbaugebiete sind in Bereiche unterteilt.

45 Welche Art der Herkunftsbezeichnung tragen Landweine?

Die Herkunft wird bei Landweinen mit dem jeweiligen

- Landweingebiet angegeben.

46 Nennen Sie die Weinbaugebiete mit den jeweils zugehörigen Untergebieten.

Weinbaugebiete	Untergebiete
Rhein – Mosel	Rhein Mosel
Oberrhein	Römertor Burgengau
Bayern	Main Donau Lindau
Neckar	
Albrechtsburg	

47 Welche Weine tragen ein „bestimmtes Anbaugebiet" als Herkunftsbezeichnung?

- Alle „Qualitätsweine bestimmter Anbaugebiete" – Q.b.A.

48 **Nennen Sie die dreizehn bestimmten Anbaugebiete.**

- Ahr
- Pfalz
- Saale-Unstrut
- Rheinhessen
- Sachsen
- Mittelrhein
- Franken
- Hessische Bergstraße
- Mosel
- Rheingau
- Baden
- Nahe
- Württemberg

49 **Ordnen Sie den Weinen die Weinanbaugebiete zu.**

(1) Baden
(2) Nahe
(3) Rheingau
(4) Pfalz
(5) Württemberg
(6) Franken
(7) Mosel

Ürziger Schwarzlay	☐
Escherndorfer Lump	☐
Deidesheimer Herrgottsacker	☐

50 **Ordnen Sie die Bezeichnungen von Weinen den entsprechenden Angaben auf dem Etikett zu.**

(1) Qualitätswein mit Prädikat
(2) A.P.Nr. 1/330-B-41-07
(3) Baden
(4) Oberrotweiler Henkenberg
(5) Ruländer
(6) Spätlese

Prädikat	6
Rebsorte	5
Lage	4

Und jetzt zusammenfassend die Interpretation eines Weinetiketts.

51 Erklären Sie am Beispiel des nachstehenden – stilisierten – Weinetiketts die Bedeutung der einzelnen Angaben.

RHEINHESSEN	bestimmtes Anbaugebiet
2006	Jahrgang
Binger Scharlachberg	engere Herkunftsbezeichnung
RIESLING · SPÄTLESE	Rebsorte, Prädikat
Prädikatswein	Qualitätsstufe
halbtrocken	Geschmacksangabe
A.P.Nr. 4123 4561007	Amtliche Prüfungsnummer
10 % vol 0,75 l	Alkoholgehalt/Nennvolumen
Erzeugerabfüllung	Abfüller oder Erzeuger
WEINGUT WALTER, D-55411 Bingen	

Europäische Weine

52 Nennen Sie zwei bekannte französische Weinanbaugebiete.

- Bordeaux
- Burgund
- Rhônetal
- Elsass

53 Nennen Sie zu den folgenden französischen Weinen das Anbaugebiet und die Weinart.

Chablis	• Weißwein aus Burgund
Beaujolais	• Rotwein aus Burgund
Sauternes	• Weißwein aus Bordeaux
Châteauneuf-du-Pape	• Rotwein aus dem Rhônetal

54 Nennen Sie mindestens vier bekannte italienische Weine.

- Kalterer See
- Barolo
- Valpolicella
- Lambrusco
- Chianti
- Barbaresco

55 Nennen Sie bekannte Weine aus

Österreich	• Kremser, Gumpoldskirchner, Wachauer, Ruster
Ungarn	• Plattenseer und Tokajer

56 Welche Merkmale hat ein Likörwein?

- Weine aus südlichen Ländern mit
  - hohem Alkoholgehalt,
  - spezifischen Duft- und Geschmacksstoffen.

57 Nennen Sie drei Beispiele für Likörweine mit jeweils dem Herkunftsland.

- Sherry und Malaga aus Spanien
- Portwein und Madeira aus Portugal
- Tokajer aus Ungarn
- Samos aus Griechenland

58 Ordnen Sie die Weine den Erzeugerländern zu.

(1) Malaga	Portugal	☐
(2) Marsala		
(3) Portwein	Ungarn	☐
(4) Tokajer		
(5) Sherry	Italien	☐
(6) Tarragona		

59 Bestimmte Getränke werden unter Verwendung von Wein hergestellt, enthalten einen bestimmten Anteil Wein.

Wie nennt man diese Gruppe von Getränken?

- Weinhaltige Getränke

Nennen Sie drei Beispiele und nennen Sie die Bestandteile.

- Schorle: Wein, kohlensäurehaltiges Mineralwasser
- Glühwein: Rotwein, Zucker und Gewürze
- Kalte Ente: Wein, Schaumwein, Zitrone

60 Wie wird Wein gelagert?

- Flaschen mit Korken liegend, Etikett oben.
- Flaschen mit Drehverschluss oder Kronkorken auch stehend.

Schaumwein

61 Wodurch unterscheidet sich Schaumwein von Wein?

- Grundweine werden gemischt und einer zweiten Gärung zugeführt.
- Die dabei entstehende Kohlensäure lässt man nicht entweichen. Sie macht den Wein zum Schaumwein.

62 Wann darf ein Schaumwein als Sekt bezeichnet werden?

- Als Sekt darf nur Deutscher Qualitätsschaumwein bezeichnet werden.

63 Was versteht man unter Champagner?

- Champagner ist ein französischer Qualitätsschaumwein aus der Champagne.

64 Was bestimmt die Geschmacksrichtung eines Schaumweines?

- Die Zusammensetzung des Grundweines
- Die Art der Vergärung
- Die Geschmacksrichtung der Dosage

65 **Ordnen Sie die Fachbezeichnungen bei der Sektherstellung entsprechend zu.**

1 Grundweinverschnitt
2 Hefe-Zucker-Lösung
3 Jahrgangssekt
4 Enthefen
5 Ausgesuchte Spätlesen
6 Champagner

Dosage ☐
Cuvée ☐
Degorgieren ☐

66 **Wodurch wird die Geschmacksrichtung eines Schaumweines bestimmt?**

1 Durch einen hohen Kohlensäuredruck
2 Durch das Rütteln von Hand
3 Durch den Reifevorgang
4 Durch die Zusammensetzung der Dosage
5 Durch die Hefezugabe

☐

Spirituosen

67 **Spirituosen entstehen durch Destillation. Was versteht man darunter?**

- Beim Destillieren wird eine alkoholhaltige Flüssigkeit erhitzt. Alkohol verdampft bei geringerer Temperatur als Wasser und entweicht darum zuerst. Dieser Dampf kondensiert. Man nennt ihn das Destillat.

---

68 **Was versteht man unter „% vol"?**

- Es ist die Angabe des Alkoholgehaltes eines Getränkes in Prozent des Volumens.

---

69 **Worauf beruhen die Geschmacksunterschiede bei den unterschiedlichen Spirituosen?**

- Die verschiedenen Ausgangsprodukte wie Getreide, Zuckerrohr oder Obst beeinflussen den Geschmack am stärksten.
- An zweiter Stelle steht der Alkoholgehalt.

---

70 **Aus welchem Grundstoff wird Whisky hergestellt?**

- Gerstenmalz

---

71 **Was bedeutet bei Whisky der Zusatz „blended"?**

- Blended ist das Fachwort für Vermischen, um einen ausgewogenen Geschmack zu erzielen.

Bei Spirituosen findet man viele Zuordnungsaufgaben. Hier finden Sie Beispiele, die nach Rohstoffen, Herkunft oder Getränkegruppen fragen.

72 Ordnen Sie dem Getränk den entsprechenden Rohstoff zu.

1 Gerste und Roggen
2 Kartoffeln
3 Zuckerrohr
4 Wein
5 Obst
6 Waldbeeren

Rum ☐
Cognac ☐
Wodka ☐

73 Ordnen Sie die Spirituosen den Ursprungsländern zu.

1 Genever
2 Wodka
3 Slibovitz
4 Bacardi-Rum
5 Whiskey
6 Cognac

Frankreich ☐
Dalmatinische Küste ☐
Holland ☐
Irland ☐

74 Ordnen Sie den Getränkegruppen die entsprechenden Getränke zu.

1 Sekt
2 Wermutwein
3 Rum
4 Anisbrand
5 Whisky
6 Grappa

Getreidebrand ☐
Weinhaltiges Getränk ☐
Aromatisierte Spirituose ☐

75 Ordnen Sie die Liköre den Likörgruppen zu.

1 Cherry Brandy
2 Advocaat
3 Danziger Goldwasser
4 Chartreuse
5 Allasch
6 Zwetschgenwasser

Fruchtsaftlikör ☐
Kräuterlikör ☐

76 Wie heißt der Likör, der aus Cognac und Orange hergestellt wird?

1. Anisette
2. Bénédictine
3. Cherry Brandy
4. Grand Marnier
5. Prunelle

77 Was versteht man bei der Gewinnung von Spirituosen unter Destillation?

1. Eindicken durch Erhitzen
2. Verschneiden von Rohstoffen
3. Pasteurisieren der Getränke
4. Mischen der Zutaten
5. Trennen durch Verdampfen

Berechnungen zu alkoholischen Getränken

Aus einem Fass mit 50 Litern Bier wurden 121 Gläser mit je 0,4 Liter ausgeschenkt.

78 Berechnen Sie den Schankverlust in Prozent.

Ein Party-Fass enthält 35 Liter Bier. Bei einem Ausschank durch Unerfahrene rechnet man mit 5 Prozent Schankverlust.

79 Wie viel Gläser mit 0,4 Litern sind zu erwarten?

Für eine Sonderveranstaltung wird als Besonderheit für 60 Gäste Weizenbier zwar in typischen Gläsern, aber mit einem Inhalt von 0,3 Litern gereicht. Man füllt diese aus Flaschen mit 0,5 Litern.

80 Wie viel Flaschen Weizenbier sind bereitzustellen?

Ein Kegfass enthält 50 Liter. Der Betrieb nimmt einen Schankverlust von 3 Prozent an und hat bisher 91 Gläser mit je 0,4 Litern ausgeschenkt.

81 Wie viel Liter müssen sich rechnerisch noch im Fass befinden?

Ein Veranstalter trifft mit unserem Haus folgende Vereinbarung: 85 Gäste, je Gast zweimal 0,1 Liter Weißwein (Einschenken und einmal nachschenken). Weitere Getränke gehen auf Rechnung des Gastes. Beim Einschenken am Tisch rechnet man mit 5 Prozent Schankverlust.

82 Wie viel 1-Liter-Flaschen sind bereitzustellen?

Ein Betrieb hat eine „Fränkische Woche“ veranstaltet und führt jetzt eine Nachkalkulation durch. Das Büfett hat 456 Bocksbeutel zu je 0,75 Liter ausgeschenkt und besitzt vom Service 1642 Bons für je 0,2 Liter.

83 Ermitteln Sie den Schankverlust in Prozent.

6 Menü und Speisekarte

Gerichte, die zu einer Speisenfolge kombiniert werden, bezeichnet man als Menü. Das richtige Zusammenstellen von Speisenfolgen und das Zuordnen korrespondierender Getränke bereitet nicht nur dem Berufsanfänger Schwierigkeiten. Um in der betrieblichen Praxis eine Speisenfolge aus der fast unerschöpflichen Anzahl von Speisen zusammenstellen zu können, sind folgende Gesichtspunkte zu beachten:

Abwechslung

- *bei den eingesetzten Rohstoffen, Garverfahren und Zubereitungsarten*
- *hinsichtlich Farbe, Geschmack, Beschaffenheit und Anrichteweise*

Da nicht alle Kombinationsmöglichkeiten gefragt werden können, werden bei Prüfungen fehlerhafte Menüs aufgelistet, weil diese Aufgaben einfacher zu bearbeiten sind.

6.1 Menüaufbau

1 Erklären Sie die Bezeichnung Menü.

- Ein Menü ist eine Zusammenstellung von mindestens drei aufeinander abgestimmten Speisen. Dabei gibt es immer den Hauptgang und den Nachtisch.

2 Nennen Sie 3 Menüvarianten mit je 3 Gängen.

Variante 1

- Suppe
- Hauptgang
- Süßspeise

Variante 2

- Kalte Vorspeise
- Hauptgang
- Dessert

Variante 3

- Warme Vorspeise
- Hauptgang
- Käse

3 Wie unterscheidet sich das Menüangebot gastronomischer Betriebe?

- Menüs mit einem täglich wechselnden Angebot
- Menüs zu Festtagen wie z.B. Ostern, Weihnachten usw.
- Menüs für besondere Anlässe wie z.B. Hochzeit, Jubiläum usw.
- Menüs für große Events, Galas usw. (500 bis 1000 Personen)

4 Wie viele Gänge sind heute bei festlichen Speisenfolgen üblich?

- Meist sind es vier Gänge.
- Zu besonderen Anlässen gibt man fünf bis sechs Gänge.

5 Nennen Sie drei Möglichkeiten, einfache Speisenfolgen zu erweitern.

- Kalte Vorspeise vor der Suppe
- Warmes Zwischengericht nach der Suppe
- Käse zwischen Hauptgericht und Dessert

6 Erweitern Sie das Grundmenü zu Speisenfolgen mit 4 Gängen.

- Kalte Vorspeise – Suppe – Hauptgericht – Dessert
- Suppe – warme Vorspeise – Hauptgericht – Dessert

7 Nennen Sie eine Reihenfolge für ein Menü mit fünf Gängen.

- Kalte Vorspeise – Suppe – Fischgericht – Hauptgericht – Dessert

8 Nennen Sie eine Reihenfolge für ein Menü mit sechs Gängen.

- Kalte Vorspeise – Suppe – Zwischengericht – Hauptgericht – Käse – Dessert

9 Worauf ist bei der Zusammenstellung von Speisenfolgen im Hinblick auf die ernährungsphysiologische Vollwertigkeit zu achten?

- Bei Menüs muss auf die Ausgewogenheit von Nährstoffen wie Eiweiß, Fett, Kohlenhydrate sowie Wirkstoffen und Ballaststoffen geachtet werden.

10 Welcher Gang sollte bei der Erstellung eines Menüs sinnvollerweise als erstes festgelegt werden?

- Der Hauptgang, denn dieser bestimmt den Charakter und die Art eines Menüs.

11 Wie ist die weitere Vorgehensweise beim Zusammenstellen von Speisenfolgen, nachdem der Hauptgang festgelegt ist?

- Die weiteren, zusätzlichen Gänge werden nach Regeln harmonisch auf den Hauptgang abgestimmt.

Das Menügerippe soll möglichst vielfältig mit Speisen gefüllt werden.

Ziele sind viel Abwechslung

- *bei den Rohstoffen und den Garverfahren sowie*
- *hinsichtlich Farbe, Geschmack und Beschaffenheit.*

Da man nicht alle Kombinationsmöglichkeiten nennen kann, listet man bei Prüfungen Fehler auf, so genannte „Verbote", weil diese einfacher ausgedrückt werden können.

Trotzdem: positiv und kreativ denken!

12 Unerwünscht/verboten sind innerhalb eines Menüs:

- gleiche oder ähnliche Rohstoffe
- gleiche oder ähnliche Garverfahren
- gleiche oder ähnliche Farben einzelner Speisen
- vergleichbare Beschaffenheit wie z. B. gebunden/ungebunden

Wir üben, indem wir uns mit dem beschäftigen, was nicht sein darf. Dabei unterscheiden wir wesentlich zwischen dem

– *Verbot der Wiederholung von gleichen Rohstoffen oder Ausgangsmaterialien und dem*
– *Verbot der Wiederholung von Garverfahren oder Zubereitungsarten.*

13 Nennen Sie Beispiele für nicht erlaubte Wiederholungen von Rohstoffen innerhalb einer Speisenfolge …

… im Bereich Gemüse

- Wenn als Vorspeise Gemüsesalate gereicht werden, muss beim Hauptgericht darauf geachtet werden, dass sich diese Gemüse nicht wiederholen.

… im Bereich Ei

- Pochierte Eier als Vorspeise
- Crêpes als Nachspeise
- In beiden Gerichten ist der Hauptbestandteil Ei.

… im Bereich Käse

- Überbackenes Gemüse als Zwischengericht – Käse ist Bestandteil der Mornaysauce
- Dessert, bestehend aus einer Käseauswahl

… im Bereich Fische, Krebs- und Weichtiere

- Wenn als kalte Vorspeise z. B. ein Krabben- oder Hummercocktail gereicht wird, scheiden Krebstiere für die weitere Speisenfolge aus.

… im Bereich Kohlenhydrate, als Teigwaren und Teige

- Die Suppe mit Pfannkuchenstreifen/Célestine als Einlage.
- Als Nachspeise Crêpes Suzette oder Kaiserschmarrn.

… im Bereich Obst

- Bei einer kalten Vorspeise Melone mit Schinken oder Bündner Fleisch und
- als Nachspeise Salat von frischen Früchten oder Beignets (in Bierteig gebackene Früchte)

Selbstverständlich können Sie auch andere Beispiele nennen, die Ihnen aus der betrieblichen Praxis bekannt sind.

Es handelt sich hier nur um eine Auswahl.

Bei schriftlichen Prüfungen mit Auswahlantworten gibt es folgende Möglichkeiten:

Regeln kennzeichnen

14 In welcher Reihenfolge sind die Bestandteile eines Ganges auf der Karte anzuführen?

1. Hauptrohstoff, Garnitur, Sauce, Gemüse, Hauptbeilage
2. Hauptrohstoff, Pilze, Sauce, Salat, Hauptbeilage
3. Hauptrohstoff, Garnitur, Hauptbeilage, Gemüse, Sauce
4. Hauptrohstoff, Garnitur, Hauptbeilage, Sauce, Gemüse, Salat
5. Kalte Beilagen, Hauptrohstoff, Sauce, Salat, Hauptbeilage

15 Welche Regel für den Aufbau eines Menüs ist fachlich richtig?

1. Alle Gänge sollten entweder hell oder dunkel sein.
2. Die warme Vorspeise steht immer vor der Suppe.
3. Die kalte Vorspeise steht immer hinter der Suppe.
4. Das warme Fischgericht steht grundsätzlich vor dem Fleischgang.
5. Alle Gänge sollten entweder gebunden oder ungebunden sein.

16 Welchen Fehler im Menüaufbau enthält folgende Speisenzusammenstellung?

Rinderkraftbrühe
Geräuchertes Forellenfilet
Lammrücken vom Grill mit frischen Bohnen und Bäckerinkartoffeln
Vanillehalbgefrorenes

1. Wiederholung des Grundmaterials
2. Farbwiederholung
3. Wiederholung der Vorbereitungsarbeiten
4. Wiederholung der Zubereitungsart
5. Die Reihenfolge der Gänge ist nicht korrekt

17 Zu welcher Vorspeise sollten Sie dem Gast keine weiße, gebundene Suppe empfehlen?

1. Roastbeefröllchen mit Spargelspitzen
2. Melone mit Serranoschinken
3. Geflügel-Mayonnaise
4. Verschiedene Canapés
5. Matjeshering auf Eis

18 Welches Gericht kann im Rahmen eines fünfgängigen Menüs als kalte Vorspeise gereicht werden?

(1) Geräuchertes Forellenfilet

(2) Krebsschwänze in Dillsauce

(3) Lachsmaultäschchen

(4) Königinpastete

(5) Omelett mit grünem Spargel

19 Welches Gericht kann in einem mehrgängigen Menü als Zwischengericht serviert werden?

(1) Parfait von Gänseleber

(2) Kaviar mit Blini

(3) Krebsschwänze in Dillsauce

(4) Langustencocktail

(5) Roastbeefröllchen mit Spargel

**20 Im Rahmen eines Bankettmenüs wird *Hummercocktail* als kalte Vorspeise und *Kalbsrücken mit Gartengemüse* als Hauptgang angeboten.
Welche der angegebenen Suppen passt dazu?**

(1) Krebsschwanzsuppe

(2) Kalbsrahmsuppe

(3) Grüne Erbsensuppe mit Shrimps

(4) Klare Ochsenschwanzsuppe

(5) Braune Kalbsschwanzsuppe

**21 Bei der Menüplanung wird entsprechend der Saison das Speisenangebot erarbeitet.
Welche Speisen werden in den Herbst- und Wintermonaten vorzugsweise eingesetzt?**

(1) Schrobenhausener Spargel, junge Böhnchen

(2) Schattenmorellen, Blaubeeren

(3) Rosenkohl, Edelkastanien

(4) Frische Pfifferlinge, junger Blattspinat

(5) Frische Bachkrebse, frische Matjesheringe

22 Nennen Sie 8 Gänge eines umfangreichen Menüaufbaus in der richtigen Reihenfolge.

- Kalte Vorspeise
- Suppe
- Warme Vorspeise
- Fischgang
- Sorbet
- Hauptgericht
- Käsegericht
- Dessert

23 Welche Aussage über die Zusammenstellung eines Festmenüs ist fachlich richtig?

1 Die Zubereitungsarten der Gerichte dürfen sich wiederholen.

2 Alle Rohstoffe können sich wiederholen.

3 Die Suppe wird vor der kalten Vorspeise serviert.

4 Das Menü wird nach der klassischen Reihenfolge aufgebaut.

5 Die Farbzusammenstellung ist ohne Bedeutung.

Nach den einzelnen Gängen eines Menüs fragt man so:

24 Welche Menükombination weist die richtige Reihenfolge auf?

1 Suppe – kalte Vorspeise – Hauptgang – Dessert

2 Suppe – warme Vorspeise – Hauptgang – Kaltschale

3 Warme Vorspeise – Kaltschale – Hauptgang – Dessert

4 Kaltschale – Suppe – Hauptgang – Dessert

5 Suppe – warme Vorspeise – Hauptgang – Dessert

25 Bringen Sie die folgenden Gänge in die richtige Menü-Reihenfolge, indem Sie die Ziffern 1 bis 5 in die Kästchen eintragen.

Warme Vorspeise

Pralinen, Mokka

Suppe

Dessert

Hauptgang

Hier ist das Wissen über Gerichte gefragt.

26 Bringen Sie die folgenden Gerichte eines Festmenüs in die richtige Reihenfolge, indem Sie die Ziffern 1 bis 5 in die Kästchen eintragen.

Apfelstrudel mit Vanillesauce

Gefüllte Hühnerbrust mit Schlosskartoffeln

Cocktail von Avocado

Klare Ochsenschwanzsuppe

Ragout von Miesmuscheln

27 Bringen Sie die folgenden Gerichte eines Festmenüs in die richtige Reihenfolge, indem Sie die Ziffern 1 bis 6 in die Kästchen eintragen.

Klare Ochsenschwanzsuppe

Crêpes Suzette

Seezungenröllchen mit wildem Reis

Rehrücken mit Maisküchle

Krevetten-Cocktail

Auswahl von internationalem Käse

28 Was versteht man unter einem Sorbet?

1 Rahmeis

2 Eisparfait

3 Geeistes Getränk

4 Eiskrem

5 Kremeis

29 **Welches Menü würden Sie als Tagesmenü bei plötzlich auftretenden Personalschwierigkeiten in Küche und Service auswählen?.**

Menü 1	**Menü 2**
Doppelte Kraftbrühe mit Eierstich *Kalbssteak mit feinem Ragout* *Kräuterrisotto, Salate der Saison* *Bayerische Creme mit Orangenfilets*	*Melonen-Schinken-Cocktail* *Filet Wellington* *mit gartenfrischem Gemüse* *Eisauflauf*

Menü 3	**Menü 4**
Leberspätzlesuppe *Kalbsgeschnetzeltes* *Pfifferlinge, Berner Rösti* *Gefüllte Pfannkuchen*	*Bouillon mit Eierfäden* *Ungarisches Gulasch* *Butternudeln, Kopfsalat* *Frisches Obst*

30 **Ordnen Sie gemäß den Regeln der Speisenfolge die einzelnen Gerichte zu einem Menü, indem Sie die Ziffern 1 – 7 in die Kästchen eintragen.**

Medaillons vom Lamm mit Schalottensauce, Tomate und Spinat

Feinschmeckersalat mit Kalbsbries

Vanilleeis mit Erdbeeren und grünem Pfeffer

Käseauswahl vom Brett

Morchelessenz mit Blätterteig-Käsestängel

Hechtklößchen mit Garnelen in Estragonsauce, Butterreis

Gefüllte Artischockenherzen mit holländischer Sauce

31 **In den Menüvorschlägen Ihres Betriebes wird ein Filet Wellington angeboten. Ihre Gäste möchten dieses Gericht von Ihnen erklärt haben.**

Wie ist Ihre Antwort?

- Filet Welligton besteht aus Rindsfilet, umhüllt mit einer Duxelles (Pilzgehäck) und Blätterteig.

  Es wird im Rohr gebacken, aufgeschnitten und in der Regel mit einer Madeirasauce serviert.

6.2 Korrespondierende Getränke

1 Was versteht man unter korrespondierenden Getränken?

- Getränke, die zu den einzelnen Speisen der Speisekarte oder zu einzelnen Menügängen passen.

2 Welche grundlegende Funktion erfüllen die korrespondierenden Getränke in der Speisenfolge?

- Sie sollen sowohl harmonisch zu den einzelnen Speisengängen als auch aufeinander abgestimmt sein.

3 Wie bezeichnet man Getränke, die vor einem Essen bzw. einem Menü gereicht werden?

- Aperitif oder appetitanregendes Getränk

4 Welchen Zweck erfüllen die Aperitifs?

- Sie sollen auf die bevorstehende Speisenfolge einstimmen und den Appetit anregen.

5 Nennen Sie Regeln für die Aufeinanderfolge von Getränken in Verbindung mit einer Speisenfolge.

- Vor dem Menü:
  - Zuerst werden appetitanregende Getränke angeboten.
- Während des Menüs soll die geschmackliche Fülle der Getränke zunehmen:
  - Leichte Weine vor schweren
  - Junge Weine vor alten Weinen
  - Trockene Weine vor halbtrockenen oder milden
  - Weiße Weine vor Rotweinen
  - Stille Weine vor den Schaumweinen
- Nach einem Menü bilden die Kaffeegetränke und Digestifs den Abschluss.

6 Wählen Sie aus den 8 genannten Getränken diejenigen 4 aus, die als Aperitif serviert werden können.

(1) Irish coffee
(2) Kir royal
(3) Weinschorle
(4) Aquavit
(5) Martini dry
(6) Sherry trocken
(7) Rotwein
(8) Trockener Sekt

Die folgende Aufgabe fragt nach der Reihenfolge der Getränke.

7 **Die zum Menü korrespondierenden Getränke müssen in die richtige Reihenfolge gebracht werden.**

Tragen Sie die Ziffern 1 bis 5 in die Kästchen ein.

Halbtrockener Sekt ☐

Moselwein ☐

Mokka ☐

Roter Burgunder ☐

Trockener Portwein ☐

8 **Welchen Wein würden Sie Ihren Gästen zum Filet Wellington empfehlen?** ☐

1. Einen jungen, trockenen Weißwein
2. Einen vollmundigen Likörwein
3. Einen ausgereiften, schweren Weißwein
4. Einen jungen Rotwein
5. Einen ausgereiften, gehaltvollen Rotwein

9 **Bestimmen Sie, welche der 7 angebotenen Getränke zu den nebenstehenden Speisen passen, indem Sie 3 in die Kästchen bei den Gerichten eintragen.**

Getränke	***Gerichte***	
1 Cherry Brandy		
2 Trockener Sherry	*Frische Austern auf Eis*	☐
3 Chablis		
4 Cognac	*Gedünstete Hühnerbrüstchen mit Champignons, Butterreis*	☐
5 Pomerol		
6 Doppelkorn	*Hirschkeule, Rotkohl, Kroketten*	☐
7 Milder Nahewein		

10 **Ein Gast bestellt eine Auswahl von französischem Käse. Welches korrespondierende Getränk empfehlen Sie?**

(1) Armagnac

(2) Cidre

(3) Riesling

(4) Roten Burgunder

(5) Weißen Burgunder

11 **Ordnen Sie 3 von insgesamt 6 Gerichten passend den Getränken zu, indem Sie die Ziffern in die Kästchen eintragen.**

Gerichte	*Getränke*
(1) Mandelmousse mit Hippengebäck	Trockener Riesling, Rheingau
(2) Cantaloup-Melone mit Portwein	
(3) Seezungenfilets in Weißwein, Reis	Roter Bordeaux
(4) Rehnüsschen mit Morcheln, Kroketten	
(5) Eisbein mit Erbspüree und Sauerkraut	Halbtrockener Schaumwein
(6) Gänseleberparfait in Madeiragelee	

6.3 Speisekarte

1 **Bringen Sie die folgenden Speisegruppen auf der Speisekarte in die richtige Reihenfolge, indem Sie die Ziffern 1 bis 10 in die Kästchen eintragen.**

Suppen

Kalte Vorspeisen

Braten, Grillgerichte

Beilagen

Wild und Geflügel

Desserts

Fische, Krebstiere

Warme Vorspeisen

Eierspeisen

Käse

2 **Erläutern Sie den Unterschied zwischen Menükarten und Speisekarten.**

- Die Speisekarte enthält das übliche Speisenangebot eines Betriebes.
- In Menükarten wird dem Gast jeweils eine festgelegte Form aufeinander abgestimmter Speisen präsentiert.

3 **Welche Aussage über das Erstellen von Speisekarten ist falsch?**

(1) Die Speisengruppen sollen klar gegliedert sein.

(2) Geographische Herkunftsbezeichnungen der angebotenen Produkte können ungeprüft verwendet werden.

(3) Fantasiebezeichnungen sollten kurz erklärt werden.

(4) Wenn Speisen mit klassischen Garnituren versehen werden, müssen diese klar eingehalten werden.

(5) Fremdsprachliche Begriffe sind zu vermeiden, soweit dies möglich und sinnvoll ist.

4 **Für die Tageskarte hat der Küchenchef den Begriff *Kalbssteak Dubarry* notiert. Wie werden Sie einem Gast das Gericht beschreiben?**

(1) Gebratenes Kalbssteak auf Blattspinat mit Mornaysauce

(2) Gebratenes Kalbssteak mit Gänseleber, Trüffelscheiben und Madeirasauce

(3) Gebratenes Kalbssteak mit Sardellen und Oliven

(4) Gebratenes Kalbssteak mit Pökelzunge und Mixed pickles

(5) Gebratenes Kalbssteak mit Blumenkohl und Mornaysauce

5 **Bei welchem Gericht stimmt die Zusammenstellung?**

(1) Gekochte Rinderbrust mit Sauce Robert, Butterreis und Spargelsalat

(2) Blankett vom Maishühnchen mit Kartoffelkroketten und gemischtem Salat

(3) Gebratener Rehrücken mit Sauce Diana, Steinpilzen und Williamskartoffeln

(4) Roastbeef mit Spätzle, Remouladensauce und Kopfsalat

(5) Lachs vom Grill mit Bäckerinkartoffeln und geschmortem Chicoree

Sprachliche Regelungen

Wenn bei Prüfungen festgestellt werden soll, ob Sie fähig sind, eine Speisenkarte richtig zu erstellen, können Ihnen Beispiele mit Fehlern vorgelegt werden. Sie müssen dann den Fehler erkennen und die entsprechende Regel für eine korrekte Schreibweise nennen.

6 Beurteilen Sie die folgenden Schreibweisen von Gerichten:

Forelle auf Müllerin Art	• Zusammengesetzte Hauptwörter schreibt man zusammen, richtig: ... auf Müllerinart.
Birne „Helene"	• Die Zubereitungsart wird nicht in Anführungszeichen gesetzt.
Frischer Spargel mit neue Kartoffel	• Wenn Beilagen aus mehreren Teilen bestehen, müssen sie in der Mehrzahl geschrieben werden. Also ... mit neuen Kartoffeln.
Frikassee v. Huhn m. ged. Reis	• Abkürzungen sollen vermieden werden.
Forelle à la meunière	• Sprachen sollen nicht vermischt werden. Hier also entweder deutsch oder französisch, z.B. Forelle auf Müllerinart.

Gesetzliche Bestimmungen

7 In welchem Fall liegt ein Verstoß gegen die Preisangabenverordnung vor?

1. Karpfen nach Größe, 100 g 4,00 €
2. Portion Karpfen 8,00 €
3. Karpfen halbe Portion 6,00 €
4. Karpfen große Portion 10,00 €
5. Karpfen, Preis nach Größe

8 Wo muss ein Verzeichnis für wesentliche Speisen und Getränke angebracht werden?

1. An jedem Tisch
2. An der Rezeption
3. Über dem Ausschank
4. Im Restaurant, direkt neben dem Eingang
5. Neben dem Eingang zum Restaurant, von außen gut sichtbar

9 Welche Aussage entspricht den Regelungen der Preisangabenverordnung?

1. Speisenkarten sind ein Jahr lang aufzubewahren.
2. Umsatzbeteiligung und Mehrwertsteuer müssen genannt werden.
3. Auf jedem Tisch muss eine Speisenkarte liegen.
4. Bei Schaumwein und Sekt muss ein Hinweis auf die Steuer angegeben sein.
5. Preise auf Speisen- und Getränkekarten müssen Inklusivpreise sein.

10 Welche Preisauszeichnung entspricht nicht der Preisangabenverordnung?

1 Kännchen Kaffee 3,00 €

2 Moselwein, Karaffe 0,2 l 3,40 €

3 Münchner Bier, Flasche 2,90 €

4 Eiskaffee 4,50 €

5 Steinhäger 2 cl 3,30 €

11 Welche Schreibweise in der Speisekarte ist fachlich richtig?

1 … auf Florentiner Art

2 Schnitzel „Paris"

3 gem. Salat

4 … auf Berlinerart

5 p. frites

12 Ein Gast bittet Sie um eine Empfehlung für eine cholesterinarme Speise. Welches Gericht dürfen Sie auf keinen Fall empfehlen?

1 Bündnerfleisch mit Melone

2 Omelett mit Meeresfrüchten

3 Seezungenschleifen auf Lauchbett

4 Rhabarbersorbet mit Makronen

5 Carpaccio mit Rucolasalat

13 Ein Gast erkundigt sich bei Ihnen, was unter dem auf der Karte aufgeführten *Kalbssteak nach Florentiner Art* zu verstehen ist.

Welche Information geben Sie diesem Gast?

1 Gebratenes Kalbssteak auf Blattspinat mit Mornaysauce

2 Gebratenes Kalbssteak mit Entenleber und Madeirasauce

3 Gebratenes Kalbssteak mit Pfirsich und Reis

4 Gebratenes Kalbssteak mit Mixed pickles und Röstkartoffeln

5 Gebratenes Kalbssteak mit Blumenkohl und Mornaysauce

14 Ihr Hotel- und Restaurantbetrieb plant eine neue Speisekarte zu erstellen. Dabei soll in verstärktem Maße die regionale Küche berücksichtigt werden.

Nennen Sie Möglichkeiten.

- Fleisch aus heimischer Tierzucht
- Fisch aus umliegenden Gewässern
- Gemüse und Obst aus standortnahem, biologischen Anbau
- Milch und Käseprodukte aus der Region
- Eier und Geflügel möglichst aus Freilandhaltung

15 Welche Aussage über die à la carte Speisekarte ist nach der Preisauszeichnungsverordnung richtig?

(1) Die Preise in den Speisekarten müssen Umsatzbeteiligung und Mehrwertsteuer enthalten.

(2) Wenn ausreichend Speisekarten im Restaurant aufliegen, entfällt das Anbringen von Speisekarten am Restaurant-Eingang vor dem Haus.

(3) Der Gastwirt ist verpflichtet, in den Speisekarten das Datum zu nennen.

(4) Der Gast ist nicht berechtigt, bei der Abrechnung die Speisekarte zu verlangen.

(5) Auf der Speisekarte muss die Gebühr für eine Telefoneinheit vermerkt sein, falls den Gästen ein Telefon zur Verfügung steht.

16 Ein Gast möchte weder Fleisch noch Fisch essen. Welche Vorspeise empfehlen Sie?

(1) Gnocchi mit Basilikumbutter und Parmesan

(2) Quiche Lorraine

(3) Nizzaer Salat

(4) Schillerlocken mit Meerrettichsahne

(5) Königinpastetechen

6.4 Berechnungen zur Speisenproduktion

Warenbedarfsermittlung

Dass man für ein Sonderessen mit 50 Personen mehr Braten benötigt als für einen Tisch mit vier Personen, ist jedem klar. Doch wie viel kg Fleisch muss man braten, damit der Braten auch tatsächlich für 50 Personen reicht?

Ein einfacher Sachverhalt als Beispiel, damit man sich den Rechenweg vorstellen kann.

Man brät 4,000 kg Fleisch und rechnet mit einem Bratverlust von 25 %.
Wie viel kg Braten sind zu erwarten?

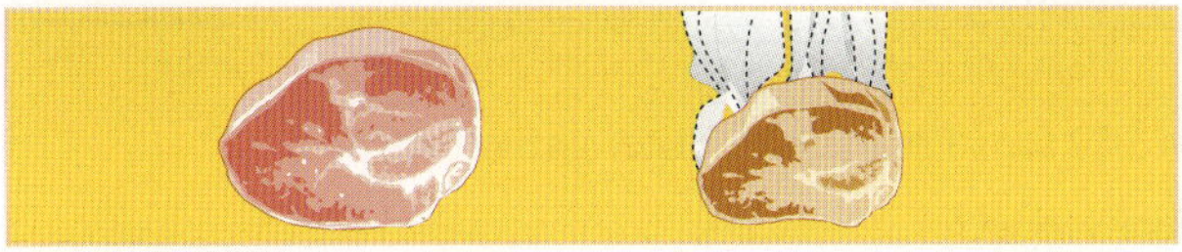

Fleisch	4,000 kg	100 %
Bratverlust	1,000 kg	25 %
Braten	3,000 kg	75 %

Aus diesem Beispiel sind folgende Denkwege abzuleiten:

- **Von der Rohware zum fertigen Produkt**
  Denkweg vom Ganzen/von 100 % ausgehend.

  Mögliche Fragestellungen: Wie viel kg … erhält man?/Wie viel … ergibt wie viele Portionen?

  Man berechnet die **Warenausbeute.**

- **Vom Produkt/der Zubereitung zum Bedarf/zur Rohware**
  Denkweg ausgehend vom verminderten Grundwert/von nicht mehr 100 %. (Vergleiche: Der Braten ist nicht mehr das „ganze" Fleisch.)

  Mögliche Fragestellungen: Wie viel kg Rohware werden benötigt?
  Wie viel kg sind einzukaufen/zu braten /zu schälen?

  Man berechnet den **Warenbedarf.**

- **Veränderungen ermitteln**
  Das ist am einfachsten, denn es ist nur der Prozentsatz gesucht.

  Mögliche Fragestellungen: Wie viel Prozent beträgt …

Beginnen wir mit dem einfachsten.

- **Veränderungen ermitteln**

Ein Körbchen enthält 8,400 kg Spargel. Nach dem Schälen wiegt man 7,140 kg vorbereiteten Spargel.

1 Berechnen Sie den Schälverlust in Prozent.

Eine ausgelöste Schweineschulter wiegt 4,200 kg. Man erhält daraus 2,940 kg Schweinebraten.

2 Wie viel Prozent beträgt der Bratverlust?

Es wurden 16,000 kg Rindfleisch geschmort. Daraus konnten 60 ganze Portionen mit je 160 Gramm geschnitten werden.

3 Auf wie viel Prozent beläuft sich der Schmorverlust?

Ein Paket enthält 2,500 kg Spaghetti. Diese werden nach dem Kochen zur Kontrolle gewogen. Es sind 5,750 kg gekochte Spaghetti.

4 Wie viel Prozent beträgt die Wasseraufnahme?

Aus einem Fass mit 50 Litern konnten 162 Glas Pils mit je 0,3 Liter gezapft werden.

5 Wie viel Prozent beträgt der Schankverlust?

- **Produktionsergebnis ermitteln**

Die Küche bezieht einen Karton mit 12 Dosen Erbsen. Bruttoinhalt je 850 Gramm, Abtropfgewicht 680 Gramm.

6 Wie viel ganze Portionen je 80 Gramm erhält man?

Für ein Jagdessen wird Rehragout vorbereitet. Man rechnet je Portion 200 g Rohware. Beim Vorbereiten/Parieren von Rehschulter rechnet man mit einem Verlust von 30 Prozent.

7 Mit wie viel ganzen Portionen kann gerechnet werden, wenn man 30 kg Rehschulter bezieht?

Aus Rindfleisch mit einem Gewicht von 5,550 kg wird Rinderschmorbraten hergestellt. Man rechnet mit einem Verlust von 35 Prozent.

8 Wie viel ganze Portionen mit 160 Gramm können erzielt werden?

Wir haben von einer gängigen Whiskysorte eine Schauflasche mit 2,5 Litern. Beim Ausschank von Spirituosen rechnet man mit einem Verlust von 4 Prozent.

9 Wie viel Gläser mit je 4 cl können erwartet werden?

- **Bedarfsmengen ermitteln**

Diese Berechnungen sind besonders wichtig bei „festen Bestellungen", wenn zwar eine vereinbarte Anzahl von Portionen zur Verfügung stehen muss, aber keine Reste bleiben sollen.

Für ein Sonderessen mit 65 Personen ist Rinderbrust nach flämischer Art vorgesehen. Man rechnet mit einem Kochverlust von 35 Prozent.

10 Wie viel kg Fleisch sind zu kochen, wenn für eine Portion 160 g Braten gerechnet werden?

Ein Reisebus mit 50 Personen soll Wildschweinbraten erhalten, je Portion 140 g fertigen Braten. Man rechnet bei Wildschweinschulter mit 20 Prozent Parierverlust und 30 Prozent Bratverlust.

11 Wie viel kg Wildschweinschulter sind anzufordern?

Für eine Tagung mit gemeinsamem Essen sind für 85 Personen je zwei Glas Wein mit je 0,1 Liter geordert. Nach Erfahrungswerten rechnet man mit 4 Prozent Schankverlust.

12 Wie viele Liter-Flaschen müssen angefordert werden?

- **Flächen- und Volumenberechnungen**

Bei Flächen- und Volumenberechnungen werden nur die „einfachen" verlangt. Also nicht Kugel, Kegel und Ähnliches.

Damit das Rechnen klappt, hier vorab die Formeln. Einprägen! Einprägen!

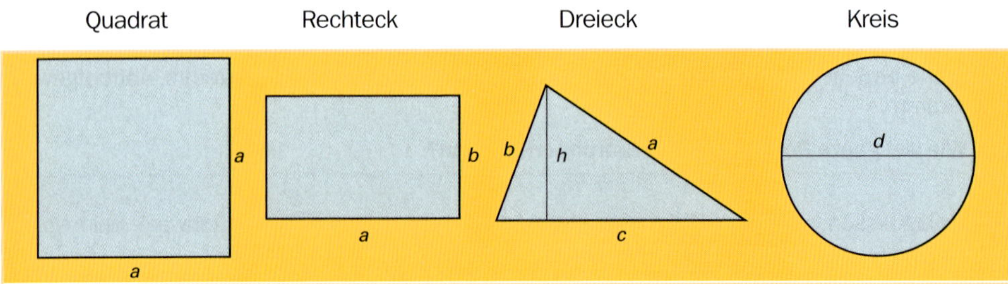

Quadrat	Rechteck	Dreieck	Kreis
$A = a \cdot a = a^2$	$A = a \cdot b$	$A = \frac{c \cdot h}{2}$	$A = \frac{d^2 \cdot \pi}{4}$
$U = 4a$	$U = 2a + 2b = 2(a + b)$	$U = a + b + c$	$U = d \cdot \pi$

Eine Tischplatte misst 80 x 120 cm. Für einen Kostenvoranschlag soll die Fläche ermittelt werden.

13 Welche Fläche in m² hat der Tisch?

Für quadratische Tische mit einer Seitenlänge von 80 cm sollen neue Moltonbezüge angefertigt werden.
An jeder Seite soll der Überstand 6 cm betragen. Molton von der Rolle liegt 100 cm breit.

14 Wie viel laufende Meter sind für 16 Tische erforderlich?

Ein Spülbecken hat eine Grundfläche von 35 x 35 cm und ist 40 cm hoch. Es ist zur Hälfte mit Wasser gefüllt.

15 Wie viel Liter Wasser sind enthalten?

Ein Haushaltskühlschrank misst innen 52 x 48 x 128 cm. Bei Kühlmöbeln wird die Größe üblicherweise in Litern angegeben.

16 Berechnen Sie den Inhalt des Kühlschrankes in Litern.

Materialkosten

- **Preisvergleiche**

Für eine gleichwertige Ware liegen zwei Angebote vor. Die Mehrwertsteuer ist bei diesem Preisvergleich nicht zu berücksichtigen.

Angebot A	***Angebot B***
Listenpreis 300,00 €	Listenpreis 270,00 €
15 % Rabatt, 3 % Skonto	3 % Skonto

17 Ermitteln Sie den Preisunterschied, wenn Skonto ausgenützt wird.

Für einen Wein liegen zwei Angebote vor:

① 100 Flaschen zu je 4,00 €, Lieferung frei Haus, bei Bezahlung innerhalb 10 Tagen 3 % Skonto, Zahlungsziel 30 Tage.

② 100 Flaschen zu je 3,80 €, Bezugskosten 35,00 €, Bezahlung netto Kasse eine Woche nach Lieferung.

18 Welches Angebot ist günstiger?

Unser Restaurant ist bekannt für hausgebeizten Lachs. Es liegen zwei Angebote vor.

Angebot A
Lachs als ganzer Fisch zu 5,30 €/kg
Verlust beim Filetieren 45%

Angebot B
Lachsseite zu 9,50 €/kg
(keine Verluste)

19 Berechnen Sie den Preisunterschied.

Beim Vorbereiten und Zubereiten von Lebensmitteln treten meist Verluste auf, die in der Kostenrechnung berücksichtigt werden müssen.

Orangen kosten 1,60 €/kg und haben eine Saftausbeute von 50 Prozent.

20 Wie viel € kostet 1 Liter selbstgepresster Orangensaft?

Lösung 1

Einkauf	1,000 kg	100 %	1,60 €
Verlust	0,500 kg	50 %	0,00 €
Saft	0,500 kg	50 %	1,60 €
	1,000 kg		3,20 €

Lösung 2

Einkauf	2,000 kg	100 %	3,20 €
Verlust	1,000 kg	50 %	0,00 €
Saft	1,000 kg	50 %	3,20 €

Wenn Verluste zu berücksichtigen sind,

- ***ist die Einkaufsmenge größer als der Bedarf,***
- ***ist der Preis je kg vorbereiteter/gegarter Ware höher als im Einkauf.***

Roastbeef kostet im Einkauf 21,80 €/kg. Für Roastbeefröllchen wird das Fleisch gebraten und dabei entsteht ein Bratverlust von 22 Prozent.

21 Wie viel € kostet 1 kg gebratenes Roastbeef?

22 Wie viel € sind für 70 Roastbeefröllchen je 60 Gramm zu veranschlagen?

Ganze Seezungen kosten 17,40 €/kg, Beim Filetieren rechnet man mit einem Verlust von 40 Prozent. Aus Seezungen gewinnt man vier Filets.

23 **Wie viel € sind für ein Seezungenfilet zu veranschlagen, wenn Seezungen mit einem Gewicht von 800 Gramm eingekauft werden?**

Zubereitungen vom lebendfrischen Hummer sind immer etwas besonderes, auch im Preis.

Man kauft Hummer mit einem Lebendgewicht von 1,000 kg zu 20,00 €/kg. Die Ausbeute an Hummerfleisch beträgt 20 Prozent.

24 **Berechnen Sie den Preis für 100 g frisch gekochtes Hummerfleisch.**

Speisenkalkulation

Zur Berechnung des Verkaufspreises oder Inklusivpreises unserer Speisen gibt es verschiedene Wege.

Bei Gehilfenprüfungen werden folgende Schemata abgefragt.

Die Zeichnungen soll Ihnen den Weg vorstellbar machen. Ein Bild haftet besser im Gedächtnis.

- ***Stufenschema***

Materialkosten
\+ *Gemeinkosten*
= *Selbstkosten*
\+ *Gewinn*
= *Kalkulierter Preis*
\+ *Umsatzbeteiligung*
= *Nettoverkaufspreis*
\+ *Mehrwertsteuer*
= ***Inklusivpreis***

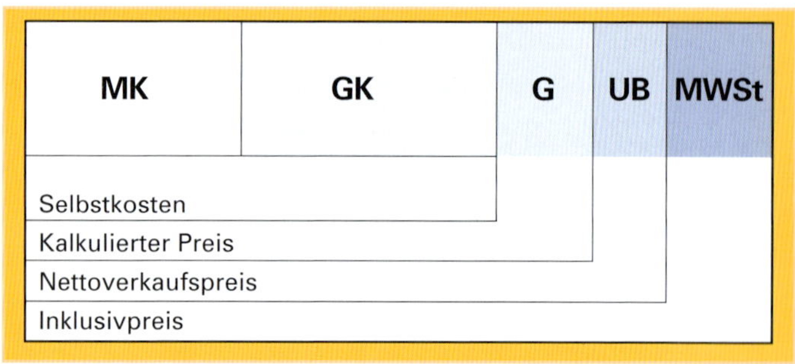

- ***Definitionen***

Wer richtig rechnen will, muss zunächst die Fachbegriffe zur Kalkulation beherrschen.

25 **Welche der folgenden Kalkulationsreihen ist sachlich richtig?**

1. Materialkosten + Selbstkosten + Gewinn + Umsatzbeteiligung + MwSt
2. Materialkosten + Bruttozuschlag + Gewinn + Umsatzbeteiligung + MwSt
3. Materialkosten + Gemeinkosten + Gewinn + Umsatzbeteiligung + MwSt
4. Materialkosten + Kalkulationszuschlag + MwSt + Umsatzbeteiligung
5. Selbstkosten + kalkulierter Preis + Nettoverkaufspreis = Inklusivpreis

26 Was versteht man innerhalb einer Kalkulation unter kalkuliertem Preis?

1. Gestehungspreis für die Ware
2. Lagerkosten
3. Summe aus Lagerkosten und Gemeinkosten
4. Gewinne des Unternehmers
5. Summe aus Selbstkosten und Gewinn

27 In welchem Fall liegen veränderliche oder variable Kosten vor?

1. Materialverbrauch
2. Pacht für Garage
3. Beitrag zur Brandversicherung
4. Grundsteuer
5. Kosten des Wartungsvertrages für den Computer

Jetzt je eine Aufgabe zu den wichtigen Schritten der Kalkulation

Die Materialkosten für ein Menü betragen 6,20 €. Der Betrieb kalkuliert mit 125 % Gemeinkosten.

28 Berechnen Sie die Selbstkosten in €.

Die Selbstkosten für ein Gericht betragen 9,40 €. Der Betrieb rechnet mit 135 % Gemeinkosten.

29 Auf wie viel € dürfen sich die Materialkosten belaufen?

Aus der Buchhaltung werden für den letzten Abrechnungszeitraum folgende Werte genannt:

Materialkosten	60.000,00 €
Gemeinkosten	80.000,00 €
Gewinn	30.800,00 €

30 Wie viel Prozent Gewinn wurden erwirtschaftet?

Für ein Gericht wurden die Selbstkosten mit 8,50 € ermittelt. Der Betrieb rechnet mit 24 % Gewinn und 15 % Umsatzbeteiligung.

31 Auf wie viel € beläuft sich der Nettoverkaufspreis?

Die Selbstkosten für ein Gericht betragen 4,40 €. Der Betrieb zahlt 15 % Umsatzbeteiligung und hat 19% MwSt zu berücksichtigen. Das Gericht steht mit 7,40 € auf der Karte.

32 Wie viel Prozent Gewinn werden erzielt?

Wenn Ihnen die Lösung nicht gelingen will, erstellen Sie ein übersichtliches Kalkulationsschema, tragen Sie die vorhandenen Werte ein, dann werden Sie den gesuchten Wert finden.

Eine Gastrechnung beläuft sich auf 178,50 €.

33 **Berechnen Sie die enthaltene Mehrwertsteuer in Höhe von 19 Prozent.**

Eine Aushilfsbedienung hat einen Gesamtumsatz von 666,40 €. Es waren 12 % Umsatzbeteiligung vereinbart, die MwSt ist mit 19 % zu berücksichtigen.

34 **Wie viel € beträgt die Umsatzbeteiligung?**

- ***Verkürztes Schema Gesamtaufschlag***

Die vorhergehende vierstufige Kalkulation kann verkürzt werden, wenn man den Gesamtaufschlag anwendet.

Materialkosten
\+ *Gesamtaufschlag*
= ***Inklusivpreis***

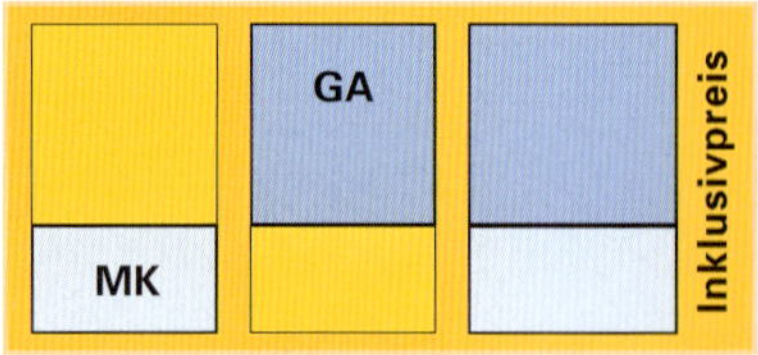

35 **Wählen Sie die richtige Erklärung für Gesamtaufschlag.**

1. Summe von Gemeinkosten, Gewinn und Umsatzbeteiligung in einem Prozentsatz
2. Summe aller Kosten zu einem Prozentsatz, der auf den Gewinn aufgeschlagen wird
3. Summe aller Kosten einschließlich der Materialkosten in einem Prozentsatz
4. Summe von Gemeinkosten, Gewinn, Umsatzbeteiligung und MwSt in einem Prozentsatz
5. Summe von Gewinn und Umsatzbeteiligung in einem Prozentsatz

Im Monat Mai verarbeitete die Küche Material für 12 850,00 €. Die Summe der Restaurantbons (Verkäufe) betrug 42 400,00 €.

36 **Mit welchem Gesamtaufschlag in Prozent wurde kalkuliert?**

Ein Restaurant kalkuliert mit folgenden Werten:

145 % Gemeinkosten,
24 % Gewinn,
12 % Umsatzbeteiligung,
19 % MwSt.

37 **Berechnen Sie für diesen Betrieb den Gesamtaufschlag in Prozent** (auf ganze Zahl runden).

Die Materialkosten für ein Menü betragen 7,80 €. Der Betrieb rechnet mit einem Gesamtaufschlag von 255 %.

38 Berechnen Sie den Inklusivpreis.

Es soll ein Menü für 29,00 € angeboten werden. Der Betrieb arbeitet mit einem Gesamtaufschlag von 245 Prozent.

39 Auf wie viel € dürfen sich die Materialkosten belaufen?

Ein Glas Wein mit 0,2 l steht mit 4,50 € auf der Karte. Der Betrieb kalkuliert bei Getränken mit 260 Prozent Gesamtaufschlag.

40 Wie viel € darf eine Flasche Wein mit 0,75 l im Einkauf höchstens kosten?

Rechnen mit dem Kalkulationsfaktor

Der Faktor ist eine Zahl, mit der die Materialkosten multipliziert werden. Das führt in einer Stufe zum Inklusivpreis.

Materialkosten • Kalkulationsfaktor = Inklusivpreis

Will man den Kalkulationsfaktor ermitteln, rechnet man:

$$\frac{\textbf{Inklusivpreis}}{\textbf{Materialkosten}} = \textbf{Kalkulationsfaktor}$$

Die Materalkosten für ein Gericht betragen 5,20 €.
Der Betrieb rechnet mit einem Kalkulationsfaktor von 3,4.

41 Zu welchem Inklusivpreis kann das Gericht angeboten werden?

Der Inklusivpreis für eine mehrgängige festliche Speisenfolge beträgt 60,00 €.
Der Betrieb rechnet mit einem Kalkulationsfaktor von 3,6.

42 Wie viel € dürfen die Materialkosten betragen?

Ein Betrieb rechnet mit einem Kalkulationsfaktor von 3,2. Künftig soll mit dem Gesamtaufschlag kalkuliert werden.

43 Welcher Gesamtaufschlag in Prozent ist anzuwenden?

Bisher hat ein Restaurant mit 260 Prozent Gesamtaufschlag kalkuliert. Der neue Küchenchef arbeitet lieber mit dem Kalkulationsfaktor.

44 Welchen Wert muss er für den Kalkulationsfaktor verwenden?

Gemischte Aufgaben

Die Selbstkosten für ein Menü betragen 12,10 €, auf der Karte wird es mit 19,30 € angeboten. Der Betrieb bietet 13 Prozent Umsatzbeteiligung und muss 19 Prozent Mehrwertsteuer berücksichtigen.

45 Wie viel Prozent Gewinn werden bei diesem Menü erwirtschaftet?

Mit einer Aushilfsbedienung sind „15 %" vereinbart. Die Mehrwertsteuer beträgt 19 %. Der Restaurantleiter liest an der Kasse einen Tagesumsatz von 542,68 € ab und will die entsprechende Umsatzbeteiligung gleich auszahlen.

46 Wie viel € beträgt die Umsatzbeteiligung für diesen Einsatz?

„Ich möchte 2000 € brutto im Monat verdienen" antwortet ein Restaurantfachmann, als er bei einem Bewerbungsgespräch nach seinen Gehaltsvorstellungen gefragt wird.

„Das liegt ganz bei Ihnen" antwortet der Personalchef. „Sie erhalten tariflich 12 Prozent, die Mehrwertsteuer beläuft sich auf 19 Prozent und ein Monat hat 22 Arbeitstage.

Rechnen Sie sich aus, ob Sie das schaffen."

47 Welchen durchschnittlichen Umsatz je Arbeitstag muss der Restaurantfachmann schaffen, um zu einem Bruttolohn von 2000 € zu kommen?

7 Servieren von Speisen und Getränken

7.1 Werkstoffe und Wäschepflege

Werkstoffe

1 **Werkstoffe sind Materialien, aus denen sich der Mensch von jeher die Gegenstände des täglichen Gebrauchs hergestellt hat.**

Nennen Sie für die folgenden, natürlichen Werkstoffe Gegenstände, die daraus hergestellt werden.

Werkstoffe	*Gegenstände*
Eisen	• Arbeitsgeräte, Gefäße, Kochtöpfe
Wolle	• Kleidung, Stoffe, Teppiche
Holz	• Essgeräte, Schüsseln, Möbel

2 **Natürliche Werkstoffe sind auf Grund ihrer groben Beschaffenheit sehr robust. Es gibt jedoch äußere Einflüsse, die nachteilig auf sie einwirken und zu negativen Veränderungen führen.**

Ordnen Sie den wertmindernden Veränderungen die entsprechenden Werkstoffe zu, indem Sie die Ziffern in die Kästchen eintragen.

Werkstoffe	*Negative Veränderungen*	
(1) Leder	… verfilzt und wird von tierischen Schädlingen (Motten) zerstört	4
(2) Eisen		
(3) Porzellan	… ist empfindlich gegenüber Feuchtigkeit und rohstoffspezifischen Schädlingen (…wurm)	6
(4) Wolle		
(5) Stein	… ist anfällig gegen Feuchtigkeit und Sauerstoff (Rost) sowie gegen Säuren und Laugen	2
(6) Holz		

3 **Welche grundsätzlichen Anforderungen stellen wir an moderne Werkstoffe?**

- Werkstoffe bzw. Gebrauchsgegenstände mit Stabilität und langer Lebensdauer.
- Werkstoffe bzw. Gebrauchsgegenstände, die den modernen Vorstellungen entsprechen, wie z.B. rostfreie Essbestecke, nicht einlaufende Textilien, hygienisch einwandfreie Arbeitsflächen in der Küche usw.

4 Erklären Sie die besondere Empfindlichkeit von Tafelgeräten aus Silber.

- Reines Silber ist für Gebrauchsgegenstände zu weich und zu teuer.
- Es wird deshalb üblicherweise nur als dünne Auflageschicht verwendet.
- Der Grundkörper z.B. beim Löffel ist aus einem billigeren und härteren Metall.

---

5 Was versteht man unter Patentsilber?

1. Das Silber ist gleichmäßig dünn aufgelegt.
2. Das Silber ist vor der Auflage gehärtet worden.
3. Das Silber ist chemisch behandelt worden, es läuft nun nicht mehr an.
4. Das Silber trägt an der Unterseite eine doppelte Versilberung.
5. Das Silber ist an stark beanspruchten Stellen verstärkt aufgelegt.

☐

6 Welche Materialien werden heute hauptsächlich für Hotel- und Restaurantbestecke verwendet?

1. Sterlingsilber, Echtsilber, Antiksilber
2. Antiksilber, Aluminium, Patentsilber
3. Messing, Echtsilber, Cromargan
4. Patentsilber, Cromargan
5. Goldauflage, Antiksilber, Cromargan

☐

7 Sie finden nachfolgend Reinigungs- und Pflegevorschläge. Ordnen Sie den Werkstoffen die entsprechende Reinigungsweise zu, indem Sie die Ziffern in die Kästchen eintragen.

Reinigungsweise	*Werkstoff*	
1 Spülen mit fettlösendem Spülmittel oder mit geseifter Stahlwolle, sofort klar nachspülen. Um Streifenbildung zu vermeiden gut trockenreiben. Tisch- und Wandflächen mit Spezialöl behandeln.	Silber	4
2 Gegenstände mit feinem Speisesalz, Essig und Wasser einreiben, kurz in heißem Wasser abspülen, trocknen und polieren.		
3 Mit Naturbürsten oder kurz in Reinigungsflüssigkeit behandeln. Werkstoff immer beidseitig mit Wasser benetzen, mit klarem Wasser nachspülen und stets stehend trocknen lassen.	Edelstahl	1
4 Normal nur in einfacher Reinigungsflüssigkeit spülen. Schwarz angelaufenes Material mit speziellem Putztuch, Paste, Tauchbad oder in heißem Wasser mit Kochsalz und Aluplatte reinigen. Gründlich nachspülen und mit weichem Tuch polieren.	Holz	3
5 Nur ganz leicht in klarem Wasser spülen und sofort mit einem Tuch abtrocknen und polieren.		

8 **Welches Mittel verwendet man zum Reinigen von Fenster- und Terrassenscheiben?**

(1) Terpentin

(2) Waschbenzin

(3) Petroleum

(4) Glycerin

(5) Brennspiritus

9 **Bei der Herstellung von Porzellan ergeben sich Unterschiede je nach Art der Rohstoffzusammensetzung und nach dem Produktionsverfahren.**
Nennen Sie diese.

- Weiches und hartes Porzellan
- Weiche und harte Glasuren
- Dekor im Auf- oder Unterglasurverfahren
- Feuerfestes und nicht feuerfestes Geschirr

10 **Die Anschaffung von Hotelporzellan ist mit hohen Kosten verbunden.**
Nennen Sie wichtige Auswahlkriterien bei der Beschaffung von Hotelporzellan.

- Es muss hartes Porzellan sein,
- mit Unterglasurdekor.
- Es darf nicht zu dünn sein und
- sollte weitestgehend stapelbar sein.
- Besonders wichtig sind lange Nachkaufzeiten.
- Letztendlich soll es formschön sein und zum Stil des Hauses passen.

11 **Ordnen Sie den Oberbegriffen „Tierische Fasern" (1) und „Pflanzliche Fasern" (2) die untergeordneten Faserbezeichnungen zu, indem Sie die 1 oder die 2 in die Kästchen hinter den Faserbezeichnungen eintragen.**

Baumwolle	– Pf	2
Seide	– Ti	1
Flachs	– Pf	2
Jute/Hanf	– Pf	2
Wolle	– Tr	1
Kokos/Sisal	– Pf	2

12 **Was versteht man unter Textilien?**

- Textilien werden aus Fäden oder Garnen durch Verflechtung bzw. Bindung hergestellt.
- Sie erhalten ihren Namen durch die verwendeten Materialien.

13 **Die Arten der Verflechtung von Textilien bezeichnet man als Gewebe, Maschenware oder Vlies.**

Ordnen Sie den Textilarten die jeweilige Methode ihrer Herstellungsart zu, indem Sie die Ziffern in die Kästchen eintragen.

Herstellungsart	*Textilie*
1 Sie entstehen durch regelmäßiges Verkreuzen von Kett- und Schussfäden. Man spricht von Gewebebindung.	Vlies
2 Sie entstehen durch Klopfen, Schlagen und Verschweißen.	
3 Sie entsteht durch Verkleben oder Punktverschweißung hauptsächlich von Chemiefasern.	Maschenware
4 Sie entstehen durch Verknoten und Walken von synthetischen Fasern.	
5 Sie entstehen durch Verstricken der Fäden bzw. das Ineinanderhängen von Schlaufen.	Gewebe

14 **Textilien aus Baumwolle werden wegen ihrer überwiegend positiven Eigenschaften für viele Wäscheteile in der Gastronomie eingesetzt.**

Welche der nachfolgenden Eigenschaften ist negativ?

1 Reißfest

2 Nassfest

3 Kochecht

4 Fusselnd

5 Saugfähig

15 **Wozu werden Textilien aus Baumwolle im gastronomischen Betrieb verwendet?**

- Für Arbeitskleidung
- Für Frottierware
- Für Tischwäsche
- Für Bettwäsche
- Für Hand- und Geschirrtücher

16 **Unabhängig von den Gewebebindungen unterscheiden sich die Gewebe hinsichtlich der verwendeten Fäden und Garne in Gewebe aus einer Faserart und Mischgewebe.**
Was ist unter diesen beiden Begriffen zu verstehen?

- Gewebe aus einer Faser bestehen nur aus einem einzigen Rohmaterial z.B. Baumwolle, Seide, Schurwolle, Kunstfaser usw.
- Mischgewebe erhält man durch das Kombinieren von Fäden aus verschiedenartigen Materialien, z.B. natürliche Fasern wie Wolle mit Seide oder natürliche mit chemischen Fasern. Das zweckgerichtete Mischen von Fasern mit unterschiedlichen Qualitätsmerkmalen ergibt Textilien mit jeweils beabsichtigten, hochwertigen Eigenschaften.

17 **Vliesstoffe werden meist aus Chemiefasern hergestellt. Wegen ihrer besonderen Eigenschaften gewinnen sie im Gastgewerbe immer mehr an Bedeutung.**
Nennen Sie die Eigenschaften von Vliestextilien.

- Leicht
- Gut faltbar
- Saugfähig
- Kostengünstig
- Vielseitig verwendbar

18 **Welche Verwendungsmöglichkeiten kennen Sie für Vliesstoffe in der Gastronomie?**

- Tischtücher, Deckservietten, Servietten und Sets
- Tafeltuchmaterial zum Abrollen, Skirtings
- Putz- und Poliertücher
- Teile der Arbeitskleidung wie z.B. Kochhüte, Schürzen oder Vorstecker, Halstücher

19 **Ordnen Sie den abgebildeten Gütekennzeichen die richtige Rohstoffbezeichnung zu, indem Sie die Ziffern in die Kästchen eintragen.**

Rohstoffbezeichnung	*Gütekennzeichen*
(1) Leinen, rein oder halb	
(2) Internationales Seidenzeichen	
(3) Reine Schurwolle	
(4) Schurwolle mit Beimischung	
(5) Baumwolle	

5
3
2
1
4

20 **Welche Stoffe sind aus pflanzlichen Fasern hergestellt?**

1. Baumwolle – Leinen
2. Wolle – Orlon
3. Baumwolle – Seide
4. Leinen – Wolle
5. Seide – Nylon

1

21 **Eine bestimmte Art von Tisch- bzw. Tafelwäsche wird wie folgt beschrieben: „Weißes, in sich gemustertes Baumwollgewebe mit glänzender Oberfläche."**

Um welche Gewebeart handelt es sich?

1. Um Biber
2. Um Damast
3. Um Köper
4. Um Drell
5. Um Nessel

22 **Veredelnde Maßnahmen an Textilien bezeichnet man als Ausrüstung. Diese Maßnahmen zielen darauf ab, die Fasern zusätzlich mit zweckgerichteten Eigenschaften auszustatten.**

Welche positiven Eigenschaften erwarten Sie sich durch veredelnde Maßnahmen?

- Reduzierung der Knitterneigung, des Einlaufens und der Schmutzempfindlichkeit
- Verbessern der Pflegeeigenschaften in Bezug auf das Waschen, Trocknen und Bügeln

23 **Bei einer Textilie wurde durch Behandlung mit Wasser und Hitze eine spätere Formveränderung vorweggenommen. Dadurch läuft die Wäsche nicht mehr ein, sie wird formbeständig und knitterarm.**

Entscheiden Sie, auf welche Ausrüstungsbezeichnung diese Aussage zutrifft.

1. Imprägnieren
2. Appretieren
3. Mercerisieren
4. Sanforisieren
5. Indanthren

Wäschepflege

24 Welche Kriterien sind beim Sortieren von Schmutzwäsche zu beachten?

- Faserart
- Farbechtheit
- Temperaturverträglichkeit
- Verschmutzungsgrad
- Mechanische Belastbarkeit

---

25 Wie soll man sich verhalten, damit durch Wasch- und Reinigungsmittel die Umwelt weniger belastet wird?

- Maßvoll mit Waschmitteln sowie Reinigungs- und Pflegemitteln umgehen.
- Auf nicht unbedingt notwendige umweltbelastende Mittel ganz verzichten.
- Umweltfreundliche Wasch-, Reinigungs- und Pflegemittel verwenden.

---

26 Ein Gast verschüttet Rotwein auf einem weißen Tafeltuch aus Halbleinen.
Wie behandeln Sie den Fleck fachgerecht?

1. Man betupft das Tischtuch mit Butter oder Margarine, dann wäscht man es textilgerecht.
2. Man behandelt das Tafeltuch mit Waschbenzin vor, dann wäscht man es textilgerecht.
3. Man tupft den Rotweinfleck mit einem saugfähigen Papier gründlich ab, bestreut ihn mit reichlich Salz und wäscht das Tuch später unter Zugabe von Fleckensalz fachgerecht.
4. Man bügelt den Fleck zwischen Löschpapier aus, betupft ihn mit Waschbenzin und wäscht das Tuch textilgerecht.
5. Man betupft den Fleck mit Alkohol, anschließend entfärbt man eventuell.

27 Wodurch können Stockflecken an Tischwäsche und Arbeitskleidung entstehen?

1. Durch langes Lagern in verschlossenen Schränken
2. Durch längeres Liegenlassen trockener, schmutziger Wäsche
3. Durch zu häufiges Benutzen der Wäsche
4. Durch zu starke Sonnenbestrahlung beim Trocknen
5. Durch längeres Liegenlassen feuchter, zusammengeballter Schmutzwäsche

28 **Der Waschvorgang gliedert sich bei Waschmaschinen in der Regel in:**

- Vorwäsche
- Hauptwaschgang
- Spülgang
- Schleudern

Für die Art der Intensität der Reinigungs- und Pflegemaßnahmen sind jeweils die Art und die Beschaffenheit der Textilien ausschlaggebend. Zur Orientierung und Information sind diese jeweils mit entsprechenden Pflegesymbolen ausgestattet.

29 **Ordnen Sie den internationalen Pflegesymbolen die richtige Bezeichnung zu, indem Sie die Ziffern in die Kästchen eintragen.**

Bezeichnung	***Pflegesymbol***	
1 Chloren		3
2 Bügeln		1
3 Waschen		2
4 Trocknen im Tumbler		5
5 Chemisch reinigen		4

30 **Sie haben Schmutzwäsche zu waschen. Bringen Sie den Arbeitsablauf von der schmutzigen Tischwäsche bis zur schrankfertigen Wäsche in die richtige Reihenfolge, indem Sie die Ziffern 1 bis 8 in die Kästchen eintragen.**

Bügeln bzw. Mangeln	☐
Waschen	☐
Stärken	☐
Sortieren	☐
Ausdampfen lassen	☐
Antrocknen im Tumbler	☐
In den Schrank einräumen	☐
Fachgerecht falten	☐

31 Wonach richtet sich die Dosierung des Waschmittels?

(1) Nach der Gewebeart

(2) Nach der Waschtemperatur

(3) Nach der Wäscheart, der Wäschemenge, der Wasserhärte und dem Verschmutzungsgrad der Wäsche

(4) Nach der Waschmaschine, der Wasserhärte und dem am wenigsten verschmutzten Wäscheteil

(5) Nach der Aggressivität des Waschmittels

32 Ordnen Sie den Waschsymbolen die Bedeutung zu.

Bedeutung	***Waschsymbole***
(1) Nicht waschen	
(2) Buntwäsche	
(3) Schonwaschgang	
(4) Handwäsche	
(5) Kochwäsche	
(6) Normalwaschgang	

33 Welche Richtlinien und Hinweise haben Sie beim Wäschewaschen zu beachten?

- Die Wäsche sorgfältig sortieren.
- Die Waschmaschine nicht überfüllen, weil dadurch der Reinigungseffekt vermindert wird.
- Die Dosierung des Waschmittels richtet sich nach der Wäscheart, der Wäschemenge, der Wasserhärte und dem Verschmutzungsgrad der Wäsche.
- Das richtige Programm anwählen.
- Dem Umweltgedanken gerecht werden.

34 In einem Skirting (Tischumkleidung) ist der abgebildete Pflegehinweis angebracht.

Wie behandeln Sie die Textilie?

1. Bei niedriger Temperatur in der Maschine im Schonwaschgang waschen, dann aufhängen und leicht bügeln.
2. Bei niedriger Temperatur in der Maschine waschen, dann bei 65° in den Trockner geben.
3. Bei niedriger Temperatur in der Maschine waschen, nicht chloren, nicht bügeln, leicht schleudern und bei mäßiger Temperatur trocknen.
4. Chemisch reinigen lassen, dann bei niedriger Temperatur mangeln.
5. Chemisch reinigen und chloren lassen, nicht bügeln.

35 Wählen Sie aus den vorgegebenen Vorbereitungsarbeiten zum Bügeln bzw. Mangeln von Wäsche die 4 richtigen Aussagen aus, indem Sie die Ziffern in die Kästchen eintragen.

1. Spezielle Wäsche vorher stärken.
2. Tischwäsche ungestärkt bügeln.
3. Wäscheteile nach Größe und Art sortieren.
4. Wäsche nass aufhängen und sehr trocken mangeln.
5. Wäsche bügelfertig im Tumbler antrocknen.
6. Zu trockene Wäsche einspritzen bzw. neu befeuchten.
7. Gestärkte Tischwäsche bei schwacher Hitze bügeln.
8. Wäsche ungeschleudert aus der Maschine nehmen und sofort mangeln.

36 Entscheiden Sie, welche Aussagen über gebügelte Wäsche richtig sind, indem Sie die Ziffern in die Kästchen eintragen.

1. Wäsche wird durch Bügeln keimfrei.
2. Wäsche sieht nach dem Mangeln optisch perfekt aus.
3. Wäsche weist nach dem Mangeln umgelegte Säume auf.
4. Wäsche wird durch richtiges Mangeln keimarm.
5. Wäsche erhält eine glatte Oberfläche.
6. Wäsche wird durch Mangeln schmutzabweisend.
7. Wäsche erhält durch Bügeln eine raue Oberfläche.

37 **Erklären Sie die Stoffart und die Pflegeanweisungen, die Sie dem abgebildeten Wäscheetikett entnehmen können.**

- Leinen, mittlere Waschtemperatur 60 °C, nicht chloren, heiß bügeln möglich, nicht im Tumbler trocknen.

38 **Nach dem Bügeln der Tischwäsche erfolgt als letzter Vorgang der Wäschepflege das Falten und Einlagern.**

Worauf haben Sie hierbei besonders zu achten?

- Die Wäsche muss gut ausgedampft bzw. trocken sein.
- Das Falten erfolgt in zwei exakten Längsfaltungen und entsprechend der Tischtuchlänge in mehrere Querfalten.
- Dabei ist darauf zu achten, dass keine unnötigen Zwickel (Krähenfüße) entstehen.
- Die abgekühlten Wäschestücke werden nun mit der geschlossen Seite nach vorne in den Wäscheschrank eingeräumt.

---

39 **Welche Informationen entnehmen Sie dem abgebildeten Wäscheetikett?**

1. Baumwollgewebe im Schonwaschgang heiß waschen, chloren möglich, heiß bügeln, heiß trocknen möglich
2. Leinen, heiß waschen möglich, nicht im Trockner behandeln, chloren erlaubt
3. Vliestextilie, Handwäsche, chemische Reinigung möglich, nicht bügeln, heiß trocknen
4. Reine Schurwolle, heiß waschen möglich, nicht chloren, heiß bügeln möglich, nicht trocknen
5. Seide, nicht waschen, chloren möglich, sehr heiß bügeln möglich, heiß trocknen möglich

40 **Erklären Sie einer Kollegin die Pflegehinweise auf dem nebenstehenden Wäscheetikett bei Frottierwäsche.**

- Weiße Wäsche: heiß waschen bei 95 °C möglich, chloren möglich, nicht bügeln, trocknen im Tumbler bei mittlerer Temperatur möglich
- Farbige Wäsche: Waschen bei mittlerer Temperatur 60 °C möglich, nicht chloren, nicht bügeln oder mangeln, trocknen im Tumbler bei mittlerer Temperatur möglich

7.2 Vorbereitungsarbeiten

Geschirr

1 Die meisten Geschirrteile bestehen aus Porzellan. Nennen Sie drei Punkte, die beim Reinigen von Porzellangeschirr zu beachten sind.

- Sorgfältiger Umgang, denn bereits bei geringen Absplitterungen sind die Teile nicht mehr einsetzbar.
- Sorgfältiges Einordnen in die Spülmaschine, damit die Teile nicht aneinander schlagen.
- Auf Sauberkeit in Fugen, an Henkelansätzen und am Bodenstandring achten.

2 Welche Arten von Tellern unterscheidet man nach der Größe? Nennen Sie ungefähre Durchmesser.

- Große Teller mit 27 bis 30 cm
- Mittelteller mit 19 bis 23 cm
- kleine Teller mit 15 bis 17 cm

3 Für welche Speisen können Mittelteller verwendet werden?

- Vorspeisen
- Zwischengerichte
- Nachspeisen, Kuchen und Torten

4 Manche Teller werden nach der Art der Verwendung benannt. Nennen Sie Beispiele.

- Platzteller, die während des Services am Platz vor dem Gast stehen bleiben
- Brotteller für Brötchen oder Toast und Butter
- Unterteller, die das Tragen von anderen Geschirrteilen erleichtern, z.B. bei Suppentassen, Cocktailschalen

Besteck

5 Aus welchen Metallen werden Bestecke vorwiegend hergestellt?

- Edelstahl oder Chromnickelstahl
- Silber als Echtsilber (Sterlingsilber) oder als versilberte Ware (Hotelsilber)

6 Silberbesteck kann schwarz werden. Was versteht man darunter?

- Wenn Silber oxidiert (sich mit Schwefelwasserstoff verbindet), wird es dunkel verfärbt. Das geschieht besonders intensiv, wenn Silber mit Eiweiß in Verbindung kommt.

---

7 Welche Verfahren können zur Reinigung von Silber angewandt werden?

- Silbertauchbäder, die eine chemische Reaktion hervorrufen
- Silberputztücher mit entsprechender Imprägnation
- Silberpoliermaschinen

---

8 Bestecke werden nach der Größe in drei Gruppen unterteilt, nennen Sie diese.

- Großes Besteck
- Mittelbesteck
- Kleines Besteck, das sind Kuchengabel und Kaffeelöffel

9 Ordnen Sie den Bezeichnungen für Spezialbestecke die entsprechenden Abbildungen zu.

① 

④ 

② 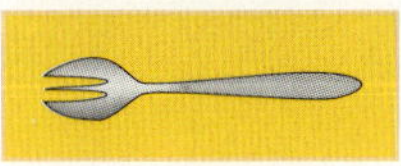

⑤ 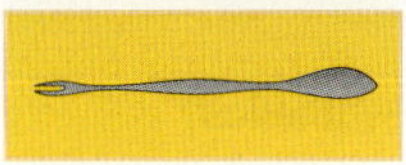

③ 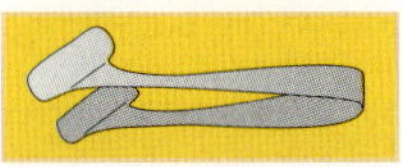

⑥ 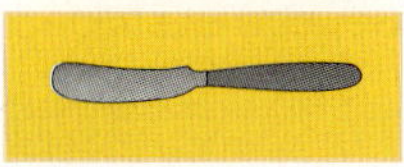

Spargelzange ☐

Schneckenzange ☐

Austerngabel ☐

10 Wozu dient im Service eine Cloche?

① Als Unterlage beim Abräumen von Speisen
② Zum Warmhalten der Speisen
③ Zum Vorwärmen der Teller
④ Zum Aufbewahren der Teller
⑤ Zum Wiedererwärmen der Speisen

☐

11 Was versteht man im Service unter einer Menage?

① Behälter für Zahnstocher auf dem Restauranttisch
② Gewürzständer auf dem Restauranttisch
③ Serviettenring für Stammgäste
④ Teller auf dem Beistelltisch
⑤ Speisenreste, die vom Gast zurückgehen

☐

Wäsche

Alle im Gastgewerbe Beschäftigten benötigen Grundkenntnisse über die Wäschearten, ihre Eigenschaften und Einsatzmöglichkeiten.

12 Welche beiden Arten von Fasern werden zur Herstellung von Wäsche verwendet?

- Naturfasern, die von Pflanzen gewonnen werden, wie Baumwolle und Flachs
- Kunstfasern oder synthetische Fasern, die unter verschiedenen Markennamen in den Handel kommen

---

13 Welche Vorteile hat Wäsche aus Leinen?

- Leinenwäsche ist aus Flachs hergestellt,
  - hat eine glatte Oberfläche,
  - nimmt darum wenig Schmutz auf und
  - ist kochfest.

---

14 Nennen Sie Eigenschaften von Baumwolle.

- Baumwolle ist aus Baumwollgarn hergestellt,
  - ist reißfest,
  - hat eine saugfähige, aber flusende Oberfläche,
  - ist kochfest, läuft jedoch beim ersten Waschen ein.

---

15 Welche Vorteile haben Gewebe aus Synthetics?

- Das Gewebe ist strapazierfähig und wenig saugfähig.

16 Was ist Molton?

1. Ein rutschiger Stoff aus Baumwolle
2. Ein dickes Seidengewebe
3. Ein glattes Leinengewebe
4. Eine geräuschdämpfende Unterlage beim Tischdecken
5. Ein Korkteilchen zum Ausgleichen bei wackeligen Tischen

17 Wie wird ein Rotweinfleck sachgerecht entfernt?

1. Kalt oder lauwarm einweichen, dann waschen.
2. Mit Spiritus oder Waschbenzin vorbehandeln, dann waschen.
3. Sofort auswaschen oder mit Salz bestreuen, anschließend waschen.
4. Mit Alkohol betupfen, dann bleichen.
5. Mit Salmiak betupfen, dann waschen.

18 Wodurch können Stockflecken entstehen?

1. Durch häufige Benutzung
2. Durch starke Sonneneinstrahlung
3. Durch langes Lagern in verschlossenen Schränken
4. Durch Liegenlassen von feuchter Wäsche in zusammengeballter Form
5. Durch wiederholtes Mangeln

19 Ordnen Sie den Serviettenbezeichnungen die Kennziffern der entsprechenden Abbildungen zu.

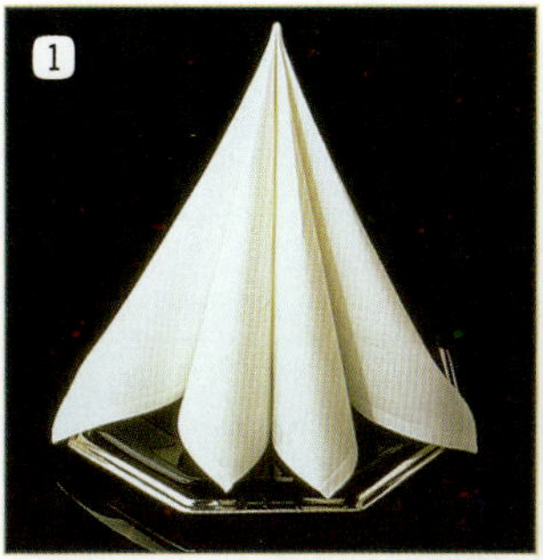

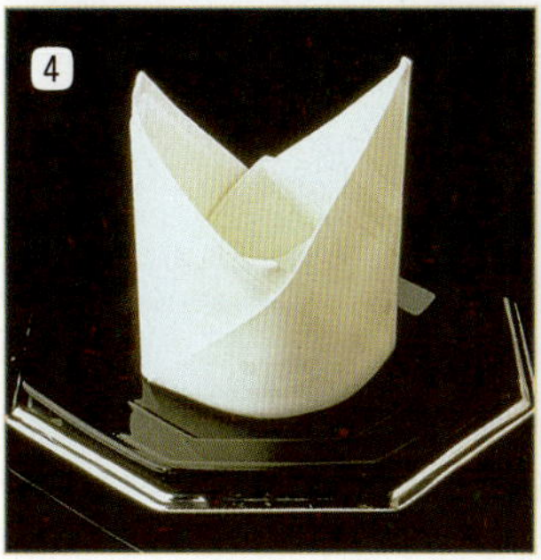

Tüte	3
Krone	4
Doppelter Tafelspitz	1

20 Viele Betriebe verwenden nur noch einfache Serviettenformen. Nennen Sie den wichtigsten Grund.

1. Serviettenfalten wird in den Leerlaufzeiten ausgeführt.
2. Durch das wiederholte Falten wird die Wäsche unnötig beansprucht.
3. Einfache Serviettenformen sind auf hygienische Weise zu falten.
4. Einfache Serviettenformen können auch von Hilfskräften gefaltet werden.
5. Einfache Serviettenformen sind schöner.

3

Eindecken

21 Besondere Anlässe (Jubiläen, Geburtstage) werden in größerem Kreis gefeiert. Die Anzahl der Personen bestimmt die Tafelform.

Nennen Sie Tafelformen und machen Sie Angaben, für welche ungefähre Personenzahl diese geeignet sind.

- Blockform etwa 12 bis 16 Personen
- T-Form etwa 15 bis 25 Personen
- U-Form etwa 25 bis 40 Personen
- E-Form mehr als 40 Personen

---

22 Wenn der Service für das Mittags- oder Abendgeschäft reibungslos ablaufen soll, fallen eine Reihe vorbereitender Arbeiten an. Nennen Sie mindestens drei Beispiele.

- Tafelgeschirr und Gläser polieren
- Menagen säubern und auffüllen
- Servicetische herrichten
- Gästetische eindecken

---

23 Beim Eindecken von Tischen arbeitet man in einer bestimmten Reihenfolge. Nennen Sie die einzelnen Schritte.

- Tisch mit Molton belegen/überspannen
- Tischtücher auflegen
- Plätze markieren; dazu setzt man Teller oder Servietten ein
- Bestecke korrekt auflegen
- Gläser einsetzen
- Blumen und Menagen einsetzen

---

24 Beschreiben Sie das Auflegen von Tischtüchern.

- Standfestigkeit des Tisches und Moltonunterlage überprüfen.
- Tischtuch auf den Tisch legen und der Länge nach entfalten.
- Mit Daumen und Zeigefinger Mittelbruch und die darunter liegende Webkante festhalten.
- Tischtuch anheben und mit leichtem Schwung entfalten.

---

25 Wie wird Besteck für eine Tafel korrekt eingedeckt?

- Die Besteckteile müssen seitlich von dem größten Teller (Hauptgericht) genügend Abstand haben.
- Die Besteckteile müssen fingerbreit von der Tischkante entfernt liegen.
- Die Besteckteile müssen im rechten Winkel („gerade“) ausgerichtet sein, denn sonst ergibt sich ein unordentliches Gesamtbild.

26 **Beim Einsetzen von Gläsern spricht man vom Richtglas. Erklären Sie den Begriff.**

- Das Richtglas steht immer oberhalb der Messerspitze des Hauptganges.
- Am Richtglas werden die weiteren Gläser ausgerichtet.

27 **Zu einem Menü werden mehrere Getränke/Weine gereicht. Wie werden die dafür erforderlichen Gläser angeordnet?**

- Vom Richtglas ausgehend entweder
  - als Reihe diagonal zur Tischkante oder
  - als Block

28 **Welches Glas muss bei der Anordnung von mehreren Gläsern dem Gast am nächsten stehen?**

- Das Glas, das in Verbindung mit der Speisenfolge als Erstes gefüllt wird. Es steht vom Gast aus gesehen „vorne".

29 **Ordnen Sie den Gläserbezeichnungen die entsprechenden Gläser zu.**

Biertulpe	Sektkelch	Bierkelch
5	1	6

30 **Bei einem Sonderessen werden folgende Getränke nacheinander gereicht: Aperitif, Weißwein, Rotwein und abschließend Sekt. Welches Glas dient beim Eindecken als Richtglas?**

1 Rotweinglas

2 Weißweinglas

3 Aperitifglas

4 Sektglas

5 Wasserglas

1

31 **Sie sollen Gläser von Hand spülen.**
Bringen Sie die Arbeitsschritte in die richtige Reihenfolge.

Klarspülen in heißem Wasser 3

Abstellen der abservierten Gläser 1

Abstellen der gewaschenen Gläser 4

Waschen in Wasser mit Spezialspülmittel 2

Abtropfen lassen, nachtrocknen 5

32 **Welche der folgenden Aussagen zum Polieren von Gläsern ist richtig?**

1. Die linke Hand hält das Glas, die rechte das Tuch.
2. Zum Polieren verwendet man am besten Frotteetücher.
3. Zum Polieren eignen sich angefeuchtete Baumwolltücher am besten.
4. Beim Polieren werden die Gläser nicht direkt mit der Hand angefasst.
5. Am schnellsten arbeitet man, wenn das Glas auf dem Tisch steht und man mit zwei Händen poliert.

33 **Welche Gesichtspunkte sind bei der Wahl der Tafelform für ein Sonderessen entscheidend?**

1. Art der Speisenfolge und Gesamtpreis
2. Personenzahl und Jahreszeit
3. Anzahl der Servierfachkräfte und Gesamtpreis
4. Servierart und Anzahl der Getränke
5. Raumgröße und Personenzahl

34 **Welche Tafelformen haben keinen deutlich erkennbaren Kopf und erlauben darum mehr Unterhaltung zwischen den Gästen?**

1. Runder Tisch, Blockform
2. Blockform, U-Form
3. E-Form, Runder Tisch
4. E-Form, Blockform
5. T-Form, E-Form

35 **Welche Tafelform zeigt die Abbildung?**

1. U-Form
2. E-Form
3. Blockform
4. Fischgrätform
5. Gelockerte Tafelform

7.3 Servieren und Ausheben

Umgang mit Tellern

Der Service bringt die Speisen vom Pass zum Gast. Bei einer rationellen Arbeitsweise werden unterschiedliche Tragetechniken angewandt. Die Fachsprache verwendet dafür bestimmte Begriffe.

1 Beim Servieren spricht man von Tragehand und Arbeitshand. Erklären Sie.

- Mit der Tragehand werden die Teller getragen. Das ist die linke Hand.
- Mit der Arbeitshand werden die Teller aufgenommen und eingesetzt. (Ob man persönlich Linkshänder ist, spielt dabei keine Rolle.)

2 Erklären Sie einem neuen Azubi wie man einen Teller trägt.

- Der Tellerrand liegt zwischen abgewinkeltem Daumen und Zeigefinger.
- Die übrigen Finger stützen von unten.
- Der erste Teller in der Tragehand wird Handteller genannt.

3 Wie werden zwei Teller in der Tragehand gehalten?

Dafür gibt es zwei Möglichkeiten:

- Seitlich unter den ersten bereits aufgenommenen Teller schieben. Man spricht dann von Untergriff und nennt den zweiten Teller Unterteller.
- Seitlich auf die freien Finger und den Handballen aufsetzen. Man spricht dann von Obergriff und nennt den zweiten Teller Oberteller.

Die Arbeiten am Tisch des Gastes erfordern Sicherheit in der Arbeitsweise und …

4 Sie stehen hinter dem Gast und sollen Teller einsetzen oder ausheben.

Von welcher Seite geschieht das?

- Einsetzen und Ausheben geschieht von der rechten Seite des Gastes, denn die rechte Hand ist die Arbeitshand.

Begründen Sie zusätzlich diese Arbeitsweise.

- Der rechte Arm des Servierpersonals bewegt sich um den Gast. So wird dieser am wenigsten gestört.

5 Sie bedienen mehrere Gäste gleichzeitig. In welcher Reihenfolge arbeiten Sie?

- Man arbeitet im Vorwärtsgehen von rechts nach links.

6 Welche Gedeckteile werden von links eingesetzt? Begründen Sie.

- Brotteller und Salatteller werden von links eingesetzt, weil sie links des Gedeckes stehen.
- Bei einer Arbeitsweise von der rechten Seite des Gastes müsste man jeweils vor ihm vorbei greifen.

---

7 Das Essen ist zu Ende. Wie heben Sie die benutzten Teller aus?

- Die Teller werden von der rechten Seite des Gastes ausgehoben.
- Man arbeitet dabei nach links weiter.

---

8 Bei besonderen Anlässen wird von der Platte serviert. Nennen und beschreiben Sie drei grundlegende Möglichkeiten.

- Die Platte wird präsentiert, das Servierpersonal legt aus dem Arm von links vor.
- Die Platte wird am Tisch eingesetzt und die Gäste bedienen sich selbst.
- Die Platte wird von links angeboten, die Gäste nehmen sich von der Platte.

---

9 Das Vorlegen von der Platte kann auf zwei Arten geschehen. Erläutern Sie.

- Vorlegen direkt am Tisch: Servierpersonal steht links vom Gast und legt mit der rechten Hand auf den Teller vor.
- Vorlegen am Beistelltisch oder Guéridon: Der Teller wird dann beim Gast von rechts eingesetzt.

10 Welche Tätigkeit führt das Bedienungspersonal von der linken Seite des Gastes aus?

(1) Vorlegen von Platten

(2) Ausheben von Tellern

(3) Einsetzen von Kaffeetassen

(4) Ausheben von Suppentellern

(5) Einsetzen von Getränken

11 Welche Tätigkeit führt das Bedienungspersonal von der rechten Seite des Gastes aus?

(1) Anbieten von Speisen von der Platte

(2) Vorlegen von der Platte

(3) Ausheben des Brottellers

(4) Ausheben von Gläsern

(5) Einsetzen von Salattellern

12 Welche Arbeitsweise im Service ist richtig?

1. Die nach der Präsentation am Beistelltisch vorgelegten Speisen werden von links eingesetzt.
2. Wenn der Gast selbst von der Platte nimmt, wird diese von rechts gereicht.
3. Wenn der Gast selbst von der Platte nimmt, wird diese von links gereicht.
4. Fleischspeisen werden auf der vom Gast abgewandten Seite des Tellers vorgelegt.
5. Beilagen werden auf dem Teller vorne auf der Mitte vorgelegt.

13 Ein Gast hat etwa die Hälfte eines Tellergerichtes verzehrt und Messer und Gabel rechts auf dem Teller abgelegt. Was will er damit dem Servierpersonal mitteilen?

1. Ich bin fertig.
2. Bitte nachservieren.
3. Mir hat es nicht geschmeckt.
4. Wo bleibt das Getränk?
5. Ich will mich beschweren.

14 Welche Aussage über das Präsentieren einer Weinflasche ist fachlich richtig?

1. Rotweine werden von rechts, Weißweine werden von links präsentiert.
2. Die Flasche wird vor der Präsentation geöffnet.
3. Die geschlossene Flasche wird dem Gast von rechts präsentiert.
4. Nur bei geschlossenen Veranstaltungen werden Weine präsentiert.
5. Das Präsentieren von Weinen gilt als veraltet.

7.4 Frühstück und Frühstücksservice

Kaffeeküche

Die Hauptaufgabe der Kaffeeküche besteht in der Herstellung von Aufgussgetränken wie Kaffee, Tee und Kakao. Daneben werden weitere spezielle Kaffeegetränke sowie Getränke und Gerichte zum Frühstückservice bereitgestellt.

1 Welches Getränk gehört <u>nicht</u> zu den Aufgussgetränken?

1. Kaffee
2. Grüner Tee
3. Grog
4. Schwarzer Tee
5. Kakao

2 **Für das Frühstück wird Kaffee in größeren Mengen hergestellt. Wie lange darf Kaffee bei welcher Temperatur warmgehalten werden?**

1. 90 Minuten bei 60 °C
2. 90 Minuten bei 70 °C
3. 30 Minuten bei 50 °C
4. 45 Minuten bei 80 °C
5. 10 Minuten bei 40 °C

3 **Wodurch verliert das Aufgussgetränk Kaffee schnell sein Aroma?**

1. Durch die Verwendung eines Papierfilters beim Aufgießen
2. Durch die Verwendung von porzellanbeschichteten Vorratsbehältern
3. Durch die Verwendung von entmineralisiertem Wasser
4. Durch Lagerung des Kaffeemehles in der Vakuumpackung
5. Durch das Entweichen ätherischer Öle beim Warmhalten

4 **Welche Voraussetzungen sind für eine gute Tasse Kaffee wichtig?**

- Gute Kaffeequalität in stets frischen Lieferungen
- Beim Mahlen muss der Mahlgrad auf die Art des Brühverfahrens abgestimmt sein.
- Richtige Dosierung der Kaffeemenge
- Frische und sachgerechte Temperatur des Brühwassers
- Vorgewärmtes Porzellangeschirr gilt als sehr aromafreundlich.

5 **Beschreiben Sie die Herstellung von handgefiltertem Kaffee.**

- Filterpapier in den Trichter einlegen.
- Das Kaffeemehl in den Filter geben und mit wenig heißem Wasser anbrühen, damit es quillt.
- Den Rest des heißen Wassers nun stufenweise in die Mitte des Filters nachgießen, damit das Wasser durch das Kaffeemehl zum Filter hin durchfließt.

6 Um welche Kaffeezubereitung handelt es sich bei folgenden Beispielen? Ordnen Sie die Zubereitung den Kaffeebezeichnungen zu, indem Sie 4 von 6 Ziffern in die jeweiligen Kästchen eintragen.

Zubereitungen	*Kaffeebezeichnungen*	
(1) Eine Tasse mit starkem Kaffee füllen, mit aufgeschäumter Milch ergänzen und mit Kakaopulver bestreuen.	Kaffee Melange	2
(2) Kaffee mit heißer Milch mischen, mit geschlagener Sahne garnieren, den Zucker getrennt reichen.		
(3) Zwei Kugeln Vanilleeis in ein hohes Glas geben, kalten Kaffee zugießen und mit Schlagsahne garnieren.	Rüdesheimer Kaffee	5
(4) Zucker und 4 cl Rum in einer vorgewärmten Tasse verrühren, mit starkem Kaffee auffüllen, mit Sahne garnieren.	Cappuccino	1
(5) Würfelzucker in vorgewärmter Tasse mit Asbach übergießen, entzünden und flambieren, mit heißem Kaffee auffüllen, mit Schlagsahne und Schokoladenraspeln garnieren.		
(6) In vorgewärmtem Glas Zucker mit Irish Whiskey verrühren, mit heißem Kaffee auffüllen und mit dickflüssiger Sahne garnieren.	Pharisäer	4

7 Welche Aussage über das Aufgussgetränk Tee ist fachlich richtig?

(1) Das Wasser zum Überbrühen von Tee sollte unterhalb des Siedepunktes sein, damit sich die Bitterstoffe nicht lösen.

(2) Durch Zugabe von Zitronensaft wird sowohl der Geschmack als auch die Farbe des Tees verändert.

(3) Je Glas Tee sollte mindestens 6 bis 8 g loser Tee verwendet werden, weil das Getränk sonst nicht kräftig genug wird.

(4) Es sollte sehr hartes Wasser zum Aufgießen verwendet werden, damit sich das Tein besser löst.

(5) Das Material für Teekännchen muss aus Silber sein, weil Silber den Geschmack von Tee positiv beeinflusst.

8 **Ordnen Sie den abgebildeten Tabletts die jeweilige Bezeichnung zu, indem Sie die Ziffern 1 bis 4 in die Kästchen bei den Bildern eintragen.**

(1) Portion Tee (2) Tasse Kaffee (3) Portion Kaffee (4) Glas Tee

2	3	4	1

9 **Beschreiben Sie die Zubereitung von Kakao und Schokolade.**

- Kakao: Kakaopulver in einem kleinen Teil der Milch anrühren. Die restliche Milch zum Kochen bringen. Vorbereitete Kakao-Milch-Mischung einrühren und aufkochen.
- Schokolade: Milch erhitzen, geriebene Schokolade oder Schokoladenpulver einstreuen und unter Rühren mit einem Schneebesen zum Kochen bringen.

10 **Ordnen Sie die Bezeichnungen der Mischgetränke den Zutaten zu, indem Sie 3 von 6 Ziffern in die Kästchen eintragen.**

Mischgetränke	*Zutaten*	
(1) Spezi	Fruchtsaft, Wasser, Zucker – Limonade	4
(2) Schorle		
(3) Radler/Alsterwasser	Cola und Orangenlimonade – Spezi	1
(4) Limonade		
(5) Bowle	Fruchtsaft und Mineralwasser – Schorle	2
(6) Punsch		

Frühstück und Frühstücksservice

11 **Weshalb ist am Morgen beim Frühstück eine angenehme Atmosphäre besonders wichtig?**

- Es ist der erste Eindruck eines Gastes am Morgen und der sollte positiv sein.
- Von ihr hängt die Stimmung und das Wohlbefinden des Gastes für den ganzen Tag ab.

12 Welchen Beitrag zu einer guten Atmosphäre kann das Serviceteam leisten?

- Gut gelüfteter Raum
- Saubere und sorgfältig eingedeckte Tische mit kleinem Blumenschmuck.
- Ausgeschlafenes, freundliches und aufmerksames Servicepersonal.
- Ordentlich gekleidetes Personal

13 Beschreiben Sie kurz die unterschiedlichen Frühstücksarten.

Standard-Frühstück
- Ein sehr einfaches Angebot mit Aufgussgetränk, Brötchen, Butter, Marmelade

Erweitertes Frühstück
- Das oben genannte Frühstück wird um einige Speisen wie gekochtes Ei, Wurst und Käse ergänzt.

Englisch-amerikanisches Frühstück
- Reichhaltiges Frühstück mit Eiergerichten, Cornflakes, Porridge, Toast, gebratenen Würstchen, Pfannkuchen usw.

Etagenfrühstück
- Dieses Frühstück wird vom Gast individuell am Vorabend bestellt und am Morgen im Gästezimmer serviert.

Thermo-Frühstück
- Diese besondere Form des Etagenfrühstücks wird dem Gast bereits am Abend ins Zimmer gestellt, wenn er vor dem üblichen Beginn des Frühstücksservices abreisen möchte.

Frühstücksbüfett
- Dabei handelt es sich um ein sehr reichhaltiges und umfangreiches Frühstücksangebot in Büfettform zur Selbstbedienung durch den Gast. Die heißen Getränke werden am Tisch serviert.

14 Welche Teile werden für ein Standard-Frühstück am Servicetisch bereitgestellt?

- Mittelteller und Kaffeeuntertassen
- Mittelmesser und Kaffeelöffel
- Menagen und Servietten

15 Nennen Sie die Zutaten für ein einfaches Standardfrühstück.

Speisen:
- Brötchen, Brot oder sonstige Backwaren, Marmelade, Honig, Butter, Zucker

Getränke:
- Tee, Kaffee oder Kakao, Milch

16 Nennen Sie Eierspeisen, die ein Gast zum Frühstück bestellen kann.

- Gekochte Eier (3 bis 5 Minuten)
- Rühreier – mit Schinken, Kräutern, Krabben
- Spiegeleier – mit Schinken, Speck, Würstchen
- Omelett natur oder mit Schinken, Käse, Kräutern oder Krabben

17 **Aus welchem Material darf ein Löffel nicht bestehen, mit dem ein gekochtes Ei gegessen wird?**

1. Kunststoff
2. Edelstahl
3. Horn
4. Silber
5. Elfenbein

18 **Beschreiben Sie die Herstellung von Rühreiern.**

- Eier in eine Schüssel aufschlagen, würzen und verrühren,
- in einer Pfanne Butter erwärmen,
- Eimasse eingießen und bei mäßiger Temperaturzufuhr und gleichzeitigem Rühren zu einer feinflockigen, weichen und saftigen Masse stocken lassen.
- Auf vorgewärmter Platte oder Teller anrichten.

19 **Was versteht man unter Cereals oder Zerealien?**

- Alle Arten von Flocken (Flakes) und Crispies aus den verschiedenen Getreidesorten
- Zu Cereals werden Milch oder Joghurt serviert.

20 **Schildern Sie kurz die Herstellung von Müsli.**

- Haferflocken über Nacht in Wasser einweichen.
- Am Morgen mit Zitronensaft und Milch ergänzen.
- Zusätzlich grob geraspelte Äpfel und gehackte Nüsse sowie Rosinen unterrühren.

21 **Mit welchen Milcherzeugnissen kann das Frühstücksangebot ergänzt werden?**

- Frische Milch
- Dickmilch, auch mit Fruchtpürees
- Joghurt, auch mit Früchten
- Frischkäse, Quark, auch als Kräuterquark zubereitet
- Käse, außer Sauermilchkäse (zu starker Geruch)

22 **Sie sollen einfache Wurst- und Käseplatten für 4 Personen anrichten. Wie gehen Sie vor?**

- Bei diesen Platten erfolgt das Anrichten
  - in einfacher, aber sauberer Form,
  - durch dachziegelartiges Übereinanderlegen des Materials,
  - unter Verwendung von einfachen Garnierungen.

23 **Was beachten Sie bezüglich der Verwendung von Garniermaterial?**

- Es wird geschmacklich und farblich passend zum Grundmaterial wie Wurst, Schinken oder Käse ausgewählt und
- dient ausschließlich zum Garnieren, nicht zum Überdecken des Grundmaterials.

24 **Warum sollten die Kaffeetassen nicht bereits am Abend vorher mit den anderen Frühstücksteilen eingedeckt werden?**

- Die Kaffeetassen befinden sich zum Vorwärmen im Rechaud und werden erst zusammen mit dem bestellten Heißgetränk zum Tisch gebracht.

25 **Erklären Sie einem neuen Mitarbeiter den Begriff Frühstücksbüfett.**

- Beim Frühstücksbüfett handelt es sich um ein sehr reichhaltiges und umfangreiches Frühstücksangebot.
- Von geringfügigen Abweichungen abgesehen werden auf dem Büfett alle zum Frühstück üblichen Speisen angeboten.
- Der Gast bedient sich am Büfett selbst.

26 **Das Frühstücksbüfett hat sich in der Gastronomie durchgesetzt.**
Nennen Sie die Gründe.

- Wohlstand sowie Bedürfnisse, die sich aus dem internationalen Reiseverkehr ergeben
- Die sehr unterschiedlichen Verzehrsgewohnheiten der Gäste
- Der Mangel an Fachpersonal
- Verringerung des Arbeitsaufwandes beim Service

27 **Erklären Sie den Begriff Brunch.**

- Das Wort ist eine Kombination aus Breakfast und Lunch, also aus Frühstück und Mittagessen.
- Beim Brunch wird das Frühstücksbüfett mit Suppen, kleinen warmen Gerichten, Salaten und Süßspeisen ergänzt.
- Der Brunch ist eine gastronomische Angebotsform, die sich immer größerer Beliebtheit erfreut.

28 **Welche Besteck- und Gedeckteile decken Sie für ein Standardfrühstück ein?**

1. Großer Teller mit Serviette, Tafelbesteck, Suppenlöffel
2. Großer Teller mit Serviette, Mittelgabel, Mittellöffel, Kaffeeuntertasse
3. Brotteller, Serviette, Mittelmesser, Mittelgabel, Mittellöffel
4. Mittelteller mit Serviette, Mittelmesser, Kaffeeuntertasse, Kaffeelöffel
5. Serviette, Tafelbesteck, Fischbesteck, Mittellöffel, Kaffeelöffel

29 **Nennen Sie die Gedeckteile für ein erweitertes Frühstücksgedeck mit einer Wurst-Käse-Platte.**

- Mittelteller mit Serviette
- Mittelmesser und Mittelgabel
- Kaffeeuntertasse mit Kaffeelöffel
- Salz- und Pfeffermenage
- Vorlegebesteck für Wurst-Käse-Platte

30 **Welche Besteckteile benötigen Sie zum Eindecken eines erweiterten Frühstücksgedecks?**

1. Mittelmesser, Mittelgabel, Kaffeelöffel
2. Mittelmesser, Mittelgabel, Mittellöffel
3. Tafelmesser, Mittelgabel, Kaffeelöffel
4. Tafelgabel, Mittelmesser, Mittelgabel
5. Kaffeelöffel, Suppenlöffel, Mittelgabel

31 **Studieren Sie die drei Abbildungen von Frühstücksgedecken und tragen Sie die Ziffern fachgerecht in die Kästchen bei den Skizzen ein.**

1. Einfaches Frühstück
2. Frühstücksbüfett
3. Etagen-Frühstück

32 Welcher Frühstücksservice verursacht den geringsten Personalaufwand?

1 Die Gäste bestellen ihr Frühstück individuell nach der Frühstückskarte.

2 Ein Frühstücksbüfett ist aufgebaut, die Gäste bedienen sich selbst, Aufgussgetränke werden serviert.

3 Ein Frühstücksbüfett mit kalten Speisen ist aufgebaut, die Gäste bedienen sich selbst, warme Frühstücksgerichte und Getränke werden serviert.

4 Um längere Wege für das Personal zu vermeiden, wurde ein Büfett aufgebaut, die Gäste werden bedient.

5 Die Gäste bekommen ein Standard-Frühstück serviert und wählen sich zusätzliche Gerichte von der kleinen Frühstückskarte aus.

33 Was versteht man unter der Frühstücksspeise Porridge?

1 Maisbrei

2 Hirsebrei

3 Grießbrei

4 Haferbrei

5 Müsli

34 Welche Gläser müssen beim Frühstück bereitgestellt werden?

1 Biergläser, Sektgläser

2 Römergläser, Südweingläser

3 Bordeauxgläser, Saftgläser

4 Saftgläser, Wassergläser

5 Burgundergläser, Saftgläser

35 Woraus besteht ein Standard-Frühstück?

1 Fruchtsaft, Portion Tee, Croissants, Honig

2 Marmelade, Honig, Butter, Brot, Aufgussgetränk

3 Tomatensaft, Spiegeleier mit Speck, Toast, Milch

4 Sekt, Appetithappen, Mineralwasser

5 Aufgussgetränk, Pfannkuchen, Mineralwasser

36 Welche Reihenfolge für das Eindecken ist richtig?

1 Mittelmesser, Mittelteller, Serviette, Untertasse, Kaffeelöffel

2 Untertasse, Kaffeelöffel, Serviette, Mittelmesser, Mittelteller

3 Kaffeelöffel, Serviette, Mittelmesser, Mittelteller, Untertasse

4 Serviette, Mittelmesser, Kaffeelöffel, Untertasse, Mittelteller

5 Mittelteller, Mittelmesser, Untertasse, Kaffeelöffel, Serviette

37 **Was versteht man unter einem Thermofrühstück?**

1. Das Standard-Frühstück
2. Das Frühstücksbüfett
3. Das englische Frühstück
4. Eine besondere Form des Frühstücks am Pool
5. Eine besondere Form des Etagenfrühstücks

38 **Erstellen Sie eine Warenbedarfsliste (nach folgendem Muster) für ein reichhaltiges Frühstücksbüfett ohne Aufgussgetränke für 100 Personen.**

Wer einen solch umfassenden Auftrag erledigen muss, benötigt Orientierungspunkte. Denken Sie an Produktgruppen wie Gebäck, Säfte usw.

4 × 500 g	Konfitüre, verschiedene	600 g	Dörrobst Aprikosen
45	Portionshonig	650 g	Dörrobst Pflaumen
130 × 20 g	Portionsbutter	7 Liter	Orangensaft
50 × 20 g	Diätmargarine	2 Liter	Grapefruitsaft
50 × 20 g	Diätkonfitüre (Portionen)	2 Liter	Tomatensaft
30 × 20 g	Nougatcreme	20	Kiwi
40	Süßstoff (Briefchen)	2 kg	Äpfel
700 g	Würfelzucker	2 kg	Birnen
5 Liter	Milch	30 Stück	Babybananen
1800 g	Quark	130	Eier (Rühreier, gekochte Eier)
750 g	Joghurt natur	900 g	Speck
750 g	Joghurt, fettarm	2 kg	Bratwürstchen
1300 g	Frucht-Joghurt	2 kg	Wurstaufschnitt
5 Kg	Müsli, angemacht	2 kg	Käseaufschnitt
500 g	Cornflakes	600 g	Cornichons
500 g	Reiscrispies	150 Stück	Semmeln, gemischt
500 g	Knuspermüsli	3 kg	Graubrot
250 g	Leinsamen	2 kg	Vollkornbrot
250 g	Walnüsse	500 g	Knäckebrot
3 Liter	Salat von frischen Früchten	90 Stück	Croissants

39 **Ein Gast bedient sich vom Frühstücksbüfett.**
Er hat sich für folgende Speisen entschieden:

1 Scheibe Toastbrot, 1 Portion Honig, 1 Scheibe Vollkornbrot,
2 Scheiben Emmentaler, 2 Portionen Butter, 1 Glas Milch

Der Gast möchte mit seinem Frühstück besonders ballaststoffreiche Kost zu sich nehmen. Wie kann er das am besten erreichen?

1. Indem er Butter durch Diätmargarine ersetzt
2. Indem er noch ein Glas Orangensaft nimmt
3. Indem er den Honig durch Diätmarmelade ersetzt und sich noch ein weichgekochtes Ei nimmt
4. Indem er das Toastbrot durch eine weitere Scheibe Vollkornbrot ersetzt und sich noch ein Müsli nimmt
5. Indem er sich noch einen Multivitaminsaft und 2 Scheiben rohen Schinken nimmt

40 **Ein Gast lässt sich Spiegeleier mit Speck servieren. Welches der folgenden Frühstücksgedecke ist richtig eingedeckt?**

41 **Welches Besteck wird für Cornflakes eingedeckt?**

1. Tafellöffel
2. Kaffeelöffel
3. Mittellöffel
4. Barlöffel
5. Gourmetlöffel

42 **Nennen Sie wichtige Punkte, die bei der Organisation, dem Aufbau und dem Ablauf eines Frühstücksbüfett zu beachten sind.**

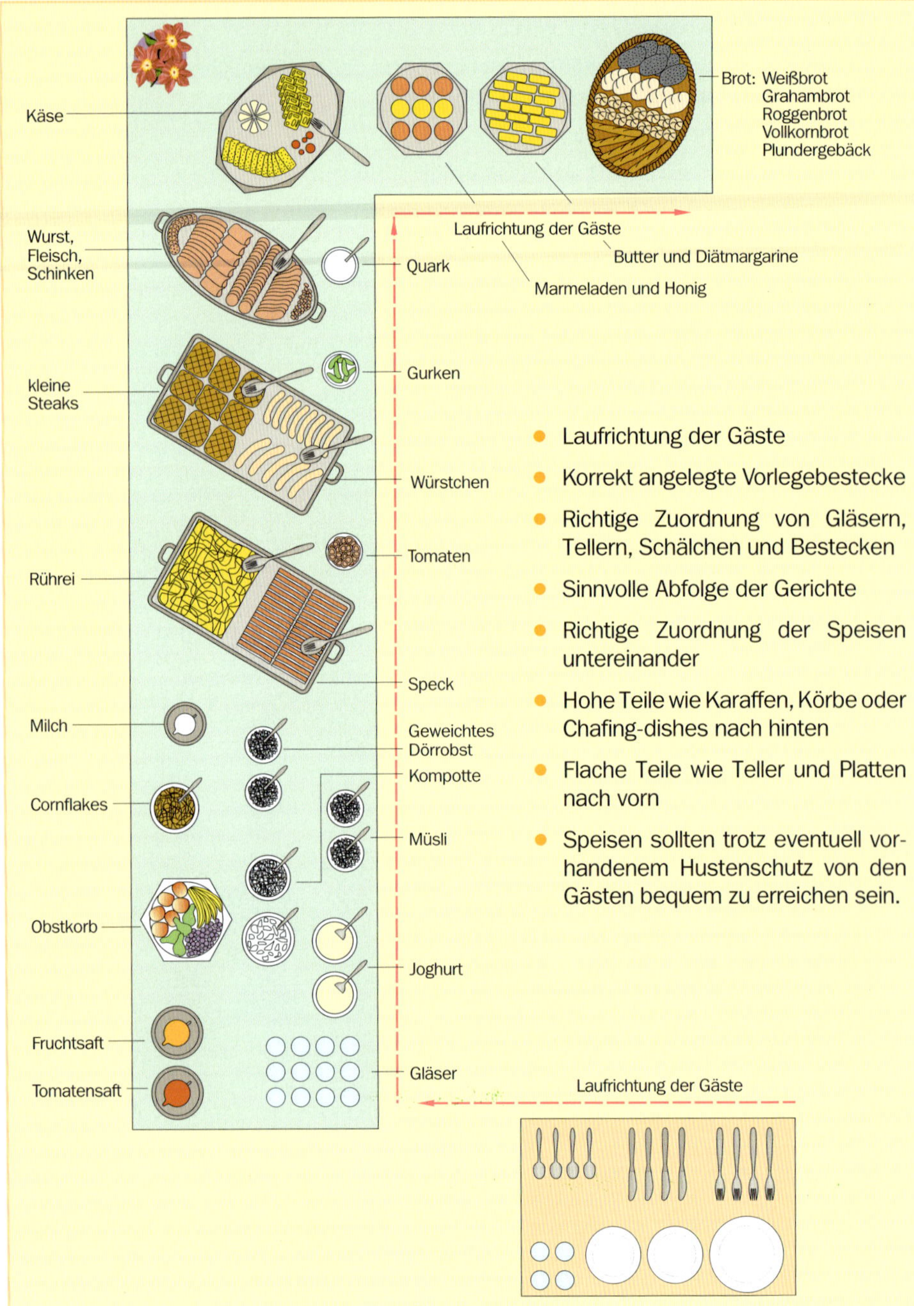

- Laufrichtung der Gäste
- Korrekt angelegte Vorlegebestecke
- Richtige Zuordnung von Gläsern, Tellern, Schälchen und Bestecken
- Sinnvolle Abfolge der Gerichte
- Richtige Zuordnung der Speisen untereinander
- Hohe Teile wie Karaffen, Körbe oder Chafing-dishes nach hinten
- Flache Teile wie Teller und Platten nach vorn
- Speisen sollten trotz eventuell vorhandenem Hustenschutz von den Gästen bequem zu erreichen sein.

43 **Mit welchem Besteck serviert man eine bereits vorgeschnittene halbe Grapefruit?**

1. Dessertlöffel und Dessertgabel
2. Dessertgabel und Kaffeelöffel
3. Kaffeelöffel und Dessertmesser
4. Dessertmesser und Tafelgabel
5. Dessertgabel und Tafellöffel

44 **Ein englischer Gast bestellt bei Ihnen *Scrambled eggs.* Was servieren Sie ihm?**

1. Rühreier
2. Spiegeleier
3. Verlorene Eier
4. Wachsweich gekochte Eier
5. Eier im Glas

45 **Ordnen Sie den fremdländischen Bezeichnungen deutsche Benennungen zu, indem Sie die Ziffern in die Kästchen der Benennungen eintragen.**

	Fremdwörter	*Deutsche Benennungen*	
1	Croissant	Haferbrei	4
2	Cereals		
3	Brunch	Plunderhörnchen	1
4	Porridge		
5	Brioche	Maisflocken	7
6	Baguette		
7	Cornflakes	Kombination Frühstück/Mittagessen	3

7.5 Gedecke

1 **Was versteht man unter dem Begriff „Mise en place“?**

1. Das Eingießen von Getränken
2. Das Zurechtlegen von Tafelgerät vor dem Essen
3. Das richtige Anordnen der Speisen auf dem Tisch
4. Das Säubern des Tisches von Brotkrumen
5. Das Abstellen von Speisen auf dem Beistelltisch

2 Was versteht man im Zusammenhang mit der Tischwäsche unter einem Set?

1. Eine Tischdeckenunterlage aus saugfähigem Material
2. Eine Tischdecke für runde Tische
3. Ein Platzdeckchen aus Stoff, Vlies oder Papier
4. Eine Deckserviette der Größe 80 × 80 cm
5. Einen Tischläufer für Tische über 120 cm Tafelbreite

3 Sie erhalten von dem Serviceleiter die Aufgabe, das à-la-carte-Restaurant für den Mittagservice herzurichten und einzudecken.

In dem Restaurant hat vorher Frühstückservice für eine Reisegruppe an langen Tafeln stattgefunden. Bringen Sie die unten angegebenen Arbeitsschritte in die richtige Abfolge, indem Sie die Ziffern 1 bis 5 eintragen.

Auflegen der Tischdecken 4

Auflegen der Moltontücher 3

Ausgleichen der wackelnden Tische 2

Ausrichten der Tische 1

Eindecken und Dekorieren der Tische 5

4 Bei Vorbereitungsarbeiten im Restaurant stellen Sie fest, dass zwei Tische wackeln. Wie schaffen Sie fachgerecht Abhilfe?

1. Man legt einen oder zwei Bierdeckel unter das wackelige Tischbein.
2. Man prüft, ob es sich um runde oder eckige Tischbeine handelt, damit man entsprechend runde und eckige Bierdeckel verwenden kann.
3. Man unternimmt nichts und wartet erst die Reklamationen der zu erwartenden Gäste ab.
4. Man bittet Kollegen, die Tische ins Office zu tragen, damit man neue Tischfußgleiter anbringen kann.
5. Man nimmt Korkscheiben unterschiedlicher Stärke und setzt diese so unter die Tischbeine, dass die Tische nicht mehr wackeln.

5 **Sie sollen einer neuen Kollegin das fachgerechte Auflegen eines Tischtuches zeigen. Bringen Sie die Arbeitsanleitung in die richtige Reihenfolge, indem Sie die Ziffern 1 bis 7 in die Kästchen eintragen.**

Die beiden Webkanten liegen unten und zeigen zu Ihnen. 4

Das Tischtuch auf den Tisch legen und in seiner Länge entfalten. 2

Moltontuch auflegen und glattziehen. 1

Das Tischtuch wird angehoben und die freie Webkante mit leichtem Schwung und entsprechend lang über die entgegengesetzte Tischkante gebracht. 6

Mit ausgestreckten Armen erfassen Daumen und Zeigefinger den Mittelbruch, Zeigefinger und Mittelfinger nehmen die darunter liegende Webkante auf. 5

Prüfen, ob die seitlich überhängenden Tuchenden gleich lang sind. 3

Dann die mit Zeigefinger und Mittelfinger festgehaltene Webkante des Tuches über den Tisch zu sich ziehen und auf korrekte Lage des Tischtuches achten. 7

6 **Welche Regel für das Abnehmen eines noch verwendbaren Tischtuches ist fachlich richtig?**

(1) Quadratische Tischtücher an den gegenüberliegenden Tischecken hochheben und auf dem Tisch beliebig falten.

(2) Tischtuch mit Daumen und Zeigefinger beider Hände am Mittelbruch fassen, hochheben und auf dem Tisch in die Brüche falten.

(3) Tischtuch von der Schmalseite her hochheben und auf dem Tisch erst quer, dann längs falten.

(4) Tischtuch vom Tisch ziehen, neben dem Tisch ausschwingen und falten.

(5) Tischtuch von der Längsseite her hochheben und neben dem Tisch erst einmal längs und dann quer falten.

7 **Zu welchen Tätigkeiten im Service benötigt man eine Handserviette?**

(1) Zum Polieren von Gläsern und zum Tragen von Tellern

(2) Zum Einschenken von Sekt und zum Abwischen der Platten beim Vorlegen

(3) Zum Abdecken von Flecken auf Tischdecken und zum Servieren von heißen Platten

(4) Zum Abdecken von Gläsern und zum Reinigen der Hände beim Tranchieren

(5) Zum Schutz der Hand beim Tragen von heißen Tellern und beim Vorlegen von heißen Platten

8 Welche Aussage zum Einsetzen von Tellergerichten und Ausheben der Teller ist richtig?

1. Man setzt die Teller von links ein und hebt sie auch wieder von links aus.
2. Man setzt die Teller von links ein und hebt sie von rechts aus.
3. Man setzt die Teller von rechts ein und hebt sie von links aus.
4. Man setzt die Teller von rechts ein und hebt sie wieder von rechts aus.
5. Man setzt bei zwei Gästen erst die Teller am Guéridon ab und serviert dann zuerst einem Gast den Teller von links und anschließend dem anderen Gast den Teller von rechts.

9 Für welches Gericht wird ein großer, kalter Teller eingesetzt?

1. Zu überbackenem Blumenkohl mit rohem Schinken
2. Zur Gemüseplatte mit Spiegelei
3. Zur Artischocke mit zerlassener Nussbutter
4. Zum Stangenspargel mit Kräuterflädle
5. Zur Salatplatte mit Eischeiben

10 Welche Aussage ist serviertechnisch richtig?

1. Eine Gemüseplatte wird ohne Cloche zum Beistelltisch gebracht.
2. Eine glasierte Kalbshaxe wird ohne Cloche zum Beistelltisch gebracht.
3. Eine gebratene Ente wird ohne Cloche zum Beistelltisch gebracht.
4. Ein Wiener Schnitzel wird ohne Cloche zum Beistelltisch gebracht.
5. Ein Lammbraten wird ohne Cloche zum Beistelltisch gebracht.

11 Welche Regel für das Servieren von Suppen in Tassen ist richtig?

1. Die Untertassen müssen vorgewärmt werden.
2. Die Tassen dürfen beim Service vom Plateau am Rand angefasst werden.
3. Die Tassen werden mit der Untertasse zusätzlich auf einen Mittelteller mit Pikkoloserviette gesetzt.
4. Als Besteckteil verwendet man bei allen Suppen den Tafellöffel.
5. Bei zweihenkeligen Tassen muss ein Henkel immer zum Gast zeigen.

12 **Wie werden Suppengedecke (Suppentasse, Untertasse, Unterteller, Löffel) innerhalb eines Mittagmenüs ausgehoben?**

(1) Beim Ausheben wird zunächst die Tasse, anschließend der Unterteller mit Untertasse von links ausgehoben.

(2) Beim Ehrengast wird das Suppengedeck zuletzt und von rechts ausgehoben.

(3) Das Suppengedeck wird von links ausgehoben.

(4) Suppengedecke werden zusammen und von rechts ausgehoben.

(5) Beim Ausheben geht man von links nach rechts zum nächsten Gast.

13 **Welche Kombination ist beim Servieren von Suppen richtig?**

(1) Suppentasse – Kaffeelöffel
Tiefer Teller – Mittellöffel
Spezialtasse – Mokkalöffel

(2) Suppentasse – Mittellöffel
Tiefer Teller – Tafellöffel
Spezialtasse – Mittellöffel

(3) Suppentasse – Mittellöffel
Tiefer Teller – Tafellöffel
Spezialtasse – Kaffeelöffel

(4) Suppentasse – Mittellöffel
Tiefer Teller – Gourmetlöffel
Spezialtasse – Kaffeelöffel

(5) Suppentasse – Mittellöffel
Tiefer Teller – Mittellöffel
Spezialtasse – Gourmetlöffel

14 **Welche Regel gilt für das Ausheben von Suppentellern an freistehenden Tischen mit mehreren Personen?**

(1) Suppenteller von rechts ausheben und nach links weitergehen

(2) Suppenteller von rechts ausheben und nach rechts weitergehen

(3) Suppenteller von links ausheben und nach rechts weitergehen

(4) Suppenteller von links ausheben und nach links weitergehen

(5) Suppenteller zuerst bei den Damen, dann bei den Herren ausheben

15 Ordnen Sie Gedeck- und Servierhinweise den jeweiligen Abbildungen zu, indem Sie die Ziffer in die Kästchen eintragen.

2

4

1

3

(1) In eine heiße Bouillontasse mit zwei Henkeln wird in der Küche die Suppe angerichtet. Die Tasse mit Untertasse wird auf einen Mittelteller mit Pikkoloserviette gesetzt und dem Gast so serviert, dass die Henkel exakt nach rechts und links ausgerichtet sind.

(2) Dem Gast wird kurz vor dem Servieren der Suppe ein heißer Suppenteller auf einem flachen Teller eingesetzt und ein Tafellöffel eingedeckt. Die Suppe wird in der Küche in eine Ausgießtasse angerichtet und auf einem Tablett zum Tisch des Gastes getragen. Dort wird die Suppe vorsichtig in den Suppenteller eingegossen.

(3) Suppen mit stark konzentriertem Geschmack, wie z.B. Fasanenessenz, werden in kleinen Spezialtassen mit angelegtem Kaffeelöffel serviert. Der Henkel zeigt nach dem Einsetzen am Tisch des Gastes nach links.

(4) Die Suppe wird in der Küche direkt im heißen Suppenteller angerichtet. Die Servicefachkraft stellt den Suppenteller auf einen mit einer Pikkoloserviette belegten flachen Teller. Zuvor wird dem Gast ein Tafellöffel eingedeckt.

Da im à-la-carte-Service nicht bekannt ist, was die zu erwartenden Gäste im Einzelnen essen und trinken, werden auf den Tischen im Restaurant lediglich Grundgedecke vorbereitet.

16 Von Ihrem Kollegen erhalten Sie den Auftrag, im Restaurant alle Tische mit Grundgedecken (Kuverts) zu versehen. Was versteht man unter dem Begriff Grundgedeck?

- Das Grundgedeck ist ein einfaches Restaurantgedeck für eine Person im à-la-carte-Service und wird auch als Kuvert (Couvert) bezeichnet.

17 Die Abbildungen zeigen Ihnen zwei Grundgedecke. Beschreiben Sie die Gedeckteile.

- Tafelmesser, Tafelgabel und Serviette

- In manchen Häusern werden zusätzlich ein Glas sowie ein Brotteller und ein Mittelmesser (Brotmesser) eingedeckt

18 Beim Eindecken von Grundgedecken mit einem Weinglas ist eine bestimmte Arbeitsabfolge zu beachten.

Wie gehen Sie vor?

- Zuerst stellt man die Stühle exakt vor den Tisch.
- Der Stuhl markiert dabei den Gedeckplatz und dient als optische Hilfe beim Auflegen der Serviette.
- Anschließend werden das Tafelmesser und die Tafelgabel eingedeckt.
- Das Weinglas platziert man über der Spitze des Tafelmessers.

19 Welche zusätzlichen Teile können noch eingedeckt werden?

- Salz- und Pfeffermenage, Blumenvasen und evtl. Aschenbecher

20 Grundgedecke können je nach Bedarf erweitert werden.

Den Bedarf bestimmt der Gast mit seiner Speisenbestellung.

Beschreiben Sie die abgebildeten, erweiterten Grundgedecke.

- Grundgedeck für ein Fleischgericht, z. B. Kalbsroulade, erweitert um einen Suppenlöffel für Suppentasse und Brotteller

- Grundgedeck für ein Fleischgericht oder ein vegetarisches Gericht, erweitert um einen Suppenlöffel, eine Dessertgabel und einen Dessertlöffel sowie zwei Gläser.

  Dies ist bereits ein Menügedeck.

- Grundgedeck für ein Fischgericht, z. B. Forelle blau. Das Gedeck wurde um einen Suppenlöffel, ein Weißweinglas, Brotteller und Buttermesser erweitert.

Menügedecke

21 **Benennen Sie die notwendigen Besteckteile und Gläser zum Eindecken für die untenstehenden Menüs.**

Menü 1

Kalte Vorspeise mit Toast und Butter
★
Klare Suppe mit Leberknödel im Teller
★
Hauptgericht vom Kalb
★
Großer Dessertteller

- Mittelmesser, Mittelgabel, Buttermesser
- Tafellöffel
- Weißweinglas
- Tafelmesser, Tafelgabel
- Sektglas, Mittellöffel, Mittelgabel

Menü 2

Gebundene Suppe in der Tasse
★
Warme Vorspeise von Gemüse
★
Hauptgericht von Fisch
★
Käse-Dessert mit Brot und Butter

- Mittellöffel oder Bouillontassenlöffel
- Mittelmesser, Mittelgabel
- Weißweinglas
- Fischmesser, Fischgabel
- Rotweinglas, Mittelmesser, Mittelgabel

Menü 3

Cocktail von Fisch mit Toast und Butter
★
Suppe in der Tasse
★
Hauptgericht von Gemüse
★
Weinschaumcreme im Glas

- Fischgabel, Kaffeelöffel, Buttermesser
- Mittellöffel oder Bouillontassenlöffel
- Weißweinglas
- Tafelmesser, Tafelgabel
- Kaffeelöffel

Menü 4

Kalte Vorspeise von Fisch
★
Warme Vorspeise von Gemüsebeignets
★
Eintopfgericht mit ganzem Fleischstück
★
Rote Grütze im Glas

- Mittelbesteck oder Fischbesteck
- Mittelmesser, Mittelgabel
- Bierglas
- Tafelmesser, Tafelgabel, Tafellöffel
- Kaffee- oder Dessertlöffel

7.6 Umgang mit Gästen

1 Sie sind im Service beschäftigt und haben einen neuen Auszubildenden zugewiesen bekommen.
Auf welche Punkte der persönlichen Hygiene im Service werden Sie ihn hinweisen?

- Allgemeine Sauberkeit
- Ordentlich geschnittene, nicht zu lange Haare
- Gepflegte Hände, geschnittene, saubere Fingernägel (die Hand kommt dem Gast am nächsten)
- Saubere Kleidung – die Art der Bekleidung wird vom Haus festgelegt

Ein Betrieb ist nach bestimmten Gesichtspunkten aufgebaut oder organisiert. Das dahinter stehende System ist die Organisation. Darüber werden Grundkenntnisse gefordert.

2 Die Organisation eines Betriebes umfasst im Wesentlichen zwei Bereiche. Nennen Sie diese und erklären Sie kurz.

- Die Aufbauorganisation legt Aufgaben für die einzelnen Abteilungen und Posten fest.
- Die Ablauforganisation gestaltet und beschreibt einzelne Abläufe, z.B. das Vorbereiten einer Festlichkeit.

3 Eine mittelgroße Küche umfasst mehrere Posten wie z. B. Saucier, Entremetier.
Zu welcher Art von Organisation zählt diese Arbeitsverteilung?

- Es handelt sich um eine Aufbauorganisation.

4 Welches der genannten Beispiele zählt zur Aufbauorganisation?

1. Regelung der Arbeitszeit
2. Delegation von Arbeiten an Personengruppen
3. Terminregelungen
4. Festlegen von Reihenfolgen für Arbeitsschritte
5. Kontrolle von Betriebsabteilungen und Stellen

Die Einzelschritte im Service laufen organisatorisch in einer bestimmten Reihenfolge ab. Ein Beispiel für eine Ablauforganisation finden Sie auf der folgenden Seite.

5 Bringen Sie die Einzelschritte des Services in die richtige Reihenfolge. Beginnen Sie mit der Beratung.

Beratung des Gastes

Bonierung der Bestellung

Servieren des Bestellten

Bestellung des Gastes

Abrechnung beim Gast

Ausheben des Geschirrs

6 Ein Hilfsmittel für die Organisation ist die Checkliste. Erklären Sie.

- Eine Checkliste ist eine Zusammenstellung von Vorgängen oder Dingen, die in bestimmten Situationen zu beachten sind.

---

7 Welche Vorteile haben Checklisten?

- Sie machen es möglich, Arbeiten rasch zu erledigen, denn man muss nicht jedes Mal über alles neu nachdenken.
- Sie geben Sicherheit, dass man alle wesentlichen Punkte berücksichtigt hat.

---

8 Nennen Sie Beispiele für Checklisten.

- Besprechung und Verkauf von Sonderessen: Welche Dinge müssen mit dem Besteller geklärt werden?
- Aufgaben des Services bei Tagungen: Tagungsgetränke, Lüften, Aschenbecher usw.

Wir haben mit vielen Personen Kontakt. Zwar ist jeder Gast ein Individualist, dennoch fassen wir die Gäste unter bestimmten Gesichtspunkten zusammen zu „Gästetypen".

9 Nennen Sie zu den hier genannten Gesichtspunkten jeweils zwei entgegengesetzte Gästetypen und geben Sie Hinweise, die beim Umgang mit diesen Gästen zu beachten sind.

Art des Auftretens

- Der *Schüchterne,* dem Ermunterung und Empfehlung Sicherheit geben kann.
- Der *Energische,* den man mit Distanz seine Rolle spielen lässt.

Redefreudigkeit

- Der *Schweigsame,* den man nicht mit Worten überschütten soll.
- Der *Schwatzhafte,* der mit geschickter Gesprächsführung zur Entscheidung geführt wird.

Entscheidungsfähigkeit
- Der *Entschlossene,* der sich seiner Entscheidung sicher ist und meist rasch bedient werden will.
- Der *Unentschlossene,* dem man unaufdringlich mit Geschick zu einem Entschluss verhelfen soll.

Belastbarkeit
- Der *Nervöse* oder *Gereizte,* dem man mit Besonnenheit entgegenkommen und nicht mit zusätzlichen Fragen belasten soll.
- Der *Geruhsame,* den man nicht bedrängen soll.

Finanzielles Verhalten
- Der *Ausgabefreudige,* dessen Wünschen man unaufdringlich entspricht.
- Der *Geizige,* bei dem man nicht versuchen soll, ihn zu zusätzlichen Ausgaben zu bewegen.

---

10 Welche besonderen Regeln sind beim Umgang mit Kindern zu beachten?

- Für Kleinkinder bringt man einen Kinderstuhl.
- Größere Kinder schätzen eine eigene Kinderkarte.
- Buntstifte und ein Malblock verkürzen dem Kind die Wartezeit.

---

11 Senioren sind eine bedeutende Gästegruppe. Wie kann man dieser Gästegruppe entgegenkommen?

- Freundlichkeit und Geduld sind angebracht.
- Hilfe beim Platz nehmen oder beim Gang zum Büfett kann angebracht sein.

12 Wer gut verkaufen will bemüht sich, die Kaufmotive oder Beweggründe seiner Gäste zu ergründen. Kennzeichnen Sie die folgenden Kaufmotive:
Verstandesbetont = 1; Gefühlsbetont = 3

Geltungsbedürfnis ☐
Nachahmungstrieb ☐
Sparsamkeit/Geldersparnis ☐
Zeitersparnis ☐
Streben nach Genuss ☐

13 Ein Gast zieht zwei Speisen aus der Tageskarte in die engere Wahl. Wie soll sich das Servierpersonal richtig verhalten, um dem Gast einen Entschluss zu erleichtern?

(1) Man lässt den Gast allein überlegen.
(2) Man stellt die Besonderheiten der zur Wahl stehenden Speisen gegenüber.
(3) Man empfiehlt eine der Speisen und nennt nur deren Vorzüge.
(4) Man fügt bei einer Speise hinzu: „Das wird besonders gerne genommen.“
(5) Man fügt bei einer Speise hinzu: „Das können Sie unbesorgt nehmen.“

☐

14 **Wer gut verkaufen will, muss seine Gäste richtig einschätzen können. Welche Eigenschaften sind für einen Choleriker typisch?**

(1) Er ist redselig und sieht die Zukunft optimistisch.

(2) Er ist nur wenig interessiert und kleinlich.

(3) Er ist ruhig und sieht die Zukunft pessimistisch.

(4) Er ist rechthaberisch und leicht erregbar.

(5) Er ist bequem, man muss ihm für Entscheidungen Zeit lassen.

15 **Ein Ehepaar besucht ein Restaurant. Welche Frage ist unangebracht?**

(1) Darf ich Ihnen aus dem Mantel helfen?

(2) Darf ich bei der Auswahl der Speisen behilflich sein?

(3) Darf ich unsere Spezialitäten empfehlen?

(4) Hier ist die Speisenkarte. Es genügt doch eine?

(5) Was darf ich als Aperitif servieren?

16 **Ein Gast reklamiert. Welche Grundregeln sind zu beachten?**

- Zunächst zuhören und den Gast aussprechen lassen.
- Ruhe bewahren, sich nicht ablehnend verhalten.
- Sich gedanklich in die Lage des Gastes versetzen und die Situation aus dieser Sichtweise bewerten.
- Ist die Reklamation voll oder auch nur zum Teil berechtigt, entschuldigt man sich.
- Ist ein Klärung mit dem Gast nicht möglich, schaltet man den Vorgesetzten ein.

---

17 **Nennen Sie Beispiele für Reklamationen, die rasch behebbar sind.**

- Die Suppe ist zu kalt.
- Das Getränk ist nicht korrekt eingeschenkt.
- Eine Änderung bei der Bestellung wurde übersehen.

7.7 Festliche Tafel – Bankett

1 **Für eine längere Tafel sind mehrere Tischtücher aufzulegen. Worauf ist dabei zu achten?**

(1) Die Querbrüche werden mit Tischläufern abgedeckt.

(2) Die Überhänge an den Stirnseiten müssen bis knapp zum Boden reichen.

(3) Das Ende des folgenden Tischtuches stößt genau an das Vorausgehende.

(4) Das Auflegen der Tischtücher beginnt beim Restauranteingang.

(5) Das Auflegen der Tischtücher beginnt überlappend und entgegengesetzt des Eingangs.

2 Vor dem Eindecken einer Festtafel müssen die Gedeckplatzbreiten festgelegt werden. Benennen Sie die richtige Breite.

1. 50 bis 60 cm
2. 50 bis 70 cm
3. 70 bis 80 cm
4. 80 bis 90 cm
5. über 90 cm

3 Sie haben für eine größere Gesellschaft eine festliche Tafel vorzubereiten. Bringen Sie die nachfolgenden Tätigkeiten in die richtige Reihenfolge durch Einsetzen der Ziffern von 1 bis 6 in die Kästchen.

Auflegen von textilem Tischschmuck und Einstellen der Blumen, Kerzen und Salzmenagen

Ausdrehen der Stühle und Eindecken der Besteckteile

Ausrichten der Stühle und Einsetzen der Platzteller

Stellen der geeigneten Tafelform

Eindecken der Gläser

Auflegen der Moltons und der Tafeltücher

4 Bei der Planung und Vorbereitung einer festlichen Veranstaltung mit Menü kommt der Tafelform eine besondere Bedeutung zu. Nach welchen zwei wichtigen Kriterien wählen Sie die Tafelform für die Festlichkeit aus?

1. Man richtet sich nach der Form des Raumes und nach dem festgelegten Preis des Menüs.
2. Man richtet sich nach dem Inventar des Raumes und den verfügbaren Mitarbeitern.
3. Man berücksichtigt die gewünschte Servierart und die Anzahl der Gäste.
4. Man berücksichtigt die Größe der Küchenbrigade und der Servicebrigade.
5. Man richtet sich nach der Anzahl der zu erwartenden Gäste und nach der Größe des Raumes.

5 Welche Regel für das Eindecken bei Grund- und Tafelgedecken ist korrekt?

1. Das Besteck wird von außen nach innen eingedeckt.
2. Tellerränder und Besteckenden schneiden direkt mit der Tischkante ab.
3. Es dürfen niemals mehr als zwei Gabeln eingedeckt werden.
4. Der Suppenlöffel wird oberhalb des Gedecktellers mit dem Griff nach links eingedeckt.
5. Es werden zuerst das Tafelmesser und die Tafelgabel eingedeckt.

6 **Sie sind für die Bankettvorbereitung verantwortlich. Ihre Aufgabe besteht unter anderem darin, für 8 Gäste eine Tafel zu stellen. Ihnen stehen die abgebildeten Tischgrößen zur Verfügung. Als Platzbedarf sollen Sie 80 cm pro Person vorsehen. Welches ist die optimale Kombination?**

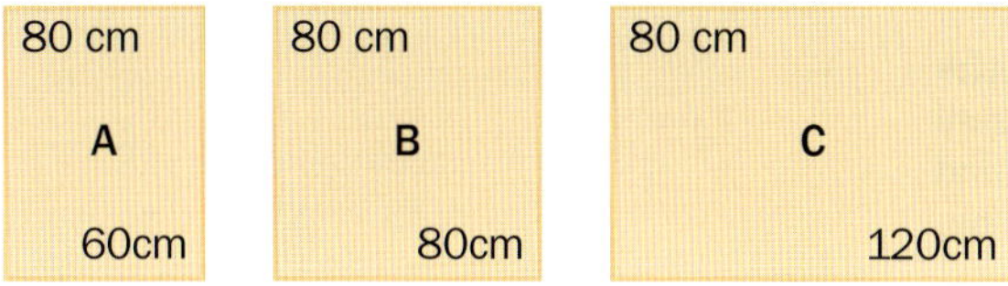

1. 4 × Tisch A in Blockform
2. 4 × Tisch B in Quadratblockform
3. 5 × Tisch B als Reihenblock
4. 2 × Tisch C und 2 x Tisch B in Blockform
5. 4 × Tisch C in Blockform

7 **Beim Service an einer Festtafel werden die Getränke meist in der Reihenfolge Aperitif, Weißwein, Rotwein und Sekt gereicht bzw. eingegossen. Welches Glas bezeichnet man in der Regel als Richtglas?**

1. Das Rotweinglas
2. Das Weißweinglas
3. Das Aperitifglas
4. Das Wasserglas
5. Das Sektglas

8 **An welcher Stelle decken Sie bei einer festlichen Tafel das Richtglas ein?**

1. Vor der Spitze des Dessertlöffels
2. In der Mitte zwischen den Spitzen des Vorspeisenmessers und des Suppenlöffels
3. Vor der Spitze des Hauptgangmessers
4. Vor der Spitze des Vorspeisenmessers
5. Vor der Spitze des Buttermessers

9 Welche Menage stellt man auf eine Festtafel?

1. Pfeffermühle
2. Worcestersauce
3. Öl
4. Salz
5. Essig

10 Wie viele Besteckteile dürfen höchstens je Kuvert eingedeckt werden?

- Es dürfen nicht mehr als 3 Besteckteile links, 4 Besteckteile rechts und 2 Besteckteile oben quer eingedeckt werden.

---

11 Die Mise en place für die festliche Tafel wird anhand der Personenzahl und der festgelegten Speisen- und Getränkefolge vorab erledigt und bereitgestellt.

Danach beginnt das eigentliche Eindecken. Orientieren Sie sich an der abgebildeten Gedeckskizze und schildern Sie den schrittweisen Arbeitsablauf beim Eindecken einer festlichen Tafel.

Beginnen Sie mit dem Stellen der Tafel.

- Stellen der gewünschten Tafel
- Auflegen der Moltondecken
- Auflegen der Tafeltücher
- Festlegen der Gedeckbreite
- Anstellen der Stühle
- Einsetzen der Platzteller (oder ungefalteten Servietten)
- Ausdrehen der Stühle zur Schaffung eines Arbeitsganges
- Auflegen der Besteckteile beginnend mit:
  - Tafelmesser
  - Tafelgabel
  - Fischmesser
  - Fischgabel
  - Suppenlöffel
  - Dessertmesser
  - Dessertgabel (für Käse)
- Einsetzen des Brottellers und Buttermessers
- Einsetzen des Richtglases und der restlichen Gläser
- Einsetzen der vorgefalteten Servietten
- Aufstellen der Tischdekoration und Kerzenleuchter
- Einsetzen der Salzstreuer
- Auflegen der Menükarten
- Zurückdrehen der Stühle
- Abschließende Überprüfung der gesamten Arbeit

12 Sie haben bei einer Festtafel, bei der bereits Platzteller, Bestecke und Gläser eingedeckt sind, abschließende Arbeiten durchzuführen.

Nennen Sie die notwendigen Arbeiten.

- Die geformten Servietten zwischen den Bestecken oder auf dem Platzteller eindecken.
- Den Blumen- und Kerzenschmuck einsetzen.
- Die zum bequemeren Arbeiten ausgedrehten Stühle an die Festtafel zurückdrehen.
- An Hand des Tafelorientierungsplanes Tischkärtchen mit dem Namen des jeweiligen Gastes aufstellen.
- Menükarten auflegen.
- Überprüfung der Gedecke auf Vollständigkeit.

13 Die folgenden Menügedecke weisen Fehler auf. Prüfen Sie die Gedecke und nennen Sie die Fehler.

Menü I

Suppe in der Tasse
Brot und Butter
Fleischgericht
Crème-Dessert

- Buttermesser fehlt
- Glas steht falsch
- Tafellöffel für Suppentasse ist falsch
- Dessertbesteck liegt falsch

Menü II

Fischgericht
mit Brot und Butter
Fleischgericht
Warme Süßspeise
1 = Weißwein
2 = Rotwein

- Bestecke liegen direkt an der Tischkante
- Brotteller und Buttermesser fehlen
- Fischgabel muss nach oben versetzt liegen
- Dessertbesteck liegt falsch herum
- Zum Hauptgericht gehört ein Tafelmesser
- Gläser müssen ausgetauscht werden

14 Nennen Sie mindestens 4 Faktoren, die für das ästhetische Gesamtbild einer Festtafel ausschlaggebend sind?

- Exakte Abstände der Bestecke und Platzteller von der Tischkante
- Gleichmäßige Platzierung der Richtgläser
- Ausrichtung der restlichen Gläser im 45°-Winkel zur Tischkante
- Genaues Eindecken sich gegenüber liegender Gedecke
- Menagen und Aschenbecher werden am Beistelltisch bereitgestellt und bei Bedarf eingesetzt.

15 Für ein Bankett benötigen Sie aus dem Non-Food-Magazin nachfolgende Geräte.

Ein Kollege, der erst kurz im Magazin arbeitet, kann mit den Fachbegriffen auf der Bestellliste nichts anfangen und bittet Sie um Übersetzung.

Ordnen Sie den Fachausdruck den deutschen Begriffen zu, indem Sie die Kennziffern in die jeweiligen Kästchen eintragen.

Fachausdruck	*Deutscher Begriff*	
(1) Molton	Warmhalteplatte für Speisen	☐
(2) Napperon		
(3) Cloche	Warmhalteglocke für Tellergerichte	☐
(4) Rechaud		
(5) Chafing dish	Deckserviette	☐
(6) Decanter		

Vorlegeservice

16 Welche Arten des Vorlegeservices kennen Sie?

- Die Servicemitarbeiter legen Speisen von Platten direkt auf den Teller des Gastes vor.
- Das Servierpersonal reicht den Gästen Platten und Schüsseln zur Selbstbedienung an.
- Die Speisen werden durch die Restaurantfachkräfte von Platten am Beistelltisch auf Teller vorgelegt und dann eingesetzt.

17 **Zum Vorlegen von Speisen verwenden Fachleute in der Regel Tafellöffel und Tafelgabel. Beim Einsatz dieses Bestecks werden unterschiedliche Vorlegegriffe angewendet.**

Benennen Sie die verschiedenen Griffe.

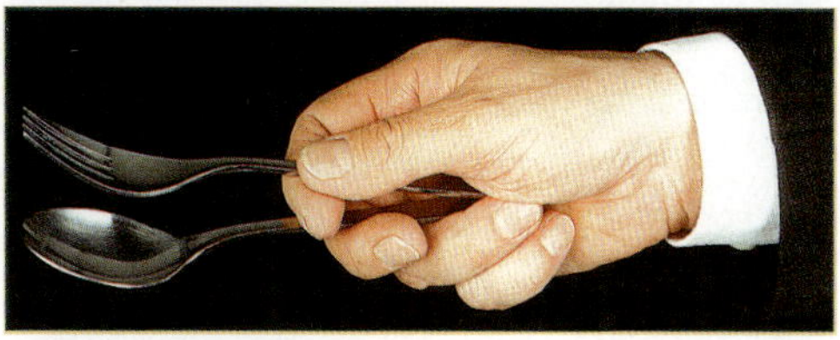

- Allgemein üblicher Vorlegegriff

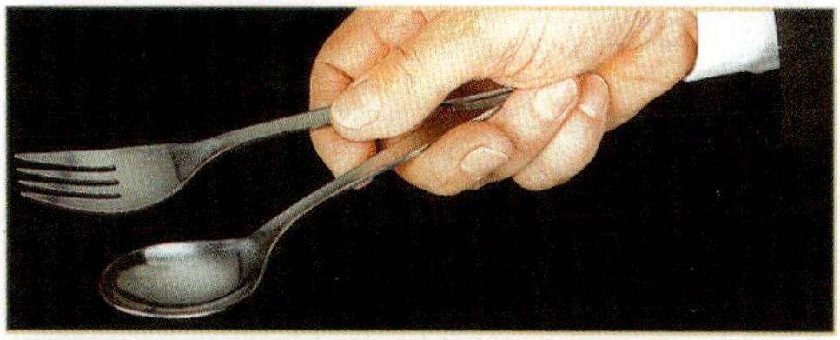

- Spreizgriff

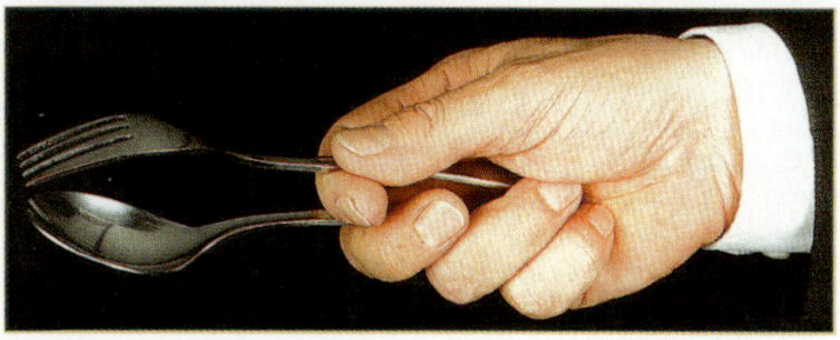

- Zangengriff

18 **Benennen Sie folgende Griffarten.**

Beschreibung	*Griffart*
Allgemein üblicher Griff	• Die Wölbungen von Löffel und Gabel liegen ineinander.
Spreizgriff	• Die Wölbungen von Löffel und Gabel liegen nebeneinander und nach unten gerichtet.
Zangengriff	• Die Wölbungen von Löffel und Gabel liegen gegeneinander.

19 **Welche Arbeitsweise beim Servieren von Speisen ist korrekt?**

1 Mit dem Vorlegen der Beilagen vor dem Fleisch beginnen.

2 Das Fleisch auf der dem Gast entgegengesetzten Tellerseite vorlegen.

3 Speisen, die am Beistelltisch angerichtet wurden, dem Gast von links einsetzen.

4 Eine Platte dem Gast zur Selbstbedienung von links anreichen.

5 Das Fleisch von der rechten Seite des Gastes vorlegen.

20 **Beim Vorlegen von Speisen direkt auf den Teller des Gastes muss eine gewisse Reihenfolge eingehalten werden.**

Bringen Sie die folgenden Arbeitsschritte in die richtige Reihenfolge, indem Sie die Ziffern 1 bis 9 in die Kästchen eintragen.

Die angerichtete Platte am Küchenpass in Empfang nehmen. ☐

Den Gästen die vorgewärmten, heißen Teller von rechts einsetzen. ☐

Die angerichtete Platte auf der mit einer längs gefalteten Stoffserviette überdeckten linken Hand zum Gästetisch tragen. ☐

Den Gästen nun von der linken Seite zuerst das Fleischstück, dann die Beilagen vorlegen. ☐

Den Gästen die auf der Platte angerichteten Speisen kurz erklären bzw. benennen. ☐

Den Gästetisch im Auge behalten, um rechtzeitig nachservieren zu können. ☐

Auf die angerichtete Platte ein Vorlegebesteck anlegen. ☐

Den Gästen einen guten Appetit wünschen. ☐

Den Gästen die angerichtete Platten präsentieren. ☐

21 **Was bedeutet in der Regel das gekreuzt liegende Besteck auf dem mehr oder weniger leeren Teller des Gastes?**

1. Der Gast möchte von dem Geschirr befreit werden.
2. Der Gast möchte nach etwas nachserviert haben.
3. Der Gast möchte einen Aschenbecher.
4. Der Gast hat seine Mahlzeit beendet.
5. Der Gast möchte die Rechnung.

☐

22 **Mit welcher Mise en place versehen Sie den Beistelltisch für ein Vorlegeservice vom Guéridon?**

- Eine Rechaudplatte bei einer Präsentationsplatte, bei getrennt angerichteten Speisen zwei Rechauds
- Ausreichend Vorlegebestecke in einer Serviettentasche auf einem Teller
- Unmittelbar vor dem Auftragen der Platte die vorgewärmten Teller auf eine zusätzliche Rechaudplatte stellen

23 Welche Aussage über das Vorlegen am Beistelltisch (Guéridon) ist richtig?

1. Auf der Silberplatte dürfen keine Speisen zurückbleiben.
2. Das Vorlegebesteck wird ausschließlich mit der rechten Hand gehandhabt.
3. Die vorgewärmten Teller müssen rechtzeitig vor dem Präsentieren der Platte am Tisch der Gäste eingesetzt werden.
4. Die angerichteten Teller werden von der linken Seite des Gastes eingesetzt.
5. Die Vorlegebestecke werden mit beiden Händen gehandhabt.

24 In Ihrem Restaurant ist ein Tisch für 8 Personen durch einen Gast vorbestellt, der immer das 4-gängige Abendmenü bevorzugt.

Sie decken die Tafel entsprechend dem Abendmenü, wie nebenstehend abgebildet, ein.

Nachdem die Gäste Platz genommen haben, bestellt der Gastgeber allerdings überraschend nur Pfifferlinge in Rahm mit Kräuterbandnudeln und Käse vom Brett mit Walnüssen und Trauben.

Welche Besteckteile müssen Sie entfernen?

1. Tafelmesser, Tafelgabel, Dessertmesser
2. Suppenlöffel, Fischmesser, Fischgabel
3. Dessertgabel, Dessertmesser, Suppenlöffel
4. Tafelmesser, Fischmesser, Suppenlöffel
5. Dessertgabel, Fischmesser, Fischgabel

25 Die Gäste sollen durch das Einsetzen von Speisen und Getränken nicht mehr als unbedingt nötig gestört werden.
Dabei ist die Wahl der richtigen Servierseite Voraussetzung.

Wie arbeiten Sie korrekt?

1. Man setzt dem Gast die Salatteller als Beilage von rechts ein.
2. Man legt dem Gast die Speisen von links von der Platte vor.
3. Man schenkt dem Gast Rotwein von links ein.
4. Man hebt den benutzten Hauptgangteller beim Gast von links aus.
5. Man hebt den benutzten Brotteller beim Gast von rechts aus.

26 **Sie sind für das Eindecken des folgenden Menüs verantwortlich und zeigen Ihren Kollegen das zum Menü passende Gedeck auf.**

Welcher der abgebildeten Gedeckvorschläge passt zum Menü?

Menü

Bunte Blattsalate mit
lauwarmen Streifen von Austernpilzen
Brot und Butter

★

Fasanenkraftbrühe mit Schöberl

★

Gefüllte Räucherlachsröllchen
auf Brokkolischaumsauce

★

Schweinefilet in der Kräuterkruste
mit frischem Gartengemüse
und Allgäuer Ofenkartoffeln

★

Mandelparfait auf Hagebuttensauce
mit Dukatennudeln

Oder anders gefragt:

27 Welche Arbeiten werden beim Speisen- und Getränkeservice von links ausgeführt?

1. Einsetzen der Gläser
2. Vorlegen der Speisen von der Platte
3. Einschenken der Getränke
4. Ausheben der Menagen
5. Nachdecken von Fischmessern

28 Welche der nachfolgenden Anweisungen im Zusammenhang mit dem Service von Speisen sind richtig?

1. Salatteller an Festtafeln von der rechten Seite des Gastes einsetzen.
2. Speisen zur Selbstbedienung dem Gast von rechts anreichen.
3. Speisen dem Gast von der linken Seite auf den Teller vorlegen.
4. Teller nach jedem Gang erst dann ausheben, wenn er vom Gast leergegessen ist.
5. Brotteller von links einsetzen und von links wieder ausheben.
6. Speisen, die am Guéridon angerichtet werden, von links reichen.
7. Teller, die mit Clochen abgedeckt sind, von links einsetzen.

29 Sie servieren Ihren Gästen fachgerecht Speisen und Getränke von der rechten und der linken Seite. Kennzeichnen Sie die Servierarbeiten, die von rechts ausgeführt werden, mit einer (1) und die, welche Sie von links vornehmen, mit einer (2).

Wein einschenken

Toastteller ausheben

Von der Platte vorlegen

Tellergericht einsetzen

Salatteller einsetzen

Aperitifglas einsetzen

7.8 Getränkebüfett

1 Das Getränkeangebot eines Betriebes wird in einer oder mehreren Getränkekarten präsentiert. Welche Arten von Getränkekarten sind Ihnen bekannt?

- Kombinierte Getränkekarten, die das gesamte Getränkeangebot eines Betriebes beinhalten.
- Karten, die nur eine Getränkeart zum Inhalt haben, wie z.B. Weinkarten, Barkarten, Karten für Aufgussgetränke usw.

2 Welche Aufgaben haben Getränkekarten?

- Sie sollen dem Gast einen Überblick über die Getränkeauswahl geben und
- ihn gleichzeitig zur Bestellung von Getränken anregen.
- Getränkekarten sind ein wirksames Mittel zur Verkaufsförderung.

---

3 Bei der Erstellung von Getränkekarten spricht man von einer äußeren und einer inneren Gestaltung. Was versteht man darunter?

- Die äußere Gestaltung wird durch ein handliches Format, einen stabilen Einband, eine stilvolle Aufmachung und meist durch das Wort „Getränkekarte" zum Ausdruck gebracht.
- Die innere Gestaltung umfasst eine übersichtliche und klare Gliederung des Angebots sowie ein schönes und angenehm lesbares Schriftbild mit einer entsprechenden Textaufteilung. Fotos, Bilder oder Skizzen können dabei für Auflockerung sorgen.

---

4 Eine Getränkekarte muss neben den allgemeinen Getränkebezeichnungen dem Gast auch gesetzlich vorgeschriebene Informationen geben. Nennen Sie diese.

- Zur korrekten Information des Gastes müssen Angaben über die genaue Bezeichnung des Getränkes, die Menge (cl), den Preis und je nach Getränk auch über Inhaltsstoffe (Farbstoffe, Koffein, Chinin) enthalten sein.

---

5 Welche Bedeutung hat die Weinkarte im Vergleich zu einer kombinierten Getränkekarte?

- Mit dieser speziellen Karte will ein Betrieb auf das Angebot von Flaschenweinen aufmerksam machen.

6 Nach welchen Gesichtspunkten wird in der Regel eine Standardweinkarte zusammengestellt?

1. Nach Herkunftsland, Flascheninhalt, Speisenfolge
2. Nach Preisstaffelung, Weinart, Alkoholgehalt
3. Nach Einkaufspreis, Weinqualität, Herkunftsland
4. Nach Weinart, Anbaugebiet, Verkaufspreis
5. Nach Ausschankmenge, Einkaufspreis und Anbaugebiet

7 **Welche Angabe entspricht in der Weinkarte der so genannten Weinsprache?**

1. Dieser Wein wird viel getrunken
2. Der ideale Wein zu frischem Spargel
3. Ein vollmundiger, samtiger Rotwein
4. Eine echte Hausmarke
5. Ein besonders günstiger Wein

8 **Ordnen Sie den Getränkegruppen die richtige Ausschankmenge zu, indem Sie die Ziffern in die Kästchen eintragen.**

Getränkekarte

Alkoholfreie Getränke

Mineralwasser ......
Soda ......
Apfelsaft ......
Tonic Water ......
Coca-Cola ......
Bitter Lemon ......

Kaffee · Tee · Schokolade

Kännchen Kaffee ......
Kännchen Tee ......
Kännchen Schokolade ......
Rüdesheimer Kaffee ......
Irish Coffee ......

Aperitifs

Portwein ......
Sherry ......
Campari/Soda ......
Dubonnet ......

Offene Weine

Weißweine

Rheingau
2006 Rauenthaler Steinmächer ......
Mosel
2006 Erdener Treppchen......
Elsass
2006 Riesling ......
2005 Edelzwicker ......

Roséwein

Côtes du Rhône ......

Rotweine

Rheingau
2006 Aßmannshäuser Höllenberg ......
Frankreich/Burgund
2005 Beaujolais ......

Weinbrände · Cognacs

Asbach Uralt ......
Scharlachberg ......
Hennessy V.S. ......
Courvoisier V.S.O.P. ......

Spirituosen

Himbeergeist ......
Steinhäger ......
Dry Gin ......
Aquavit ......
Calvados ......
Wodka ......
Grappa ......

Liköre

Bénédictine ......
Cointreau ......
Grand Marnier ......
Crème de cassis ......

Biere vom Fass

Alt ...
Budweiser ...
Pilsener Urquell ...
Export ...

Ausschankmenge	*Getränkegruppe*
1 0,2 l und/oder 0,4 l	Bier vom Fass
2 2 cl und/oder 4 cl	Kaffee, Tee, Schokolade
3 0, 2 l oder 0,25 l	Aperitifs
4 Keine Angabe nötig	Alkoholfreie Getränke
5 0,2 l oder 0,3 l oder 0,4 l	Offene Weine
6 5 cl	Klare, Liköre, Weinbrände

9 Welche Aussage über den grundsätzlichen Aufbau einer Weinkarte ist falsch?

1. Deutsche Weine sollen nach Anbaugebieten geordnet werden.
2. Weißweine sollen vor den Roséweinen und den Rotweinen aufgeführt werden.
3. Offene Weine (Schoppenweine) sollen vor den Flaschenweinen aufgeführt werden.
4. Die Gruppe der Schaumweine soll vor den Weißweinen stehen.
5. Inländische Weine sollen vor den ausländischen Weinen aufgeführt werden.

**10 In der Tageskarte wird *Frischer Orangensaft* angeboten.
Welche Aussage zu diesem Getränk ist richtig?**

1. Der Orangensaft kann aus der vom Getränkehandel gelieferten Flasche ins Glas gegossen und serviert werden.
2. Es werden Orangen für den Tagesbedarf frisch gepresst und der Saft wird bis zum Eingießen kühl gestellt.
3. Es dürfen keine Orangen einer älteren Lieferung verwendet werden, der Saft bleibt wegen des Aromas ungekühlt.
4. Es dürfen Flaschen vom Händler bezogen werden, wenn ein Etiketthinweis „aus Orangensaftkonzentrat“ vorhanden ist.
5. Die Orangen müssen am Guéridon vor den Augen des Gastes gepresst werden.

11 Welche Angaben müssen in der Getränkekarte aufgeführt werden?

1. Name des Getränks, Preis, Herstellungsdatum
2. Geschmacksrichtung, Füllmenge, Herkunft
3. Herkunft, Name des Getränks, Farbstoff
4. Name des Getränks, Füllmenge, Preis
5. Mindesthaltbarkeitsdatum, Preis, Farbstoff

12 Damit der Gast eine Kontrollmöglichkeit hat, schreibt der Gesetzgeber laut Schankgefäßverordnung bei Gläsern bestimmte Angaben vor. Wie lauten die Angaben?

- Füllstrich
- Nennvolumen
- Herstellerzeichen

13 **Wie bezeichnet das Eichrecht die Inhaltsmengenangabe bei Gläsern und Flaschen in der Gastronomie?**

1 Maßstrich
2 Füllstrich
3 Eichstrich
4 Nennvolumen
5 Istvolumen

14 **Sie haben Dienst am Getränkebüfett. Bringen Sie die folgenden Arbeiten in die richtige Reihenfolge, indem Sie die Ziffern 1 bis 6 in die Kästchen eintragen.**

Warenkontrolle durch Aufnahme der Anfangsbestände

Einräumen der angeforderten Getränke in die Kühlschränke

Kontrolle der eingehenden Bons auf Bestellmenge und Preis

Warenanforderung an das Magazin schreiben

Ausgabe der Getränke an den Service

Feststellen der verkauften Mengen durch Warenbestandskontrolle und Bonvergleich

15 **Stellen Sie bei den abgebildeten Gläsern fest, ob die entsprechenden Getränke direkt im Glas Ⓖ oder nur in Verbindung mit der Flasche bzw. Karaffe Ⓕ serviert werden.**

Nennen Sie zudem das jeweiligs zum Glas passenden Getränk:

1 = Bier; 2 = Likör; 3 = Rotwein; 4 = Wein; 5 = Likörwein;
6 = Saft, Limonade; 7 = Weinbrand; 8 = Sekt; 9 = Schoppenwein

16 In welcher Gruppe sind ausschließlich Arbeitsmittel genannt, die am Getränkebüfett benötigt werden?

1. Korkenzieher, Wärmeplatte, ovales Tablett
2. Korkenzieher, Zitronenpresse, Flaschenöffner
3. Cocotte, Eiszange, Pikkoloserveitte
4. Zitronenpresse, Cloche, Temperaturgarant
5. Eiszange, Gourmetlöffel, Grapefruitlöffel

17 Bei bestimmten Getränken ist bei glasweisem Ausschank ein Füllstrich am Glas notwendig?
Nennen Sie die entsprechende Gruppe.

1. Eistee, Eisschokolade, Eiskaffee
2. Portion Tee, Mineralwasser, Weißweinschorle
3. Martinicocktail, Apfelsaftschorle, Limonade
4. Pils im Glas, Apfelsaftschorle, Weißweinschorle
5. Bockbier im Glas, Manhattan, Limonade im Glas

18 Welche Getränke dürfen nach dem Eichrecht in Gläsern ohne Füllstrich verabreicht werden?

1. Fassbier
2. Schoppenweine
3. Likörweine
4. Cocktails
5. Spirituosen

19 Welche Gläser sind mit einem Nennvolumen von 5 cl versehen?

1. Spirituosengläser
2. Likörweingläser
3. Grog-Gläser
4. Vermouthgläser
5. Punschgläser
6. Weißweingläser

20 **Welche Aussage zum Reinigen von Gläsern ist richtig?**

1. Wenn ein Handwaschbecken am Büfett vorhanden ist, genügt ein Gläserwaschbecken.
2. Gläser müssen mit einem Entkalker behandelt werden.
3. Biergläser sind mit herkömmlichem Spülmittel und bei 60 °C zu reinigen.
4. Beim Gläserreinigen dürfen keine Bürsten verwendet werden.
5. Gläser müssen in fließendem Wasser gereinigt werden.

21 **Welche Aussagen zum Polieren von Trinkgläsern ist richtig?**

1. Eine Hand hält das Glas, die andere das Tuch.
2. Während des Poliervorgangs muss das Glas auf dem Tisch stehen.
3. Beim Polieren ist das Tuch so zu handhaben, dass das Glas nie mit der bloßen Hand berührt wird.
4. Zum Polieren wird ein feuchtes Baumwolltuch benutzt.
5. Zum Polieren eignen sich Wolltücher am besten.

22 **Bringen Sie die Reinigung von benutzten Gläsern am Büfett oder im Office in die richtige Reihenfolge, indem Sie die Ziffern 1 bis 8 in die Kästchen eintragen.**

Abtropfen lassen

Klarspülen mit warmem Wasser

Mit Tuch abtrocknen

Abstellen der benutzten Gläser

Verräumen der sauberen Gläser

Ausgießen der Restflüssigkeit

Mit Gläserspülmittel waschen

Polieren der Gläser mit einem trockenen Tuch

23 **Ordnen Sie 10 Getränke den 5 Getränkearten zu, indem Sie die Ziffern in die Kästchen eintragen.**

Getränke	*Getränkearten*
(1) Grand Marnier	Likörweine
(2) Gin	
(3) Marsala	Wein
(4) Cherry Brandy	
(5) Porter	Schnäpse
(6) Portwein	
(7) Berliner Weiße	Liköre
(8) Rotling	
(9) Weißherbst	Bier
(10) Aquavit	

24 **Welches Getränk kann bei falscher Lagerung am Büfett in wilde Gärung übergehen?**

(1) Weizenbier

(2) Mineralwasser

(3) Frischgepresster Orangensaft

(4) Stilles Wasser

(5) Weinbrand

25 **Wie werden Kohlensäureflaschen fachgerecht aufbewahrt?**

(1) Kohlensäureflaschen werden senkrecht aufgestellt und müssen nicht gesichert werden.

(2) Kohlensäureflaschen müssen, egal ob sie voll oder leer sind, gegen Umfallen gesichert sein.

(3) Kohlensäureflaschen müssen im Bierkeller oder im Kühlhaus aufbewahrt und mit einem Druckmesser gesichert sein.

(4) Kohlensäureflaschen müssen mit einer Warnfarbe, am besten rot, angestrichen sein.

(5) Kohlensäureflaschen müssen in verschlossenen Räumen gelagert werden.

26 **Welche Aussage über den Schankdruck bei der Bierschankanlage ist richtig?**

1. Der Druck muss nachts verringert werden.
2. Je geringer die Biermenge, umso geringer ist der Druck.
3. Der Schankdruck darf nicht verändert werden.
4. Der Schankdruck hat keinen Einfluss auf die Blume.
5. Je größer das Fass, umso höher der Schankdruck.

27 **Sie stellen beim Zapfen von Bier eine Trübung des Bieres fest.**

Was ist die Ursache?

1. Das Reduzierventil ist falsch eingestellt.
2. Im Steigrohr fehlt das Siebchen.
3. Das Bier ist zu kalt.
4. Die Bierleitung ist undicht.
5. Das Bier ist zu warm.

28 **Märzenbier aus der Flasche schäumt beim Einschenken zu stark.**

Welche Ursache vermuten Sie?

1. Undichter Flaschenverschluss
2. Zu lange Lagerung
3. Zu hohe Temperatur
4. Zu niedrige Temperatur
5. Fettspuren im Glas

29 **Benennen Sie die Zutaten einer Berliner Weiße.**

1. Aus Weißbier und Zitronenlimonade
2. Aus Weizenbier und Himbeersirup
3. Aus Pils und Sekt
4. Aus Weißbier und Zitronensaft
5. Aus Starkbier und Waldmeistersirup

30 **Benennen Sie anhand der Gläserformen die abgebildeten 7 Biere durch Eintragen der Ziffern in die Kästchen unter den Gläsern.**

1 Altbier
2 Berliner Weiße
3 Pils
4 Kölsch
5 Helles Märzen
6 Weizen
7 Export

31 **Welcher Wein kommt aus Italien?**

1 Chablis
2 Edelzwicker
3 Ruster
4 Kalterer See
5 Tokajer

32 **Welche Weinorte liegen im Weinanbaugebiet Franken?**

1 Forst und Walporzheim
2 Kitzingen und Escherndorf
3 Sasbachwalden und Klingenberg
4 Ürzig und Ihringen
5 Hochheim und Oppenheim

33 Für welche Getränkezubereitung benötigt man Zimtrinde und Gewürznelke?

1. Für Irish coffee
2. Für Grog
3. Für Pharisäer
4. Glühwein
5. Kaffee verkehrt

34 Welche Getränkegruppe nennt ausschließlich süße, alkoholfreie Erfrischungsgetränke?

1. Cola, Limonade, Fruchtsaft
2. Fruchtnektar, Mineralwasser, Limonade
3. Apfelwein, Apfelsaftschorle, Limonade
4. Stilles Wasser, Brause, Cola
5. Diätbier, Cidre, Fruchtsaftgetränk

35 Welche Getränkegruppe darf in einem gastronomischen Betrieb in Gläsern ohne Füllstrich serviert werden?

1. Side-Car-Cocktail, Flasche Mineralwasser
2. Bier im Glas, Schoppenwein
3. Weinschorle, Orangensaft im Glas
4. Pils vom Fass, Pikkolosekt
5. Hefeweizen, Sherry

36 Benennen Sie das nachstehend abgebildete Glas.

1. Grogglas
2. Sektflöte
3. Bordeauxglas
4. Römerglas
5. Burgunderglas

37 Welches ist ein weinähnliches Getränk?

1. Cognac
2. Kalte Ente
3. Likörwein
4. Apfelwein
5. Weißweinschorle

38 Welches Getränk zählt zu den weinhaltigen Getränken?

1. Samos
2. Portwein
3. Vermouth
4. Sherry
5. Marsala

39 Ordnen Sie zu, indem Sie die Ziffern von 3 der insgesamt 7 Getränke in die Kästchen bei den Getränkegruppen eintragen.

Getränke	*Getränkegruppen*
1 Lindenblütentee	
2 Portwein	Likörweine
3 Weißweinschorle	
4 Grand Marnier	Aufgussgetränke
5 Erdbeerwein	
6 Cinzano	Weinähnliche Getränke
7 Weizenbier	

40 Warum sollen nach dem Ruhetag vor dem Brühen von Kaffee mit einer an der Wasserversorgung angeschlossenen Maschine mindestens 1 bis 2 Brühungen ohne Kaffeemehl durchgeführt werden?

1. Um abgestandenes Leitungs- und Kesselwasser zu entfernen
2. Um die gewünschte Brühmenge einzustellen
3. Um einen funktionsfähigen Brühdruck zu erreichen
4. Um das Kaffeemehl im Siebträger gleichmäßig zu verteilen
5. Um anschließend das Filterpapier besser einlegen zu können

41 Welches Aufgussgetränk wird mit Hilfe von starkem Dampfdruck hergestellt?

1. Rüdesheimer Kaffee
2. Espresso
3. Pharisäer
4. Türkischer Mokka
5. Kaffee Melange

42 **Welches alkoholfreie Getränk verwendet man zur Herstellung von Weinschorle sauer?**

1. Stilles Mineralwasser
2. Fruchtsaft
3. Enteisentes Mineralwasser
4. Süßmost
5. Limonade

43 **Welcher Getränkegruppe ordnen Sie Apfelwein zu?**

1. Weinähnliche Getränke
2. Weinhaltige Getränke
3. Fruchtsaft
4. Fruchtsaftgetränk
5. Fruchtnektar

44 **Welches ist das übliche Ausschankmaß für Sherry und Portwein?**

1. 2 cl
2. 4 cl
3. 5 cl
4. 10 cl
5. 20 cl

45 **Was ist das übliche Ausschankmaß für Kirschwasser?**

1. 2 cl
2. 5 cl
3. 8 cl
4. 10 cl
5. 20 cl

46 **Aus welchem Weinanbauland kommt der Kalterer See (Rotwein)?**

1. Österreich
2. Italien
3. Ungarn
4. Schweiz
5. Griechenland

47 **Ordnen Sie den Getränken ihre Herkunftsländer zu, indem Sie die Kennziffern von 4 der insgesamt 9 Möglichkeiten in die Kästchen eintragen.**

Herkunftsländer	*Getränke*
(1) Spanien	
(2) Frankreich	Calvados
(3) Schweiz	
(4) Irland	Grappa
(5) Österreich	
(6) Ungarn	Barack
(7) Portugal	
(8) Griechenland	Bailey's Cream
(9) Italien	

48 **Welches Getränk wird in ein eisgekühltes Glas eingegossen und serviert?**

(1) Pfefferminzlikör

(2) Cognac

(3) Grand Marnier

(4) Whisky

(5) Wacholder

49 **Welche Art von Wasser ist für die Herstellung von Fruchtsaftschorle ungeeignet?**

(1) Ein stilles Mineralwasser

(2) Ein Sprudel

(3) Ein enteisentes Mineralwasser

(4) Sodawasser

(5) Ein Säuerling

50 **Sie richten am Getränkebüfett verschiedene Getränke entsprechend der Bons her.**

Ordnen Sie zu, indem Sie die Ziffern von 5 der insgesamt 7 Getränkearten in die Kästchen bei den Gläsern eintragen.

(1) Cognac (2) Kirschlikör (3) Whisky (4) Pils

(5) Sherry (6) Aquavit (7) Weizenbier

Büfettkontrollen

51 **Welche Bedeutung hat für die Büfettkontrolle das Nummerieren von Getränken?**

- Bei der Vielfalt der Getränke und den unterschiedlichen Preisen ist das Nummerieren eine hilfreiche Organisationsmaßnahme.
- Dadurch werden Verwechslungen
  - bei der Anforderung im Magazin,
  - bei der Aufnahme einer Gästebestellung,
  - bei der Ausgabe und der Bestandsaufnahme am Büfett weitgehend ausgeschaltet.

52 **Warum ist es sinnvoll, bei Getränken Verkaufseinheiten festzulegen?**

- Verkaufseinheiten sind Maßstäbe für die Abrechnung.

  Dies gilt insbesondere bei Getränken, die aus Flaschen (Sekt, Spirituosen) in kleineren Mengen in Schankgefäße ausgeschenkt werden.

  Nach Abzug eines gewissen Schankverlustes wird die Verkaufseinheit festgelegt.

53 **Bei der Inventuraufnahme am Büfett versteht ein Arbeitskollege die Begriffe „Soll-Bestand" und „Ist-Bestand" nicht.**

Erklären Sie Ihrem Kollegen diese Begriffe.

- Der **Soll**bestand sagt aus, welcher Warenbestand am Büfett rechnerisch vorhanden sein **soll**te.
- Der **Ist**bestand ist die bei der Inventur festgestellte Menge, die tatsächlich vorhanden **ist.**

---

54 **Wozu führen Abweichungen beim Einschenken von Getränken?**

- Abweichungen beim Eingießen über den Füllstrich hinaus führen zu Verlusten bzw. Abweichungen zwischen dem Sollbestand und Istbestand.

---

55 **Der Warenumlauf am Büfett vollzieht sich zwischen dem Magazin, dem Büfett, dem Servierpersonal und dem Gast.**

Ergänzen Sie die leeren Felder bei der Grafik durch Einsetzen der Ziffern.

(1) Zahlungsmittel (2) Anforderungsschein (3) Bon

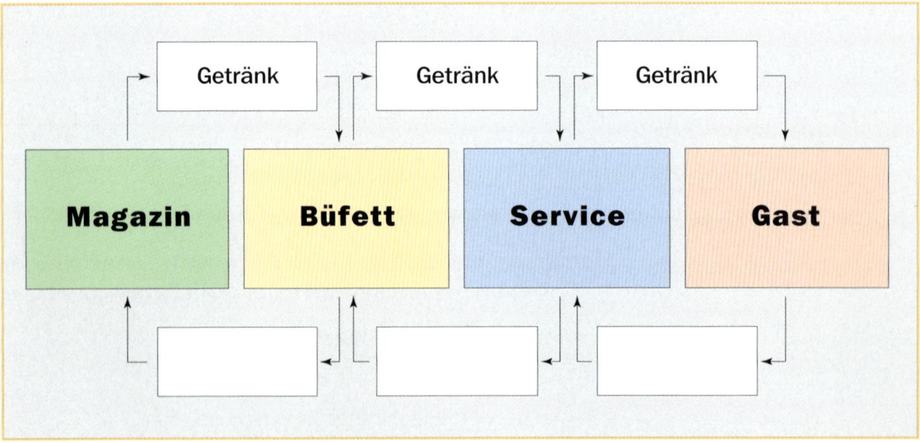

56 **Welcher Bestand wird bei der Inventur ermittelt?**

(1) Der Sollbestand

(2) Der Istbestand

(3) Der Meldebestand

(4) Der Höchstbestand

(5) Der eiserne Bestand

57 **Durch welchen Rechenvorgang wird der Warenverbrauch am Getränkebüfett ermittelt?**

1. Addition der Getränkebons abzüglich Zugang
2. Anfangsbestand minus Sollbestand
3. Istbestand minus Sollbestand
4. Anfangsbestand plus Zugang
5. Anfangsbestand plus Zugang minus Istbestand

58 **Welche Handlungsweise kann zu Schwierigkeiten am Büfett führen?**

1. Keine Ware wird ohne Bon ausgegeben.
2. Die Bons werden nach der Warenausgabe entwertet.
3. Der Büfettier übernimmt bei Schichtwechsel eine Verbrauchsaufstellung des Vorgängers und setzt sofort die Ausgabe fort.
4. Ein warm-kaltes Büfett ist mit einem festgelegten Getränke- und Speisenbestand bestückt.
5. Die Gläser werden bis an den Füllstrich eingeschenkt.

59 **Bringen Sie die folgenden Arbeiten bei der Bonkontrolle am Büfett in die richtige Reihenfolge, indem Sie die Ziffern 1 bis 5 in die Kästchen eintragen.**

Der Kontrolleur sortiert die Bons der jeweiligen Restaurantfachleute aus und überprüft inhaltlich die Warenmenge, die Warenart und den Preis.

Der Büfettier kontrolliert die Bons vor der Warenausgabe auf Menge, Art und Preis.

Die Additionsergebnisse werden in die Spartenliste eingetragen.

Die Bons werden nach Sparten sortiert und addiert.

Die Spartenlisten werden in den Tagesbericht aufgenommen.

60 Situationsaufgaben ⟨1⟩ bis ⟨3⟩ auf der Folgeseite.

Eine Getränkekarte soll neu gestaltet werden. Der erste Andruck soll durch Sie letztmalig vor der Drucklegung überprüft werden.

Restaurant

Zur Ratsstube

Flossenheim

Alkoholfreie Getränke

	Apollinaris	0,2 l	2,00 €
	Apfelsaft	0,2 l	2,00 €
	Traubensaft	0,2 l	2,00 €
(1) →	Orangensaft, frisch gepresst	0,2 l	2,30 €

Aufgussgetränke

	Tasse Kaffee		2,00 €
	Kännchen Kaffee		3,60 €
	Cappuccino		2,30 €
	Glas Tee		2,00 €
	Glas Glühwein		2,30 €
	Glas Eistee		2,00 €

Aperitifs

	Portwein	5 cl	3,60 €
	Sherry	5 cl	3,60 €
	Picon Cordial		3,60 €

Biere

(2) →	Clausthaler, alkoholfrei		2,30 €
	Krombacher Leicht	0,4 l	2,30 €
	Erdinger Weißbier	0,5 l	2,60 €
	Pils vom Fass	0,2 l	1,50 €

Spirituosen

	Asbach Uralt	2 cl	2,60 €
	Rémy Martin	2 cl	3,60 €
	Kirschwasser	2 cl	2,60 €
	Williamsbirne	2 cl	2,60 €

(3) → Wir bitten Sie um Verständnis, wenn wir Getränke nur bei gleichzeitiger Bestellung von Speisen abgeben.

(4) → Unsere Preise sind Inklusivpreise.

(5) → Restaurant »**Zur Ratsstube**« – bestes Haus am Platz.

1 Eines der aufgeführten Getränke wurde einer Gruppenbezeichnung falsch zugeordnet.

1. Den alkoholfreien Getränken
2. Den Aufgussgetränken
3. Den Aperitifs
4. Den Bieren
5. Den Spirituosen

2 Eine Angabe auf der Getränkekarte ist zwar gut gemeint, stellt aber den Fall von unlauterem Wettbewerb dar und ist deshalb nicht erlaubt.
(Beachten Sie bei der Beantwortung der Frage die mit Ziffern markierten Angaben auf der Getränkekarte)

1. Angabe 1
2. Angabe 2
3. Angabe 3
4. Angabe 4
5. Angabe 5

3 Welche gesetzlich vorgeschriebene Angabe fehlt außerdem auf der Karte?

1. Die Angabe eines weiteren alkoholfreien Getränks
2. Die Angabe der Öffnungszeiten des Restaurants
3. Die Angabe des Ausschankvolumens beim alkoholfreien Bier
4. Der Hinweis auf das Bedienungsgeld und die Mehrwertsteuer
5. Der Hinweis, dass alkoholische Getränke an Jugendliche nicht abgegeben werden

7.9 Getränkeservice

1 Wie werden Getränke bezeichnet, die in Gläsern oder Karaffen serviert werden?

- Man bezeichnet diese Getränke als „offene Getränke", weil sie bereits am Büfett in diese Schankgefäße gefüllt und auf einem Tablett „offen" zum Tisch des Gastes gebracht werden.

2 **Nennen Sie Merkpunkte, die beim Servieren von Getränken zu beachten sind.**

- Das Glas wird von der rechten Seite des Gastes rechts oben eingesetzt.
- Aus hygienischen Gründen dürfen Gläser nicht im Trinkbereich angefasst werden.
- Aus ästhetischen Gründen gilt dies auch beim Ausheben der leeren Gläser.
- Stielgläser werden grundsätzlich nur am Stiel angefasst, Bechergläser im unteren Drittel.
- Beim Einsetzen von Gläsern ist darauf zu achten, dass Dekor und Beschriftungen zum Gast hin, Gläserhenkel nach rechts gerichtet sind.

---

3 **Was versteht man unter dem Begriff Portionsflaschen?**

- Portionsflaschen sind Getränkeabfüllungen, die für eine Person vorgesehen sind wie z.B. Mineralwasser, Fruchtsäfte, Limonaden, Pikkolo und Flaschenbier.

4 **Ein Gast hat eine Flasche Carlsberg Pils bestellt.**
Wie wird das Flaschenbier am Tisch eingeschenkt?

(1) Das Glas bleibt beim Einschenken auf dem Tisch stehen.

(2) Die volle Flasche wird nur eingesetzt.

(3) Beim Einschenken nimmt man das Glas in die Hand und hält es leicht schräg.

(4) Das Glas wird aus hygienischen Gründen vor dem Gast poliert.

(5) Um ein Überschäumen des Bieres zu vermeiden, gießt man das Glas nur zu einem Drittel voll.

☐

5 **Ordnen Sie den 5 Flaschenformen die richtigen Weinflaschenbezeichnungen zu, indem Sie die Ziffern bei den abgebildeten Flaschenformen in die Kästchen eintragen.**

Weinflaschenbezeichnungen:

(1) Sektflasche (2) Bocksbeutel (3) Chiantiweinflasche

(4) Burgunderflasche (5) Bordeauxflasche (6) Schlegelflasche

☐ ☐ ☐ ☐ ☐ ☐

6 **Zum gepflegten Flaschenweinservice benötigt man je nach Weinart unterschiedliche Utensilien. Benennen Sie die abgebildeten 10 Gegenstände.**

- Drahtgestell für Flaschen
- Tropfring
- Dekantiertrichter
- Korkenzieher
- Kapselschneider
- Kellnermesser
- Probierschale für Wein
- Dekantierkaraffe
- Weinthermometer
- Dekantierkorb

7 **Sie sollen Ihren Gästen eine Flasche Weißwein servieren. Bringen Sie die folgenden Arbeitschritte in die richtige Reihenfolge, indem Sie die Ziffern 1 bis 7 in die Kästchen eintragen. Starten Sie mit dem Präsentieren der Flasche.**

Dem Besteller eine Kostprobe einschenken ☐

Die Flaschenhalskapsel abschneiden oder entfernen und den Flaschenmund sowie die Korkoberfläche säubern ☐

Den Gästen einschenken ☐

Den Korken geräuschlos aus der Flasche ziehen und eine Riechprobe am Korken vornehmen ☐

Den Flaschenmund säubern ☐

Die Flasche dem Besteller präsentieren ☐

Dem Besteller einschenken ☐

8 **Welche Aussage zum Präsentieren einer Weinflasche beim Weinservice ist fachlich richtig?**

(1) Die Flasche wird bereits vor der Präsentation am Büfett entkorkt.

(2) Weißweine werden von rechts, Rotweine von links präsentiert.

(3) Die Präsentation erfolgt nach dem Entkorken zusammen mit dem Korken.

(4) Die Präsentation entfällt beim Tagesgeschäft, sie erfolgt nur bei Banketts.

(5) Die Präsentation von geschlossenen Weinflaschen erfolgt von rechts.

☐

9 **In der Weinkarte könnte bei den Weinen als zusätzliche Information für die Gäste eine Kurzbeschreibung abgedruckt sein.**

Für welche deutsche Rebsorte trifft folgende Beschreibung zu: „Dieser Wein ist fruchtig, rassig und spritzig"?

(1) Riesling

(2) Silvaner

(3) Blauburgunder

(4) Gewürztraminer

(5) Trollinger

10 **Welche Utensilien werden zum Dekantieren von altem Rotwein am Guéridon bereitgestellt?**

- Ein Kerzenständer mit Kerze und Streichhölzer,
- ein Korkenzieher und ein Kapselschneider,
- zwei Papierservietten und eine Handserviette,
- zwei kleine Teller für Kapsel und Korken,
- eine Dekantierkaraffe,
- ein Probier- oder Reserveglas
- und zuletzt die Rotweinflasche, fachgerecht liegend im Dekantierkorb.

11 **Zum Hauptgang wird ein alter Bordeaux serviert. Er hat ein Depot gebildet. Um den Wein von dem Depot zu trennen, erhalten Sie den Auftrag, den Wein zu dekantieren.**

Bringen Sie die folgenden Arbeitsschritte beim Dekantieren von Rotwein in die richtige Reihenfolge, indem Sie die Ziffern 1 bis 6 in die Kästchen eintragen.

Dem Gastgeber einen Probeschluck einschenken und ihm den Korken präsentieren. ☐

Eine Kerze anzünden, die Kapsel abschneiden, den Flaschenmund abwischen, die Flasche vorsichtig entkorken und den inneren Flaschenmund reinigen. ☐

Den Wein umgießen, dabei den Wein langsam an der inneren Karaffenwand entlang gleiten lassen. ☐

Sobald im Flaschenhals die ersten Depotrückstände auftreten, Dekantiervorgang beenden, damit kein Depot in die Karaffe kommt. ☐

Vollständige Mise en place am Guéridon aufbauen, die Flasche vorsichtig im Rotweinkorb an den Tisch des Gastes tragen und präsentieren. ☐

Die Flasche im Korb mit dem Etikett zum Gast abstellen, aus der Karaffe nach den Servierregeln den Gästen eingießen. ☐

12 Der vom Gast bestellte Wein hat nicht die gewünschte Temperatur. Durch welche Maßnahmen können Sie die Temperatur der Weine korrigieren?

(1) Durch Dosieren oder Dekantieren

(2) Durch Frappieren oder Degorgieren

(3) Durch Chambrieren oder Flambieren

(4) Durch Dekantieren oder Poelieren

(5) Durch Chambrieren oder Frappieren

☐

13 Seit einem Monat arbeiten Sie mit zwei neuen Auszubildenden zusammen. Die beiden legen Ihnen eine Sammlung von Fachausdrücken vor und bitten Sie, diese zu erklären.

Ordnen Sie zu, indem Sie die Ziffern von 6 der insgesamt 10 fachbezogenen Ausdrücke in die Kästchen eintragen.

Fachbezogene Ausdrücke	*Deutsche Erklärung*	
(1) Galantine		
(2) Set	Beistelltisch	☐
(3) Depot		
(4) Supplément	Platzdeckchen	☐
(5) Terrine	Nachservieren	☐
(6) Nappe		
(7) Guéridon	Gesondert servieren	☐
(8) Cocotte		
(9) A part	Deckserviette	☐
(10) Napperon	Feuerfeste Form	☐

7.10 Abrechnen mit Betrieb und Gast

Abrechnen mit dem Betrieb

1 Welcher Beleg dient als Grundlage für die Abrechnung zwischen Service und Betrieb?

- Die einzelnen Bons oder
- die im Kassensystem gespeicherten Daten.

2 Was bedeutet der Begriff Bon?

- Der Bon ist eine Gutschrift (Bonus) und stellt ein betriebsinternes Zahlungsmittel dar.
- Jeder, der einen Bon besitzt, hat Anspruch auf eine Gegenleistung.

3 Welche Bonierungsmöglichkeiten gibt es?

- Registrierkasse oder
- computergesteuertes Boniersystem sowie
- Bonbuch,
- Wertmarken (Biermarken) und Gutscheine.

---

4 Welche Ansprüche auf Gegenleistungen entstehen durch die Abgabe von Bons?

- Restaurantfachkräfte erhalten dafür an den jeweiligen Ausgabestellen Speisen oder Getränke.
- Der Betrieb erhält bei der Tagesabrechnung das von den Restaurantfachkräften kassierte Geld.

5 Wie wird ein Beleg bezeichnet, für den ein Mitarbeiter Ware aus dem Getränkebüfett erhält?

(1) Inventurseite
(2) Voucher
(3) Warenanforderungsschein
(4) Bestellschein
(5) Bon

6 Bei Bonbüchern unterscheidet man den Originalbon und den Durchschreibebon. Erläutern Sie die beiden Begriffe.

- Die Originalbons gehen an die Ausgabestellen und dienen den Restaurantfachkräften als Gutscheine.
- Der Durchschreibebon bleibt im Bonbuch und dient als Grundlage der Kontrolle und zur Abrechnung mit dem Betrieb.

---

7 Manche Betriebe arbeiten mit Doppelbons. Erklären Sie.

- Das sind Einzelbons mit einem zusätzlichen Beleg. Sie werden über den gleichen Vorgang ausgedruckt. Den zusätzlichen Abschnitt nennt man Talon, Doppelbon oder Abriss.

---

8 Welche Vorteile haben Talons?

- Die Ausgabestelle reicht ihn mit der bestellten Ware zurück. Diese wird durch den Talon gekennzeichnet.
- Er gibt außerdem Auskunft über die Zuordnung
  - welche Bedienung die Ware bestellt hat,
  - für welchen Tisch die Ware bestimmt ist.

9 Wie rechnet das Servierpersonal mit dem Betrieb ab?

- Die Registrierkasse zeichnet die Umsätze der einzelnen Servicefachkräfte getrennt auf und liefert schnell die Werte für die Abrechnungsgrundlage.
- Wird mit einem Bonbuch gearbeitet, müssen alle Werte aufaddiert werden und bilden dann die Grundlage für die Abrechnung.

10 Welche Vorteile bieten Computerkassen?

- Das manuelle Beschriften des Bons entfällt.
- Artikel, Preise und Uhrzeit können eingespeichert werden.
- Mit dem Bonieren kann gleichzeitig die Gästerechnung (Guestcheck) angelegt werden.
- Rechenfehler werden ausgeschlossen.
- Preisänderungen (z.B. Happy hour) werden automatisch vorgenommen.
- Nachträgliche Erstellung der Gästerechnung ist möglich.
- Umsätze der einzelnen Sparten oder der Servicemitarbeiter sind jederzeit abrufbar.
- Tagesabrechnungen der einzelnen Mitarbeiter können automatisch und schnell erstellt werden.

11 Bringen Sie den Ablauf des Bonierens an einem computergesteuerten Kassensystem in die richtige Reihenfolge, indem Sie die Zahlen von 1 bis 6 in die Kästchen eintragen.

Menge angeben. ☐

Tisch- oder Zimmernummer eingeben. ☐

Bonauswurftaste aktivieren. ☐

Eingabe, ob Einzel- oder Sammelbon gewünscht wird. ☐

Codierten Schlüssel oder Karte eingeben. ☐

Art der Speisen und Getränke oder Codenummer des Artikels eintippen oder scannen. ☐

12 Was bedeutet der Begriff Guest-check-Drucker?

1. Preisspeicherdrucker
2. Gastrechnungsdrucker
3. Küchenbondrucker
4. Spartendrucker
5. Getränkebondrucker

13 Im Anwendungshandbuch einer elektronischen Kasse wird das Boniersystem wie folgt beschrieben: „Die einzelnen Artikel sind auf der Speise- und Getränkekarte mit einer Codenummer versehen. Nach Eingabe dieser Nummer multipliziert mit der bestellten Menge druckt die Kasse einen Bon mit allen notwendigen Angaben aus.“

Um welches System handelt es sich?

1. Um ein Bonbuch-System
2. Um ein Bonblock-System
3. Um ein Guest-check-System
4. Um ein Begleitbon-System
5. Um ein mechanisches Registrierkassensystem

14 Bei welchem Boniersystem braucht das Servicepersonal in der Regel keine handschriftlichen Anmerkungen auf Bons zu machen?

1. Beim Bonbuch-System
2. Beim Bonblock-System
3. Beim Begleitbon-System
4. Beim elektronischen Guestcheck-System
5. Beim mechanischen Registrierkassen-System

15 Bei welchen Sparten sind die Bons in der Regel zusätzlich mit einem Talon versehen?

1. Kaffeeküche – Wein
2. Küche – Spirituosen
3. Konditorei – Bier
4. Bier – Wasser
5. Küche – Konditorei

16 Was ist ein Journalstreifen?

1. Der Kontrollstreifen der Registrierkasse
2. Die Papierrolle für die Bonbeschriftung
3. Die handgeschriebene Rechnung für den Gast
4. Der Beleg für einen Restanten
5. Die Rechnungszweitschrift für den Gast

17 Welche Angaben werden auf dem Journalstreifen einer elektronischen Registrierkasse bei jeder Bonierung aufgezeichnet?

1. Tagesdatum, laufende Kontrollnummer, Betrag, Spartensymbol, Bedienernummer
2. Datum, Restaurantname, Betrag, Sparte, Bedienersymbol
3. Laufende Kontrollnummer, Sparte, Bedienernummer, Betrag
4. Sparte, Getränkebezeichnung, Betrag, Bedienernummer
5. Datum, Betrag, Bedienername, laufende Kontrollnummer

18 Ordnen Sie die Ziffern der Getränke den Kassensparten zu.

Getränke	*Kassensparten*
1 Maracujasaft	
2 Samos	Kaffeeküche
3 Cappuccino	Alkoholfreie Getränke
4 Berliner Weiße	Schaumwein
5 Pikkolo	Likörwein
6 Whiskey	

19 Was ist ein Fehlbon?

1. Ein Bon, für den keine Ware ausgegeben wurde und der vom Umsatz abgezogen wird
2. Ein Bon, der aus Versehen nicht entwertet wurde
3. Ein Bon, der nicht den exakten Preis für die Ware ausweist
4. Ein Bon, der verloren ging
5. Ein Abschlagbon, der die Umsätze ausweist

20 Bringen Sie die folgenden Arbeitsgänge in die richtige Reihenfolge, indem Sie die Ziffern 1 bis 7 in die Kästchen eintragen.

Sobald das bestellte Gericht den Pass verlässt, wird der Küchenbon entwertet.

Die Annonceuse nimmt die Bons von den Servicemitarbeitern entgegen.

Entwertete Küchenbons werden gesammelt und aufgehoben.

Die Annonceuse überprüft die Bons auf Art, Menge, Preis und annonciert.

Weitere Kontrollen werden ab jetzt vom Kontrollbüro übernommen.

Das Gericht kommt zum Pass und wird mit dem Talon versehen.

Die Küchenbons werden nach Kellnernummern sortiert und nochmals auf Menge, Art und Preis kontrolliert. Die Erlöse werden in Aufteilungslisten übernommen.

21 Was geschieht, wenn das Servierpersonal für ein Gericht zu wenig boniert hat?

1. Es erhält eine Gutschrift.
2. Es erhält eine Abmahnung.
3. Der Fehlbetrag wird vom Lohn abgezogen.
4. Der Differenzbetrag muss nachboniert werden.
5. Der Differenzbetrag muss nicht nachbezahlt werden, da auch manchmal für ein Essen zu viel boniert wird.

22 Welche Aussage über den Umgang mit einem fehlerhaften Kassenbon ist richtig?

1. Der vertippte Bon muss sofort vernichtet werden.
2. Der vertippte Bon wird zusammen mit dem richtigen Bon dem Gast ausgehändigt.
3. Der vertippte Bon kann erst dann vernichtet werden, wenn ihn der Gast abgezeichnet hat.
4. Der vertippte Bon muss aufbewahrt werden, da er bei der täglichen Abrechnung verrechnet werden kann.
5. Der vertippte Bon muss zuerst dem Chef gezeigt werden, bevor er dem Gast mitgegeben wird.

23 Bei welcher Zahlungsart erhält der Gast zur Abrechung mit seinem Kreditinstitut eine Durchschrift?

1. Bei Zahlung mit Traveller's cheque
2. Bei Zahlung mit Kreditkarte
3. Bei Zahlung in bar
4. Bei Zahlung mit Bankkarte

24 **Welche Aussage für das Ausschreiben einer Rechnung für die verzehrten Speisen und Getränke ist korrekt?**

1. Die Rechnung wird nur für das Essen, nicht aber für die Getränke ausgestellt.
2. Die Rechnung wird über den gesamten Verzehr und das Trinkgeld ausgestellt.
3. Die Rechnung wird über einen Betrag ausgestellt, den der Gast wünscht.
4. Eine Rechnung gilt nur in Verbindung mit dem Kassenausdruck.
5. Die Rechnung wird über den Betrag für Essen und Getränke ohne Mehrwertsteuer ausgestellt.

25 **Wie werden Restaurant-Restanten behandelt?**

1. Sie werden wie Bargeld behandelt.
2. Sie werden wie ein Verrechnungsscheck behandelt.
3. Sie werden vom Gast gegengezeichnet, am Empfang abgegeben und der Restaurantfachkraft gutgeschrieben.
4. Sie werden in der Küche nach der Kontrolle entwertet.
5. Sie werden vom Chef gegengezeichnet und dem Gast ausgehändigt.

26 **Sie haben verschiedene Geschäftsvorgänge zu verbuchen, wie gehen Sie vor?**

Ordnen Sie zu, indem Sie die eingerahmten Ziffern von 3 der insgesamt 6 Geschäftsbücher in die Kästchen bei den Geschäftsfällen eintragen.

Geschäftsbücher	*Geschäftsvorgänge*
1 Kassenbuch	Restanten
2 Menübuch	
3 Hoteljournal	Barausgaben
4 Portobuch	
5 Lagerbuch	Abschreibung von Sets
6 Wäschebuch	

Abrechnen mit dem Gast

27 **Welches ist die bei geringem Verzehr einfachste Art der Abrechnung mit dem Gast?**

- Das Servicepersonal addiert die Beträge des Verzehrs im Kopf oder mit Hilfe eines kleinen Blocks zusammen, nennt die Summe und kassiert das Geld vom Gast.

28 Verlangt ein Gast eine Rechnung, so muss diese bestimmten Anforderungen entsprechen. Nennen Sie diese.

- Die Rechnung muss „maschinell“, also durch das Kassensystem erstellt sein.
- Die einzelnen Leistungen wie Speisen und Getränke müssen klar genannt sein.
- Anzahl und Einzelpreis müssen angegeben sein.
- Bei einem Rechnungsbetrag von 100,00 € und mehr muss die enthaltene Mehrwertsteuer herausgerechnet werden. Ein elektronisches Kassensystem macht dies bei allen Endsummenbeträgen automatisch.

---

29 Wie wird im gehobenen Service dem Gast die Rechnung präsentiert?

- Die ausgedruckte Rechnung wird dem Gast verdeckt auf einem Zahlteller (Silbertablett) überreicht.
- Der Gast prüft die Rechnung und legt ausreichend Bargeld oder eine Kreditkarte auf das Tablett.
- Das Servierpersonal übernimmt das Tablett.
- Der Gast erhält zurück
  - die quittierte Rechnung und das Wechselgeld oder
  - die quittierte Rechnung mit dem Kreditkartenbeleg, der vom Gast zu unterschreiben ist.
- Auf dem Tablett zurückbleibendes Bargeld ist das Trinkgeld für die Restaurantfachkräfte.

---

30 Ein Gast wünscht eine Rechnung für den Verzehr im Restaurant und bezahlt diese nach Vorlage. Was bekommt er danach ausgehändigt?

- Die quittierte Rechnung

**31 Ein Hotelgast verlangt die Rechnung nach einem Restaurantbesuch im gleichen Haus. Er wünscht seine Rechnung am nächsten Tag bei der Abreise mit der Hotelrechnung zu begleichen.
Wie gehen Sie vor?**

- Die Restaurantrechnung wird mit der Zimmernummer des Gastes versehen und die Rechnung dann dem Gast zum Unterschreiben vorgelegt.
- Anschließend wird die Rechnung sofort an den Hotelempfang weitergeleitet.
- Am Empfang erhält die Restaurantfachkraft dafür eine Gutschrift.

32 **Ab welchem Rechnungsgesamtbetrag muss die Mehrwertsteuer in EURO ausgewiesen werden?**

1. Ab 38,00 €
2. Ab 50,00 €
3. Ab 100,00 €
4. Ab 125,00 €
5. Ab 150,00 €

33 **Ein Hotelgast wünscht von Ihnen die Restaurantrechnung. Er möchte diese aber nicht sofort bezahlen, sondern gemeinsam mit seiner Hotelrechnung begleichen.**

Welcher Teil der abgebildeten Rechnung muss dann unbedingt vom Gast ausgefüllt werden?

(1) **Rechnung** für: ______________ Budget Host Inn

(2)

835	Bedienung	Datum	Tisch
	4	xx-01-15	5

(3)

1 Sekt	34	13.00	€	13.00
2 Kueche		18.50	€	37.00
1 Wein	75	11.00	€	11.00
1 Storno		-11.00	€	-11.00
-				
1 Wein	76	13.50	€	13.50
2 Kaffee	52	2.30	€	4.60

(4) Im Rechnungsbetrag sind 19% Mehrwertsteuer € 10.87 enthalten

Kasse € 68.10

(5) Rechnung anerkannt: Unterschrift ______________

Zimmer Nr. ______ Name ______________ (Blockschrift)

Gastrechnung

Bei Gastrechnungen über größere Beträge und an Firmen muss die Mehrwertsteuer getrennt ausgewiesen werden. Diese Belege werden zwar überwiegend durch die Daten verarbeitenden Anlagen (Kellnerkassen, Zentralrechner) erstellt, doch muss das Servierpersonal auch fähig sein, den Rechenweg zu erklären. Darum zum Einstieg eine typische „Beschwerde“.

„Sie haben die Mehrwertsteuer nicht richtig berechnet. Die 19 % Mehrwertsteuer von 595,00 € sind nicht 95,00 €, sondern 113,05 €. Bitte berichtigen Sie die Rechnung.“

34 Wie argumentieren Sie? Erklären Sie den Rechenweg und führen Sie die Berechnung aus.

Die Rechnungssumme beträgt 246,00 €. Die MwSt ist mit 19 % enthalten.

35 Wie viel € beträgt die MwSt?

Eine Rechnung enthält 19 % Mehrwertsteuer. Das sind 399,00 €.

36 Auf welchen Gesamtbetrag lautet diese Rechnung?

37 Ergänzen Sie den unten stehenden Beleg, bei dem an der Stelle des „?“ der Drucker nicht sauber gearbeitet hat.

Im Rechnungsbetrag sind die Umsatzbeteiligung
und die Mehrwertsteuer — Gesamtbetrag € 426,50
von 19 % enthalten, das sind ...... **???** ...... €.

Währungsrechnen

Hinweis:

Kurs ist Preis für einen Euro in fremder Währung.

Man muss so denken:
Einen Amerikaner kostet ein Euro 1,45 Dollar
Rechnerisch: 1 € ≙ 1,45 USD
Oder:
Einen Schweizer kostet ein Euro 1,55 Schweizer Franken
Rechnerisch: 1 € ≙ 1,55 SCF

Die Rechnung eines amerikanischen Gastes beläuft sich auf 342,00 €. Er will mit einem Scheck in US-Dollar bezahlen. Der Kurs: 1,42

38 Auf wie viel US-Dollar muss der Scheck ausgestellt werden?

Unser Haus bietet ein Menü für 30,00 € an. Ein Gast aus der Schweiz weiß:
Schweizer Franken = 1,56 €.

39 Mit wie viel Schweizer Franken ist unser Menü zu veranschlagen?

Eine Ingenieurgruppe aus Kanada erhält eine Gesamtrechnung über 468,00 €. Der Leiter der Gruppe will einen Scheck in Kanadischen Dollar ausstellen. Der Kurs ist 1,00 € = 1,31 Dollar.

40 Wie viel Kanadische Dollar entsprechen dem Rechnungsbetrag?

8 Marketing im Gastgewerbe

8.1 Besonderheiten im Gastgewerbe

1 Nennen Sie drei Besonderheiten, die den Verkauf im Gastgewerbe vom Verkauf im Einzelhandel unterscheiden.

- Speisen und Getränke lassen sich meist nur begrenzt „auf Vorrat“ produzieren und/oder lagern, im Gegensatz zu vielen Gütern des Handels.
- Der Verkauf findet an ganz unterschiedlichen Stellen/Örtlichkeiten statt, dort, wo der Gast dies wünscht.
- Der Verkauf in der Gastronomie ist durch einen ständigen Wechsel der Nachfragesituation zu unterschiedlichen Tageszeiten geprägt.

2 Nennen Sie je drei Beispiele für Verbrauchs- und für Gebrauchsgüter in der Hotellerie.

- **Verbrauchsgüter** in der Hotellerie:

  Alle Speisen und Gerichte, alle Getränke, sowie Sonstiges, wie z.B. Papierservietten, Kerzen, Dekorationsmaterial oder Blumen.
- **Gebrauchsgüter** in der Hotellerie:

  Die Hotelzimmer, die Sport- und Fitness-Einrichtungen, der Konferenz- und Tagungsbereich mit der Tagungstechnik.

3 Was versteht man unter einem „gastronomischen Outlet“?
Nennen Sie fünf Beispiele dazu.

- Die Räumlichkeit/der Ort, wo der gastronomische Verkauf stattfindet, wird als „Outlet“ bezeichnet.

  Dazu zählen z. B.:

  Frühstücksraum, Etagenservice, Hotelbar, Restaurant, Bistro, Poolbar, Terrassencafé, Nachtclub.

8.2 Angebot und Nachfrage – der Markt

1 Erklären Sie die Nachfrage- und die Angebots-Situation auf einem Verkäufermarkt.

- Beim Verkäufermarkt ist die Nachfrage größer als das Angebot. Es besteht ein Nachfrageüberhang. Der Absatz ist meist problemlos.

2 Erklären Sie die Nachfrage- und die Angebots-Situation auf einem Käufermarkt.

- Beim Käufermarkt ist das Angebot größer als die Nachfrage. Der Gast kann auf dem Markt unter einer Vielzahl von Angeboten auswählen.

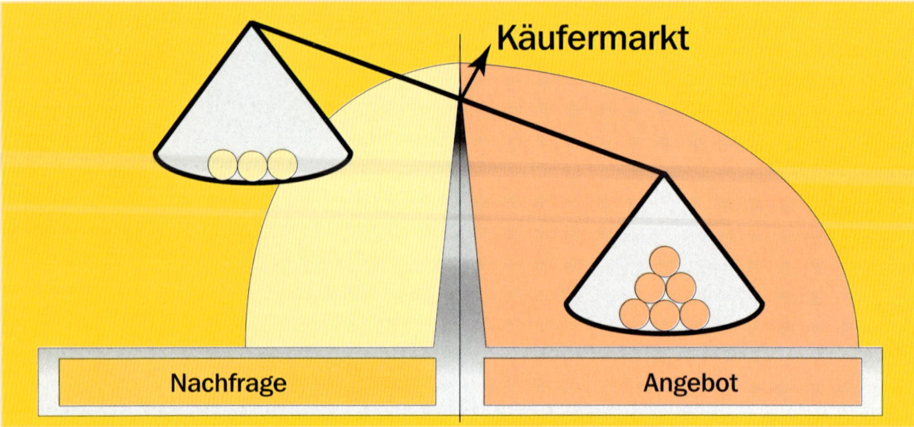

3 Welche gastronomische Marktsituation hat z. Zt. Deutschland?

- Es handelt sich um einen Käufermarkt, da das Angebot größer als die Nachfrage ist.

4 Welche Folgen ergeben sich für den Gastronomen aus der Tatsache, dass hierzulande das gastronomische Angebot größer ist als die Nachfrage?

- Die Wünsche, Bedürfnisse und Probleme der potenziellen Gäste sind zu berücksichtigen.
- Eine ständige Anpassung an sich verändernde Marktsituationen ist wichtig.
- Das Angebot sowie die damit verbundenen Dienstleistungen sind entsprechend neu zu gestalten und auszurichten.

5 Was ist ein „Package" im Verkauf?

- Den Gästen werden zusammen mit Beherbergung und Verpflegung auch sonstige Dienstleistungen, wie z. B. eine Behandlung in der Schönheitsfarm oder Eintrittskarten zu Konzerten/Ausstellungen angeboten. Es werden „Pakete geschnürt" und zu einem Pauschalpreis offeriert.

  Beispiele:

  Tagungspauschalen, Wochenendpauschalen mit Konzertbesuch

8.3 Unternehmensleitung

1 Der Hotelier/Gastronom als Unternehmer leitet eigenverantwortlich und durch eigene Initiative seinen Betrieb. Er bestimmt die Geschäftspolitik.

Nennen Sie die sechs Schritte des Management-Regelkreises.

- Zielsetzung
- Planung der Abläufe
- Entscheidung
- Realisierung
- Ergebniskontrolle
- Neue Zielsetzung

2 Der Hotelier entscheidet als Unternehmer über den Einsatz der Produktionsfaktoren. Nennen Sie die drei Produktionsfaktoren.

- **Werkstoffe,** das sind Rohstoffe, Hilfsstoffe und Betriebsstoffe.
- **Arbeit,** das sind die objektbezogene Arbeit und die Leitung.
- **Betriebsmittel,** das sind Einrichtung, Geräte und Maschinen.

3 Geben Sie je drei Beispiele für gastbezogene, mitarbeiterbezogene und für betriebsbezogene Unternehmensziele.

- **Gastbezogene Unternehmensziele:**
  Verbesserung der Qualität, Reduzierung von Reklamationen, Verbesserung des Ansehens (Image)
- **Mitarbeiterbezogene Unternehmensziele:**
  Arbeitsfrieden, Arbeitsplatz-Sicherung, sozialer Ausgleich
- **Betriebsbezogene Unternehmensziele:**
  Steigerung des Umsatzes, Verbesserung der Wirtschaftlichkeit, Deckung/Minimierung der Kosten

4 Was ist ein Unternehmensleitbild („mission statement") und wozu dient es?

- In Unternehmensleitbildern sind einige wichtige Unternehmensgrundsätze formuliert. Diese bestimmen die jeweilige Unternehmenspolitik. Unternehmensleitbilder in der Gastronomie legen die Verhaltensweisen gegenüber Gästen, Mitarbeitern, Mitbewerbern und der ortsansässigen Bevölkerung fest.

---

5 Was versteht man unter Unternehmens-Identität („Corporate Identity")?

- **„Corporate"** bedeutet: Das Unternehmen, die Unternehmensgruppe oder Institution betreffend.
- **„Identity"** steht für Persönlichkeit, Stil oder Individualität.
- **„Unternehmens-Identität"** („C. I.") ist der Sammelbegriff für das Erscheinen oder Auftreten (die „Persönlichkeit") eines Unternehmens. Dieses Erscheinen („Selbstbild") soll möglichst einheitlich und in sich selbst stimmig und glaubhaft nach außen und innen gestaltet werden.

---

6 Aus welchen drei Komponenten setzt sich die Unternehmens-Identität zusammen? Nennen Sie die Begriffe jeweils in Deutsch und Englisch.

- **Unternehmens-Erscheinungsbild** („Corporate Design"), das sind äußere Merkmale, wie z. B. Firmenlogo, Kleidung der Mitarbeiter, Farbgebung, Gebäude, Außenanlagen.
- **Unternehmens-Verhaltensweisen** („Corporate Behaviour"), das betrifft die Umsetzung der Unternehmensgrundsätze in Handlungen, z. B. als Anbieter, als Arbeitgeber, das Sozialverhalten oder das Informationsverhalten betreffend.
- **Unternehmens-** bzw. **Ortskommunikation** („Corporate Communication"). Sie richtet sich auf die Kommunikation mit den Mitarbeitern, den Gästen und besonders mit den Medien.

---

7 Die Unternehmens-Identität stellt das Selbstbild eines Unternehmens dar. Wie nennt man die Sichtweise und das Bild des außen stehenden Betrachters?

- Es wird Fremdbild oder „Corporate Image" genannt.

---

8 Wodurch lassen sich „Corporate Identity" und „Corporate Image" oftmals unterscheiden?

- Die angestrebte Unternehmens-Identität als Ideal-Vorstellung eines Hotels ist die eine Seite.
- Das tatsächliche Qualitätserlebnis der Gäste, Corporate Image genannt, ist oftmals eine andere Seite.

9 **Bringen Sie die einzelnen Schritte des Management-Regelkreises in die richtige Reihenfolge.**

Entscheidung

Zielsetzung

Ergebniskontrolle

Realisierung

Neue Zielsetzung

Planung

10 **Eine Hotelkette hat folgendes „Papier“ an ihre Mitarbeiter verteilt:**

1. Bei der Qualität der Waren, die wir ein- und verkaufen, gehen wir keine Kompromisse ein.
2. Unser vielseitiges, wohl ausgewogenes Angebot ist Ausdruck echter Lebensfreude.
3. An Sauberkeit und Hygiene stellen wir hohe Ansprüche.
4. Die Atmosphäre in unseren Restaurants ist angenehm und entspannend.
5. Was wir durch unsere gute Organisation einsparen können, soll dem Gast durch Preiswürdigkeit zu Gute kommen.
6. Auf alles, was wir den Gästen anbieten, wollen wir selber stolz sein dürfen.
7. Wir wollen unser Geschäft sauber und korrekt führen.
8. Wir wollen unsere Gäste gut und zuvorkommend bedienen. Bei Beanstandungen wollen wir uns in jeder Hinsicht großzügig zeigen.
9. Wir möchten, dass unsere Mitarbeiter gut gelaunt und liebenswürdig sind, dass sie sich durch Kameradschaft untereinander auszeichnen.
10. Alles, was wir unternehmen, soll den Stempel „jung, frisch, gut“ tragen.

Wie wird ein solches „Papier“ mit dem Fachbegriff bezeichnet?

(1) Unternehmens-Identität oder „Corporate Identity“

(2) Unternehmens-Verhaltensweise oder „Corporate Behaviour“

(3) Unternehmens-Erscheinungsbild oder „Corporate Design“

(4) Unternehmens-Kommunikation oder „Corporate Communication“

(5) Unternehmens-Leitbild oder „Mission statement“

8.4 Marketingkonzept

1 Was bedeutet der Begriff Marketing?

- Der englische Begriff Marketing steht für „in den Markt hineingehen“. Dabei stehen die Wünsche der Gäste im Mittelpunkt aller Überlegungen und Aktivitäten.

---

2 Nennen Sie vier Einzelziele des Marketings.

- Die Wünsche/Bedürfnisse der Gäste und das eigene Angebot in Einklang bringen.
- Die Nachfrage der Gäste mit Hilfe geeigneter Maßnahmen ausbauen.
- Das eigene Unternehmen mit Hilfe von Besonderheiten, einzigartigem Angebot oder Leistungen von der Konkurrenz absetzen.
- Den ökonomischen Erfolg mit Hilfe von flexiblen und kreativen Maßnahmen steigern.

3 Wenn ein Gastronom sein Unternehmen „vom Markt her führen“ will, muss er zunächst ein Marketing-Konzept erstellen.
In welcher Reihenfolge entsteht ein Marketing-Konzept?

- Marktforschung/Marktanalyse durchführen
- Marketing-Ziele bestimmen
- Marketing-Strategie entwickeln
- Marketing-Plan erstellen

4 Was versteht man unter Marktforschung/Marktanalyse?

- Marktforschung/Marktanalyse bezieht sich meist auf den Absatzmarkt, kann sich aber auch auf den Beschaffungsmarkt oder den Arbeitsmarkt beziehen.

  Als Grundlage dienen eigene Befragungen oder in Auftrag gegebene Analysen, auch über die Mitbewerber auf dem Markt.

  Ziel der Marktforschung ist letztendlich, das betriebliche Produkt/die Leistungen mit den Wünschen und Gewohnheiten der Gäste in Einklang zu bringen.

5 **Als Grundlage für die Marketing-Planung werden qualitative und quantitative Marketing-Ziele formuliert.**

Geben Sie je drei Beispiele aus der Hotellerie.

- **Qualitative Marketing-Ziele:**

  Den Ruf des Hauses/das Image verbessern.

  Das äußere Erscheinungsbild des Hauses dem Trend der Zeit anpassen.

  Das Angebot des Hauses auf die Erfordernisse eines First-Class-Hotels abstimmen.

- **Quantitative Marketing-Ziele:**

  Die Restaurantauslastung um 10 % erhöhen.

  Den Flaschenweinanteil am Getränkeumsatz um 8 % steigern.

  Die Zimmerauslastung um 12 % anheben.

---

6 **Was versteht man unter Marketing-Strategie?**

- Marketing-Strategien enthalten Vorgaben, in welche Richtung sich das Unternehmen entwickeln soll. Sie stellen die „Leitplanke" für den zukünftigen Weg dar. Es wird festgelegt und vorgegeben,
  - welche **Ziele**
  - in welchem **Umfang** und
  - in welchem **Zeitraum**

  zu erreichen sind.

---

7 **Was wird im Marketing-Plan festgelegt?**

- Im Marketing-Plan werden die **einzelnen Maßnahmen** festgelegt, die zur Umsetzung der Marketing-Strategie ergriffen werden sollen. Der Marketing-Plan stellt den Prozess, das „Beförderungsmittel" dar. Die Palette von Maßnahmen könnte beispielsweise von Anzeigen in Zeitungen/Zeitschriften über die Festlegung neuer Zimmerpreise bis hin zur Einführung einer Mittagskarte im Restaurant reichen.

---

8 **Welche Kenntnisse sind Voraussetzung für einen guten Marketing-Plan?**

- Genaue Kenntnisse des **Markts** und der verfügbaren **Marketing-Instrumente** sind Voraussetzung hierfür.

  Die Marketing-Instrumente sollen in einem ausgewogenen Verhältnis gemischt eingesetzt werden.

9 **Nennen Sie die kommunikativen Marketing-Instrumente.**

- **Service** (die Dienstleistung, **Gästebetreuung**)
- **Verkauf** (z. B. durch den Hotelverkäufer)
- **Werbung**
- **Verkaufsförderung**
- **Öffentlichkeitsarbeit**

---

10 **Was wird als Marketing-Mix bezeichnet?**

- Das Zusammenspiel und der flexible Einsatz der verschiedenen Marketing-Instrumente, ganz nach Notwendigkeit.

---

11 **Wie wird der Erfolg der einzelnen Marketing-Maßnahmen kontrolliert?**

- Die vorgegebenen Ziele, das **Soll,** wird mit dem Erreichten, dem **Ist**, verglichen.

---

12 **Aus welchen „Bausteinen" wird ein Marketing-Konzept erstellt?**

- Aus den **Marketing-Zielen,** als die übergeordnete „Philosophie"
- Aus den **Marketing-Strategien,** als „Leitplanke" für den zukünftigen Weg
- Aus dem **Marketing-Mix,** als Prozess oder „Beförderungsmittel", mit den jeweiligen Umsetzungsmaßnahmen

8.5 Kommunikation mit dem Markt – Kommunikationsinstrumente

Verkaufsförderung, Öffentlichkeitsarbeit und Werbung

1 **Nennen Sie die drei Kommunikations-Instrumente in Deutsch und Englisch.**

- Verkaufsförderung (sales promotion)
- Öffentlichkeitsarbeit (public relations)
- Werbung (advertising oder publicity)

2 Welche Ziele werden mit dem Einsatz der Kommunikations-Instrumente Verkaufsförderung, Öffentlichkeitsarbeit und Werbung jeweils verfolgt?

- **Verkaufsförderung** hat das Ziel, den Verkauf anzuregen und den Absatz zu erweitern.
- **Öffentlichkeitsarbeit** zielt darauf ab, das Bild (Image) eines Betriebes in der Öffentlichkeit positiv darzustellen und den guten Ruf zu festigen. Ferner soll der Bekanntheitsgrad gesteigert werden, Sympathie und Vertrauen sollen erzeugt werden.
- **Werbung** hat das Ziel, Bedürfnisse zu wecken, neue Gäste/Kunden zu gewinnen, das Produkt bei den vorhandenen Gästen/Kunden in Erinnerung zu rufen, Informationen über Produkteigenschaften, Verwendungsmöglichkeiten und Kaufmöglichkeiten zu geben und Vertrauen zu bilden.

---

3 Weil das Standardangebot allein häufig nicht mehr ausreicht, eine Gästebindung aufrecht zu erhalten, werden spezielle Verkaufsförderungsmaßnahmen im Hause („In-house-promotion") durchgefürt.

Nennen Sie fünf Beispiele für verkaufsfördernde Produkt-Präsentation im Restaurant.

- Schautisch mit besonderen Weinen
- Ausstellung/Displays von Speisen (Vorspeisen, Salate, Desserts)
- Brunchbüfett
- Filetieren, Tranchieren und Flambieren am Tisch des Gastes
- Einsatz von Aperitif- und Digestif-Wagen

---

4 Nennen Sie drei Beispiele für Sales-Promotion/Pull-Maßnahmen.

- Gutscheine mit Preisnachlässen
- Werbebriefe mit Sonderpauschalen an Freunde des Hauses
- Preisausschreiben

---

5 Welche Merkmale kennzeichnen Merchandising/Push-Maßnahmen?

Nennen Sie drei Beispiele.

- Zeigen und Vorstellen neuer Produkte/Gerichte
- Anbieten von Kostproben, z. B. als „amuse gueule" oder als Probierausschank
- Hinweise in den Speisekarten auf korrespondierende Weine, z. B.: „Unsere Weinempfehlung zu diesem Gericht lautet: …"

6 Wesentlich für die Verbesserung des Absatzes ist das so genannte absatzpolitische Instrumentarium.

Mit welchen Instrumenten wird versucht, den Verkauf zu fördern?

- Mit Hilfe der **Absatzmethode** (Vertriebssystem, Absatzwege)
- Mit Hilfe der **Produkt- und Sortimentsgestaltung** (Art, Umfang und Präsentation aller Leistungen eines Gastronomiebetriebs)
- Mit Hilfe der **Werbung**
- Mit Hilfe der **Preispolitik**

---

7 Was versteht man unter Preispolitik?

- Das sind alle Maßnahmen, die ein Unternehmen ergreift, um mittels der Preise den Absatz zu steigern, den Umsatz zu erhöhen und den Gewinn zu verbessern.

---

8 Welche Mittel werden bei der Durchführung von Öffentlichkeitsarbeit eingesetzt?

- **Pressearbeit und Medienpflege,** z.B. Pressemitteilungen, Pressemappen, Pressekonferenzen
- **PR-Aktionen,** z.B. Repräsentation und Sponsoring bei öffentlichen Veranstaltungen, Betriebsbesichtigungen, „Tag der offenen Tür“
- **Gästebetreuung,** z.B. Aktionen zur Gästeunterhaltung, Hilfe bei anstehenden Problemen, optimales Reklamations-Management
- **Innerbetriebliches Informationswesen,** z.B. Auswertung der Gästekartei für Geburtstags-Gratulationen, Hauszeitung für Hotelgäste
- **Öffenlichkeitswirksame Eigenveranstaltungen** zur Imagewerbung, z.B. gastronomische Aktionswoche, Kunstausstellung mit Prominenz und Medienvertretern, TV-Übertragung einer Talkshow aus dem Hotel
- **Auswertung der eingesetzten Mittel** im Hinblick auf die erreichte Effizienz

---

9 Welche zwei Vorteile sprechen für das Instrument Öffentlichkeitsarbeit?

- Mit diesem Instrument kann sich der einzelne Gastronomiebetrieb leichter von Mitbewerbern auf dem Markt unterscheiden.
- Die hierfür eingesetzten Mittel wirken oftmals wesentlich effizienter als Werbung, die teuer bezahlt werden muss.

10 Erklären Sie den Begriff Sponsoring als PR-Maßnahme.

- Unter Sponsoring versteht man die Förderung von Personen und/oder Organisationen durch die Bereitstellung von Geld- und Sachmitteln.

---

11 Nennen Sie vier Gründe, warum manche Hotelbetriebe Sponsoring als PR-Maßnahme betreiben.

- Um den **Bekanntheitsgrad** des Hotels zu steigern
- Um **Kontakte zu bestimmten Zielgruppen** zu bekommen oder aufrecht zu erhalten
- Um das **Unternehmens-Image** mit Hilfe der gesponserten Person oder Organisation zu festigen und aufzuwerten
- Der Nutzen eines Sponsors wird häufig durch **Medien-Berichterstattung** über den Gesponserten erheblich gesteigert („Multiplikationseffekt").

---

12 Nennen Sie fünf Arten von Sponsoring als PR-Maßnahme.

- **Kultur-Sponsoring:** Hotel wirbt im Kunstausstellungs-Prospekt, Hotellogo auf den Eintrittskarten zu kulturellen Veranstaltungen, Film, Theater.
- **Sport-Sponsoring:** Hotels unterstützen Sportveranstaltungen, Sportvereine, Sporttalente.
- **Sozial-Sponsoring:** Hotels unterstützen karitative Einrichtungen, wissenschaftliche Institute, Bildungseinrichtungen.
- **Umwelt-Sponsoring:** Hotels unterstützen ökologische Aktionen, Stiftungen und Verbände.
- **Programm-Sponsoring:** Hotelkonzern übernimmt ein Sendepatronat, Hotel stellt Räume für Dreharbeiten zur Verfügung und erhält das Recht für seine Produkt-Platzierung.

---

13 Werbemittel wirken auf die Sinneseindrücke der Umworbenen und verkörpern die gedankliche Werbebotschaft. Mit welchen Werbemitteln wird in der Hotellerie geworben?

- Mit dem **geschriebenen Wort**, z.B.: Werbebriefe/Mailings, Werbeplakate, Anzeigentexte
- Mit dem **gesprochenen Wort**, z.B.: Radiowerbung, Werbedurchsagen, Werbevorträge
- Mit **Bildern, Grafik und Zeichen**, beispielsweise in Hotelprospekten, Hotelverzeichnissen, Zeitungsanzeigen, Video Clips, Werbefilmen, Werbefernseh-Sendungen und auf leuchtenden Werbeflächen („City Light")
- Mit **Zugaben/Werbegeschenken**, z.B.: Gästeseife, Duschgel, Nähetui, Werbezündhölzer, Werbekugelschreiber, Überlassung von Clubkarten für Stammgäste

14 Werbeträger sollen als Werbemedia die Werbebotschaft an die umworbenen Gäste transportieren. Nennen Sie drei Beispiele für Werbeträger.

- Das Medium Zeitung (= Werbeträger) zeigt die Anzeigenwerbung (= Werbemittel) eines Hotels.
- Das Medium Fernsehen (= Werbeträger) zeigt den Werbespot (= Werbemittel) eines Hotels.
- Ein Gegenstand, z.B. Formel-I-Rennwagen (= Werbeträger), trägt den Schriftzug und Werbeslogan (= Werbemittel) eines Hotelkonzerns.

---

15 Bei der Planung und Durchführung erfolgreicher Werbung sollen sieben Werbeprinzipien angewendet werden. Nennen Sie diese.

Das Prinzip der …

- Zielklarheit
- Wirtschaftlichkeit
- Wirksamkeit
- Wahrheit und Ehrlichkeit
- Einheitlichkeit
- Modernität und Aktualität
- Originalität

---

16 Erklären Sie das Werbeprinzip der Zielklarheit.

- Die **Zielklarheit,** d.h. der Werbezweck, ist eindeutig und einheitlich anzustreben.

---

17 Was besagt das Werbeprinzip der Wirtschaftlichkeit?

- Die **Wirtschaftlichkeit,** d.h. der Werbeaufwand und der Werbeertrag, müssen im sinnvollen Verhältnis stehen.

---

18 Was verlangt das Werbeprinzip der Wirksamkeit?

- Die **Wirksamkeit** muss optimiert werden, d.h. die Zielgruppe soll bestmöglich zum Kauf/zur Bestellung angeregt werden.

---

19 Erklären Sie das Werbeprinzip der Wahrheit und Ehrlichkeit.

- Die Grundsätze von **Wahrheit und Ehrlichkeit** müssen befolgt werden, d.h. die Werbung muss eindeutig informieren und darf nicht täuschen oder irreführen.

---

20 Was verlangt das Werbeprinzip der Einheitlichkeit?

- Die **Einheitlichkeit** muss erreicht werden, indem man die verschiedenen Einzelmaßnahmen auf die Werbekonzeption hin abstimmt (Unternehmens-Erscheinungsbild: z.B. Firmen-Schriftzug, Schriftart, Farben).

21 Welche Ziele sind laut Werbegrundsatz der Modernität und Aktualität zu berücksichtigen?

- Durch **Modernität und Aktualität** soll zeitgemäß geworben werden, Zeitgeist und Trends sind zu berücksichtigen.

---

22 Erklären Sie das Werbeprinzip der Originalität.

- Durch **Originalität** soll sich die Werbung von der Masse abheben. Besonderheiten eines Hotels sollen hervorgehoben und betont werden.

---

23 Welche Arten von Werbung unterscheidet man nach der Anzahl der Werbenden?

- **Alleinwerbung** wird immer von einem Werbenden, z.B. dem Hotelier durchgeführt.
- **Sammelwerbung** wird von mehreren Werbenden gemeinsam durchgeführt, wobei jeder Werbende namentlich erwähnt wird.
  Beispiel:
  Am Ortseingang werben die Hotels mit je einem Hinweisschild gemeinsam auf einer Werbetafel.
- **Gemeinschaftswerbung** ist eine Werbeart, bei der der Einzelne nicht mehr erwähnt wird. Dafür wird allgemein für eine bestimmte Gruppe, Branche, ein allgemeines Produkt oder z.B. eine Urlaubsregion geworben.
  Beispiele:
  „Zum Wohl. Die Pfalz“, „Niederösterreich… das weite Land“

---

24 Nach der Zahl der Umworbenen wird zwischen Einzel- und Massenwerbung unterschieden. Erklären Sie beide Begriffe.

- Bei der **Einzelwerbung** richtet sich die Maßnahme an den Einzelnen Umworbenen, z.B. Geburtstagsgrüße an einen Stammgast.
- Die **Massenwerbung** richtet sich entweder an eine bestimmte Gruppe von Umworbenen, wie z.B. Familien, Berufsgruppen, Kegler, Reiter, oder gestreut an die Allgemeinheit, wie z.B. bei der Kino-, Rundfunk-, oder Fernsehwerbung.

---

25 Nach dem Ort, an dem die Werbung erscheint, wird zwischen Außenwerbung und Innenwerbung unterschieden. Nennen Sie mindestens vier branchenübliche Beispiele für Außenwerbung.

- Zeitungsanzeigen und Werbeinserate in Zeitschriften
- Leuchtreklame mit dem Schriftzug und Firmenlogo (z.B. Wirtshausschild)
- Versand von Hotelprospekten an eine Gästezielgruppe
- Attraktiv gestalteter Schaukasten vor dem Hotel, mit dem vorgeschriebenen Speise- und Getränkekarten-Aushang
- Homepage des Hotelbetriebs im Internet

26 **Geben Sie mindestens vier branchenübliche Beispiele für Innenwerbung.**

- **Werbeplakate** und Farbaufnahmen im Gästeaufzug regen zum Besuch, z. B. der Hotelbar, der Hoteldiskothek oder des Frisörsalons im Hotel an.
- **Tischaufsteller** im Restaurant empfehlen eine Spezialität, z. B. den „Aperitif des Tages", den „Cocktail der Woche", den „Wein des Monats".
- **Verkaufsgeschulte Servicemitarbeiter** beraten, bedienen und betreuen ihre Gäste immer freundlich, einfühlsam und kompetent.
- **Empfangsgetränk**, Blumengruß und Begrüßungskarte bei Gästeanreise.
- **Abschiedsgeschenk** mit Werbeaufdruck und Hotellogo (z. B. Werbefeuerzeug), wird dem Gast beim Bezahlen der Hotelrechnung überreicht.

---

27 **Um Werbemittel erfolgreich zu gestalten, sollen die in der AIDA-Formel angesprochenen Stufen beachtet werden.**

Erklären Sie die vier Stufen der AIDA-Formel.

- **A** = Attention: Das Werbemittel soll Aufmerksamkeit erregen.
- **I** = Interest: Das Interesse soll wachgerufen werden.
- **D** = Desire: Der Besitzwunsch soll untermauert werden.
- **A** = Action: Die Bestellung soll leicht gemacht werden und erfolgen.

---

28 **Bevor mit Werbung begonnen werden kann, ist eine sorgfältige Untersuchung/Analyse erforderlich.**

Nennen Sie vier Teile, die diese Untersuchung beinhaltet.

- Die **Analyse des Streugebiets** untersucht, welche Region/welches Gebiet angesprochen werden soll.
- Die **Analyse des Streukreises** untersucht, welcher Personenkreis erreicht werden soll.
- Die **Analyse der Streuzeit** untersucht, welche Zeit die günstigste für die Werbeschaltung ist.
- Die **Analyse des Streuwegs** untersucht, welcher Weg der günstigste für die Werbemaßnahme ist.

29 Werbung wird auch nach den Werbezielen eingeteilt. Unterscheiden Sie die Werbung nach Werbezielen und erklären Sie.

- Bei **Einführungswerbung** soll der Bekanntheitsgrad für ein neues Produkt gesteigert werden.
- Bei **Expansionswerbung** sollen Umsatz und Marktanteil vergrößert werden.
- Bei **Erinnerungswerbung** soll der Gast an bereits Bekanntes erinnert werden.

---

30 Erklären Sie den Unterschied zwischen informativer Werbung und Suggestiv-Werbung. Welche unterschiedlichen Werbestile werden hierbei eingesetzt?

- Bei **informativer Werbung** werden die objektiven Eigenschaften eines Produkts/einer angebotenen Leistung sachlich hervorgehoben.
- Bei **Suggestiv-Werbung** werden vorwiegend gefühlsmäßig bestimmte Bedürfnisse angesprochen, z.B. „Erholung für Körper und Geist", oder „Wellness – das Konzept zum Sich-Wohlfühlen".

---

31 Wie kann der wirtschaftliche/ökonomische Erfolg einer Werbemaßnahme gemessen werden?

- Indem man die werbebedingte Umsatzsteigerung und die werbebedingten Kosten feststellt.

  Die Differenz zwischen den beiden Zahlen ergibt den werbebedingten Gewinn (bzw. Verlust) und wird als ökonomischer Erfolg bezeichnet.

32 Welche Werbung ist nach dem „Gesetz gegen den unlauteren Wettbewerb – UWG" nicht verboten?

(1) Die Werbung beinhaltet wissentlich unwahre Angaben.

(2) Die Werbung beinhaltet zur Irreführung geeignete Angaben.

(3) Die Werbung enthält Handlungen, die gegen die guten Sitten verstoßen.

(4) Die Werbung enthält Angaben über Herkunft, Haltbarkeit, Menge oder Gewicht, die den Tatsachen entsprechen.

(5) Die Werbung enthält Aussagen, die geeignet sind, den Betrieb des Geschäfts eines anderen zu schädigen.

33 Ein Hotel wirbt mit folgendem Werbetext in einer Zeitungsanzeige:

„… Wir, vom Hotel Kirchenwirt, bieten schon seit Jahren den optimalen Gästeservice, den unser Mitbewerber Hotel Krone bisher nie erreichen konnte. Deshalb werden wir im Allgemeinen als „Bestes Haus am Platz“ eingestuft. …“

Warum ist diese Art von Werbung verboten, im Sinne des Gesetzes gegen den unlauteren Wettbewerb – UWG?

1. Weil sie Aussagen enthält, die obszön sind und die gegen die guten Sitten verstoßen.
2. Weil sie Aussagen enthält, die zur Irreführung geeignet sind.
3. Weil sie Aussagen enthält, die den Betrieb des Geschäfts eines anderen (Mitbewerberhotel) schädigen.
4. Weil sie Aussagen enthält, die den Ruf des Inhabers des Mitbewerberhotels anschwärzen.
5. Weil sie Aussagen enthält, die die Glaubwürdigkeit des Inhabers des Mitbewerberhotels schädigen.

34 Ein Hotelier wirbt für sein Haus, indem er regelmäßig Werbeanzeigen in einer Fachzeitung für Zahnärzte schaltet. Um welche Art von Werbung handelt es sich dabei?

1. Es handelt sich um Gemeinschaftswerbung, da alle Zahnärzte gemeinschaftlich angesprochen werden.
2. Es handelt sich um Einzelwerbung, da sich die Anzeige nur an eine bestimmte Person richtet.
3. Es handelt sich um Sammelwerbung, da die Anzeige von mehreren Werbenden vereinbart wurde, um gemeinsam zu werben.
4. Es handelt sich um Massenwerbung, da sich die Anzeige an viele Vertreter einer bestimmten Berufsgruppe richtet.
5. Es handelt sich um innere Werbung, da die Annonce nur von der Berufsgruppe der Zahnärzte gelesen wird.

35 Ein Hotelkonzern eröffnet einen Hotelneubau an einem neuen Standort. Mit Hilfe einer Werbekampagne soll das Haus auf dem regionalen Markt bekannt gemacht werden. Welches Werbeziel wird hierbei vorrangig verfolgt?

1. Es handelt sich um Erinnerungswerbung für den Hotelkonzern, denn diesen gibt es schon länger.
2. Es handelt sich um Expansionswerbung für das neue Hotel, denn es sollen Umsatz und Marktanteil erhöht werden.
3. Es handelt sich um Einführungswerbung, denn das Konzernhotel soll sich am neuen Standort schnell einen Namen erwerben.
4. Es handelt sich um Suggestiv-Werbung, da das Hotel neu ist.
5. Es handelt sich um informative Werbung, da das Hotel neu ist.

Handlungsorientierte Aufgaben

Als Mitarbeiter/in der Marketingabteilung erhalten Sie den Auftrag, die Außen- und Innenwerbung für die geplante „Spargel- und Wein-Woche" zu organisieren.

Sie sollen als Zielgruppe Gäste der näheren Umgebung (30 km Radius) ansprechen.

Über die Aktionswoche soll in der örtlichen Presse berichtet werden.

36 Durch welche Werbemaßnahme werden Sie die Zielgruppe voraussichtlich am besten erreichen?

1. Durch Dia-Werbung in den Kinos der Umgebung
2. Durch Bandenwerbung im lokalen Fußballstadion
3. Durch eine Mitteilung im kirchlichen Nachrichtenblatt
4. Durch Anzeigenwerbung in der Regionalzeitung
5. Durch Rundfunkwerbung im Sender des Bundeslandes

37 Welchen Fehler haben Sie begangen, als Sie diese Werbeanzeige für die Regionalpresse entworfen haben?

> **Hotel Arberblick Viechtach**
> Flurstraße 14 · 94234 Viechtach
>
> Wir laden Sie ein, zu unserer
> **„Spargel- und Wein-Woche"**
> von Samstag, 26. Mai, bis Samstag, 2. Juni 20…
>
> Genießen Sie unseren täglich frischen
> Abensberger Stangenspargel à la carte
> in zahlreichen Variationen,
> kombiniert mit Spitzen-Frankenweinen
> unseres Hauswinzers Rudolf Fürst, Bürgstadt, Franken
>
> **Tischreservierungen erbeten**

1. Sie haben den Namen des Betriebsinhabers nicht genannt.
2. Sie haben die Fax-Nummer des Betriebs nicht angegeben.
3. Sie haben die Zeitdauer der Aktionswoche nicht erwähnt.
4. Sie haben den Namen des Küchenchefs nicht aufgeführt.
5. Sie haben die Nennung der Telefonnummer vergessen.

38 **Zum Auftakt Ihrer Aktion hat die Abensberger Spargelkönigin ihr Kommen zugesagt und auch Ihr Hauswinzer wird seine Weine vorstellen.**

Bei welcher Maßnahme ist die Wahrscheinlichkeit am größten, dass die regionalen Medien über die Aktionswoche berichten werden?

1. Sie versenden eine Presseinformation über die Aktionswoche an die regionalen Medien, mit einem Foto Ihres Küchenchefs beim Spargelschälen.
2. Sie versenden eine Presseinformation über die Aktionswoche an die regionalen Medien, mit einem Foto Ihres Restaurants.
3. Sie versenden Einladungen an den Kreisvorsitzenden des Gaststättenverbandes, an die IHK und an die Gewerkschaft NGG.
4. Sie versenden persönliche Einladungen zum Eröffnungsabend, Presseinformation und Aktionskarte an die Journalisten der regionalen Medien.
5. Sie versenden Werbebriefe an Ihren Landrat, den Bürgermeister und die Stadträte und laden sie zum Eröffnungsabend ein.

39 **Auf Grund des sehr guten Aktionserfolges beschließt Ihre Geschäftsführung am letzten Aktionstag, die Spargel- und Wein-Woche zu verlängern.**
Sie erhalten den Auftrag, schnelle begleitende Werbemaßnahmen einzuleiten.

Welches Maßnahmenpaket entspricht den Anforderungen?

1. Werbedurchsagen im lokalen Radiosender und Anzeigen für die nächsten Ausgaben der regionalen Tageszeitung
2. Werbeanzeige in der IHK-Monatszeitschrift für den Kammerbezirk und im wöchentlichen Anzeigenblatt der Region
3. Werbeanzeige im wöchentlichen Mitteilungsblatt der Stadtverwaltung und in der Jubiläumsfestschrift der Städtischen Feuerwehr
4. Plakatwerbung bei Lieferanten und Hausbank, sowie Flugblatt-Verteilung vor dem Fußballstadion
5. Neugestaltung der Kinowerbung – nach Absprache mit der Werbeagentur – und Infoblatt am Restauranteingang

9 Beratung und Verkauf im Restaurant

9.1 Kaufmotive

1 **Der Motivationsforscher Maslow gewann die Erkenntnis, dass menschliche Motive (Beweggründe) nicht gleichrangig sind, sondern in unterschiedlichen Dringlichkeitsstufen in Erscheinung treten.**

Nennen Sie in aufsteigender Reihenfolge die fünf Stufen seines Modells der Bedürfnispyramide.

Stufe 1:
- **Grundbedürfnisse**, z.B. Hunger, Durst, Ruhe, Bewegung, Schlaf

Stufe 2:
- **Sicherheits- und Schutzbedürfnisse**, z.B. Wunsch nach persönlicher Sicherheit, Schutz von Besitz und Eigentum

Stufe 3:
- **Soziale Bedürfnisse**, z.B. Wunsch nach Gruppenzugehörigkeit, sozialer Anerkennung, Leistungsbestätigung durch Gruppen, Freunde

Stufe 4:
- **Differenzierungsbedürfnisse**, z.B. Wunsch nach Status, Stärke, Achtung, Einfluss, Kompetenz, Abgrenzung zu anderen

Stufe 5:
- **Kreativitätsbedürfnisse**, z.B. Streben nach Eigenverwirklichung, Entfaltung individueller Fähigkeiten, Umsetzung des eigenen Leistungsvermögens

---

2 **Inwiefern können die Sicherheits- und Schutzbedürfnisse der Gäste in der Hotellerie berücksichtigt werden?**

Nennen Sie vier Beispiele.

- Brandschutzanlagen, Feuermelder und Feuerlöscher im gesamten Hotel
- Strikte Einhaltung der Vorschriften der Lebensmittel-Hygiene-VO
- Funktionierende Schließsysteme, Zimmersafes
- Bewachte Garderobe im Restaurant- und Bankett-Bereich

---

3 **Geben Sie drei Beispiele, inwiefern soziale Bedürfnisse der Gäste in der Gastronomie zu beachten sind.**

- Gäste suchen oftmals Kontakt zu Gleichgesinnten, möchten sich mit anderen unterhalten.
- Gäste wollen freundlich angesprochen und behandelt werden, suchen Anerkennung.
- Gäste möchten sich mitteilen, Erlebtes besprechen.

4 Die Differenzierungsbedürfnisse mancher Mitbürger können sich auch im Gastgewerbe darstellen. Nennen Sie drei Beispiele.

- Ein Gast reklamiert z. B. die Qualität eines Weines – wegen eines nicht gerechtfertigten Grundes – nur um anderen zu imponieren.
- Ein Gast bestellt das Teuerste, um seinen Status aufzubauen.
- Ein Gast gibt sich als „Fachmann" aus, um kompetent zu wirken.

9.2 Qualität im Service

1 Nennen Sie vier typische Schwachstellen, die im Service vorkommen und zu Reklamationen führen können.

- **Unfreundlichkeit**

  Unfreundliche Mitarbeiter erzeugen eine schlechte Atmosphäre beim Gast.

- **Unkonzentriertheit**

  Unkonzentrierte Mitarbeiter vergessen und verwechseln Bestellungen und begehen die meisten Fehler.

- **Mangelnde Informiertheit**

  Nicht informierte Mitarbeiter können kaum auf den Gast eingehen, sie gelten schnell als inkompetent.

- **Mangelnde Identifikation**

  Mitarbeiter, die sich nicht mit den Zielen des Hauses identifizieren, sehen den Sinn ihrer Arbeit nicht, vernachlässigen die Qualität und wirken negativ auf die Atmosphäre im Restaurant.

2 Nennen Sie vier positive Eigenschaften von Service-Mitarbeitern, die wesentlich dazu beitragen, den Restaurantbesuch des Gastes zu einem Qualitätserlebnis werden zu lassen.

- Freundlichkeit
- Einfühlungsvermögen
- Hilfsbereitschaft
- Fachkompetenz

9.3 Umgang mit Gästen

1 Sie bedienen in Ihrer Station eine Familie mit Kleinkindern. Mit welchen Maßnahmen können Sie dazu beitragen, dass der Restaurantbesuch nicht nur den Eltern in positiver Erinnerung bleibt? Nennen Sie mindestens fünf Maßnahmen.

- Kindergerechte Sitzgelegenheiten anbieten
- Spezielle Kinderkarten bringen
- Kinderbestecke eindecken
- Getränke mit/in standfesten kleinen Bechergläsern servieren
- Kinder vorrangig bedienen, um Unruhe am Tisch zu vermeiden
- Bei spontan von Kindern geäußerten Bestellwünschen den Blickkontakt auch zu den Eltern suchen, um deren Zustimmung einzuholen
- Wartezeiten mit Buntstiften und Malblöcken überbrücken

2 Was ist bei behinderten Gästen besonders zu beachten?

- Mit Freundlichkeit und viel Taktgefühl auf den Gast eingehen
- Herausfinden, ob und in welchem Umfang eine Hilfestellung erwünscht ist
- Sich in den Gast hineindenken, um mögliche Probleme schon vorab zu erkennen und zu vermeiden

3 Was ist beim Bedienen ausländischer Gäste, die der deutschen Sprache nicht mächtig sind, zu berücksichtigen?

- Speise- und Getränkekarten in z.B. englischer oder französischer Sprache – soweit vorhanden – anbieten
- Die eigenen Fremdsprachenkenntnisse einsetzen oder sprachkundigen Kollegen hinzubitten
- Rücksicht und Toleranz gegenüber anderen Gewohnheiten und Verhaltensweisen praktizieren

4 Ein sichtlich angetrunkener Gast beginnt in Ihrer Station ausfällig zu werden. Wie sollten Sie sich verhalten?

- Den Vorfall gleich dem Vorgesetzten melden und um Hilfe bitten
- Dem Gast keine weiteren alkoholischen Getränke servieren
- Die Rechnung vorbereiten und versuchen, diese zu kassieren
- Gastkommentare nicht persönlich nehmen, sich nicht provozieren lassen
- Sich nach dem Vorfall bei den anderen Gästen für die entstandenen Unannehmlichkeiten entschuldigen

9.4 Verkauf im Restaurant

1 Oftmals erfolgen Tischreservierungen per Telefon.

Welche Angaben benötigen Sie unbedingt, um Missverständnisse und Überschneidungen zu vermeiden?

- Den vollständigen Namen, die Adresse und Telefonnummer des Gastes/des Bestellers
- Das Tagesdatum und die Uhrzeit, für wann die Bestellung gewünscht wurde
- Die Personenzahl, eventuell den Anlass (Firmung, Konfirmation, Geburtstag, Firmenjubiläumsfeier)

2 Welche Wünsche des Tischbestellers könnten – je nach Gesprächsverlauf – zusätzlich von Bedeutung sein?

- Der Kartenwunsch, ob Standardkarte oder Tagesmenüs
- Ob ein besonderer Tisch gewünscht wird, z. B. am Fenster oder im Raucher- oder Nichtraucher-Bereich
- Ob eine besondere Blumendekoration gewünscht wird
- Ob der Verzehr auf eine Gesamtrechnung gehen soll, oder ob jeder Gast selbst bezahlen wird

3 Welche Hilfsmittel und Unterlagen sollten bereit liegen, wenn man Tischreservierungen professionell annehmen möchte?

- Formblatt zur Reservierungsannahme
- Bleistift, Radiergummi, Kugelschreiber
- Notizblock
- Reservierungsbuch
- Veranstaltungsvorschau mit Aktionswochen
- Jahreskalender
- Speisekarte, Getränkekarte, Weinkarte
- Menüvorschläge mit Preisliste

4 Sie geben Gästen Empfehlungen.

Wie viele Alternativen sollten Sie dabei aufzählen?

- Es wird von den meisten Gästen als hilfreich empfunden, wenn man drei bis vier Alternativen anbietet.

  Sollten diese nicht den Vorstellungen entsprechen, so sollte man noch ein bis zwei Alternativen nachliefern können.

5 Man kann Gästen Empfehlungen geben und man kann Gäste beraten.

Worin unterscheiden sich diese Verkaufsaktivitäten?

- Die Empfehlung ist in der Regel für den „unvorbereiteten" Gast gedacht. Man empfiehlt z. B. bestimmte Tagesspezialitäten.
- Die Beratung zielt auf den Gast, der die Karte gelesen hat und die Empfehlungen schon kennt. Man berät den Gast z. B., welcher Wein oder welche Rebsorte mit der gewählten Speise harmoniert.

---

6 Es ist unangenehm, wenn man seine Gäste wiederholt fragen muss, wer denn dieses oder jenes bestellt habe.

Wie kann man das vermeiden?

- Eine Sitzplanskizze mit Tischnummer und den einzelnen Bestellungen, aus der Sicht der Servierrichtung am Tisch angefertigt, erspart die lästige Fragerei.

---

7 Nennen Sie sieben Sparten/Umsatzbereiche, die Sie durch aktives Verkaufen mit interessanten Zusatzumsätzen versehen können.

- Aperitifs anbieten, am besten mit Wagen zum Tisch fahren
- Vorspeisen empfehlen, wenn der Gast nur einen Hauptgang bestellt hat
- Suppen empfehlen, besonders wenn man merkt, dass es den Gast friert
- Auf das Salatbüfett mit Dressings zur Wahl hinweisen
- Käseauswahl vom Brett oder vom Wagen am Tisch anbieten
- Dessertkarten unaufgefordert zu den Gästen bringen
- Tasse Kaffee, Cappuccino und Espresso nach dem Essen anbieten
- Digestifs am besten mit dem Wagen zum Tisch fahren und anbieten

8 Was wird bei der Gastabrechnung unter einem Check-out-System verstanden?

(1) Ein besonderes Kreditkarten-System

(2) Das Bezahlen der Rechnung bei der Restaurantfachkraft am Tisch

(3) Ein Abrechnungs- und Kontrollsystem mit zentraler Kasse

(4) Das Bezahlen der Rechnung mit Kreditkarte

(5) Ein Sammelbegriff für alle Abrechnungs-Systeme

9 Bringen Sie die Vorgehensweise beim Präsentieren der Rechnung bis hin zur Verabschiedung in die richtige Reihenfolge.

Den Tisch verlassen und dem Gast Zeit geben, die Rechnung zu prüfen

Die Rechnung einfach falten und in eine Serviettentasche stecken

Zum Tisch gehen und um den Teller bitten

Der Gast legt Bargeld in die Serviettentasche

Dem Gast bei der Garderobe helfen, ihm für den Besuch danken

Die gewünschte Rechnung ausdrucken und kontrollieren

Im Office das Wechselgeld zur Rechnung geben

Die Rechnung auf einem Teller beim Besteller einsetzen

Den Gast am Restaurant-Ausgang freundlich verabschieden

Die Rechnung mit dem Wechselgeld beim Besteller einsetzen

9.5 Reklamationen

1 Beim gastfreundlichen Beschwerde-Management hat die Geschäftsführung verschiedene Instrumente ausgewählt, die je nach Situation eingesetzt oder angewendet werden können.

Nennen Sie sieben Beispiele von gastronomieüblichen Reaktionsinstrumenten.

- Abhilfe, z. B. den vergessenen Salat nachservieren
- Nachbesserung, z. B. das noch „blutige" Steak „medium" nachbraten
- Leistungstausch, z. B. ein Filetsteak an Stelle des reklamierten Rumpsteaks nachservieren
- Kleine Aufmerksamkeiten, z. B. Werbegeschenke überreichen
- Gutscheine, z. B. für Sonntags-Brunch überreichen
- Nichtberechnung des reklamierten Gerichts bzw. Erstattung des bereits bezahlten Preises
- Persönlicher Anruf des Chefs beim Gast
- Entschuldigungsschreiben der Direktion

2 Erklären Sie, warum im Zweifelsfall eine großzügige Reklamationsbehandlung einer kleinlichen vorzuziehen ist.

- Die Großzügigkeit kostet das Unternehmen weniger als ein unzufriedener Gast, der mit negativer „Mund-zu-Mund-Propaganda" andere Gäste abschrecken könnte und selbst nie wiederkäme.

3 **Mit welchen 10 Verhaltensregeln wird es gelingen, die schwierige Service-Situation bei Reklamationen „in den Griff“ zu bekommen?**

- Ruhig, sachlich und höflich bleiben, wenig sprechen
- Nicht mit dem Gast diskutieren
- Sich gleich entschuldigen
- Die Schuld nicht auf andere schieben
- Den Gast mit Respekt behandeln
- Sofort reagieren, für Abhilfe sorgen
- Den Vorgesetzten informieren
- Dem Gast für seine Hinweise danken
- Nachprüfen, ob der Fehler behoben wurde
- Die Verantwortung für die Reklamation übernehmen

4 **Welche Aufgabe erfüllt die F & B (Food and Beverage)-Abteilung in einem Hotelbetrieb?**

(1) Sie ist für das Marketing zuständig.

(2) Sie ist für die Ausstattung der Gästezimmer zuständig.

(3) Sie ist für das Nahrungsmittel- und Getränkesortiment zuständig.

(4) Sie ist für die Zimmerreservierung zuständig.

(5) Sie ist für die Einstellung von Reinigungskräften zuständig.

9.6 Rechtsvorschriften

1 **Wo ist vorgeschrieben, dass ein Preisverzeichnis neben dem Restaurant-Eingang auszuhängen ist?**

(1) In der Lebensmittelkennzeichnungs-Verordnung

(2) Im Gaststättengesetz

(3) In der Schankanlagen-Verordnung

(4) In der Preisangaben-Verordnung

(5) Im Gesetz gegen unlauteren Wettbewerb

2 **Hat ein Schankwirt bei Schäden gegenüber Gästen zu haften?**

- Grundsätzlich nicht. Der Schankwirt haftet nur für eigenes Verschulden und für das Verschulden seiner Mitarbeiter.

3 Muss ein Schank- oder Speisewirt für die Garderobe seiner Gäste haften?

- Er haftet nur dann, wenn ihm oder seinen Leuten ein schuldhaftes Handeln zugerechnet werden kann. Der Bewirtungsgast ist grundsätzlich für die Beaufsichtigung seiner Garderobe selbst zuständig.

4 Darf ein Schank- oder Speisewirt während der Sperrzeit Speisen oder Getränke servieren?

- Nein, während der Sperrzeit muss der Gaststättenbetrieb ruhen. In den Gasträumen dürfen sich dann grundsätzlich keine Gäste aufhalten.

10 Wirtschaftsdienst – Hausdamenabteilung

1 Die Hausdame eines modern geführten Hotels ist für sieben Hauptaufgaben zuständig. Nennen Sie diese Aufgaben.

- Mitarbeiterführung
- Mitarbeitereinsatz
- Gästebetreuung
- Reinigungs- und Wartungsverfahren
- Kontrollverfahren
- Leistungsverbesserung und Weiterentwicklung
- Langfristige Planung

---

2 Welche Verantwortungsbereiche zählen zur Mitarbeiterführung?

- Anwendung eines zeitgemäßen Führungsstils
- Motivation der Mitarbeiter
- Ausbildung, Training und Fortbildung der Mitarbeiter

---

3 Welche Aufgabenbereiche der Hausdame zählen zum Mitarbeitereinsatz?

- Das Erstellen von Dienstplänen und Urlaubsplänen
- Die Mitarbeitereinsatzplanung nach Geschäftsprognose
- Die Arbeitsüberwachung

---

4 Welche Tätigkeiten zählen zur Gästebetreuung durch die Hausdame? Geben Sie drei Beispiele.

- Erledigung von Sonderwünschen der Gäste
- VIP-Betreuung
- Reklamationsbehandlung

---

5 Welche Führungsaufgaben hat die Hausdame in Bezug auf die Reinigungs- und Wartungsverfahren im Hotel?

Sie ist zuständig für die Entwicklung und Festlegung von:

- Arbeitsabläufen, z. B. auf Checklisten
- Qualitäts- und Zeitstandards
- Leistungsmaßstäben

6 Worauf erstreckt sich die langfristige Planung im Hausdamenbereich?

- Auf die Wäsche- und Materialbestände
- Auf den Maschinen- und Geräteeinsatz
- Auf die Erstellung von Reinigungsplänen

---

7 Welche Kontrollverfahren helfen einer Hausdame, ihren Verantwortungsbereich zu organisieren?

- Entwicklung und Anwendung einer permanenten Zimmerzustandskartei
- Instandhaltungsmeldung
- Wäschebestandskontrolle
- Mobiliarkontrolle
- Materialverbrauch
- Bei Außer-Haus-Verträgen Kontrolle der festgelegten Standards
- Kontrolle und Verwaltung von liegen gebliebenen Sachen sowie Fundsachen

---

8 Welche Maßnahmen der Hausdame dienen der Leistungsverbesserung und Weiterentwicklung in ihrer Abteilung?

Die Umsetzung von Vorschlägen zur

- Produktivitäts-Steigerung und zur
- Arbeitsvereinfachung.

Die Festlegung der

- Arbeitsmethoden und der
- Leistungsstandards.

---

9 Erklären Sie, inwiefern die Hausdame mit ihrer Abteilung wesentlich zum Betriebserfolg beiträgt.

- Die Hausdame ist Managerin der Qualität in einer der wichtigsten Abteilungen eines Hotels.
- Sie hat eine Schlüsselstellung für das Wohlbefinden der Gäste.
- Sie trägt somit ganz wesentlich zum Betriebserfolg bei.

10 Die Hausdame ist auch für Kontrollen zuständig. Welche Kontrollaufgabe zählt jedoch normalerweise <u>nicht</u> zu ihrem Zuständigkeitsbereich?

1. Die Kontrolle des Wäschebestands
2. Die Kontrolle und Verwaltung liegengebliebener Sachen und Fundsachen
3. Die Kontrolle des Materialverbrauchs im Hausdamenbereich
4. Die Kontrolle des F & B-Wareneinsatzes
5. Die Kontrolle des Mobiliars

11 Ordnen Sie zu, indem Sie die eingerahmten Kennziffern von 4 der insgesamt 7 Tätigkeiten in die Kästchen bei den Abteilungen eintragen.

Tätigkeiten	*Abteilungen*
1 Organisation eines großen Hochzeitsessens	Empfang
2 Zubereitung kalter und warmer Gerichte	
3 Bestellung und Vorratshaltung von Waren	Haustechnik
4 Überwachung der sanitären Anlagen	
5 Betreuung der Gästezimmer	Bankettabteilung
6 Bestätigen von Zimmerreservierungen	
7 Servieren von Speisen und Getränken	Etage

10.1 Materialkundliche Grundlagen

1 Worin besteht der Unterschied zwischen Reinigen und Pflegen?

- Unter **Reinigen** versteht man vor allem das trockene und feuchte Entfernen von Schmutz.
- Bei der **Pflege** werden darüber hinaus Mittel angewendet, die reinigen und schützen und durch die bestimmte Oberflächen ein schöneres Aussehen erhalten.

2 Bei den Arten der Reinigungsmittel unterscheidet man zwischen „Lösungsmittelfreien Reinigungsmitteln" und „Lösungsmittelhaltigen Reinigungsmitteln". Nennen Sie vier Beispiele zu „Lösungsmittelfreien Reinigungsmitteln".

- **Ohne Scheuermittelanteil,** z.B. Schmierseife, Neutralseife, Grüne Seife, Spülmittel
- **Mit Scheuermittelanteil,** z.B. Scheuermilch, Schlämmkreide, Wiener Kalk, Bimsmehle, Marmormehle
- **Mit Anteil von synthetischen Tensiden,** z.B. Universalreiniger, Allzweckreiniger
- **Mit Desinfektionsmittelanteil** zum Abtöten von Mikroben

3 **Nennen Sie vier Beispiele zu „Lösungsmittelhaltigen Reinigungsmitteln".**

- **Spezialreiniger** zur Entfernung von stark fetthaltigem Schmutz
- **Aceton** (Nagellackentferner) zur Entfernung von Harz-, Lack-, Klebstoff- und Teerflecken
- **Fleckenwasser** zur Entfernung von Flecken jeglicher Art
- **Salmiak** zur Entfernung von Farbflecken

4 **Nennen Sie vier Faktoren/Bereiche, die bei der Auswahl von Reinigungs- bzw. Pflegemitteln zu klären sind.**

- Woraus besteht das zu behandelnde **Material** und wie ist die Oberflächen-Beschaffenheit?
- Um welche **Schmutzart** handelt es sich und wie stark ist die Verschmutzung?
- Welches ist das umweltfreundlichste **Reinigungsmittel**, das zur Schmutzentfernung verwendet werden könnte?
- Wie lauten die **Dosierungshinweise** und die Gebrauchsanleitungen?

5 **Phospate in Waschpulver und Spülmitteln belasten die Umwelt. Welche Auswirkungen haben sie?**

1. Sie beeinträchtigen im Regen die Assimilation (Fotosynthese).
2. Es entstehen Ablagerungen in den Ableitungen.
3. Es entstehen krebserregende Nitrosamine.
4. Sie überdüngen die Gewässer.
5. Es entstehen Schädigungen in der Atmosphäre durch frei werdendes Phosphor.

6 **Welche Funktion haben die in Waschmitteln enthaltenen Tenside?**

1. Sie wirken fleckentfernend durch Abgabe von Sauerstoff während des Waschvorgangs.
2. Sie verleihen durch ihren Gehalt an Parfümölen der Wäsche einen angenehmen Geruch.
3. Sie verringern die Oberflächenspannung des Wassers.
4. Sie bauen auf biologische Weise Eiweiß- und Stärkeverschmutzung ab.
5. Sie entkalken das Wasser und machen die Wäsche flauschig.

7 Nennen Sie drei biologisch leicht abbaubare Reinigungsmittel/bewährte Hausmittel?

- Schmierseife oder Neutralseife
- Verdünnte Essig- und/oder Zitronensäure
- Spiritus

---

8 Auf welche Reinigungsmittel-Arten sollte man aus Umwelt- und Gesundheitsgründen verzichten?

- Auf lösungsmittelhaltige Arten
- Auf Mittel mit Anteilen von Chlor, Phosphaten, Formaldehyden oder Sulfaten

9 Eine Kunststoffoberfläche weist leicht lösliche Verschmutzungen auf. Mit welchem Reinigungsmittel entfernt man diese fachgerecht?

1. Mit Salmiak
2. Mit Aceton
3. Mit Spülmittel
4. Mit Schlämmkreide
5. Mit Fleckenwasser

10 Sie sollen im Restaurant und im Eingangsbereich täglich die Holzmöbel reinigen. Wie gehen Sie fachlich richtig vor?

1. Sie reinigen die Möbel täglich mit einer Mischung aus warmem Wasser und Kunstharzen.
2. Sie reinigen die Möbel täglich mit einem trockenen weichen Tuch.
3. Sie reinigen die Möbel täglich mit einer Mischung aus warmem Wasser und Haushaltsreiniger.
4. Sie reinigen die Möbel täglich mit warmem Wasser.
5. Sie reinigen die Möbel täglich mit einer Mischung aus warmem Wasser und Alkohol.

11 Womit kann Nagellack aus einer weißen Leinendecke entfernt werden?

1. Mit Chlorbleichlauge
2. Durch mehrmaliges Kochen
3. Mit Aceton
4. Mit verdünnter Salzsäure
5. Mit Seifenspiritus

12 Welches Mittel ist für das Reinigen von Kunstleder geeignet?

(1) Feinwaschmittel

(2) Salmiakgeist

(3) Benzin

(4) Petroleum

(5) Spiritus

13 In einem Backofen sind stark fetthaltige, eingebrannte Rückstände zu beseitigen. Wie sind diese fachgerecht zu entfernen?

(1) Mit Schmierseife oder Neutralseife

(2) Mit Spezialreiniger

(3) Mit verdünnter, 3%-iger Zitronensäurelösung

(4) Mit Spülmittel

(5) Mit Spiritus

14 Welchen besonderen Vorteil bieten „Kombinierte Reinigungs- und Pflegemittel"?

- Die zu reinigende Oberfläche wird in **einem Arbeitsgang** gesäubert und gleichzeitig mit einem glänzenden und widerstandsfähigen Schutzfilm überzogen. Selbstglanz-Emulsionen bzw. Wischglanzmittel ersparen das Nachpolieren.

---

15 Nennen Sie je drei Beispiele für bestimmte Maschinen, Geräte und Arbeitsmittel, die zur Arbeitserleichterung im Hausdamenbereich beitragen können.

- **Maschinen:**
  Staubsauger, Teppich-Shampoonierer, Dampfstrahler
- **Geräte:**
  Etagenwagen, Feuchtwischgeräte, Fahreimer mit Presse
- **Arbeitsmittel:**
  Staubtücher, Scheuertücher, Vliesschwämme, Besen

---

16 Wie werden abwaschbare Tapeten gereinigt?

- Mit milder Reinigungslösung vorsichtig abwischen.
  Keine lösungsmittelhaltigen Mittel verwenden.

---

17 Schildern Sie die Reinigungs-/Pflegemaßnahme bei Verschmutzungen von nicht abwaschbaren Tapeten.

- Mit Besen bzw. Staubsauger vorsichtig abstauben bzw. absaugen.
- Weder Wasser noch Reinigungsmittel verwenden.

18 Wie sollte ein Parkettboden mit unbeschädigter Versiegelung gereinigt werden?

(1) Mit Allzweck- oder Neutralreiniger mäßig feucht wischen.

(2) Mit Bohnerwachs behandeln.

(3) Mit starker heißer Reinigungslösung nass wischen oder schrubben.

(4) Mit Stahlwolle-Pads nur die Absatzspuren abreiben.

(5) Mit milder Reinigungslösung nass wischen oder schrubben.

19 Wie sollte ein Boden mit Keramikfliesen gereinigt werden?

(1) Mit Schmierseife nur nebelfeucht wischen.

(2) Mit heißer, starker Reinigungslösung nass wischen oder schrubben.

(3) Mit kalter, milder Reinigungslösung feucht wischen und trockenreiben.

(4) Mit verdünnter Essigsäure die Kalkflecken lösen und nachpolieren.

(5) Mit verdünnter Zitronensäure die Kalkflecken lösen und nachpolieren.

20 Schildern Sie zwei Methoden zur Fleckentfernung auf Teppichböden.

- **Das Detachieren:**
  Mit einem Frottierlappen wird Feinwaschmittelschaum aufgetragen; dann reibt man den Fleck ab.
- **Die Pulver-Reinigung:**
  Das Reinigungspulver wird mit rotierenden Bürsten auf dem Teppichflor verteilt. Das Pulver nimmt den Schmutz auf und kann nach der empfohlenen Einwirkungszeit mit dem Staubsauger entfernt werden. Dabei lüftet man gründlich.

---

21 Schildern Sie die Arbeitsweise bei der Teppichgrundreinigung im Shampoonierverfahren.

- Der Shampooschaum wird mit Hilfe einer Shampooniermaschine in Bahnen aufgetragen und dabei eingebürstet.
- Nach dem Trocknen des Schaums wird der Teppichflor aufgebürstet und abgesaugt.
- Dabei wird der gelöste Schmutz entfernt.
- Die Shampoonier-Reinigung eignet sich bei kurzflorigen Teppichen mit feuchtigkeitsbeständigem Trägermaterial.

22 Schildern Sie die Arbeitsweise beim Sprühextraktions-Verfahren.

- Das Spezial-Reinigungsmittel wird mit Hilfe der Sprühextraktions-Maschine in Bahnen aufgetragen und löst den Schmutz aus dem Teppichboden.
- Die Lösung aus Reinigungsmittel und Schmutz wird aufgesaugt und in einen Tankbehälter geleitet.
- Die Entsorgung erfolgt über das Abwasser.
- Dieses Verfahren ist bei allen Florarten geeignet.

---

23 Welche vier Punkte sind vor der Grundreinigung von Teppichböden zu beachten?

- Die Grundreinigung sollte jährlich nur einmal durchgeführt werden, da der Teppich dabei strapaziert wird.
- Eine eventuell vorhandene Fußbodenheizung ist rechtzeitig auszuschalten.
- Der Teppichboden muss vorher gründlich gesaugt werden.
- Das Reinigungsmittel sollte auf die Verträglichkeit mit dieser Belagart ausprobiert worden sein.

24 Eigenschaften von Teppichen werden durch Symbole gekennzeichnet. Ordnen Sie dem Teppichboden-Symbol die entsprechende Erklärung zu.

1  „wohnbereichsgeeignet“

2  „arbeitsbereichsgeeignet“

3  „stuhlrollengeeignet“

4  „treppengeeignet“

5  „feuchtraumgeeignet“

6  „antistatischgeeignet“

7  „geeignet für Fußbodenheizung“

25 Aus welchen Teilen und Artikeln besteht ein Standard-Hotelbett?

- Bettgestell
- Matratzenunterbau oder Lattenrost
- Matratzenschoner, als Matratzen-Unterlage
- Matratze
- Unterbett, als Matratzen-Auflage
- Deckbett/Einziehdecke
- Kopf- und Nackenkissen
- Bettwäsche

---

26 Nennen Sie die gängigen Größen für Einbett-Matratzen.

- 0,90 m × 1,90 m
- 1,00 m × 2,00 m

---

27 Nennen Sie die gängigen Größen für Doppelbett-Matratzen und die dazugehörenden branchenüblichen Bettbezeichnungen.

- 1,30 m × 2,00 m – Twin size bed
- 1,50 m × 2,00 m – Queen size bed
- 1,60 m × 1,90 m – Französisches Bett
- 1,80 m/2,00 m × 2,00 m – King size bed
- 1,90 m × 2,00 m – Grand lit

---

28 Erklären Sie den Unterschied zwischen fest gelagerten und flexibel gelagerten Lattenrosten.

- Lattenroste mit fester Lagerung sind nicht höhenverstellbar. Die Federholzleisten sind auf einem Rahmen einzeln fest montiert.
- Bei flexibel gelagerten Lattenrosten sind die einzelnen Federleisten an den Enden mit beweglichen Trägerelementen gefasst. Diese Lattenroste sind am Kopf- und Fußende höhenverstellbar.

---

29 Welche vier Arten von Matratzen werden unterschieden?

- Schaumstoff-Matratzen
- Schaumstoff-Matratzen mit Federkern
- Federkern-Matratzen
- Taschen-Federkern-Matratzen

30 Warum sind Latex-Schaumstoff-Matratzen für Asthmatiker und bestimmte Allergiker am verträglichsten?

- Da Latexschaum eine keimabtötende Wirkung hat und weitgehend staubfrei ist, sind Latex-Matratzen besonders gut für Hausstaub- und Milben-Allergiker geeignet, ebenso für Asthmatiker.

---

31 Welche Matratzenart verfügt über eine hohe Punktelastizität und kann somit die Wirbelsäule und die Bandscheiben entlasten?

- Die Gruppe der Taschen-Federkern-Matratzen

---

32 Welche fünf Artikelgruppen zählen zur Bettwäsche?

- Unterbetten als Matratzen-Auflagen
- Bettlaken bzw. Betttücher oder Spannbetttücher
- Deckbettenbezüge
- Kissenbezüge
- Bettvorleger

**33 Eine bestimmte Art von Bettwäsche wird wie folgt beschrieben:
„Weißes, in sich gemustertes Baumwollgewebe mit glänzender Oberfläche."
Um welche Gewebeart handelt es sich?**

1. Um Drell
2. Um Damast
3. Um Nessel
4. Um Köper
5. Um Brokat

34 Was ist Mako-Damast?

1. Ein feinfädiges Leinengewebe
2. Ein grobgewebtes Tuch aus Baumwolle
3. Eine in Halbleinen hergestellte Stoffart
4. Ein hochwertiges, in verschiedenen Mustern gewebtes Leinentuch
5. Ein feiner, in Mustern gewebter, glänzender Baumwollstoff

35 Was ist mit „Ausrüstung“ bei Baumwoll-Bettwäsche gemeint?

- Die Wäsche wurde vom Hersteller vorbehandelt. Dabei wurde sie mit bestimmten Gebrauchseigenschaften oder einem bestimmten Aussehen „ausgerüstet“/versehen.

36 Ordnen Sie die Beschreibungen den entsprechenden Baumwollwäsche-Qualitäten zu.

(1) Biber
(2) Cretonne
(3) Frottee
(4) Linon
(5) Renforcé
(6) Mako-Satin
(7) Jersey

Mercerisierter Stoff ☐
Aufgerauter Stoff ☐
Gebleichter, leinwandbindiger Stoff ☐
Gewirkter, knitterarmer Stoff ☐

37 Was ist ein „Hotelverschluss“ bei Deckbetten- und Kopfkissen-Bezügen?

- Die Bezüge werden über die Deckbetten bzw. Kopfkissen gezogen. Hotelverschlüsse bestehen aus Stofftaschen für das Einstecken der Deckbetten bzw. der Kissenränder. Schnelles Beziehen, ohne lästiges und zeitraubendes Auf- und Zuknöpfen der Bezüge, wird somit ermöglicht.

38 Wie lauten die gängigsten Maße in cm für Deckbetten- und Kopfkissen-Bezüge?

- **Deckbetten-Bezüge:**

Normale Größen:	135 cm × 200 cm
	155 cm × 200 cm
Übergrößen:	135 cm × 220 cm
	155 cm × 220 cm
Franz. Betten:	200 cm × 200 cm

- **Kissen-Bezüge:**

	80 cm × 80 cm
	80 cm × 60 cm
	60 cm × 40 cm
	40 cm × 40 cm

39 Nennen Sie drei Gruppen von Füllungs-Materialien für Deckbetten und Kissen.

- **Original-Federn** und **Daunen**
- **Naturhaar-Füllungen** und **Tierhaare**
- **Synthetische Füllungen** aus kochwaschbaren Polyesterfasern

40 Was bedeuten „Originalware“ oder „Originalfeder“ bei der Beschreibung von Deckbetten- und Kissen-Füllungen nach den RAL-Bestimmungen?

1. Es handelt sich um ungebrauchte und nicht um wieder aufgearbeitete Enten- oder Gänse-Federn.
2. Es handelt sich um gebrauchte, wieder aufgearbeitete Enten- oder Gänse-Federn.
3. Es handelt sich zu 30 bis 49 % Gewichtsanteil um reine Daunen.
4. Es handelt sich zu 50 bis 89 % Gewichtsanteil um reine Daunen.
5. Es handelt sich zu 100 % um reine Daunen.

41 Wie lautet die Bezeichnung für den Stoff der Deckbetten, der die Federn und Daunen umhüllt?

1. Atlas
2. Drillich
3. Köper
4. Inlett
5. Nessel

42 Viele Gewebefasern werden zur Erhaltung ihrer Qualität veredelt. Was bedeutet in diesem Zusammenhang die Veredelungsbezeichnung „sanforisiert“?

1. Die Ware ist mit wasserabstoßenden Mitteln ausgestattet worden.
2. Die Ware ist durch Verwendung von Baumwolle veredelt worden.
3. Die Ware ist licht-, wasch- und wetterfest gefärbt worden.
4. Die Ware ist gegen elektrostatische Aufladung behandelt worden.
5. Die Ware ist entspannt und in dieser Form getrocknet worden; daher läuft sie nicht ein.

43 Welche Eigenschaften weisen einen guten Inlett-Stoff aus?

1. Er ist licht-, wasch- und wetterfest gefärbt.
2. Er ist sanforisiert, luftundurchlässig und lichtecht.
3. Er ist daunendicht/federdicht gewebt, luftdurchlässig und farbecht.
4. Er ist mercerisiert, luftundurchlässig und feuchtigkeitsabweisend.
5. Er ist aufgeraut, feuchtigkeitsabweisend und farbecht.

44 Welche Arten von Naturhaar werden für Deckbetten/Füllungen verwendet?

- **Schurwolle** von Schaf und Ziege, z. B. Alpaka-, Kaschmir- und Mohair-Ziege
- **Tierhaare** von Yak, Kamel, Lama und Angora-Kaninchen

45 Auf welches Füllungsmaterial sind viele Allergiker und Asthmatiker angewiesen?

(1) Auf Eiderdaunen, weil sie am besten wärmen

(2) Auf synthetische Füllungen, weil sie weitgehend staubfrei sind

(3) Auf Schurwolle, weil sie die Feuchtigkeit gut aufnimmt

(4) Auf Tierhaare, z. B. Angora, weil sie anti-rheumatisch wirken

(5) Auf Enten- und Gänsefedern, weil sie keimfrei sind

46 Welche Textilien werden nur aus Chemiefasern hergestellt?

(1) Wolle, Seide

(2) Leinen, Viskose

(3) Baumwolle, Polyester

(4) Polyacryl, Dralon

(5) Wolle, Polyamid

47 Ein Gast leidet an einer Allergie gegen tierische Faserstoffe. Er macht seine Zimmerbestellung von der Bereitstellung von Bettzeug aus pflanzlichen Faserstoffen abhängig.

Aus welchen Materialien kann das Bettzeug beschaffen sein?

(1) Aus Seide und Baumwolle

(2) Aus Wolle und Jute

(3) Aus Leinen und Wolle

(4) Aus Leinen und Baumwolle

(5) Aus Viskose und Seide

48 Für ein Hotel sollen neue weiße Handtücher, Waschlappen und Bademäntel angeschafft werden.

Warum ist dafür Frottierwäsche besonders gut geeignet?

1. Weil sie im Tumbler getrocknet werden kann und dann nur noch gemangelt werden muss.
2. Weil sie gekocht werden kann und nicht gebügelt zu werden braucht.
3. Weil sie bereits bei 30 °C hygienisch sauber wird und nicht mehr gebügelt werden muss.
4. Weil sie sich weich anfühlt und bei 60 °C bereits hygienisch sauber wird.
5. Weil sie gegen Schmutz imprägniert ist und bei hoher Temperatur gebügelt werden kann.

49 Was versteht man unter Leasingwäsche?

1. Betriebseigene Wäsche, die im Betrieb gewaschen wird
2. Betriebseigene Personalwäsche, die im Betrieb gewaschen wird
3. Gastwäsche, die im Betrieb gewaschen wird
4. Betriebseigene Wäsche, die zum Waschen außer Haus gegeben wird
5. Wäsche, die dem Betrieb zum befristeten Gebrauch gegen Entgelt überlassen wird und die zum Waschen abgeholt wird

50 Wie hoch sollte der Wäschebestand eines durchschnittlich frequentierten Hotels sein?

1. Der Bestand sollte gleich der Anzahl der Betten sein.
2. Der Bestand sollte 10 % mehr als die Anzahl der Betten betragen.
3. Der Bestand sollte 50 % mehr als die Anzahl der Betten betragen.
4. Der Bestand sollte das 3- bis 4fache der Bettenzahl betragen.
5. Der Bestand sollte das 8fache der Bettenzahl betragen.

51 **Ordnen Sie zu, indem Sie die eingerahmten Kennziffern von 3 der insgesamt 6 Symbole für die Pflegebehandlung von Textilien in die Kästchen bei den Bedeutungen eintragen.**

Symbole	*Bedeutungen*	
1 	Reinigungstechnisch empfindliche Kleidung	☐
2 		
3 	Schonwaschgang	☐
4 		
5 	Nicht chemisch reinigen	☐
6 		

10.2 Arbeitsabläufe

1 **Mit welchen Materialien wird ein Zimmermädchen-Wagen aufgefüllt.**

- Mit allen **Wäscheartikeln** und **Gästeartikeln** für Gästezimmer und Badezimmer

2 **Was versteht man unter den Fachbegriffen „complementary articles“ und „guest supplies“?**

- Damit sind Gästeartikel gemeint.

3 **Nennen Sie jeweils sechs Beispiele für Gästeartikel aus dem Gästezimmer- und aus dem Badezimmer-Bereich.**

- Im **Gästezimmer** z. B.:
  Werbezündhölzer, Werbekugelschreiber, Briefpapier, Notizblock, Wäschebeutel, Nähzeug, Minibar-Abrechnungsblock
- Im **Badezimmer** z. B.:
  Gästeseife, Duschgel, Duschhaube, Hygienebeutel, Kosmetiktücher, Schuhputzstreifen oder Schuhputz-Handschuhe

4 **Welche drei Vorteile sprechen für eine gute Vorbereitung auf der Etage, vor Arbeitsbeginn?**

- Reibungslosere und schnellere Arbeitsabläufe
- keine Zeitverluste
- zusätzliche Gänge bleiben erspart

5 Was ist mit dem Begriff „Leistungsmaßstab für Zimmermädchen“ gemeint?

(1) Er beschreibt den angestrebten Sauberkeitsgrad der Zimmer.

(2) Er beschreibt die Methode, wie die Zimmer zu reinigen sind.

(3) Er beschreibt die Reihenfolge, in der die Zimmer zu reinigen sind.

(4) Er beschreibt die Anzahl der Zimmer, die während der regulären Arbeitszeit zu reinigen sind.

(5) Er beschreibt, welche Zimmer von welchen Zimmermädchen zu reinigen sind.

6 Worauf ist sowohl beim Training eines neuen Zimmermädchens als auch bei der späteren Zimmerkontrolle besonders zu achten?

- Auf Sauberkeit
- Auf Funktionstüchtigkeit von Telefon, Radiogerät, TV-Gerät, Minibar
- Auf Vollständigkeit von Handtüchern, Schreibmappe, Kleiderbügeln

---

7 Worauf muss ein Zimmermädchen beim Herrichten eines Gästezimmers „bei Bleibe“ besonders achten?

Nennen Sie sechs Punkte.

- Zimmertüre beim Arbeiten immer offen halten. Zimmertüre beim Verlassen immer unbedingt schließen, eventuell absperren.
- Kleidungsstücke, die am Boden liegen, aufheben, zusammenlegen und sichtbar auf ein Möbelstück legen, jedoch nicht in den Schrank.
- Herumliegende Zeitungen und alles, was für den Gast von Bedeutung sein könnte, nicht eigenmächtig wegwerfen, sondern ordnen.
- Beim Entleeren des Papierkorbs auf Dinge achten, die im Allgemeinen nicht zum Abfall gehören, wie z.B. eine Armbanduhr; solche Dinge vorsichtshalber zurück auf den Schreibtisch legen.
- Nach dem Reinigen der Ablage für Kosmetik- und Toilettenartikel im Bad, diese Artikel möglichst wie vorher geordnet zurückstellen.
- Badezimmerwäsche dem Hinweis entsprechend erneuern, d.h. nur die Handtücher, die am Boden/im Korb liegen auswechseln.

8 Warum sollen Fußmatten aus Textilien in Badezimmern täglich gewechselt werden?

1. Weil feuchte Textilmatten den Bodenbelag schädigen.
2. Weil feuchte Textilmatten auf Bodenfliesen austrocknen.
3. Weil feuchte Textilmatten Pilzerkrankungen übertragen können.
4. Weil feuchte Textilmatten zu Stoffwechselerkrankungen führen können.
5. Weil feuchte Textilmatten die Gefahr des Ausrutschens erhöhen.

9 Nennen Sie vier Empfehlungen, die einem Zimmermädchen helfen können, beim Arbeiten nicht in Diebstahlverdacht zu geraten.

- Zimmertüre beim Arbeiten im Gästezimmer immer offen halten.
- Bargeld, Schmuck und Wertsachen nicht berühren, beim Staub wischen die Ablagestellen dieser Dinge nicht bearbeiten.
- Kleiderschrank, Schubladen von Nacht- und Schreibtisch sowie Gepäckstücke nicht öffnen.
- Zimmerschlüssel nie ausleihen.

10 Womit putzt man am besten Fensterglas, das mit Fett verunreinigt ist?

1. Mit Seifenwasser
2. Mit Regenwasser
3. Mit Salzwasser
4. Mit Spirituswasser
5. Mit Essigwasser

11 Weshalb sollen lackierte Türen *nicht* mit sandhaltigen Scheuermitteln gesäubert werden?

1. Weil solche Scheuermittel ätzend wirken.
2. Weil solche Scheuermittel Kratzspuren im Lack verursachen.
3. Weil solche Scheuermittel umweltschädlich sind.
4. Weil solche Scheuermittel den Lack auflösen.
5. Weil solche Scheuermittel keinen Fettlöser enthalten.

12 Erklären Sie, warum in jedem Hotel die Kontrolle der gereinigten Abreise-Zimmer durch die Hausdame unbedingt notwendig ist.

- Für die hotelinterne Kontrolle der Gästezimmer ist die Hausdame als Abteilungsleiterin verantwortlich.
- Mit Hilfe einer Checkliste notiert sie festgestellte Mängel und veranlasst die Beseitigung.
- Danach meldet sie die Zimmer frei.

13 Welchen Bedarf ermittelt die Hausdame nach der Zimmerkontrolle an Hand der einzelnen Zettel ihrer Checkliste?

- Sie ermittelt den Bedarf an Ersatzbeschaffungen, Ergänzungen und Reparaturen.

---

14 Die Zimmerzustandskartei ist ein wichtiges Hilfsmittel zur Zimmerkontrolle.
Welche Daten werden in einer Zimmer-Zustandskartei erfasst?

- Die Kaufdaten aller inventarisierten Gegenstände
- Die Wartungstermine für Geräte
- Die Reinigungsdaten, z. B. der Teppich-Grundreinigung
- Die Renovierungsdaten, z. B. der Malerarbeiten

---

15 Sie werden auf der Etage von Ihren Gästen gefragt, ob Ihr Haus auch einen „Valet Service" anbietet.

Was ist damit gemeint?

- Im Etagenbereich bedeutet die Frage des Gastes, ob sich jemand um das Waschen und Chemischreinigen seiner Privatwäsche sowie das Putzen seiner Schuhe kümmern könnte, wie es in Luxushotels Standard ist.
- Im Restaurantbereich kann die Frage des Gastes bedeuten, ob sein PKW vorgefahren werden könnte.

16 Welche Tätigkeit wird nur bei einem Abreisezimmer durchgeführt?

1. Staubsaugen und Staubwischen
2. Fenster öffnen und lüften
3. Papierkorb leeren und mit Tüte versehen
4. Badezimmer-Wäsche wechseln
5. Zimmer nach liegengebliebenen Sachen überprüfen

17 Zu welchem Zeitpunkt ist ein Gästezimmer beim Empfang als „frei" zu melden?

1. Wenn bekannt ist, dass der Gast das Zimmer verlassen hat
2. Wenn der Gast abgereist ist
3. Wenn das Zimmer vom Zimmermädchen gereinigt wurde
4. Wenn der Portier sich danach erkundigt hat
5. Wenn die Hausdame das Zimmer kontrolliert hat

10.3 Umweltschutz in der Hausdamenabteilung

1 Erklären Sie den Begriff Öko-Management.

- Einen Hotelbetrieb unter ökologischen Gesichtspunkten zu überprüfen und zu verbessern nennt man umweltorientierte Unternehmensführung oder Öko-Management.

---

2 Auch im Bereich der Hausdame soll umweltbewusst gewirtschaftet werden. Nennen Sie vier Beispiele.

- Energie sparen
- Wasser sparen, Abwasser entlasten
- Umwelt schonende Reinigungsmethoden sowie Verbrauchsmaterialien verwenden
- Waschmitteleinsatz und Wäschemenge
- Abfallvermeidung, Wertstoffnutzung
- Einrichtung, Umbau und Renovierung

---

3 Welche Vorteile sind mit einer umweltorientierten Unternehmensführung verbunden? Nennen Sie mindestens vier Beispiele.

- Kostensenkung für eine bessere Rentabilität
- Sicherung der Zukunftschancen für den Betrieb
- Vermeidung von Entsorgungsproblemen und Entsorgungskosten
- Stärkere Gästebindung und Erschließung neuer Gästekreise
- Wettbewerbsvorsprung und Festigung der Marktposition
- Meinungsbildende Signalwirkung in der Region
- Höhere Mitarbeitermotivation und mehr Freude am Beruf durch mehr Arbeitsqualität
- Unterstützung der örtlichen und regionalen Umweltschutzmaßnahmen
- Förderung eines qualitativen und umweltorientierten Konsumbewusstseins

4 Wie können Sie in der Hausdamenabteilung dazu beitragen, dass Energie eingespart wird? Schlagen Sie fünf Maßnahmen vor.

- Stoßlüftung bei der Zimmerreinigung, keine Dauerlüftung
- Bei offenem Fenster die Heizung abdrehen
- Die Raumtemperatur absenken, wenn die Zimmer nicht belegt sind
- „Dauerbeleuchtung" auf Etagengängen mit Energiesparlampen ausstatten und nachts mit Zeitautomatik und Bewegungsmeldern steuern
- Gästezimmer mit Energiesparlampen versehen
- TV-Geräte abschalten, „Stand-by"-Betrieb vermeiden

---

5 Durch welche Maßnahmen können Sie dazu beitragen, dass die Belastung des Abwassers verringert wird? Nennen Sie fünf Maßnahmen.

- Perlatoren an den Wasserhähnen vermindern den Wasser-Durchfluss um die Hälfte.
- Sparduschköpfe bei den Duschen anbringen
- WC-Spülkästen mit „Spartaste" ausstatten
- Außenanlagen nicht mit Wasser aus der Leitung bewässern, dazu Regenwasser auffangen und nutzen
- Umweltschonende Reinigungsmethoden einsetzen

---

6 Was versteht man unter „flexiblem Handtuchwechsel", und warum wird dieser in den meisten Hotels praktiziert?

- Die Gäste werden gebeten, selber zu bestimmen, wann sie die Handtücher gewechselt haben möchten. Beispielsweise werden sie aufgefordert, bei gewünschtem Handtuchwechsel diese in die Badewanne oder Dusche zu legen. Dadurch können beachtliche Einsparungen an Werkstoffen, Arbeit und Betriebsmitteln erfolgen.

---

7 Schlagen Sie fünf Maßnahmen vor, die bei Umbau- bzw. Renovierungsarbeiten im Hotel berücksichtigt werden sollten.

- Umweltfreundliche Baustoffe bei Umbaumaßnahmen verlangen und einplanen
- Einsatz umweltschädlicher Produkte ausdrücklich verbieten
- Möglichkeiten für Wärmerückgewinnung und Wärmetauscher prüfen
- Wärmeschutz durch Glasscheiben mit hohem Dämmwert, d.h. mit möglichst niedrigem „k-Wert" einplanen
- Keine chemischen Holzschutzmittel in Innenräumen verwenden. Dafür Leinölfirnis oder Naturharz-Imprägnierung verwenden

8 Wofür wird das deutsche Umweltzeichen mit dem „Blauen Engel“ vom RAL-Institut vergeben?

Das Zeichen „Blauer Engel“ attestiert:

- Gefährliche Stoffe, wie z.B. Asbest oder chemische Lösungsmittel sind nicht oder nur in geringen Mengen enthalten.
- Das Produkt erlaubt einen sparsamen Umgang mit Naturgütern, wie z.B. wassersparende Armaturen.
- Das Produkt ist aus Altstoffen hergestellt und trägt damit zur Verringerung des Müllaufkommens bei.

9 Warum ist die Benennung eines Umweltschutz-Beauftragten für jeden Hotelbetrieb empfehlenswert?

- Umweltbewusstes Wirtschaften ist nur realisierbar, wenn alle Mitarbeiter in den aktiven Umweltschutz mit einbezogen werden.
- Das setzt regelmäßige Besprechungen, kontinuierliche Information und Weiterbildung sowie Kontrollen voraus.
- Diese Tätigkeiten können am besten durch einen Umweltschutz-Beauftragten koordiniert werden.

10 Auf einem chlorhaltigen Fleckenreinigungsmittel für weiße Wäsche steht bei Anwendung: „Auf 10 Liter Wasser 100 ml Reinigungsmittel verwenden“.

Welche Menge des Mittels darf für 5 Liter Wasser verwendet werden?

1 0,5 Liter

2 0,05 Liter

3 0,005 Liter

4 50 ml

5 5 ml

10.4 Arbeitssicherheit im Hausdamenbereich

1 Nennen Sie drei typische Unfallursachen in der Hausdamenabteilung.

- Ausrutschen auf nassen und glatten Böden oder Treppen
- Stürzen von Leitern oder Stühlen, die ungeeignet oder ungenügend gesichert waren
- Stolpern über elektrische Kabel, z.B. von Arbeitsgeräten

2 **Geben Sie fünf Hinweise zur Unfallverhütung im „Gefahrenbereich Böden, Treppen, Leitern“.**

- Geeignetes Schuhwerk tragen
- Nicht auf Stühle mit Rollen steigen
- Rutschige Stellen, Ölflecken usw. unverzüglich beseitigen
- Leitern mit mangelhafter Standfestigkeit nicht verwenden, Gefahr der Hausdame melden
- Vorhänge nie bei geöffnetem Fenster ab- bzw. aufhängen
- Elektrische Kabel von Arbeitsgeräten so verlaufen lassen, dass niemand stolpern kann

---

3 **Nennen Sie vier Maßnahmen, mit denen Verletzungen durch elektrischen Strom verhindert werden können.**

- Beschädigte Netzstecker und Steckdosen nicht mehr benützen, durch den Hauselektriker reparieren lassen
- Defekte und Störungen bei Elektrogeräten nur vom Fachmann beheben lassen
- Vor den Reinigungsarbeiten an elektrischen Geräten den Netzstecker ziehen
- Elektrokabel nur am Stecker aus der Steckdose ziehen, nicht am Kabel

4 **Wie lautet die Erste-Hilfe-Maßnahme bei Verletzungen durch elektrischen Strom?**

(1) Den Verletzten zuerst flach lagern

(2) Den Verletzten zuerst in Seitenlage bringen

(3) Den Strom zuerst ausschalten, dann sich um den Verletzten kümmern

(4) Den betroffenen Körperteil zuerst in kaltes Wasser tauchen

(5) Den Kopf des Verletzten zuerst leicht vornüber beugen und kalte Umschläge in den Nacken legen

5 **Wie kann man Verletzungen durch Verätzungen vermeiden?**

- Gefahrenhinweise genau lesen und beachten
- Empfohlene Schutzkleidung und Gummihandschuhe anziehen; außerdem eine Schutzbrille aufsetzen
- Dosierungshinweise genau beachten
- Unterschiedliche Mittel nicht mischen

6 Wie lautet die Erste-Hilfe-Maßnahme bei Verätzungen der Haut?

(1) Die Hautstelle zuerst mit Brandsalbe behandeln

(2) Die Hautstelle zuerst mit Hautcreme behandeln

(3) Die Hautstelle zuerst mit keimfreiem Verband abdecken

(4) Die Hautstelle zuerst unter fließendem, handwarmen Wasser abspülen

(5) Die Hautstelle zuerst unter fließendem, kalten Wasser abspülen

10.5 Rechtsvorschriften/Verschuldenshaftung

1 Welche drei Voraussetzungen müssen für den Tatbestand einer „unerlaubten Handlung" im Sinne des § 823 BGB vorliegen?

- Ein **Schaden** muss entstanden sein.
- Ein **Verschulden** muss vorliegen, z.B. durch Vorsatz oder Fahrlässigkeit.
- Eine **Widerrechtlichkeit** muss vorliegen, das heißt für den Schaden darf es keinen rechtlichen Grund geben.

---

2 Auf welches Gebiet erstreckt sich die „Haftung aus unerlaubten Handlungen"?

- Im Rahmen seiner „**Verkehrssicherungspflicht**" haftet der Gastronom auch ohne eigenes Verschulden. Es besteht bereits beim Betreten eines Lokals eine „vorvertragliche Beziehung". Der Gastwirt haftet für bestimmte Schäden, die ein Gast erleidet, auch wenn er noch nicht Platz genommen hat. Der Gastwirt hat dafür zu sorgen, dass Gästen auf öffentlich zugänglichen Grundstücks- und Gebäudeteilen unverschuldet nichts passieren kann.

---

3 Das Gesetz (BGB) unterscheidet zwischen der „Haftung für den Erfüllungsgehilfen" und der „Haftung für den Verrichtungsgehilfen".

Was ist ein „Erfüllungsgehilfe" und was ist ein „Verrichtungsgehilfe"?

Geben Sie jeweils ein Beispiel dazu.

- Ein **Erfüllungsgehilfe** ist ein Mitarbeiter, der im Auftrag seines Wirts tätig ist, wobei zwischen dem Wirt und der geschädigten Person/dem Gast ein Vertragsverhältnis bestehen muss.

  Beispiel:

  Ein Servicemitarbeiter bedient einen Gast.

- Ein **Verrichtungsgehilfe** ist ein Mitarbeiter, der im Auftrag seines Wirts tätig ist und dabei einen Schaden verursacht, ohne dass zwischen Wirt und geschädigter Person ein Vertragsverhältnis besteht.

  Beispiel:

  Ein Mitarbeiter fährt im dienstlichen Auftrag zu einer Chemischen Reinigung und verursacht einen Verkehrsunfall.

  In beiden Fällen haftet grundsätzlich der Wirt für entstandene Schäden.

Handlungsorientierte Aufgabe aus dem Hausdamenbereich 1 bis 5

Sie arbeiten als Hausdamen-Assistent/in und haben für die Zeit der Urlaubsvertretung die Abteilungsleitung übertragen bekommen. Nun haben Sie verschiedene Entscheidungen zu treffen.

Damit die Gästezimmer in Ihrem Hotel vollständig und in vorteilhafter Reihenfolge gereinigt werden, ist es nötig, die Arbeiten zu planen.

Sie sind beauftragt, für die hierfür entworfene neue „Checkliste zur Zimmerreinigung und Kontrolle" die Druckfreigabe zu erteilen.

1 Überprüfen Sie auf Vollständigkeit.

Checkliste zur Zimmerreinigung und Kontrolle

Zimmer: .... Anreisetag: .... Abreisetag: ....

- ☐ Lichtkontrolle
- ☐ Aschenbecher säubern und Abfälle entsorgen
- ☐ Heizung zudrehen
- ☐ Fenster und Balkontüre öffnen
- ☐ Betten abziehen und lüften
- ☐ Bettwäsche und Badezimmerwäsche entfernen
- ☐ Bad und WC reinigen und herrichten
- ☐ Betten überziehen und herrichten
- ☐ Staub wischen
- ☐ Fenster auf Sauberkeit überprüfen
- ☐ Balkon und Balkonpflanzen überprüfen
- ☐ Gästeartikel und Präsente ergänzen
- ☐ Minibar überprüfen
- ☐ Kontrolle der elektrischen Geräte
- ☐ Fenster und Balkontüre schließen
- ☐ Gardinen richten
- ☐ Bettvorleger erneuern
- ☐ Boden reinigen

Am Abreisetag:

- ☐ Inventarkontrolle (Vollständigkeit)
- ☐ Kleiderbügel ausrichten und ergänzen
- ☐ Minibar checken und auffüllen
- ☐ Schrank und Nachttisch auswischen

Reparaturen: --

Bad und WC

- ☐ Lichtkontrolle
- ☐ Abfalleimer
- ☐ Spiegel und Ablage
- ☐ Zahnputzbecher
- ☐ Wände und Decke
- ☐ Abluftventilation
- ☐ Waschbecken
- ☐ Toilette, Bidet
- ☐ Wanne
- ☐ Armaturen
- ☐ Toilettenpapier
- ☐ Hygienebeutel
- ☐ Seife, Duschgel
- ☐ Gästeartikel
- ☐ Hand-/Badetücher
- ☐ Bademantel
- ☐ Bad-/Duschvorleger
- ☐ Boden wischen

Datum: .... Unterschrift: ....

2 Welcher wichtige Punkt wurde vergessen?

1. Hinweise auf die zu verwendenden Reinigungsmittel
2. Hinweise auf die zu verwendenden Arbeitsmittel
3. Hinweis auf eventuelle Reparaturen
4. Hinweis auf Überprüfung der elektrischen Geräte
5. Hinweis auf liegen gebliebene Sachen („Fundsachen“)

3 Auf Grund eines Personalengpasses in Ihrer Abteilung – bei ausgebuchtem Haus – müssen Sie entscheiden, welche der geplanten Arbeiten der Zimmerfrauen weggelassen werden sollen.

Dadurch wollen Sie eine deutliche Zeitersparnis bei den Abreisezimmern erreichen, um diese möglichst bald freigeben zu können.

Auf welche Tätigkeiten sollen die Zimmerfrauen verzichten?

1. Gästezimmer lüften, Hygieneartikel und Wäsche im Bad auffüllen
2. Waschbecken und Toilette reinigen, Armaturen im Bad polieren
3. Zimmer auf liegen gebliebene Sachen kontrollieren, Matratzen auslüften
4. Aschenbecher und Papierkörbe ausleeren, Minibar auffüllen
5. Minibar abtauen und auswischen, Teppichböden shampoonieren

4 Eine Zimmerfrau übergibt Ihnen eine wertvolle Armbanduhr, die sie soeben in einem Abreisezimmer entdeckt hat.

Was haben Sie als nächstes in dieser Angelegenheit zu tun?

1. Die Rezeption ist sogleich zu benachrichtigen, um den Eigentümer zu informieren, falls er noch im Hotel ist.
2. Die Uhr ist im Hausdamenoffice abzulegen, bis sich der Eigentümer meldet.
3. Die Rezeption ist zu beauftragen, die Uhr unaufgefordert an die Adresse des Eigentümers zu schicken.
4. Die Uhr ist als liegen gebliebene Sache ins „Fundbuch“ des Hotels einzutragen und muss sicher deponiert werden.
5. Die Rezeption ist zu beauftragen, die Uhr ins städtische Fundamt zu überbringen.

5 Die Wäschebeschließerin informiert Sie am Morgen bei Dienstbeginn, dass die Wäsche-Leasingfirma am Vorabend nicht geliefert hat und dass nun keine sauberen Bettlaken vorrätig sind. Es fehlen 160 Stück.

Was ist als nächstes zu veranlassen?

1. Das Konkurrenzhotel am Ort wird angerufen und um Leihe der fehlenden 160 Bettlaken gebeten.
2. Die Zimmerfrauen werden beauftragt, die Bettwäsche wie üblich zu wechseln und die Bettlaken erst später aufzulegen.
3. Die Wäsche-Leasingfirma wird angerufen und um schnellste Lieferung der fehlenden 160 Bettlaken gebeten.
4. Die noch im Hause befindlichen schmutzigen Bettlaken werden einer anderen Wäscherei zum Waschen gegeben.
5. Die fehlenden Bettlaken werden bei einer Wäschefabrik in der Nähe nachgekauft.

11 Warenwirtschaft

11.1 Wareneinkauf

1 Welche vier Bereiche zählen zur Warenwirtschaft innerhalb eines Betriebes?

- Wareneinkauf
- Warenannahme
- Warenlagerung
- Warenausgabe

2 Welche Eigenschaften und Kenntnisse zeichnen einen guten Einkäufer aus?

- Ein guter Einkäufer muss über genaue Waren-, Preis- und Marktkenntnisse verfügen.

3 Zählen Sie drei Mitarbeiter auf, die in gastronomischen Großbetrieben Waren einkaufen, und nennen Sie die Warenarten.

- Der **Küchenchef** kauft Frischprodukte ein.
- Der **Sommelier** kauft Weine, Schaumweine und Spirituosen ein.
- Der **Einkäufer** kauft alle anderen Lebensmittel sowie sonstige Einkaufsgüter ein.

4 Nennen Sie mindestens fünf Faktoren, die die Größe des Warenbedarfs pro Artikel beeinflussen können.

- Vorhandene Artikelmenge/Bestand
- Durchschnittlicher Tagesverbrauch
- Vorhersehbare zusätzliche Absatzmenge
- Bearbeitungsdauer im Hause
- Größe der Lager- und Kühlräume
- Voraussichtliche Preisveränderungen
- Lagerfähigkeit/Verderblichkeit
- Finanzierbarkeit
- Verpackungsgröße oder -einheit

5 Geben Sie mindestens sechs Wege an, wie der Einkäufer neue Bezugsquellen erschließen kann.

Neue Einkaufskontakte lassen sich knüpfen

- über Inserate in der Fachpresse.
- über Branchen-Verzeichnisse, „Gelbe Seiten“ oder Adressbücher.
- mit Hilfe von Werbezusendungen.
- über Kollegen-Empfehlungen.
- beim Besuch von Gastronomie-Messen.
- mit Hilfe von Internet Online-Diensten.
- über Auskünfte der zuständigen IHK.
- durch Beitritt zu einer Hotel-Kooperation mit angeschlossenem Einkaufsverbund.

---

6 In welche drei Bereiche gliedert sich ein Angebotsvergleich?

- **Qualitätsvergleich**, d.h. die Eigenschaften der Waren werden bewertet
- **Preisvergleich**, d.h. die Einkaufspreise/Bezugspreise werden ermittelt
- **Lieferer-Vergleich**, d.h. die Verkaufsbedingungen/Konditionen werden bewertet

---

7 Nennen Sie die Formel für Preisvergleiche.

	Listenpreis netto (ohne Mehrwertsteuer)
–	Rabatt des Lieferers
=	Zieleinkaufspreis
–	Skonto des Lieferers
=	Bareinkaufspreis
+	Bezugskosten (einschließlich Verpackung)
=	Bezugspreis (Einstandspreis)

8 Für den geplanten Kauf eines Video-Beamers für den Tagungsbereich liegen zwei Angebote vor. Welches Angebot hat den günstigeren Bezugspreis/Einstandspreis?

	A	B
Listenpreis:	1.560,00 €	1.720,00 €
Skonto:	2 %	3 %
Bezugskosten:	280,00 €	60,00 €

1. Das Angebot A ist um 80,40 € günstiger.
2. Das Angebot B ist um 80,40 € günstiger.
3. Beide Angebote haben den gleichen Bezugspreis.

9 Welche Angaben enthält eine vollständige Bestellung?

- Warenart mit Qualitätsbezeichnung
- Menge mit Preisangabe
- Verpackung
- Verkaufsbedingungen, d.h. die Liefer- und die Zahlungsbedingungen

11.2 Warenannahme

1 Sie sollen eine Warenlieferung kontrollieren.

Welche Unterlagen benötigen Sie dazu?

- Lieferungen werden mit den Angaben auf dem Lieferschein oder dem Frachtbrief und mit den eigenen Bestellunterlagen verglichen und kontrolliert.

---

2 Welche sechs Punkte müssen Sie bei einer Warenlieferung kontrollieren?

- Art der Ware
- Stückzahl oder Gewicht der verschiedenen Artikel
- Qualität und Frische
- Mindesthaltbarkeitsdaten
- Unversehrtheit der Ware
- Anlieferungstemperatur bei Milch, Milchprodukten, Fleisch, Fleischprodukten, Geflügel, Fisch (siehe LMHV)

---

3 Was müssen Sie tun, wenn Sie bei einer Warenlieferung Mängel feststellen?

- Erkannte Mängel müssen gleich reklamiert und auf dem Lieferschein vermerkt werden.
- Der Lieferer muss die Mängel mit seiner Unterschrift bestätigen.
- Nicht bestellte Waren werden nicht angenommen.

4 Innerhalb welcher Frist muss der Kaufmann bei seinem Händler einen versteckten Mangel reklamieren?

(1) Unverzüglich nach der Entdeckung bis spätestens 1 Monat nach dem Kauf

(2) Unverzüglich nach der Entdeckung bis spätestens 3 Monate nach dem Kauf

(3) Unverzüglich nach der Entdeckung bis spätestens 4 Monate nach dem Kauf

(4) Unverzüglich nach der Entdeckung bis spätestens 5 Monate nach dem Kauf

(5) Unverzüglich nach der Entdeckung bis spätestens 6 Monate nach dem Kauf

5 Nennen Sie fünf Punkte, die bei der Kontrolle einer Lieferer-Rechnung geprüft werden.

- Die Warenmengen auf Rechnung und Lieferschein müssen übereinstimmen.
- Die Einzelpreise auf der Rechnung müssen mit den Einzelpreisen, wie sie laut Bestellung vereinbart wurden, übereinstimmen.
- Gesamtpreise und Rechnungsendbetrag müssen korrekt sein.
- Der Mehrwertsteuersatz und der enthaltene Mehrwertsteuerbetrag müssen korrekt sein.
- Die ausgehandelten Konditionen, wie Frachtkosten, Lieferbedingungen, Rabattstaffel und Skonto müssen berücksichtigt worden sein.

---

6 Sie haben folgende Rechnung rechnerisch zu überprüfen:

Weingroßhandel Willy Weinhuber

Stadtgraben 25 · 94469 Deggendorf · Tel.: 0991- 98764

Hotel Arberblick
Flurstraße 14
94234 Viechtach WW/ab 29. Okt. ......

RECHNUNG Nr. 654

PS	Art. Nr	Bezeichnung	Menge	Preis €	Betrag €
01	06345	2006 Rüdesheimer Riesling	60 Fl.à 0,75 l	7,50	450,00
02	06132	2005 Wallufer Walkenberg	24 Fl.à 0,75 l	9,75	234,00
03	06479	2005 Hochheimer Hölle	36 Fl.à 0,75 l	16,00	576,00
04	06592	2004 Erbacher Marcobrunn	12 Fl.à 0,375 l	18,50	222,00
			Rechnungsbetrag:		**1.482,00**

Im Rechnungsbetrag sind 7 % Mehrwertsteuer enthalten.

Steuerliches Entgelt: 1.385,05 €, enthaltener MWSt.-Betrag: 95,96 €

Zahlbar innerhalb von 30 Tagen nach Erhalt ohne jeden Abzug, oder innerhalb von 10 Tagen mit 2 % Skonto-Abzug.

Bankverbindung: Sparkasse Deggendorf (BLZ 741 500 00) Konto: 98765432

Welchen Fehler stellen Sie fest?

1 Der Rechnungsbetrag ist um € 16,00 zu hoch.

2 Der Rechnungsbetrag ist um € 16,00 zu niedrig.

3 Der volle Mehrwertsteuersatz in Höhe von 19 % ist anzuwenden.

4 Das Steuerliche Entgelt ist falsch berechnet.

5 Der enthaltene Mehrwertsteuer-Betrag ist falsch berechnet.

11.3 Warenlagerung

1 Was ist eine Lagerfachkarte?

- In großen Magazinen gibt es für jede Ware eine Lagerstelle, das Lagerfach. Dort befindet sich die Lagerfachkarte, auf der vom Magaziner alle Bestandsveränderungen (Zugänge/Abgänge) dieses Artikels eingetragen werden.

2 Bei der Inventur am 30.11. . . zählen Sie einen Bestand von 26 Flaschen.

Die abgebildete Lagerfachkarte nennt einen Soll-Bestand von 27 Flaschen.

HOTEL ARBERBLICK VIECHTACH

LAGERFACHKARTE

Stock-Nr.: *12*

Lieferant: *Weinhuber, Deg.* Telefon: *0991/98764*

Artikel: *Hochheimer Hölle* Mindestbestand: *24 Fl. à 0,75 l*

Datum	EK-Preis €	Zugang	Ausgabe	an Abteilung	Bestand
29.10.	*16,00*	*36*			*36*
31.10.			*3*	*Restaurant*	*33*
02.11.			*6*	*Hallenbar*	*28*
05.11.			*12*	*Bankett*	*16*
07.11.	*16,00*	*24*			*40*
14.11.			*9*	*Weinstube*	*31*
28.11.			*4*	*Restaurant*	*27*

Erklären Sie den Grund für die Bestandsdifferenz.

① Es handelt sich um 1 Flasche Bruch, die nicht verbucht wurde.

② Es handelt sich um Diebstahl, da die Flasche unauffindbar bleibt.

③ Es handelt sich um einen Zählfehler bei der Inventur.

④ Es handelt sich um einen Rechenfehler auf der Lagerfachkarte.

⑤ Es handelt sich um eine Privatentnahme durch den Eigentümer.

3 Was sind Wareneingangsbücher?

- In Wareneingangsbüchern werden die Rechnungsdaten wie Lieferdatum, Lieferer, Warenart, Menge, Rechnungsbetrag, Skonti, Vorsteuer und Waren-Nettowert erfasst.

11.4 Warenausgabe und Bestandskontrolle

1 Die verschiedenen Betriebsabteilungen bestellen mit Hilfe von Vordrucken die benötigten Waren im Magazin. Wie lautet der Fachbegriff für diese Vordrucke?

(1) Bestellschein

(2) Lieferschein

(3) Frachtbrief

(4) Inventurliste

(5) Warenanforderungsschein

2 Wie ermittelt der Magaziner den Soll-Bestand und den Ist-Bestand einer Ware?

- Der **Soll-Bestand** einer Ware wird unter Berücksichtigung der Bestandsveränderungen, d.h. der Zugänge und Abgänge rechnerisch ermittelt. Diese Zahl besagt, wie viel von diesem Artikel vorhanden sein sollte.
- Der **Ist-Bestand** wird durch Zählen, Messen oder Wiegen einer Ware ermittelt. Diese Zahl besagt, wie viel tatsächlich von diesem Artikel vorhanden ist.

3 Was ist ein Inventar und was ist eine Inventur im Sinne des Gesetzes?

- Ein **Inventar** ist das Verzeichnis des Betriebsvermögens, der Schulden und des Reinvermögens. Laut HGB ist jeder Kaufmann einmal jährlich zur Aufstellung eines Inventars verpflichtet.
- Eine **Inventur** wird vom Betrieb zur Aufstellung dieses Verzeichnisses durchgeführt. Dabei zählt, misst oder wiegt man die tatsächlich vorhandenen Bestände. Die Warenmenge, der Ist-Bestand, wird auf Inventurlisten erfasst.

4 Wie unterscheiden sich eine Stichtag-Inventur und eine permanente Inventur?

- Die Ermittlung des Inventars erfolgt in Kleinbetrieben meist durch eine Stichtag-Inventur am letzten Tag des Wirtschaftsjahres.
- Großbetriebe und Konzernhotels praktizieren meist eine permanente Inventur für Waren, Roh- und Hilfsstoffe. Das bedeutet, dass die Inventur monatlich oder vierteljährlich durchgeführt wird und die Daten fortlaufend verarbeitet werden.

11.5 Wareneinsatzkontrolle/Lagerkennzahlen

1 Der wirtschaftliche Erfolg eines Küchenleiters wird vorwiegend an der „Wareneinsatzquote" gemessen.
Was versteht man darunter?

- Diese Kennzahl steht für den Anteil des Warenaufwands am Netto-Verkaufserlös der Küche im vergleichbaren Zeitraum. Die Zahlen desselben Zeitraums, z.B. eines Monats, Quartals oder Jahres werden dabei zur Berechnung herangezogen.

2 Nach welcher Formel wird der Netto-Warenverbrauch/Wareneinsatz einer Abteilung errechnet?

	Warenanfangsbestand
+	Warenzugänge
–	Waren-Endbestand
–	betriebsinterner Verbrauch
=	Netto-Warenverbrauch/Wareneinsatz

3 Was versteht man unter dem Netto-Erlös einer Abteilung?

- Die Gesamt-Verkaufserlöse einer Abteilung, z.B. der Küche, während des gewählten Zeitraums werden ermittelt. Der Z-Abschlag der Restaurant-Registrierkasse zeigt diese auf. Die in den Inklusivpreisen enthaltene Mehrwertsteuer wird herausgerechnet. Das Ergebnis ist der Netto-Erlös.

4 Nach welcher Formel wird der prozentuale Wareneinsatz errechnet?

$$\text{Wareneinsatz in \%} = \frac{\text{Wareneinsatz} \times 100}{\text{Netto-Erlös}}$$

5 Nennen Sie acht mögliche Gründe für einen zu hohen Wareneinsatz.

- Rezepturen wurden nicht eingehalten.
- Einige Lebensmittel wurden nicht fachgerecht verarbeitet und mussten vernichtet werden.
- Waren wurden ohne Bon ausgegeben.
- Lagerungsverluste entstanden, z.B. durch Bruch.
- Es gab Überproduktion, Produktionsreste wurden nicht sinnvoll verwendet.
- Lebensmittel wurden gestohlen.
- Betrieblicher Eigenverbrauch, wie z.B. Personalessen oder Einladungen „auf Rechnung des Hauses", wurde nicht berücksichtigt.

6 Nach welcher Formel wird der durchschnittliche Lagerbestand errechnet?

$$\varnothing\ \text{Lagerbestand} = \frac{\text{Anfangsbestand} + 12\ \text{Monatsendbestände}}{13}$$

7 Wie lautet der durchschnittliche Lagerbestand eines Hotels, das die folgenden Inventurwerte ermittelt hat?

Jahresanfangsbestand:	36.123,00 €
31. Januar:	24.345,00 €
28. Februar:	32.567,00 €
31. März:	32.780,00 €
30. April:	21.010,00 €
31. Mai:	27.234,00 €
30. Juni:	33.456,00 €
31. Juli:	25.678,00 €
31. August:	37.890,00 €
30. September:	26.019,00 €
31. Oktober:	17.280,00 €
30. November:	21.037,00 €
31. Dezember:	22.081,00 €

8 Nach welcher Formel wird die Umschlagshäufigkeit eines Lagers innerhalb eines Jahres errechnet?

$$\text{Umschlagshäufigkeit} = \frac{\text{Wareneinsatz}}{\text{durchschnittlicher Lagerbestand}}$$

Ihr Hotel hatte im abgelaufenen Geschäftsjahr einen durchschnittlichen Lagerbestand im Wert von 27.500 €. Im selben Zeitraum wurden Waren im Wert von 302.500 € eingesetzt.

9 Berechnen Sie die Umschlagshäufigkeit für dieses Lager.

10 Nach welcher Formel wird die durchschnittliche Lagerdauer einer Ware in einem Lager errechnet?

$$\varnothing\ \text{Lagerdauer} = \frac{360\ \text{Tage (ein Jahr)}}{\text{Umschlagshäufigkeit}}$$

Die Umschlagshäufigkeit Ihres Warenlagers beträgt 11.

11 Wie viele Tage ist die Ware durchschnittlich im Lager?

11.6 Warenwirtschafts-Systeme

1 Erklären Sie, welche vier Vorteile ein Betrieb durch Warenwirtschafts-Systeme nutzen kann.

- Ist der Warenmindestbestand in einer Abteilung erreicht, so können sich die Mitarbeiter eine Auffüll-Liste aus dem System holen und die Waren aus dem Magazin anfordern.
- Das Bestellwesen der Warenwirtschaft ist so aufgebaut, dass Angebotsanfragen vom System gefaxt oder per E-Mail oder Internet erledigt werden können.
- Die Buchungen des Wareneingangs erfolgen automatisch an Hand der Bestell-Liste.
- Warenwirtschafts-Systeme ermöglichen jederzeit genaue statistische Berechnungen und Vergleiche der Ergebnisse mit den Werten anderer Abrechnungsperioden, z. B. des Vormonats oder des Vorjahres.

12 Gastgewerbliche Betriebsorganisation

12.1 Grundbegriffe der Organisation

1 Nennen Sie drei Ziele des Organisierens im Betrieb.

- Eine Leistungserstellung, die möglichst wirtschaftlich ist und den Gästewünschen entspricht
- Die Schaffung und Gestaltung von sicheren Arbeitsplätzen bei humanen Bedingungen
- Die Umsetzung der Umweltschutzgedanken

2 Geben Sie zehn Beispiele für Organisationsfragen, wie sie sich im gastronomischen Betrieb häufig stellen.

- Welche Unternehmensziele sollen erreicht werden?
- Welche Maßnahmen empfehlen sich, um die gesetzten Ziele zu erreichen?
- Welche Wünsche und Erwartungen wurden von den Gästen geäußert?
- Welche Tätigkeiten oder Dienstleistungen müssen ausgeführt werden?
- Welches Team oder welcher Mitarbeiter ist zuständig?
- Wer hat für welchen Bereich Entscheidungsbefugnis?
- Welche Werkstoffe und welche Betriebsmittel können eingesetzt werden?
- Welche Räume können benutzt werden?
- Welche Zeit steht zur Verfügung?
- Welche finanziellen Mittel können genutzt werden?

3 Wie heißen die beiden Wirtschaftlichkeits-Prinzipien? Erklären Sie diese.

- **Maximal-Prinzip:**

  Mit den gegebenen Mitteln einen möglichst hohen Ertrag erzielen.

- **Minimal-Prinzip:**

  Eine vorgegebene Leistung mit möglichst geringen Mitteln erbringen.

4 **Woran erkennt man eine betriebliche Über- und eine Unterorganisation?**

- **Überorganisation:**
  Wenn organisatorische Regelungen zu Einschränkungen und Erschwernissen bei der Arbeit der Mitarbeiter führen.
- **Unterorganisation:**
  Wenn wichtige Regelungen fehlen und dies zu Unsicherheiten und Störungen des Betriebsablaufs führt.

5 **Schlecht organisierte Betriebe arbeiten unwirtschaftlich. Das kann hervorgerufen werden sowohl durch Überorganisation als auch durch Unterorganisation.**

Was ist ein typisches Beispiel für Überorganisation?

1. Schriftstücke gehen verloren und werden oft nicht wieder gefunden.
2. Gleichartige Aufgaben werden immer wieder anders geregelt.
3. Zuständige Stellen sind schlecht informiert.
4. Kompetenzfragen sind häufig neu zu klären.
5. Organisatorische Anordnungen werden missachtet, weil sie sich als hinderlich erweisen.

6 **Erklären Sie den Begriff „Improvisation“ in der Betriebsorganisation.**

- Bei unerwarteten, neuartigen Problem-Situationen kann man nicht auf organisatorische Regelungen zurückgreifen.
  In diesen Fällen ist man gezwungen, durch Improvisation zu reagieren.
  Man versucht aus dem Stegreif heraus, das Problem gut und schnell zu lösen.

---

7 **Wann kann Improvisation erforderlich werden und wie sollte sie reduziert werden?**

- In neuartigen, unerwarteten Problemsituationen, z.B. bei Ausfällen, Notfällen, ist schnelle Bearbeitung und Lösung erforderlich.

  Später sollte überlegt werden, ob und in welchen Bereichen dauerhafte organisatorische Regelungen hierfür zu treffen sind.

---

8 **Was bedeutet „disponieren“ im betrieblichen Geschehen?**

- Wenn im Betrieb einmalige Maßnahmen fallweise geregelt werden, spricht man von Disposition.

9 Worin unterscheiden sich in einem Organisationsschema Stelle, Abteilung und Instanz?

- Eine Stelle ist die kleinste organisatorische Einheit zur Aufgabenerfüllung im Betrieb.
- Eine Abteilung ist die Zusammenfassung mehrerer Stellen unter einer Leitungsstelle.
- Mit Instanz bezeichnet man eine leitende Stelle mit Verantwortung sowie Entscheidungs- und Anordnungsbefugnis.

10 Welche Aufgaben erfüllen Stabsstellen und welche Rechte haben sie?

- Stabsstellen sind Leitungs-Hilfsstellen mit Vorschlagsrecht ohne Anordnungsbefugnis. Das heißt, Spezialisten unterstützen die Unternehmensleitung durch fachliche Beratung. Sie helfen, bei anstehenden Problemen die beste Lösung zu finden.

11 Welche Angaben kann man einem Stellenbesetzungsplan entnehmen?

- Ein Stellenbesetzungsplan ist eine graphische Darstellung aller Stellen mit ihrer hierarchischen Einordnung in das Betriebsgeschehen. Neben der Stellenbezeichnung ist auch der Name des Stelleninhabers genannt. Dieser Plan zeigt auch unbesetzte Stellen an, ebenso Krankheitsausfälle und Urlaubsabwesenheiten.

12 Was ist eine Stellenbeschreibung?

- In einer Stellenbeschreibung werden alle Aufgaben und Verantwortungen, die Rechte, Befugnisse oder Vollmachten und die Anforderungen an den Inhaber der Stelle festgelegt.

13 Welche Angaben ergeben eine vollständige Stellenbeschreibung?

- Die Bezeichnung der Stelle
- Die Nennung des unmittelbaren Vorgesetzten
- Die Aufzählung der unmittelbaren Untergebenen der Stelle
- Eine kurze allgemeine Darstellung der Ziele, Aufgaben und Kompetenzen
- Wichtige Einzelaufgaben der Stelle
- Die Regelungen für die Zusammenarbeit mit anderen Stellen und Abteilungen
- Die Aufzählung der Berichte, die die Stelle empfangen soll
- Die Aufzählung der Gremien, in denen der Stelleninhaber mitarbeiten muss
- Die Aufzählung der Anforderungen an den Stelleninhaber
- Der Bewertungsmaßstab für die Beurteilung der Leistung des Stelleninhabers

14 Zählen Sie acht Vorteile auf, die für die Organisation eines Betriebes mit Hilfe von Stellenbeschreibungen sprechen.

- Sie können als die Grundlage für Stellenausschreibungen dienen.
- Sie dienen als Grundlage für Lohn- und Gehaltsabsprachen.
- Sie können als Hilfsmittel für die Einschätzung der Fähigkeiten und der beruflichen Schwerpunkte von Bewerbern dienen.
- Sie sind eine Orientierungshilfe in der Einarbeitungsphase von neuen Mitarbeitern.
- Sie sind ein Hilfsmittel zur klaren Erkennung von Aufgabe und der gewährten Handlungsfreiheit.
- Sie können als Hilfsmittel zur Selbstkontrolle dienen.
- Sie sind eine Orientierungshilfe bei der Mitarbeiterbeurteilung.
- Sie sind eine Orientierungshilfe für die Organisation von Schulungen.
- Sie sind eine Orientierungshilfe für die Mitarbeiter für das Erkennen von Fortbildungs-Defiziten.

---

15 Was versteht man unter einer Betriebs-Organisations-Analyse?

- Darunter versteht man eine Untersuchung oder Beobachtung der bestehenden Organisationsform eines Betriebes oder einzelner Abteilungen.
- Dabei wird die Fragebogen-Methode, die Interview-Methode und die Beobachtungs-Methode angewendet.

  Der ermittelte Ist-Zustand wird mit den Vorgaben des Soll-Zustandes verglichen. Korrigierende Maßnahmen werden vorgeschlagen.

---

16 Was beschreibt eine Aufbau-Organisation?

- Bei der Aufbau-Organisation werden die Aufgaben auf die einzelnen Abteilungen verteilt und es wird festgelegt, auf welche Weise die einzelnen Abteilungen zusammenarbeiten.

---

17 Was beschreibt eine Ablauf-Organisation?

- Bei der Ablauf-Organisation wird der Arbeitsablauf selbst geplant, gestaltet und gesteuert.

  Die Aufgaben der Mitarbeiter werden genau beschrieben und zeitlich wie räumlich festgelegt.

18 Welche Aufgabe hat ein Dienstplan in der Hotelorganisation?

(1) Er dient der Arbeitsplatzbeschreibung.

(2) Er dient der Gestaltung der Arbeitsabläufe.

(3) Er dient der Kompetenzregelung.

(4) Er dient der Arbeitsentgeltregelung.

(5) Er dient der Arbeitszeitregelung.

12.2 Organisation im Gastgewerbe

1 Wie nennt man die graphische Darstellung der Aufbau-Organisation eines Betriebes?

(1) Stellenbeschreibung

(2) Organisations-Analyse

(3) Organigramm

(4) Flow chart

(5) Rangordnungsstruktur-Plan

2 Worin unterscheiden sich Stellenbesetzungsplan und Organigramm?

- Ein **Stellenbesetzungsplan** ist eine graphische Darstellung aller Stellen mit ihrer hierarchischen Einordnung in das Betriebsgeschehen. Neben der Stellenbezeichnung wird auch der Name des Stelleninhabers genannt.

- Ein **Organigramm** ist die graphische Darstellung der Aufbau-Organisation eines Betriebes und stellt die verschiedenen hierarchischen Ebenen dar, ohne dabei die Namen von Stelleninhabern zu nennen.

3 Wozu dient ein Organigramm in der Betriebsorganisation?

(1) Zur Information über die anfallenden Frei-, Urlaubs- und Krankheitstage

(2) Zur Information über die Belegung der Gästezimmer

(3) Zur Information über die Belegung der Veranstaltungsräume

(4) Zur Information über den Betriebsaufbau

(5) Zur Information über die Anschlüsse in den Räumen einer Großküche

4 **Wie heißen die vier Modelle von betrieblichen Organisationsformen?**

- Ⓐ Einliniensystem oder Liniensystem
- Ⓑ Mehrliniensystem oder Funktionales System
- Ⓒ Stabliniensystem und
- Ⓓ Team- oder Kooperationssystem

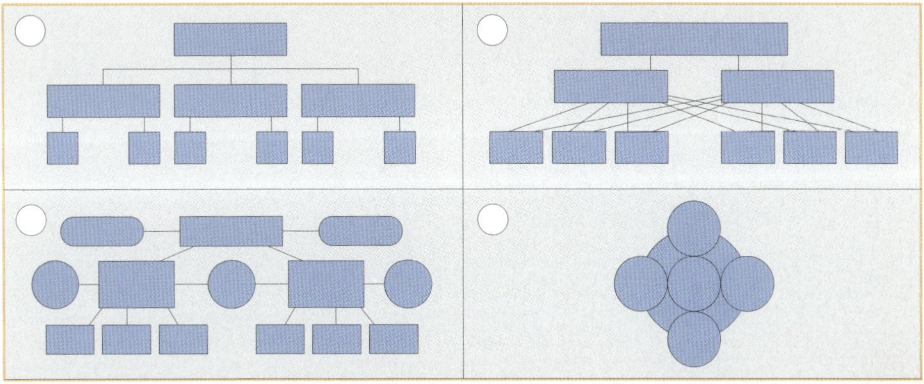

5 **Bei welcher Form der betrieblichen Aufbauorganisation ist die Leitung nicht an eine bestimmte Person gebunden, sondern wechselt je nach Situation und Sachkompetenz?**

1. Beim Liniensystem oder Einliniensystem
2. Beim Mehrliniensystem oder Funktionalen System
3. Beim Stabliniensystem
4. Beim Team- oder Kooperationssystem

6 **Welche Aussage über das Stabliniensystem ist richtig?**

1. Mitarbeiter von Stabstellen haben die Befugnis, in jede Ebene einzugreifen.
2. Die Arbeitsbereiche der Mitarbeiter sind genau beschrieben.
3. Stabstellen beraten die Führungsspitze, ohne Weisungsbefugnis zu haben.
4. Die Mitarbeiter von Stabstellen sind weisungsbefugt.
5. Es ist eine Reihenfolge von Arbeitsschritten vorgegeben.

7 **Wodurch unterscheidet sich das Stabliniensystem vom Liniensystem und welche Vorteile hat dieses?**

- Das Stabliniensystem entspricht vom Aufbau her dem Liniensystem, nur sind den Führungsebenen teilweise Stabsstellen zur fachkompetenten Beratung zugeordnet. Damit soll die Führungsspitze entlastet werden.
  Beispiele: Informatiker zur EDV-Beratung, Rechtsanwalt zur Rechtsberatung.

8 Was versteht man unter „situationeller Führung“?

- Damit ist das Team- oder Kooperationssystem gemeint. Die Führung des Teams ist nicht an eine Person gebunden. Sie wird situationsbedingt dem Team-Mitglied anvertraut, das den besten Beitrag zur Problemlösung in dem bestimmten Bereich einbringen kann.

9 Welche betriebliche Organisationsform zeigt diese graphische Darstellung?

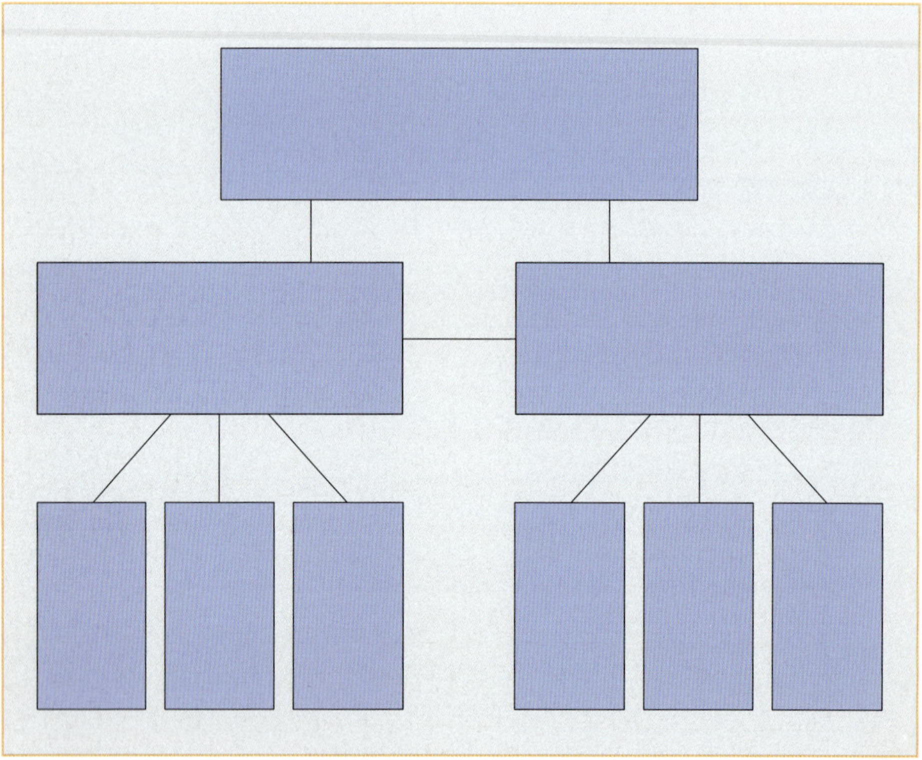

1. Es handelt sich um das Einliniensystem.
2. Es handelt sich um das Mehrliniensystem.
3. Es handelt sich um das Funktionale System.
4. Es handelt sich um das Stabliniensystem.
5. Es handelt sich um das Team- oder Kooperationssystem.

10 Welche Organisationsform kennzeichnet das Einliniensystem oder Liniensystem?

1. Die Mitarbeiter haben jeweils nur einen direkten Vorgesetzten, von dem sie ausschließlich die Anweisungen erhalten.
2. Die Mitarbeiter können die Anweisungen von mehreren Vorgesetzten, die weisungsbefugt sind, erhalten.
3. Die Mitarbeiter arbeiten ohne direkten Vorgesetzten gleichberechtigt mit anderen zusammen, bis die gestellte Aufgabe erfüllt ist.
4. Die Abteilungsleiter können sich teilweise von Spezialisten fachkompetent beraten lassen, um dann die besten Entscheidungen zu treffen.
5. Die Abteilungsleiter bekommen Verantwortungen und Zuständigkeiten übertragen, mehrere Vorgesetzte sind weisungsbefugt.

11 Welche Organisationsform kennzeichnet das Mehrliniensystem oder Funktionale System?

1. Die Abteilungsleiter bekommen Verantwortungen und Zuständigkeiten übertragen. Mehrere Vorgesetzte sind weisungsbefugt.
2. Die Abteilungsleiter können sich teilweise von Spezialisten fachkompetent beraten lassen, um dann die besten Entscheidungen zu treffen.
3. Die Mitarbeiter haben jeweils nur einen direkten Vorgesetzten, von dem sie ausschließlich die Anweisungen erhalten.
4. Die Mitarbeiter arbeiten ohne direkten Vorgesetzten gleichberechtigt mit anderen zusammen, bis die gestellte Aufgabe erfüllt ist.
5. Die Spezialisten beraten die Führungsebenen, haben jedoch gegenüber den Mitarbeitern keine Weisungsbefugnis.

12 Welche Organisationsform kennzeichnet das Stabliniensystem?

1. Die Abteilungsleiter bekommen Verantwortungen und Zuständigkeiten übertragen. Mehrere Vorgesetzte sind weisungsbefugt.
2. Die Abteilungsleiter können sich teilweise von Spezialisten fachkompetent beraten lassen, um dann die besten Entscheidungen zu treffen.
3. Die Mitarbeiter haben jeweils nur einen direkten Vorgesetzten, von dem sie ausschließlich die Anweisungen erhalten.
4. Die Mitarbeiter arbeiten ohne direkten Vorgesetzten gleichberechtigt mit anderen zusammen, bis die gestellte Aufgabe erfüllt ist.
5. Die Mitarbeiter erhalten ihre Arbeitsanweisungen und Informationen nur über den Instanzenweg.

13 Welche Organisationsform kennzeichnet das Team- oder Kooperationssystem?

1. Die Mitarbeiter haben jeweils nur einen direkten Vorgesetzten, von dem sie ausschließlich die Anweisungen erhalten.
2. Die Mitarbeiter arbeiten ohne direkten Vorgesetzten gleichberechtigt mit anderen zusammen, bis die gestellte Aufgabe erfüllt ist.
3. Die Mitarbeiter erhalten ihre Arbeitsanweisungen und Informationen nur über den Instanzenweg.
4. Die Abteilungsleiter können sich teilweise von Spezialisten fachkompetent beraten lassen, um dann die besten Entscheidungen zu treffen.
5. Die Abteilungsleiter bekommen Verantwortungen und Zuständigkeiten übertragen. Mehrere Vorgesetzte sind weisungsbefugt.

14 Nennen Sie vier Vorteile des Team- oder Kooperationssystems.

- Optimale Lösungsfindung durch Spezialisten, auch bei schwierigen Aufgaben.
- Leichtere Umsetzung der Arbeiten in der Linie, da die Team-Mitglieder aus den betroffenen Bereichen kommen und die Schwierigkeiten schon im Vorfeld beseitigen.
- Im Betrieb wird ein besserer Zusammenhalt durch Teamwork gefördert.
- Sehr große Motivation bei den Team-Mitgliedern.

---

15 Nennen Sie vier Nachteile des Team- oder Kooperationssystems.

- Durch die Team-Mitarbeit kann es am angestammten Arbeitsplatz der Team-Mitarbeiter zu Lücken in den Abläufen kommen.
- Die Team-Mitglieder müssen in der Linie vertreten werden.
- Die Team-Mitglieder müssen eine Doppel- oder Zusatzbelastung tragen.
- Es kann zu Vernachlässigungen einer Funktion kommen.
- Die Leistungskontrolle ist schwieriger.

16 Mit welchem Begriff bezeichnet man die sinnvolle Zusammenarbeit der einzelnen Abteilungen eines Hotels?

1. Konkurrenz
2. Improvisation
3. Kompetenz
4. Disposition
5. Kooperation

17 **Welche Bereiche eines Hotels sind dem F & B Manager als Abteilungsleiter unterstellt?**

1. Restaurant, Küche und Bankettgeschäft
2. Küche, Telefonzentrale und Zimmerreservierung
3. Bankettgeschäft, Zimmerreservierung und Warenmagazin
4. Bar, Restaurant und Zimmerreservierung
5. Empfang, Etage und Bar

18 **Die Aufgaben und Einsatzbereiche eines Hotelmitarbeiters sind wie folgt beschrieben:**

Verantwortungsbereiche:
- Reservierung, Zimmerdisposition und -vermietung
- Korrespondenz, Telefonzentrale
- Mitarbeiter-Einsatzplanung, -Führung und -Ausbildung am Empfang
- Gastkontakte, Informationen, Reklamationen ...

Um welchen Mitarbeiter handelt es sich dabei?

1. Um den kaufmännischen Direktor
2. Um den Empfangschef
3. Um den Reservierungsangestellten
4. Um den Personalleiter
5. Um den Chef-Portier

19 **Welche Stellung hat der Sales Manager in einem Hotel?**

1. Er ist der Bankettleiter.
2. Er ist der Personalleiter.
3. Er ist der Verkaufsleiter.
4. Er ist der Leiter der Buchhaltung.
5. Er ist der technische Leiter.

13 Restaurantorganisation

1 Erklären Sie den Begriff Organisation im Restaurant.

- Unter dem Begriff versteht man das gesamte planerische Handeln im Restaurantbetrieb.

2 Nennen Sie wichtige Voraussetzungen für reibungslose Betriebsabläufe.

- Gründliche Planung der Arbeit
- Sorgfältige Diensteinteilung
- Bereitschaft zur Improvisation

3 Weshalb werden im betrieblichen Ablauf Stellenbeschreibungen und Funktionen genau festgelegt?

- Damit die Dienstleistungsaufgaben der Servicefachkräfte im Restaurant bzw. beim Bankett reibungslos bewältig werden
- Damit die Kompetenzen geklärt sind und kein negatives Betriebsklima entsteht

4 Nennen Sie zwei wichtige Faktoren, die als Ergebnis einer guten Organisation zu bewerten sind.

- Den Gast mit sehr guten Leistungen zufrieden zu stellen
- Dem Unternehmen den größtmöglichen wirtschaftlichen Erfolg zu garantieren

5 Bei den vielfältigen Aufgaben zur Organisation im Restaurant sollten bestimmte Eckpunkte berücksichtigt werden.

Listen Sie mindestens 5 dieser sogenannten Eckpunkte für die betriebliche Organisation auf.

- Öffnungszeiten des Betriebes
- Arbeitsbeginn und voraussichtliches Arbeitsende
- Zu verrichtende Tätigkeiten
- Aufgabenvolumen und Arbeitsverteilung
- Zur Verfügung stehende Einrichtung und Geräte
- In Frage kommende Räumlichkeiten
- Entscheidungsbefugnisse bzw. Kompetenzen
- Verantwortungsbereiche
- Zielsetzungen

6 **Welcher Faktor hat <u>keinen</u> Einfluss auf die Organisationsstruktur eines Restaurant-Betriebes?**

1. Gründliche Information für Mitarbeiter
2. Klar definierter Verantwortungsbereich der Mitarbeiter
3. Klarheit, wer Anordnungen gibt
4. Anmahnen von unbezahlten Rechnungen
5. Klarheit, wem gegenüber der Mitarbeiter verantwortlich ist

7 **Welche Berufsbezeichnungen gehören zu einer Service-Brigade?**

1. Commis d'étage und Concierge
2. Chef de rang und Portier
3. Sommelier und Gardemanger
4. Maître d'hôtel und Demichef de rang
5. Demichef de rang und Entremetier

8 **In welchem Organisationsmittel sind die fachlichen Anforderungsprofile für Mitarbeiter aufgeführt?**

1. In der Checkliste
2. Im Dienstplan
3. Im Einsatzplan
4. Im Tafelorientierungsplan
5. In der Stellenbeschreibung

9 **Welchen Inhalt hat eine Stellenbeschreibung?**

1. Die Löhne
2. Die sachliche Festlegung von Aufgaben
3. Den Personaleinsatz
4. Die Urlaubsansprüche
5. Die Organisation aller Betriebsbereiche

10 Was versteht man unter einem Maître d'hôtel?

1. Küchenchef
2. Empfangschef
3. Hotelmanager
4. Oberkellner
5. Etagenkellner

11 Bringen Sie die verschiedenen Stellenbezeichnungen in die richtige Rangfolge (Reihenfolge), indem Sie Ziffern in die Kästchen eintragen.

Chef de rang

Restaurantmanager/in

Demi-chef de rang

Maître d'hôtel

Commis de rang

12 Welcher Aufgabenbereich gehört nicht zu den Tätigkeitsmerkmalen eines Sommeliers?

1. Weineinkauf
2. Pflege der Weine
3. Beratung der Gäste, insbesondere bei der Weinbestellung
4. Einteilung der gesamten Servicebrigade
5. Erstellung von Getränkekarten, insbesondere der Weinkarte

13 Was gehört zu dem Aufgabenbereich eines Chef de rang?

- Vorbereitung des Service (Mise en place)
- Beratung der Gäste und Verkauf von Speisen und Getränken
- Bestellungsaufnahme und das Bonieren
- Servicedurchführung, im Bedarfsfall Tranchieren, Flambieren, Filetieren und Flaschenweinservice
- Abrechnen mit Gästen und Betrieb
- Anleiten, Kontrollieren und Motivieren der Mitarbeiter

14 **Der gastgewerbliche Betrieb ist durch eine Vielzahl von Abläufen und Vorgängen gekennzeichnet. Man unterteilt in einfache und komplexe/umfassende Abläufe.**

Welcher Vorgang gehört zu den komplexen/umfassenden Abläufen?

1. Anfordern von Tischwäsche
2. Vorbereiten und Durchführen eines kalten Büfetts
3. Empfangen und Begrüßen eines Gastes
4. Eindecken von Grundgedecken
5. Präsentieren einer Flasche Wein

15 **Bringen Sie die Arbeitsschritte bei der Bedienung von Gästen in die richtige Reihenfolge.**

In einem Verkaufsgespräch Gäste beraten

Vorbereiten der Tische des Restaurants für einen neuen Service und Abrechnen mit dem Betrieb

Bestellung aufnehmen, bonieren und weiterleiten

Abservieren des Geschirrs

Abrechnen mit dem Gast und Verabschiedung

Gäste freundlich empfangen, begrüßen und zum Tisch begleiten

Dessert, Kaffee und Digestif anbieten

Speise- und Getränkekarten aushändigen und gleichzeitig einen Aperitif anbieten

Getränke und Speisen servieren

16 **Welche Abteilung ist bei entsprechender Arbeitsteilung für die Organisation von Zeitungsinseraten zuständig?**

1. Die Abteilung Service
2. Die Abteilung Verpflegung
3. Die Abteilung Verkauf
4. Die Abteilung Verwaltung
5. Die Abteilung Beherbergung

17 Welche Planungshilfe ist nachfolgend abgebildet?

Tag/Datum	Montag 6.		Dienstag 7.		Mittwoch 8.		Donnerstag 9.		Freitag 10.		Samstag 11.	
	Frühst. Mittag	Abend	Frühst. Mittag	Abend	Frühst. Mittag	Abend	Frühst. Mittag	Abend	Frühst. Mittag	Abend	Frühst. Mittag	Abend
Gedecke (Prognose)	140	120	240	60	160	55	240	60	130	45	240	150
Leistungsmaßstab	50	30	50	30	50	30	50	30	50	30	50	30
Personalbedarf	3*	4	5	2	4	2*	5	2	3*	2*	5	5
Personaleinsatz 1	Früh			frei	Früh		Früh		Früh		Früh	
2	Früh		Früh			frei	Früh		Früh		Früh	
3		Spät	Früh			frei	Früh			Spät	Früh	
4		Spät	Früh		Früh			frei		Spät		Spät
5		Spät		Spät		Spät		Spät		frei		Spät
6		Spät		Spät		Spät		Spät		frei		Spät
7	Früh		Früh		Früh		Früh		frei		Früh	
Aushilfe 1			A		A				A		A**	
2								A				A
Personal im Dienst	3	4	5	2	4	2	5	2	3	2	5	5
frei		–		1		2		1		2		–

* mindestens 2 Bedienungen ** nur für Frühstück

1. Wochendienstplan für Restaurantfachleute
2. Tafelorientierungsplan für die Gäste
3. Veranstaltungsplan für alle Betriebsabteilungen
4. Vertretungsplan für Krankheitsfälle
5. Reservierungsplan der Bankettabteilung

18 Dienstpläne werden in der Regel als Wochenpläne erstellt.

Welche Faktoren sind ausschlaggebend für die personelle Besetzung im Arbeitsbereich Service?

- Die Anzahl der zu erwartenden Gäste im Restaurant oder die Hotelbelegung, z.B. für den Frühstück-Service
- Umfang der Leistungen und des Arbeitsaufwandes
- Die vom Betrieb erarbeiteten Leistungsmaßstäbe

19 Welche Aussage über ein Memo (Laufzettel) in der Betriebsorganisation ist richtig?

1. Mit einem Memo werden alle Abteilungen des Betriebes informiert, die mit einer bestimmten Veranstaltung zu tun haben.
2. Auf dem Memo sind alle betrieblichen Leistungen aufgeführt, die der Betrieb den Gästen bietet.
3. Das Memo ist ein betriebsinterner Begleitschein, der bei der Warenausgabe die Ware begleitet.
4. Das Memo ist ein vorläufiger Reservierungsplan, der alle Betriebsabteilungen davon in Kenntnis setzt.
5. Mit dem Memo werden betriebsinterne Warenkontrollen durchgeführt.

14 Getränkepflege und -verkauf

Ergänzend zum Kapitel 5 Getränke werden hier weitere Gesichtspunkte zu verschiedenen Getränken aufgezeigt und abgefragt.

14.1 Wein

1 **Für die Gästeberatung und den Verkauf von Wein ist es wichtig, über Anbaugebiete und deren Rebsorten Bescheid zu wissen. Ordnen Sie den Abbildungen die Weinbaugebiete mit deren wichtigste Rebsorten zu, indem Sie die Ziffern in die Kästchen bei den Grafiken eintragen.**

1	Sachsen	Müller-Thurgau, Riesling, Weißburgunder
2	Nahe	Riesling, Müller-Thurgau, Silvaner
3	Hess. Bergstraße	Riesling, Müller-Thurgau, Grauburgunder
4	Württemberg	Riesling, Trollinger, Schwarzriesling
5	Saale-Unstrut	Müller-Thurgau, Weißburgunder, Silvaner
6	Baden	Spätburgunder, Müller-Thurgau, Ruländer
7	Rheinhessen	Müller-Thurgau, Silvaner, Riesling

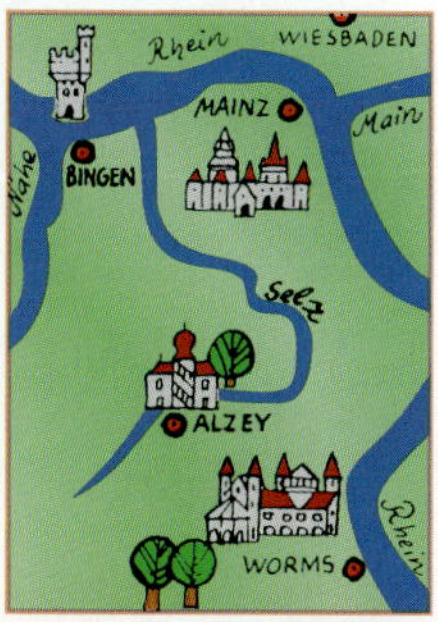

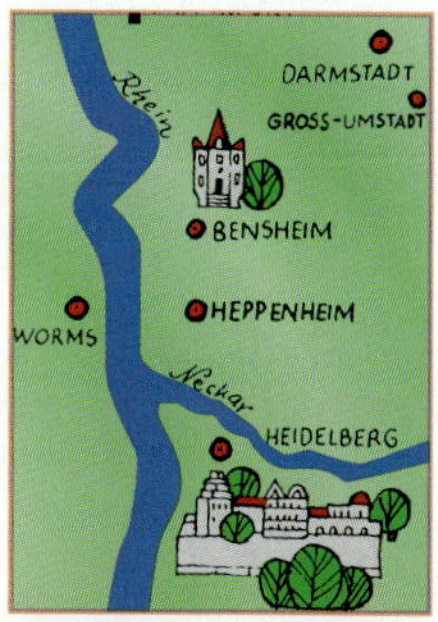

2 **Ordnen Sie hier die bezifferten Abbildungen den Weinbaugebieten und deren wichtigsten Rebsorten zu, indem Sie die Ziffern in die Kästchen eintragen.**

1

2

3

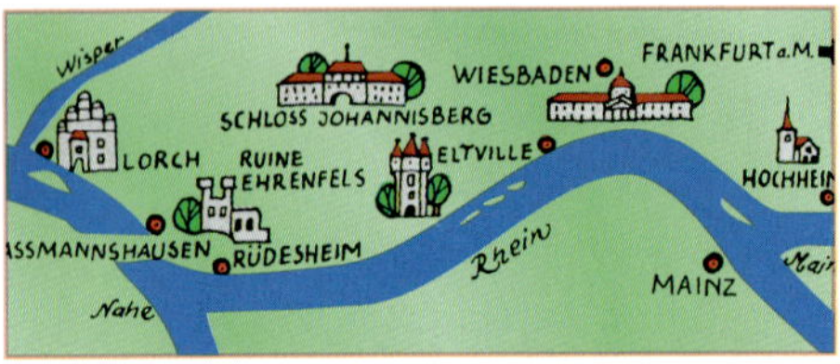

4

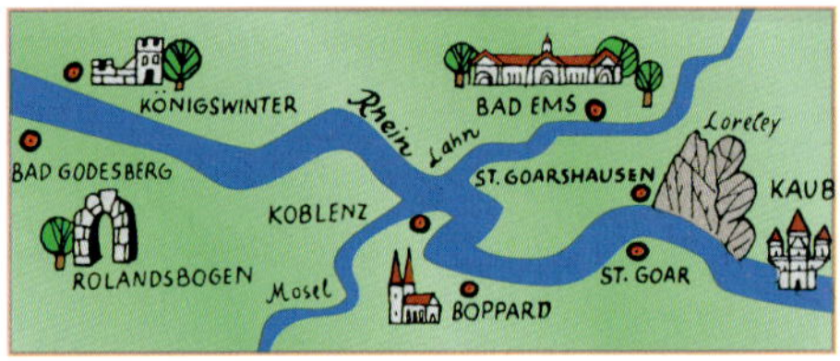

5

6

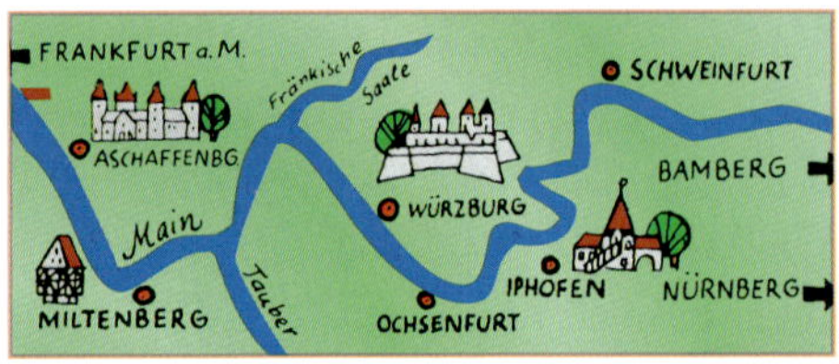

Franken	Müller-Thurgau, Silvaner, Bacchus	
Mosel	Riesling, Müller-Thurgau, Elbling	
Rheingau	Riesling, Spätburgunder, Müller-Thurgau	
Pfalz	Riesling, Müller-Thurgau, Portugieser	
Ahr	Spätburgunder, Portugieser, Riesling	
Mittelrhein	Riesling, Müller-Thurgau, Spätburgunder	

3 **Nennen Sie die speziell vorgeschriebenen Qualitätsangaben für Weinetiketten.**

- Deutscher Tafelwein oder Landwein
- Qualitätswein b.A. (bestimmtes Anbaugebiet)
- Prädikatswein

Weinetiketten enthalten vorgeschriebene sowie zulässige Angaben über den Wein.

4 Welche vorgeschriebenen Angaben müssen Weinetikette unabhängig von den unterschiedlichen Güteklassen in jedem Fall enthalten?

- Das Nennvolumen (Menge des Flascheninhalts)
- Den Alkoholgehalt (in % vol)
- Den Namen (Firma) des Abfüllers sowie den Gemeindenamen seines Hauptsitzes
- Den Erzeugerstaat bei Versand in andere Länder

---

5 Nennen Sie die zulässigen Angaben, die ein Weinetikett enthalten darf.

- Eine engere geografische Herkunftsangabe
- Höchstens drei Rebsorten und den Jahrgang
- Geschmacksangaben wie trocken, halbtrocken, lieblich oder süß
- Weingut, Erzeugerabfüllung, Weinhändler, Winzer, Importeur, Burg, Domäne, Kloster, Schloss, Stift
- Prämierungen und Gütezeichen

6 Ordnen Sie dem stilisierten Weinetikett die nebenstehenden Bezeichnungen zu, indem Sie die Ziffern in die Kästchen eintragen.

(1) Jahrgang
(2) Rebsorte
(3) Qualitätsstufe
(4) Abfüller/Erzeuger
(5) Leseart
(6) Bestimmtes Anbaugebiet
(7) Geschmacksnote
(8) Alkoholgehalt / Nennvolumen
(9) Amtliche Prüfungsnummer
(10) Engere Herkunftsbezeichnung

7 **Welche Herkunftsbezeichnung ist eine vorgeschriebene Angabe für Qualitätsweine bestimmter Anbaugebiete?**

(1) Pfalz

(2) Oberrhein-Burgengau

(3) Rhein-Mosel – Rhein

(4) Bayern – Main

(5) Neckar

8 **Die amtliche Qualitätsprüfung umfasst drei Stufen.**

Nennen Sie die drei Prüfungsteile.

- Lese- und Reifeprüfung
- Analytische Prüfung
- Sinnenprüfung

9 **Welche zusätzliche Angabe ist laut deutschem Weingesetz auf der Weinkarte nicht erlaubt?**

(1) Deutsches Weinsiegel – gelb

(2) Deutsches Weinsiegel – rot

(3) Erzeugerabfüllung

(4) Badisches Gütezeichen

(5) Originalabfüllung

10 **Bringen Sie die Prädikatbezeichnungen durch Eintragen der Ziffern 1 bis 6 in die richtige aufsteigende Reihenfolge.**

Spätlese

Eiswein

Beerenauslese

Kabinett

Auslese

Trockenbeerenauslese

11 **Eine Arbeitskollegin bittet Sie, ihr die Bedeutung der amtlichen Prüfungsnummer bei Qualitätsweinen zu erklären.**

Ordnen Sie den einzelnen Teilnummern ihre Wortbedeutung zu, indem Sie die richtigen Ziffern in die Kästchen eintragen.

Wortbedeutung

1. Nr. des geprüften Weins
2. Prüfstelle
3. Ort der Herstellung
4. Jahr der Prüfung
5. Abfüllbetrieb/Erzeuger

Amtliche Prüfungsnummer

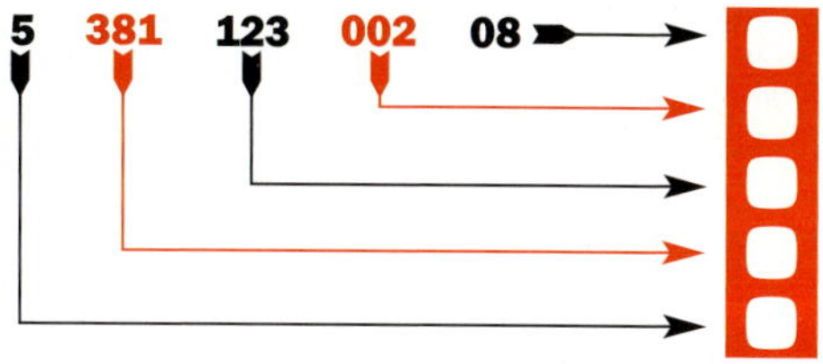

12 **Weinverkauf ist Vertrauenssache. Der Gast erwartet, dass Empfehlungen der Wahrheit entsprechen. Die Restaurantfachkräfte sollten sich deshalb eine gewisse Weinerfahrung aneignen. Welche Möglichkeiten bieten sich an?**

- Das Lesen von einschlägiger Literatur
- Die Teilnahme an einer Weinprobe unter fachlicher Leitung
- Der Besuch eines Weinguts und/oder Weinseminars

---

13 **Für Weinproben gibt es bestimmte Regeln.**

Erstellen Sie einen fachgerechten Ablaufplan für eine Weinprobe für Gäste oder Service-Mitarbeiter.

- Zuerst werden herbe, trockene und dann die lieblichen, süßen Weine probiert.
- Die leichten Weine präsentiert man vor den gehaltvollen.
- Werden verschiedene Weinarten probiert, so beginnt man mit den Weißweinen, geht dann über zu den Roséweinen sowie Weißherbst und verkostet zum Schluss die Rotweine.
- Die Weine müssen sachgerecht temperiert sein.
- Für die Neutralisierung der Geschmacksempfindung stehen Wasser und Weißbrot zur Verfügung.
- Vor dem Degustieren betrachtet man die Farbe und die Klarheit des Weines im Glas.
- Durch sachtes Schwenken des Weines im Glas reichert er sich mit Sauerstoff an und entfaltet dabei sein volles Bukett. Dieses kann man durch Riechen wahrnehmen.
- Bei der Verkostung schlürft man bedächtig den ersten Schluck, lässt ihn über die Zunge rollen und „kaut“ ihn noch ein wenig. Dadurch kann man das ganze Aroma des Weines erschmecken, da alle Geschmackszonen der Zunge vom Wein benetzt werden.

14 **Ordnen Sie den Geschmackszonen der abgebildeten Zunge die entsprechenden Geschmacksempfindungen zu.**

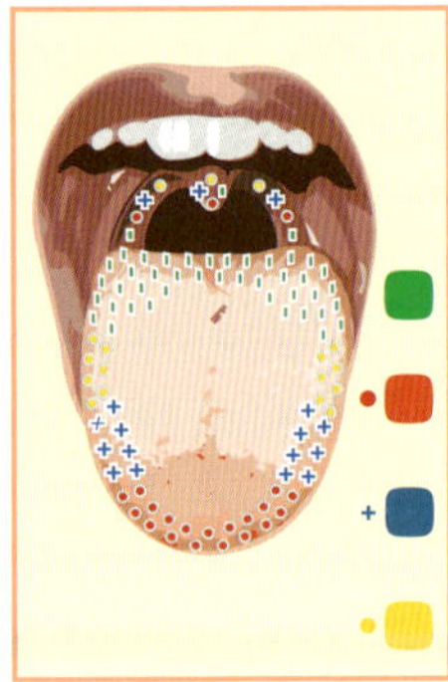

1. Süß
2. Sauer
3. Bitter
4. Salzig

15 **Benennen Sie die Utensilien für den gehobenen Weinservice, indem Sie die Ziffern bei den Abbildungen eintragen.**

1. Temperaturgarant für Bocksbeutelflaschen
2. Korkenzieher
3. Temperaturgarant für Schlegelflaschen
4. Degustierglas mit Thermometer

16 **Im Zusammenhang mit dem Weinservice gibt es verschiedene Fachausdrücke.**

Ordnen Sie den 3 Erklärungen die richtigen Fachausdrücke zu, indem Sie die Ziffern in die Kästchen eintragen.

Fachausdrücke

1 Dekantieren	2 Degorgieren	3 Chambrieren	4 Dosieren
5 Frappieren	6 Candelieren	7 Ziselieren	

Begriffserklärung

Wein in Eiswasser durch leichte Rollbewegung rasch kühlen

Rotwein vorsichtig in eine Karaffe umgießen

Wein von Kellertemperatur auf Trink- bzw. Raumtemperatur bringen

17 **In einer Weißweinflasche haben sich feste, glasartige Kristalle gebildet. Woraus bestehen diese Kristalle?**

1. Dosage
2. Weinstein
3. Depot
4. Zucker
5. Zitronensäure

18 **Welche beiden Weine kommen aus dem Anbaugebiet Burgund?**

1. Pomerol, Pommard
2. Chablis, Château Lafite Rothschild
3. Château Lafite Rothschild, Pommard
4. Chablis, Beaujolais
5. Pomerol, Fleurie

19 **Welche Rebsorte ist für das Anbaugebiet Ahr typisch?**

1. Riesling
2. Trollinger
3. Lemberger
4. Silvaner
5. Spätburgunder

20 **Als Restaurantfachkraft müssen Sie auf Gästefragen rasch reagieren und die richtige Auskunft erteilen können. Auf Wunsch des Gastes ist bei den verschiedenen Weinempfehlungen das jeweilige Anbaugebiet zu nennen.**

Ordnen Sie zu, indem Sie die Ziffern von 4 der insgesamt 7 Weine in die Kästchen bei den Weinbaugebieten eintragen.

Weine	*Anbaugebiete*
1. Ockfener Bockstein, Riesling, Kabinett	
2. Meißener Kapitelberg, Weißburgunder, Q.b.A., trocken	Pfalz
3. Deidesheimer Hofstück, Riesling, Spätlese	
4. Assmannshäuser Höllenberg, Spätburgunder, Weißherbst	Franken
5. Walporzheimer Berg, Spätburgunder, Spätlese, trocken	Ahr
6. Bechtheimer Pilgerpfad, Müller-Thurgau, Auslese	Rheingau
7. Rödelseer Küchenmeister, Silvaner, Kabinett, trocken	

21 **Ordnen Sie den Weinarten die richtige Beschreibung zu, indem Sie die Ziffern in die Kästchen eintragen.**

Merkmale	*Weinarten*	
(1) Aus Weintrauben, deren rote Farbstoffe aus der Beerenhaut durch Vergärung bzw. Erhitzung der Maische gewonnen wird.	Perlwein	☐
(2) Der Wein schimmert golden bis rötlich und wird aus Rotweintrauben nach dem Weißweinverfahren hergestellt.	Weißherbst	☐
(3) Helle Trauben werden zur Maische gequetscht, abgepresst und der Most vergoren.	Rotling	☐
(4) Der Wein von blasser, hellroter Farbe entsteht, wenn weiße und rote Trauben zusammen nach dem Rotweinverfahren verarbeitet werden.	Weißwein	☐
(5) Der Wein ist ein qualitativ hochwertiger Roséwein, der in allen Weinbaugebieten erzeugt werden darf.	Rotwein	☐
(6) Der Wein enthält natürliche oder zugesetzte Kohlensäure, der bei 20 °C einen Druck von mindestens 1,0 bar und nicht über 2,5 bar aufweist.	Schillerwein	☐
(7) Der Wein aus Württemberg von blass- bis hellroter Farbe wird durch Verschneiden von Weißwein- und Rotweintrauben hergestellt und muss mindestens Qualitätsstufe erreichen.	Roséwein	☐

22 **Ein Gast wünscht Auskunft über die nebenstehenden Prädikatsstufen.**
Ordnen Sie den Prädikatsstufen die richtige Beschreibung zu, indem Sie die Ziffern in die Kästchen eintragen.

Beschreibungen	*Prädikatsstufen*	
(1) Die Beeren sind durch die Edelfäule bereits eingeschrumpft, der Zuckergehalt konzentriert sich.		
(2) An diese Weine werden höhere Anforderungen gestellt als an die Qualitätsweine b. A.	Spätlese	☐
(3) Die Weintrauben sind zum Zeitpunkt der Lese und Kelterung gefroren. Dadurch ist der Most konzentrierter.	Beerenauslese	☐
(4) Es dürfen nur überreife und edelfaule Trauben verwendet werden.	Trockenbeerenauslese	☐
(5) Die Trauben werden nach der Haupternte in vollreifem Zustand geerntet.	Eiswein	☐
(6) Der Wein wird aus vollreifen Trauben hergestellt, von denen unreife und kranke Beeren entfernt/ausgelesen werden.		

23 **Welchen Anteil an Wein muss nach dem Weingesetz eine Weinschorle mindestens haben?**

1 25 %

2 30 %

3 40 %

4 50 %

5 60 %

24 **Welche Rebsorten empfehlen Sie zu** *gebratenen Hirschmedaillons?*

1 Ruländer, Kerner, Weißburgunder

2 Spätburgunder, Lemberger, Riesling

3 Kerner, Trollinger, Portugieser

4 Silvaner, Müller-Thurgau, Ruländer

5 Portugieser, Trollinger, Spätburgunder

25 **Welches Getränk gehört zur Gruppe der weinähnlichen Getränke?**

1 Likörwein

2 Perlwein

3 Schaumwein

4 Apfelwein

5 Glühwein

26 **Welches weinhaltige Getränk wird mit Rotwein zubereitet?**

1 Kir royal

2 Kalte Ente

3 Kullerpfirsich

4 Maibowle

5 Punsch

27 **Was bewirken Weinklimaschränke, die im Blickfeld des Gastes platziert sind?**

- Die Schränke schaffen Weinatmosphäre.
- Sie fördern Impulsentscheidungen zum Weinkauf.

28 Welche arbeitstechnischen Vorteile bieten Weinklimaschränke für die Servicemitarbeiter?

- Sie verfügen über unterschiedliche Temperaturzonen, sodass vom Rotwein bis zum Schaumwein alle Weingetränke die passende Serviertemperatur erhalten.
- Sie sorgen für gute Übersicht und Kontrolle der vorhandenen Bestände.
- Die Weinflaschen können darin nur liegend und somit korkgerecht gelagert werden.

14.2 Likörwein

1 Welcher Aperitif ist ein Likörwein (Südwein oder Dessertwein)?

1. Sherry
2. Cynar
3. Kir royal
4. Martini
5. Pernod

☐

2 Welcher Likörwein wird in Ungarn hergestellt?

1. Sherry
2. Samos
3. Marsala
4. Tokajer
5. Portwein

☐

3 Sie sollen Sherry nach Aussehen und Geschmack beurteilen, indem Sie die richtigen Ziffern in die Kästchen hinter den typischen Sherrybezeichnungen eintragen.

Aussehen und Geschmack	*Sherrybezeichnungen*	
(1) Sehr hell, gelbweiß, sehr trocken, leicht salzig	Cream	☐
(2) Dunkel und dickflüssig, süß, lieblich und mild		
(3) Hell bis hellgold, trocken, wenig Säure	Manzanilla	☐
(4) Dunkelgold, trocken bis halbsüß		
(5) Bernsteinfarben, halbtrocken	Amontillado	☐

4 **Mit welcher Ausschankmenge serviert man Likörweine?**

1. 2 cl
2. 0,2 l
3. 5 cl
4. 0,1 l
5. 4 cl

5 **Welche Faustregel gilt für die Serviertemperatur von Sherry- und Portweinen?**

1. Alle werden gleich kühl serviert.
2. Nur die Sherryweine werden on the rocks serviert.
3. Alle Portweine werden bei Raumtemperatur serviert.
4. Je dunkler die Weinfarbe, desto kühler werden sie serviert.
5. Helle Weine werden kühl, dunkle raumtemperiert serviert.

6 **Sie müssen verschiedene Aperitifs vorbereiten. Einer der Aperitifs ist ein trockener Sherry. Welches Glas wählen Sie dafür aus?**

1 2 3 4 5

7 **Likörweine werden vielfach als Aperitifs angeboten. Wozu können bestimmte Likörweine noch empfohlen werden?**

- Zu Süßspeisen
- Als Digestif

14.3 Schaumwein – Champagner

1 **Erklären Sie den Begriff Schaumwein.**

- Schaumwein ist der Oberbegriff für einen Wein mit einem Mindestgehalt an natürlicher Kohlensäure.

2 Was bewirkt der Kohlensäuregehalt beim Schaumwein?

- Er bewirkt beim Öffnen der Flasche das Schäumen; dies wird auch als Moussieren bezeichnet.
- Die Kohlensäure belebt das Getränk durch aufsteigende Kohlensäureperlen.
- Er verleiht dem Getränk einen prickelnden, erfrischenden Geschmack.

---

3 Champagner unterliegt strengen gesetzlichen Vorschriften. Nennen Sie diese.

- Das Produkt muss in dem eng begrenzten Gebiet der Champagne hergestellt sein.
- Zur Herstellung sind nur drei Rebsorten aus dem Gebiet der Champagne zugelassen.
- Die Herstellung muss durch Flaschengärung bzw. nach der *méthode champenoise* erfolgen.

---

4 Nennen Sie die Rebsorten, die zur Herstellung von Champagner zugelassen sind.

- Pinot noir (Spätburgunder = rote Traube)
- Pinot meunier (Schwarzriesling = rote Traube)
- Chardonnay (weiße Traube)

5 Ordnen Sie den Erklärungen die besonderen Champagnerbezeichnungen zu.

Champagnerbezeichnungen	*Erklärungen*	
① Blanc de blancs	Schaumwein mit geringem Mousseux	☐
② Champagne millésimé	Aus weißen Chardonnay-Trauben hergestellt	☐
③ Champagne Crémant	Jahrgangs-Champagner	☐

6 Welche Grundregeln im Zusammenhang mit Speisen gelten für das Servieren von Schaumwein/Champagner?

- Trockenen Sekt bzw. Champagner serviert man als Aperitif.
- Manchmal serviert man ihn in Verbindung mit einem Fruchtsirup, Fruchtpüree oder Fruchtlikör.
- Man serviert ihn gerne in Verbindung mit kalten Vorspeisen wie Kaviar, frischen Austern und Hummer.
- Halbtrockenen oder süßen Schaumwein empfiehlt man zu warmen Süßspeisen.

7 **Ihre Gäste haben eine Flasche Champagner bestellt. Nachfolgend ist das Etikett abgebildet.**

Durch welche der bezifferten Angaben können Sie die Rebsorten benennen, die bei der Herstellung verwendet wurden?

8 **Beschreiben Sie die mise en place für den Service von Schaumwein bzw. Champagner.**

Auf einem Guéridon stellt man bereit:

- Sektflasche, evtl. im Kühler auf einem Teller mit Serviette
- Weinserviette und zwei kleine Teller
- Barzange, die als Hilfe zum Öffnen des Drahtbügelverschlusses oder zum Lösen festsitzender Korken dient

9 **Ein Gast hat für sich und seine Freunde eine Flasche Sekt bestellt.**
Bringen Sie die folgenden Arbeitsschritte beim Öffnen und Servieren von Sekt in die richtige Reihenfolge, indem Sie die Ziffern 1 bis 10 in die Kästchen eintragen.

Nach Zustimmung gießt man den restlichen Gästen und zuletzt dem Besteller ein.

Den Korken umfasst man nun mit der Serviette, lockert ihn und lässt ihn möglichst geräuscharm aus der schräg gehaltenen Flasche gleiten.

Die Flasche wird dem Besteller präsentiert.

Die Agraffe (Drahtbügelverschluss) wird entgegen ihren Windungen aufgedreht und vorsichtig entfernt. Dabei soll der Korken möglichst immer durch den Daumen gesichert sein.

Ist die Flasche mit einem Naturkorken versehen, so wird dieser dem Gast präsentiert.

Man entfernt die Stanniolkapsel bis zum Drahtbügelverschluss. Die Stanniolreste werden auf einem der Teller abgelegt.

Mit der Serviette den Flaschenmund säubern

Dem Besteller einen Probeschluck eingießen, der so bemessen sein soll, dass der Gast zweimal probieren kann.

Eine Stoffserviette wird über den Korken gelegt und mit dem Daumen festgehalten.

Die Flasche wird aus dem Kühler genommen und mit einer Serviette abgetrocknet.

10 Ordnen Sie den abgebildeten Sektgläsern die richtige Bezeichnung zu, indem Sie die Ziffern in die Kästchen bei den Gläsern eintragen.

(1) Sektflöte

(2) Sektkelch

(3) Sektspitz

14.4 Spirituosen

1 Wie heißt die französische Spirituose, die aus Äpfeln hergestellt ist?

(1) Chartreuse
(2) Bénédictine
(3) Grand Marnier
(4) Calvados
(5) Cointreau

2 Welche 4 der 8 aufgezählten Spirituosen sind aus Wein bzw. Weintrester hergestellt? Tragen Sie die Ziffern in die Kästchen ein.

(1) Arrak
(2) Barack Pálinka
(3) Grappa
(4) Cognac
(5) Marc
(6) Zinn 40
(7) Vat 69
(8) Bacardi

3 Für eine Reisegruppe sollen Spirituosen aus Getreide und Wacholder bereitgestellt werden. Welche Spirituosengruppe wählen Sie aus?

(1) Cognac, Gin, Bacardi
(2) Maraschino, Slibowitz, Marc
(3) Calvados, Armagnac, Genever
(4) Steinhäger, Aquavit, Wodka
(5) Gin, Genever, Steinhäger

4 Welche Aussage zu einem Obstwasser (z.B. Kirschwasser) ist richtig?

1. Frisches Obst zu Most vergoren und destilliert
2. Obst mit Zucker vergoren, destilliert, Zusätze von Fruchtsaft und Farbstoff erlaubt
3. Obstextrakt mit Zucker und Alkohol vergoren und destilliert
4. Frisches Obst destilliert, Zuckerzusatz und Aromastoffe erlaubt
5. Fruchtmischung vergoren, destilliert, Saft und Zucker dürfen zugesetzt werden

5 Welche Spirituose wird aus einer Pflanzenwurzel hergestellt?

1. Gin
2. Ouzo
3. Calvados
4. Enzian
5. Kümmel

6 Wie werden Spirituosen dem Gast serviert?

- Spirituosen werden dem Gast direkt im geeigneten und mit einem Füllstrich versehenen Glas serviert.
- Je nach Art der Spirituose sind die Getränke und oft auch die Gläser tiefgekühlt, gekühlt oder raumtemperiert.

7 Welches Getränk wird in einem tiefgekühlten Glas serviert?

1. Maraschino
2. Crème de Bananes
3. Armagnac
4. Wacholder
5. Whisky

8 Wie können Spirituosen verkaufsfördernd präsentiert werden?

- In manchen Hotels und Restaurants bietet man mit einem fahrbaren Spirituosenwagen den Gästen Aperitifs und Digestifs an.
- Der Wagen ist bestückt mit Spirituosenflaschen, Eiswürfeln und Gläsern wie Schwenker, Stamper mit und ohne Stiel, Likörschalen und Tumbler.

14.5 Bar

Die Hotelbar ist ein wichtiger Kommunikationsbereich für unsere Gäste.

Die Herstellung von Drinks durch die Barkeeper ist eine besondere Form von Erlebnisgastronomie.

Der Gast hat die Möglichkeit beim Herstellungsprozess zuzusehen und kann sich am handwerklichen Geschick der Barfachleute erfreuen.

In vielen Häusern ist die Bar ein wichtiger Umsatzfaktor geworden.

1 **Eine funktionelle Hotel-Bar benötigt eine spezielle Einrichtung.**

Ordnen Sie den nebenstehenden Barbegriffen die richtigen Barutensilien zu.

- Messglas ☐
- Hamilton-Beach-Mixer ☐
- Eiswürfelbehälter ☐
- Früchtekorb ☐
- Elektro-Mixer ☐
- Saftpresse ☐
- Rührglas, Shaker ☐
- Bostonshaker ☐

2 **Ordnen Sie den abgebildeten Arbeitsgeräten der Bar die richtige Bezeichnung zu, indem Sie die Ziffern in die Kästchen eintragen.**

(1) Rührglas und Bostonshaker

(2) Schüttelbecher und Barsieb

(3) Roheisbehälter und Eiszange

☐

☐

☐

3 **Mit welchen Grundkenntnissen der Bar sollte jede Restaurantfachkraft vertraut sein?**

- Grundkenntnisse
  - der Arbeitsgeräte
  - der Zutaten (Ingredienzien)
  - der Arbeitstechniken

4 **Weitere wichtige Arbeitsgeräte der Bar sind nachfolgend abgebildet.**

Ordnen Sie den Abbildungen die richtige Bezeichnung zu, indem Sie die Ziffern in die Kästchen eintragen.

1 Spritzflasche für Bitters
2 Barlöffel und Barmesser
3 Messbecher

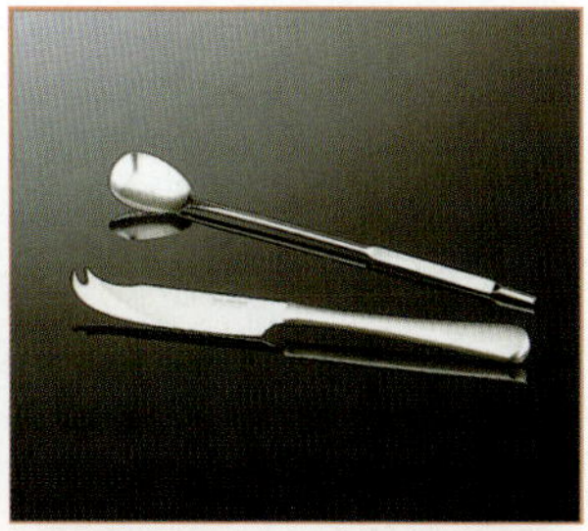

5 **Für viele Bezeichnungen und Tätigkeiten in der Bar werden englische Begriffe benutzt.**

Ordnen Sie den 6 deutschen Bezeichnungen die englischen Fachbegriffe zu, indem Sie die Ziffern in die Kästchen eintragen.

1 Dashbottle
2 Strainer
3 Shaker
4 Ice bucket
5 Bar knife
6 Ice pincer
7 Bar spoon
8 Jigger
9 Mixing glass

Barsieb
Roheisbehälter
Messbecher
Rührglas
Spitzflasche
Barlöffel

6 **Zählen Sie weitere in Aufgabe 5 nicht genannte, notwendige Arbeitsutensilien für die Bar auf.**

- Barzange
- Eisschaufel
- Schneidebrett
- Verschiedene Sticks, Spießchen oder Quirls
- Strohhalme
- Muskatreibe
- Trenner für Eigelb und Eiweiß
- Papieruntersetzer
- Unterschiedliche Bargläser

7 **Benennen Sie die 10 abgebildeten Bargläser, indem Sie die richtigen Ziffern in die Kästchen unter den Gläsern eintragen.**

(1) Champagnerglas
(2) Whiskytumbler
(3) Likörschale
(4) hochstieliges Cognacglas
(5) Sektschale
(6) Mediumtumbler
(7) Roséweinglas
(8) Sektspitz
(9) Longdrink-Glas
(10) Cocktailglas

8 **In der Bar verwenden Sie zur Herstellung der unterschiedlichen Drinks verschiedene Zutaten (Ingredienzien). Sie sind von sehr unterschiedlicher Art und teilweise geschmacklich stark ausgeprägt. Ordnen Sie den verschiedenen Zutaten die richtige Gruppenbezeichnung zu, indem Sie die Ziffern der Gruppenbezeichnung in die Kästchen hinter den Zutaten eintragen.**

Gruppenbezeichnungen

(1) Alkoholische Zutaten (2) Aromatische Zutaten (3) Füllende Zutaten (4) Garnituren

Zutaten

Oliven		Wasser		Fruchtsirupe	
Fruchtsäfte		Weinbrand/Cognac		Grenadine	
Vermouth		Zitronensaft		Zuckerrand	
Angosturabitter		Kokosnusscreme		Erdbeeren	
Campari		Minzeblätter		Rum	
Cocktailkirschen		Physalis		Tomatensaft	
Sekt		Milch, flüssige Sahne		Sternfruchtscheibe	

9 **Zur Kühlung der Bargetränke wird Eis in verschiedenen Zustandsformen gebraucht.**

Erläutern Sie die Verwendung von Eiswürfeln und gestoßenem Eis.

- Eiswürfel verwendet man bei der Herstellung von Cocktails, wobei sie zusammen mit den Zutaten gerührt oder geschüttelt und anschließend abgeseiht werden.
- Gestoßenes Eis, auch crushed ice genannt, verwendet man bei Longdrinks. Dabei wird die gemixte Basis über das Eis in das Glas gegossen und dann aufgefüllt.

---

10 **Welche Herstellungsmethoden für Mixgetränke gibt es?**

- Das Rühren im Rührglas
- Das Schütteln im Becher
- Das Aufbauen oder Anrichten im Trinkglas

11 **Ordnen Sie den verschiedenen Herstellungsmethoden von Mixgetränken die Tätigkeitsmerkmale zu, indem Sie die Ziffern in die Kästchen eintragen.**

Herstellungsmethoden

(1) In einem schlanken, taillierten Glas werden die verschiedenen Getränke so aufeinander gegossen, dass hierdurch bunte Schichten im Glas entstehen.

(2) Mit dem Barlöffel werden die Drinks auf Eis ca. 10 bis 20 Sekunden vom Gefäßboden nach oben vermischt.

(3) Das Mixgefäß wird mit beiden Händen umfasst und waagerecht in Längsrichtung in Schulterhöhe kräftig hin und her bewegt.

Tätigkeitsmerkmale

Das Rühren im Rührglas ☐

Das Schütteln im Becher ☐

Das Bauen oder Anrichten im Trinkglas ☐

12 **Welche Aussage der Barkarte dient ausschließlich einer informativen Produktpräsentation?** ☐

1 Golden Ginger – ein Hauch von Exotik

2 Golden Ginger – ein willkommener Vitaminbringer

3 Golden Ginger – der Hit unseres Barkeepers

4 Golden Ginger – der alkoholfreie Sommerdrink

5 Golden Ginger – ein Fruchtcocktail aus Orangensaft, Grapefruitsaft, Ananassaft, Ginger Ale

13 **Welchen Cocktail würden Sie einem Gast als Aperitif empfehlen?**

1. Pousse Café
2. Grasshopper
3. Manhattan
4. Bloody Mary
5. Prairie Oyster

14 **Auf der Barkarte wird ein *Florida Cocktail* angeboten.**
Um welche Art von Getränk handelt es sich hierbei?

1. Um ein Mischgetränk aus Cola, Rum und Orangensaft
2. Um einen alkoholhaltigen Longdrink
3. Um einen Erdbeerschaumwein
4. Um einen weinhaltigen Digestif
5. Um einen alkoholfreien Cocktail

15 **Die Bildfolge zeigt Ihnen das Herstellen von Cocktails durch Schütteln im Shaker.**
Ordnen Sie den Abbildungen die richtige Bildunterschrift zu.

1. Zutaten abmessen und in Shaker gießen
2. Garnitur anbringen
3. Eiswürfel in den Shaker geben
4. Cocktailglas mit Eiswürfeln frappieren
5. Getränk kräftig schütteln
6. Cocktail ins gekühlte Glas abseihen

16 Welche beiden Cocktails werden mit Zitronensaft und Cointreau hergestellt?

1. Alexander und Daiquiri
2. Martini dry und Old Fashioned
3. Side Car und Screw Driver
4. Caipirinha und Golden Ginger
5. White Lady und Side Car

17 Ein Gast hat einen *Alexander Cocktail* bestellt. Welche Zutaten benötigen Sie?

1. Eis, trockenen Vermouth, Dry Gin, Olive
2. Eis, Cognac, Crème de Cacao, Sahne
3. Eis, Zitronensaft, Cointreau, Cognac
4. Eis, Campari, Orangensaft, roten Vermouth
5. Eis, Bourbon Whiskey, Würfelzucker, Angostura, Orangen- und Zitronenscheibe, Cocktailkirsche

18 In welcher Getränkegruppe werden ausschließlich Longdrinks angeboten?

1. Sour, Flip, Bowle
2. Cocktail, Bowle, Flip
3. Bloody Mary, Daisie, Alexander
4. Fizz, Cobbler, Sour
5. Kir, Fizz, Flip

19 Erklären Sie die folgenden Begriffe:

Shortdrinks
- Kleine Mengen mit hoher Konzentration des Alkohols und der Geschmacks- und Aromastoffe. Am bekanntesten sind die Cocktails.

Longdrinks
- Größere Mengen Flüssigkeit, wobei die Alkoholkonzentration durch füllende Zutaten abgeschwächt wird, z. B. Sours, Fizzes, Cobblers usw.

Before-Dinner Drinks
- Trockene, eher bittere oder säuerliche Zutaten mit appetitanregender Wirkung, z. B. Martini-Cocktail.

After-Dinner Drinks
- Zum harmonischen Ausklang eines Essens oder eines Menüs sind auch aromastarke und süßliche Zutaten geeignet.

20 **Die Bildfolge zeigt Ihnen die Arbeitsschritte bei der Herstellung von Cocktails durch Rühren im Mixglas.**

Bringen Sie den folgenden Text in die richtige Reihenfolge, indem Sie die Ziffern in die Kästchen unter den Bildern eintragen.

1. Zutaten exakt abmessen
2. Cocktail mit dem Barlöffel oder Rührstab gründlich rühren
3. Garnitur an den Glasrand stecken
4. Mit Eiswürfeln Rührglas und Cocktailschale frappieren
5. Aus der Dashbottle einige Spritzer Angostura zugeben
6. Cocktail in das vorgekühlte Glas seihen

21 **Welcher Cocktail wird im Cocktailglas serviert?**

1. Whiskey Sour
2. Americano
3. Martini dry
4. Florida
5. Gin Fizz

22 Welches der folgenden Getränke eignet sich als Digestif?

1. Manhattan
2. Bloody Mary
3. Marc
4. Martini dry
5. Gin Fizz

23 Zu welcher Cocktailgruppe werden Eier bzw. Eigelbe zur Zubereitung verwendet?

1. Flip, Old Fashioned
2. Egg nog, Americano
3. Flip, Egg nog
4. Caipirinha, Pousse Café
5. Screw Driver, Whiskey Sour

24 Welches Mixgetränk baut man direkt im Gästeglas auf?

1. Americano
2. Grasshopper
3. Whiskey Sour
4. Flip
5. Alexander

25 Sie sollen ein Mixgetränk nach folgender Rezeptur herstellen.
Eis, 6 cl Zuckerrohrschnaps (Cachaca), 2 BL Rohrzucker, Limettenstücke; das Getränk sollen Sie direkt im Gästeglas zubereiten.
Um welches Getränk handelt es sich?

1. Bloody Mary
2. Pousse Café
3. Americano
4. White Lady
5. Caipirinha

26 Welche der folgenden Mixgetränke sind Shortdrinks?

1. Flip, Side Car
2. Gin Fizz, Florida
3. Golden Ginger, Americano
4. Sektcocktail, Bloody Mary
5. Screw Driver, Egg nog

14.6 Zuordnen von Getränken

1 Ordnen Sie den Menüs je 3 – 4 korrespondierende Getränke zu!

Menü	Getränke
Menü 1 *Kalte Vorspeise mit Toast und Butter* ★ *Klare Suppe mit Leberklößchen* ★ *Hauptgericht vom Kalb* ★ *Großer Dessertteller*	• Aperitif Trockener Sherry • Weißwein • Sekt • Kaffee
Menü 2 *Cocktail von Fisch mit Toast und Butter* ★ *Suppe in der Tasse* ★ *Hauptgericht von Wild* ★ *Weinschaumcreme im Glas*	• Kir royal • Becksteiner Tauberklinge, Silvaner • Walporzheimer Kräuterberg Spätburgunder • Kaffee
Menü 3 *Kalte Vorspeise von Räucherfisch* ★ *Warme Vorspeise von Gemüsebeignets* ★ *Eintopfgericht mit ganzem Fleischstück* ★ *Rote Grütze im Glas*	• Aquavit • Bier vom Fass • Kaffee
Menü 4 *Gebundene Suppe in der Tasse* ★ *Warme Vorspeise von Gemüse* ★ *Hauptgericht von Fisch* ★ *Käse-Dessert mit Brot und Butter*	• Aperitif • Oppenheimer Herrenberg, Müller-Thurgau • Rödelseer Küchenmeister, Kerner • Heilbronner Trollinger • Kaffee
Menü 5 *Marinierte Forellenröllchen* ★ *Doppelte Rinderkraftbrühe* ★ *Perlhuhnbrüstchen mit Karotten* *Bohnen, Schlosskartoffeln* ★ *Himbeer-Charlotte*	• Aperitif Weißer Portwein • Bechtheimer Stein, Weißer Burgunder, Kabinett • Heppinger Burggarten Spätburgunder, Spätlese, trocken • Crémant d' Alsace

15 Führen einer Station

1 Nennen Sie zwei wichtige Voraussetzungen zum Führen einer Station.

- Fachliches Können
- Orientierung zum Gast

---

2 In einer Stellenbeschreibung steht: Selbstständiges Führen einer Station.

Was versteht man darunter?

- Verantwortung für sich und die Mitarbeiter übernehmen
- Arbeitsabläufe eigenständig organisieren
- Arbeitsaufträge an Mitarbeiter und Auszubildende ausgeben

---

3 Um Gäste entsprechend betreuen und verwöhnen zu können ist es wichtig, Wünsche aus der Sicht der Gäste zu definieren.

Welche Wünsche würden Sie als Gast selbst äußern?

- Qualitativ hochwertige Mahlzeiten und gepflegte Getränke
- in gepflegter und freundlicher Atmosphäre zusammen mit
- einem unaufdringlichen, professionellen Service.

15.1 Anforderungen zur Führung einer Station

1 Ein wichtiger Faktor im Service ist die Kommunikation. Ohne sie ist eine reibungslose Teamarbeit nicht möglich. Restaurantfachkräfte sollen einen sehr guten Service bieten, von dem die Gäste begeistert sind.

Wodurch können diese hochgesteckten Ziele erreicht werden?

- Sinnvolles Planen und Durchführen der Vorbereitungsarbeiten
- Optimale Betreuung der Gäste von der Begrüßung bis zur Verabschiedung
- Gekonntes Führen von Beratungs- und Verkaufgesprächen
- Rechtzeitiges Erkennen der Gästewünsche
- Gastorientiertes Behandeln von Reklamationen im Interesse des Unternehmens
- Richtiges Anwenden der Abrechnungssysteme
- Fachgerechter Umgang mit besonderen Gedeckausstattungen sowie speziellen Gedecken
- Beherrschung der Arbeiten am Tisch des Gastes wie Tranchieren, Flambieren und Filetieren

2 **Sie werden von einem Gast nach dem deutschen Begriff für** *Entrecôte double* **gefragt. Was antworten Sie?**

(1) Rinderkotelett

(2) Kalbskotelett

(3) Zwischenrippenstück vom Rind

(4) Doppeltes Rückenstück vom Lamm

(5) Doppeltes Zwischenrippenstück

3 **Als verantwortliche Kraft für eine Station beobachten und hören Sie, wie ein Mitarbeiter drei ankommende Gäste betreut.**

Welche Frage des Mitarbeiters ist nicht angebracht?

(1) Darf ich Ihnen aus dem Mantel helfen?

(2) Darf ich Sie zu Ihrem reservierten Tisch führen?

(3) Darf ich Ihnen eine zweite und dritte Speisekarte holen oder genügt Ihnen eine?

(4) Darf ich Ihnen vor dem Essen einen Aperitif bringen?

(5) Darf ich Ihnen bei der Auswahl der Speisen behilflich sein?

4 **Ein Gast ist Vegetarier. Er will ein Menü bestellen.**

Welche Speisenfolge empfehlen Sie aus der Karte?

(1) *Tomatensuppe*
Spaghetti Carbonara mit Salat
Schokoladenkrem

(2) *Salat von Tomate und Mozzarella*
Gemüsestrudel auf Kräuterschaum
Zimteis mit Waldbeeren

(3) *Feldsalat mit Speck-Kartoffel-Dressing*
Krautroulade mit Tomatensauce, Ofenkartoffeln
Salat von frischen Früchten

(4) *Geflügelsalat in Avocado*
Feine Gartengemüse mit Bierschaum überbacken
Kleiner Kaiserschmarrn

(5) *Kalbsrahmsuppe mit frischen Kräutern*
Brokkoli mit Schinken und Käse überbacken
Topfenpalatschinken

15.2 Besondere Gedeckausstattungen

1 **Ordnen Sie den nachfolgend aufgeführten Gerichten die richtigen Besteckteile zu, indem Sie die Ziffern in die Kästchen eintragen.**

Besteckteile	*Gerichte*
(1) Tafelgabel bzw. große Gabel	*Gedünsteter, pochierter, gebratener, gegrillter oder frittierter Fisch*
(2) Tafelgabel (rechts), Tafellöffel (links)	*Vorspeisen-Cocktail von Fisch*
(3) Fischmesser und Fischgabel	*Feines Ragout von Geflügel in der Blätterteigpastete*
(4) Fischgabel und Kaffeelöffel	*Fischgericht mit besonders delikater Sauce*
(5) Fischmesser oder Gourmetlöffel und Fischgabel	*Spaghetti mit Bologneser Sauce*
(6) Mittelmesser und Mittelgabel	*Käseomelett*

2 **Um welches besondere Gedeck handelt es sich bei nebenstehender Abbildung?**

(1) Raclette

(2) Käsefondue

(3) Vorspeise im Kabinett-Teller

(4) Fleischfondue

(5) Eintopfgericht

3 **Für welches Gericht decken Sie Mittelmesser und Mittelgabel ein?**

(1) Für Crêpes Suchard

(2) Für Ogenmelone mit Serranoschinken

(3) Für Kalbssteak Dubarry

(4) Für Seezunge Colbert

(5) Für Filet Wellington

4 **Zu welchem Fischgericht wird ein Grätenteller eingedeckt?**

(1) Matjesheringsfilets

(2) Geräuchertes Forellenfilet

(3) Gefüllte Seezungenröllchen

(4) Forelle blau

(5) Rollmops

5 **Zu welchem Gericht setzt man einen Ablageteller ein?**

(1) Zu geräuchertem Forellenfilet

(2) Zu überbackenen Austern

(3) Zu Kaviar im Eissockel

(4) Zu gefüllten Auberginen

(5) Zu gekochten Artischocken mit Vinaigrette sauce

6 **Ein Gast hat *Artischocke mit Vinaigrette* bestellt. Sie sollen zum Gedeck einen Ablageteller für die Artischockenblätter einsetzen.**

Wo platzieren Sie den Ablageteller im Gedeck?

(1) Rechts neben dem Messer

(2) Links oberhalb des Brottellers

(3) Rechts neben dem Weinglas

(4) Links neben dem Brotteller

(5) Über der Spitze des Tafelmessers

7 **Ihre Gäste haben sich folgende Vorspeise ausgesucht:**
Tranchen von kaltem Hummer mit Cocktailsauce und Blattsalaten

Welches Gedeck werden Sie eindecken?

(1) Hummerzange und Fischbesteck

(2) Hummergabel und Fischbesteck

(3) Mittelgabel und Hummerzange

(4) Krebsmesser und Hummergabel

(5) Mittelmesser und Mittelgabel

8 **Welche Besteckteile deckt man für das Hauptgericht *Linseneintopf mit Würstchen* ein?**

1. Tafelmesser, Tafelgabel, Tafellöffel
2. Mittelmesser, Mittelgabel, Mittellöffel
3. Nur Mittellöffel und Mittelgabel
4. Nur Tafelmesser und Tafellöffel
5. Nur Tafelgabel und Tafellöffel

9 **Welche Besteckteile deckt man für eine *Bouillabaisse* ein?**

1. Tafellöffel, Hummergabel, Austerngabel
2. Tafelmesser, Hummergabel, Tafellöffel
3. Mittellöffel, Tafelmesser, Tafelgabel
4. Austerngabel, Mittellöffel, Mittelgabel
5. Fischmesser, Fischgabel, Tafellöffel

15.3 Spezial-Gedecke

1 **Welche Besteckgruppe gehört in die Gruppe der Spezialbestecke?**

1. Suppenlöffel, Traubenschere, Gourmetlöffel
2. Tafelgabel, Mittelgabel, Kaffeelöffel
3. Grapefruitmesser, Traubenschere, Krebsgabel
4. Saucenlöffel, Barlöffel, Kaffeelöffel
5. Eierlöffel, Mittelgabel, Tafelgabel

2 **Welches der genannten Bestecke ist weder ein Spezial- noch ein Hilfsbesteck?**

1. Mittelbesteck
2. Hummergabel
3. Austerngabel
4. Spargelheber
5. Gourmetlöffel

3 **Zu welchem Gericht wurde dem Gast das richtige Würzmittel gereicht?**

(1) Stangenspargel	Tabasco
(2) Ragout fin	Pfeffermühle
(3) Camembert	Worcestersauce
(4) Tafelspitz	Meerrettich
(5) Thüringer Bratwurst	Kräutersalz

4 **Sie erhalten von einem Kollegen den Auftrag, eine Fingerbowle für Tisch 9 vorzubereiten. Nennen Sie die richtigen Bestandteile einer Fingerbowle.**

(1) Warmes Wasser und Zitronenscheibe
(2) Heißes Wasser und Zitronenscheibe
(3) Erfrischungstüchlein und heißes Wasser
(4) Kaltes Wasser und Zitronenscheibe
(5) Erfrischungstüchlein und kaltes Wasser

5 **Welche Aufgabe hat die Zitronenscheibe in der Fingerbowle?**

(1) Sie desinfiziert die Hände
(2) Sie emulgiert das Fett
(3) Sie bindet Gerüche
(4) Sie entspannt das Wasser
(5) Sie verhilft zu elastischer Haut

6 **Zu welchem Gericht wird eine Fingerbowle eingesetzt?**

(1) Zur halben Avocado mit Shrimps
(2) Zur Artischocke mit Vinaigrette
(3) Zur Ogenmelone mit Bündner Fleisch
(4) Zu Weinbergschnecken im Häuschen
(5) Zu überbackenen Austern

7 **Wo innerhalb eines Gedecks wird die Fingerbowle eingesetzt?**

(1) Rechts neben dem Messer
(2) Rechts neben dem Weinglas
(3) Rechts hinter dem Richtglas
(4) Links unmittelbar neben dem Brotteller
(5) Links oberhalb des Brottellers

8 Welche Teile werden für *Miesmuscheln in Rieslingsud* eingedeckt?

1. Ablageteller, Suppenlöffel, Kaffeelöffel
2. Fischgabel, Fischmesser, Kaffeelöffel
3. Suppenlöffel, Fischgabel, Fingerbowle
4. Fischmesser, Suppenlöffel, Fischgabel
5. Fingerbowle, Fischmesser, Gourmetlöffel

9 Woran erkennt man ein Krebsmesser?

1. An der Flexibilität des Messers
2. An der Sägezackung der Messerklinge
3. An der dünn und spitz zulaufenden Klinge
4. An der abgerundeten Spitze der Klinge
5. An dem Loch in der Klinge

10 Die Funktion zweier Spezialbesteckteile wird wie folgt beschrieben: „Beide Besteckteile dienen zum Öffnen und Herauslösen des Fleisches aus Schwanz, Scheren und Beinen des Tieres ...“. Um welche Besteckteile handelt es sich?

1. Tranchiermesser und Tranchiergabel
2. Schneckenzange und Schneckengabel
3. Hummerzange und Hummergabel
4. Kaviarmesser und Kaviarlöffel
5. Tranchiermesser und Hummerzange

11 Im Rahmen Ihrer Ausbildung wurde Ihnen die Funktion und Bezeichnung der einzelnen Spezialbestecke bzw. Hilfswerkzeuge erklärt. Nun sollen Sie Ihr Wissen an neue Kollegen weitergeben. Ordnen Sie zu, indem Sie die Ziffern von 5 der insgesamt 10 abgebildeten Spezialbesteckteile in die Kästchen eintragen.

Kaviarmesser	Krebsgabel	Schneckenzange	Austernbrecher	Fonduegabel
☐	☐	☐	☐	☐

12 **Um welches Spezialgedeck handelt es sich bei der Abbildung?**

1 Kalten Hummer natur

2 Frische Krebse in Wurzelsud

3 Miesmuscheln in Rieslingfond

4 Schnecken im Pfännchen

5 Frische Austern auf Eis

13 **Kaviar ist gegenüber Fremdeinwirkung sehr empfindlich.**
Das Material des Kaviarbestecks wird deshalb so gewählt, dass eine negative Geschmacksbeeinflussung nicht möglich ist.

Auf welches Material wird daher bewusst verzichtet?

1 Auf Silber

2 Auf Horn

3 Auf Kunststoff

4 Auf Edelstahl

5 Auf Perlmutt

14 **Ein Gast bestellt *Frische Austern auf Eis.***

Welche Beilagen und welches Getränk empfehlen Sie?

1 Toast, Knoblauchbutter, Tokajer

2 Brioche, Butter, Cream Sherry

3 Chesterbrötchen, Zitrone, Chablis

4 Baguette, Kräuterbutter, Portwein

5 Graubrot, Schmalz, Weißbier

15 **Welches spezielle Hilfsmittel bzw. welches Werkzeug benötigt man zum Öffnen von Sylter Royales oder Belons?**

1 Eine Schneckenzange

2 Ein Fischmesser

3 Einen Austernbrecher

4 Eine Hummerzange

5 Eine Austerngabel

16 **In der Abbildung ist ein spezielles Gedeck dargestellt.**

Um welches Spezialgedeck handelt es sich?

(1) Kalten Hummer natur

(2) Frische Krebse in Wurzelsud

(3) Miesmuscheln in Rieslingfond

(4) Schnecken im Haus mit Kräuterbutter

(5) Frische Austern auf Eis

15.4 Arbeiten am Tisch des Gastes

Darunter versteht man ganz spezielle Tätigkeiten, die am Tisch vor den Augen der Gäste ausgeführt werden. Dabei handelt es sich um Arbeiten, die einerseits handwerkliches Geschick voraussetzen, andererseits nur durch viel Übung zum Erfolg führen.

1 **Die vorgenannten Fertigkeiten erfreuen sich bei den Gästen wieder größerer Beliebtheit und stellen eine besondere Art von Erlebnisgastronomie dar.**
Welche Tätigkeiten sind hierbei im Einzelnen gemeint?

- Tranchieren
- Filetieren
- Flambieren
- Zubereiten von Speisen am Tisch des Gastes

Tranchieren am Tisch des Gastes

2 Tranchieren ist das portionsgerechte Zerteilen von Fleischstücken. Um diese Arbeiten sach- und fachgerecht ausführen zu können, bedarf es bestimmter Arbeitsgeräte.
Nennen Sie wichtige Arbeitsgeräte zum Tranchieren am Tisch des Gastes.

- Guéridon oder Wärmewagen
- Saubere und appetitlich aussehende Tranchierbretter und Tranchierbestecke
- Gut geschliffene Messer in unterschiedlichen Größen
- Entsprechende Vorlegebestecke in ausreichender Anzahl
- Tischrechauds zum Warmhalten der Platten
- Speiseteller und Ablageteller, Platten mit Kloschen
- Mehrere saubere Handservietten

---

3 Das Tranchieren wird mit ziehendem Schnitt bei ganz leichtem Schneidedruck durchgeführt. Eine wichtige Voraussetzung dafür sind scharfe Messer.
Zu welchen negativen Folgen führen stumpfe Messer?

- Ungleich große Tranchen
- Raue, abgestufte Schnittflächen und ausgefranste Ränder
- Viel austretender Fleischsaft
- Beim Geflügel vom Fleisch losgerissene Haut

---

4 Sie haben den Auftrag erhalten, einen Guéridon zum Tranchieren vorzubereiten.
Schildern Sie Ihre Tätigkeiten.

- Guéridon an den Gästetisch bringen
- In der Mitte das Tranchierbrett einsetzen
- Rechts vom Brett Tranchiermesser und -gabel legen sowie Vorlegebestecke und evtl. Ablageteller
- Oben und links vom Brett werden heiße Rechaudplatten eingesetzt
- Pro Gast zwei heiße Teller auf dem oberen Rechaud abstellen

5 Welches Gericht wird am Tisch des Gastes tranchiert?

1 Putensteak
2 Chateaubriand
3 Hühnerkeulchen
4 Gefülltes Täubchen
5 Wiener Schnitzel

6 **Als Hauptgericht wünscht ein Gastgeber ein attraktives Gericht, das am Beistelltisch tranchiert und angerichtet wird.**
Welches Gericht empfehlen Sie?

(1) Cordon bleu

(2) Kalbsmedaillons

(3) Gefüllte Seezungenschleifen

(4) Rosa gebratene Lammkrone

(5) Geschnetzeltes

7 **Erklären Sie den Fachbegriff Karkasse.**

(1) Warmhaltegerät beim Tranchieren

(2) Spezielles Tranchierbesteck

(3) Knochengerippe von Fleischstücken und Geflügel

(4) Sauce für Tranchiergerichte

(5) Besonderes Anrichtegeschirr

8 **Sie servieren Ihren Gästen zum Hauptgang einen Kalbsrücken, der im Ganzen auf einer großen Platte angerichtet ist. Der Rücken muss von Ihnen tranchiert werden.**
Wie gehen Sie vor? Bringen Sie die folgenden Arbeitsschritt in die richtige Reihenfolge, indem Sie die Ziffern 1 bis 7 in die Kästchen eintragen.

Geschnittene Kalbsrückenscheiben auf die Karkasse zurücklegen

Angerichtete Platte den Gästen präsentieren, dann die Platte am Guéridon auf dem Rechaud abstellen

Fleischstücke, ohne mit der Gabel einzustechen, in gleichmäßige Tranchen schneiden

Kalbsrückenfleisch mit der Gabel am Gratkochen festhalten und mit dem Tranchiermesser am Grat entlang einschneiden

Fleischstücke mit Beilagen und Sauce auf den Tellern anrichten und den Gästen einsetzen

Mit langem Tranchiermesser entlang der Rippenknochen das Rückenfleisch vom Knochen schneiden, abheben und auf das Brett legen

Den ganzen Kalbsrücken auf das Tranchierbrett heben

9 **Ein Kollege erklärt Ihnen beim Tranchieren: „Mit der Gabel sticht man unterhalb des Schenkelgelenks ein, schneidet die knusprige Haut rund um den Schenkel herum ein und dreht die Keule vom Körper ab."**

Zu welcher Zubereitung passt die Erklärung?

(1) Chateaubriand
(2) Masthähnchen
(3) Entrecôte double
(4) Porterhouse Steak
(5) Räucherlachs

10 **Bringen Sie die Arbeitsschritte beim Tranchieren eines Porterhousesteaks in die richtige Reihenfolge, indem Sie die Ziffern 1 bis 8 in die Kästchen eintragen.**

Steak mit dem Vorlegebesteck so auf das Tranchierbrett legen, dass der Querknochen des „T" zum Trancheur zeigt

Die beiden Fleischteile quer zur Faser in 1,5 cm dicke Scheiben tranchieren, aus dem Roastbeef 8 und dem Filet 4 Tranchen schneiden

Fleischteile mit dem Tranchiermesser rechts und links vom Knochen lösen; den Knochen wieder auf die Platte zurücklegen

Guéridon vorbereiten

Die tranchierten Fleischteile wieder an den Knochen auf der Platte zurücklegen

Den Gästen die Platte mit dem Porterhouse-Steak präsentieren

Jeweils 2 Tranchen von Roastbeef und 1 Tranche von Filet auf vorgewärmte Teller vorlegen

Knochen mit der Gabel festhalten

11 **Bei Geflügel haben die Fleischteile Brust und Keule unterschiedliche Garzeiten. Deshalb wird zunächst nur die Brust tranchiert und die abgetrennten Keulen werden in der Küche nachgebraten.**

Bei welcher Gruppe von Geflügel wird so verfahren?

(1) Stubenküken und Fasan
(2) Hähnchen und Truthahn
(3) Ente und Hähnchen
(4) Wachtel und Suppenhuhn
(5) Ente und Fasan

12 **Beim Tranchieren am Tisch des Gastes werden die Fleischtranchen bzw. -teile wieder auf die Anrichteplatte zurückgelegt.**

Erst dann beginnt man die Teller für die Gäste anzurichten.

Sie haben ein Masthähnchen tranchiert.

Welche Teile legen Sie den Gästen zuerst vor?

1. Brusttranchen und Beilagen
2. Flügel und Brusttranchen
3. Schenkeltranchen und Beilagen
4. Flügel und Beilagen
5. Schenkeltranchen und Flügel

13 **Welche Aussage beim Tranchieren von Räucherlachs ist richtig?**

1. Mit einem dünnen, schräg geführten Messer dünne Scheiben schneiden
2. Mit einem breiten, senkrecht geführten Messer dünne Scheiben schneiden
3. Mit einem kurzen Sägemesser senkrecht dicke Scheiben schneiden
4. Mit einem Ausbeinmesser längs dünne Streifen schneiden
5. Mit einem schräg geführten Fischmesser dicke Scheiben schneiden

14 **Ein Gast hat für sich und seine Freunde ein ganzes Kalbsfilet bestellt.**

Es wird zusammen mit den Beilagen auf einer großen Platte angerichtet und muss am Beistelltisch tranchiert werden.

Wie tranchieren Sie das Kalbsfilet richtig?

1. Es wird mit der Fleischfaser vom Filetkopf zur Filetspitze hin geschnitten.
2. Es wird gegen die Fleischfaser vom Filetkopf zur Filetspitze hin leicht schräg geschnitten.
3. Es wird nur gedrittelt und dann als ganze Stücke vorgelegt.
4. Es wird quer zur Faser in hauchdünne Scheiben geschnitten.
5. Es wird längs zur Faser leicht schräg geschnitten, danach gewendet und in Streifen geschnitten.

Filetieren am Tisch des Gastes

Die Technik des Filetierens wird meist bei gegarten Fischen angewendet. Man versteht darunter das Ablösen von Fischfilets oder -stücken von den Gräten.

Eine besondere Arbeitstechnik des Filetierens wendet man beim Zerteilen von Früchten, wie z. B. Zitrusfrüchten und Ananas, an.

Filetieren von Fischen

15 Welche Arbeitsgeräte werden zum Filetieren von Fischen benötigt?

- Fischbesteck, mit dem die Haut abgezogen oder abgelöst wird und die Filets von den Gräten abgetrennt werden
- Fischheber oder Winkelpaletten zum Abheben der Filets bei großen Fischen, die wegen ihrer Größe und zarten Beschaffenheit leicht zerfallen würden
- Löffel für das Abheben der Filets bei kleineren Plattfischen

16 Welche allgemeinen Richtlinien gelten für das Filetieren von Fischen?

- Fische werden meist direkt auf der Platte filetiert, auf der sie angerichtet wurden.
- Befinden sich mehrere Fische auf der Platte, so werden sie zum Filetieren einzeln auf vorgewärmte Teller gelegt und dort zerteilt.
- Fische niemals mit den bloßen Händen anfassen.
- Schnell und exakt arbeiten, damit die Fische appetitlich aussehen und nicht auskühlen.

17 Aus der Küche erhalten Sie eine *Forelle blau im Wurzelsud* in einem länglichen Fischkessel angerichtet. Der Fischkessel wird zum Guéridon gebracht und auf einer Rechaudplatte abgestellt.

Wie ist Ihre weitere Vorgehensweise?

- Mit dem Öffnen des Deckels wird der Fisch dem Gast präsentiert.
- Der Lochbodeneinsatz wird an seinen Griffen hochgehoben und am Kesselrand eingehängt.
- Dadurch liegt der Fisch nicht mehr im Sud, kühlt jedoch aufgrund des aufsteigenden Dampfes nicht ab und kann beim Filetieren gut bearbeitet werden.

18 **Beschreiben Sie das Filetieren einer *Forelle blau.* Die Forelle liegt mit der Bauchöffnung zur Restaurantfachkraft, der Kopf ist nach links gerichtet.**

Bringen Sie die Arbeitsschritte in die richtige Reihenfolge, indem Sie die Ziffern 1 bis 8 in die Kästchen eintragen.

Nun wird das Filet durch leichtes Eindrücken mit der Fischmesserspitze hinter dem Kopf abgetrennt. ☐

Das zweite Filet wird nun gewendet, die Haut abgezogen und ebenfalls auf dem Teller vorgelegt. ☐

Mit dem Fischmesser werden die Rücken- und Bauchflossen entfernt. ☐

Das erste, abgelöste Filet wird auf einem heißen Teller angerichtet. ☐

Das Fischmesser wird unter die Haut geschoben und diese damit zum Bauch hin abgelöst. ☐

Mit dem Fischmesser wird am Rücken entlang vom Kopf zum Schwanz oberhalb der Hauptgräte ein Schnitt geführt und somit das obere Filet gelöst und abgehoben. ☐

Die Hauptgräte klemmt man vor dem Schwanzende in die Gabelzinken ein und hebt sie mitsamt dem Schwanz und dem Kopf des Fisches ab. ☐

Zum Schluss werden noch die Forellenbäckchen aus den Wangen genommen und mit angerichtet. ☐

Alle kleineren Rundfische in Portionsgröße werden wie die Forelle filetiert.

19 **Wie zerteilt man die größeren Filets von großen Rundfischen wie z.B. Lachs oder Kabeljau?**

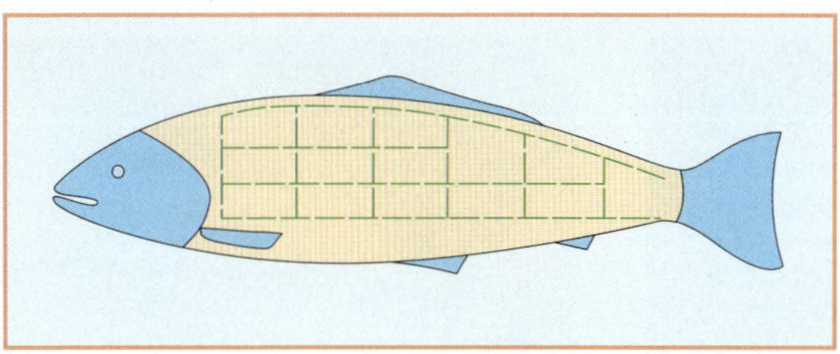

- Die Filets dieser Fische zerteilt man in kleine Stücke, indem man mit dem Fischmesser in Längs- und Querrichtung Einschnitte anbringt.
- Die dadurch erkennbaren Stücke werden dann, am Rücken beginnend, mit Hilfe der Fischgabel und eines Fischhebers oder dem Vorlegelöffel abgenommen und vorgelegt.

20 **Eine ganze *Gebratene Seezunge nach Müllerinart* soll filetiert werden.**

Ordnen Sie die Beschreibungen den Bildern zu.

(1) Das Doppelfilet wird nun auf einen heißen Teller vorgelegt und mit den Zitronenscheiben belegt.

(2) Zwei Fischgabeln werden nun senkrecht rechts und links durch die Gräten gestochen und die Ober- und Unterfilets gleichzeitig von der Gräte geschoben.

(3) Mit dem Fischmesser wird entlang der Mittelgräte eingeritzt.

(4) Mit dem Vorlegelöffel oder dem Fischmesser wird der Flossensaum gelockert und vom Fisch weggezogen.

Bei größeren Plattfischen ist im Vergleich zu den kleineren eine andere Arbeitstechnik notwendig.

21 Auf der Abbildung erkennen Sie einen Steinbutt, der filetiert werden soll.

Ordnen Sie die Ziffern aus der Abbildung den Beschreibungen zu.

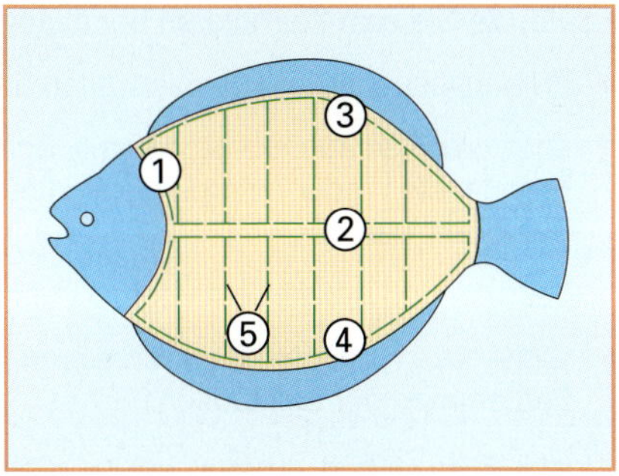

Schnitt entlang der unteren Seitengräte ☐

Schnitt entlang der Mittelgräte ☐

Schnitt rund um den Kopf ☐

Zusätzliche Querschnitte ☐

Schnitt entlang der oberen Seitengräte ☐

Filetieren von Zitrusfrüchten

22 Ihre Gäste bekommen zum Dessert *Salat von frischen Orangen mit Sorbet von grünem Tee.* Sie wollen einen besonderen Service bieten und filetieren die Orangen vor den Gästen.

Bringen Sie die Arbeitsschritte in die richtige Reihenfolge, indem Sie die Ziffern 1 bis 7 in die Kästchen eintragen.

Die ausgelösten Filets sternförmig auf die Teller legen. ☐

Die mit der Gabel angespießte Orange auf dem Teller liegend drehen und die Schale zur Gabel hin so abschneiden, dass keine weiße Haut am Fruchtfleisch zurückbleibt. ☐

Von der Orange einen Deckel abschneiden, diesen mit der Gabel durchstechen und die Gabel gleich am anderen Ende der Orange einstecken. ☐

Den marinierten Orangensaft über die angerichteten Orangensegmente geben und mit dem Sorbet garnieren. ☐

In einem tiefen Teller den Saft aus dem Rest der Orange durch Drücken mit einer zweiten Gabel herauspressen. ☐

Das Fruchtfleisch mit glatten Schnitten zwischen den Bindehäuten als schöne Segmente herauslösen. ☐

Den abgepressten Orangensaft mit etwas Cointreau oder Grand Marnier vermischen. ☐

Flambieren am Tisch des Gastes

Das Flambieren sollte in Grundzügen von allen Restaurantfachkräften beherrscht werden. Mit einem gewissen Maß an Geschick, Routine und dem richtigen Gefühl für Dosierung erzielt man beim Flambieren die gewünschte Qualität.

23 Beschreiben Sie die Arbeitsgegenstände und -geräte, die Sie zum Flambieren benötigen.

- Propangasbeheizter Flambierwagen oder
- spezielle Tischrechauds, die mit Spiritus, Brennpaste oder Propangaskartuschen betrieben werden
- Vorlege- und Arbeitsbestecke
- Gießkelle (Louche) zum Dosieren und Entflammen der Spirituosen
- Halbierte Zitrone an eine Gabel gesteckt, dient zum Rühren der Saucen
- Spirituosen und andere Würzzutaten
- Flambierpfannen

24 Weshalb setzt gerade das Flambieren eine sorgfältige und vollständige Vorbereitung (Mise en place) voraus?

- Der Flambiervorgang darf unter keinen Umständen unterbrochen werden, um fehlende Utensilien zu holen.

25 Welche Produkte können flambiert werden?

- Schlachtfleischstücke, Wild, Geflügelteile
- Ausgelöste Krebstiere und Jakobsmuscheln
- Früchte
- Kleine Pfannkuchen (Crêpes)

26 Nennen Sie Sicherheitsüberlegungen, die beim Flambieren zu beachten sind.

- Vor Arbeitsbeginn wird das Flambiergerät auf Funktionstüchtigkeit überprüft.
- Der Sicherheitsabstand zum Gästetisch soll 1 Meter betragen.
- Die Pfanne darf beim Eingießen der Spirituose nicht zu heiß sein.
- Die Flamme darf wegen der Brandgefahr höchstens 20 cm hoch sein.
- Heiße Spiritusbrenner dürfen erst nach dem Abkühlen wieder nachgefüllt werden.
- Nach Beendigung des Flambiervorganges müssen die Flammen gelöscht und das Sicherheitsventil der Gasflasche geschlossen werden.

27 Aus welchen Gründen ist beim Flambieren besondere Vorsicht geboten?

- Einsatz von Gas oder Brennspritus
- Hantieren mit offenem Feuer
- Entzünden von Spirituosen

---

28 Das Entzünden der Spirituose kann auf unterschiedlichste Weise erfolgen. Welche ist die fachlich Richtige?

(1) Spirituose in die heiße Pfanne geben und mit einem Zündholz anzünden

(2) In eine bereits brennende Flüssigkeit weitere Spirituosen nachgießen

(3) Eine Gießkelle mit Spirituose füllen, an der offenen Flamme erwärmen, entzünden und die brennende Flüssigkeit über das Flambierprodukt gießen

(4) Eine Gießkelle mit Spirituose füllen und versuchen, diese mit einem Feuerzeug anzuzünden

(5) Spirituose mittels einer brennenden Kerze im Messglas entzünden

29 Mit welchen Brennstoffen werden Tischflambiergeräte betrieben?

(1) Gas, Alkoholpaste, Spiritus

(2) Petroleum, Waschbenzin, Alkohol

(3) Weingeist, Gas, Alkoholpaste

(4) Branntwein, Weinbrand, Benzin

(5) Heizöl, Spiritus, Branntwein

30 Welche Verhaltensweise beim Flambieren eines Gerichts in der heißen Pfanne ist unter dem Gesichtspunkt des Unfallschutzes richtig?

(1) Spirituose gut gekühlt aus der Flasche über das Gericht in die Pfanne gießen

(2) Spirituose aus der Flasche mitten in die heiße Pfanne gießen

(3) Spirituose am Pfannenrand aus der Flasche in die Pfanne gießen

(4) Spirituose in einer Gießkelle entzünden und in die Pfanne gießen

(5) Spirituosenflasche im Wasserbad erwärmen und direkt über das Gericht in der Pfanne gießen

31 Welches Material ist für Flambierpfannen am besten geeignet?

(1) Kupfer ohne Beschichtung

(2) Kupfer mit Edelstahlbeschichtung

(3) Kupfer mit Zinkbeschichtung

(4) Aluminium ohne Beschichtung

(5) Emaillierter Gussstahl

32 **Sie sollen Crêpes Suzette am Tisch des Gastes zubereiten.**

Bringen Sie die folgenden Arbeitsschritte in die richtige Reihenfolge, indem Sie die Ziffern 1 – 8 in die Kästchen eintragen.

Orangen- und Zitronensaft hinzufügen ☐

Crêpes in die Pfanne geben, wenden und zusammenfalten ☐

Fond einkochen und mit Grand Marnier aromatisieren ☐

Zucker in der Pfanne verteilen, erhitzen, goldgelb schmelzen und Butterstücke aufschäumen lassen ☐

Die vorgebackenen Crêpes aus der Küche ins Restaurant bringen ☐

Auf vorgewärmten Tellern anrichten ☐

Cognac in eine Kelle gießen, entzünden und brennend über die Crêpes verteilen ☐

Mise en place am Guéridon bereitstellen ☐

33 **Um beim Flambieren ein harmonisches Geschmacksempfinden zu erreichen, müssen Sie die Spirituosen und ihre Geschmacksrichtung kennen.**

Ordnen Sie entsprechend zu.

Spirituosen	***Geschmacksrichtung***	
1 Williams		
2 Cognac	Apfel	☐
3 Aquavit	Kirsche	☐
4 Maraschino	Birne	☐
5 Gin	Kokosnuss	☐
6 Calvados	Johannisbeere	☐
7 Cassis	Traube	☐
8 Curacao	Pomeranze	☐
9 Batida		

Speisezubereitung am Tisch des Gastes

Am Tisch des Gastes können sowohl kalte als auch warme Gerichte hergestellt werden.

Die Palette reicht von Salatdressings und kalten Saucen bis zum Anmachen von Salaten oder der Zubereitung von kalten Vorspeisen wie Cocktails, Fleisch- und Geflügelgerichten.

Außerdem gehört hierzu die Präsentation und der Verkauf von Käse.

34 **Welches Gericht kann am Tisch des Gastes zubereitet und gegart werden?**

1. Rehrücken im Pilzmantel
2. Rinderfilet Wellington
3. Lammkarree mit Kräuterkruste
4. Seezunge Colbert
5. Filetspitzen Stroganoff

35 **Sie sollen am Guéridon ein *French Dressing* herstellen. Welche wichtigen Zutaten brauchen Sie dazu?**

1. Essig, Öl, Salz, Pfeffer
2. Roquefort, Sahne, Weißwein, Limettensaft, Öl, Pfeffer
3. Essig, Öl, Salz, Pfeffer, Senf
4. Joghurt, Orangensaft, Zitronensaft, Salz, Pfeffer
5. Mayonnaise, Ketchup, Salz, Tabasco, Weinbrand

36 **Ein Gast möchte ein *Beefsteak Tatar* am Tisch zubereitet haben. Welche Zutatengruppe gehört neben Salz und Pfeffer zur Mise en place?**

1. Eigelb, Sardellen, Kapern, Zwiebelbrunoise
2. Schnittlauch, Essig, Öl, Zwiebelbrunoise
3. Senf, Knoblauch, Oliven, Paprikastreifen
4. Pfefferschoten, Cornichons, Perlzwiebeln
5. Eiweiß, Paprika, Kapern, Zwiebelbrunoise

37 **Zum Abschluss eines mehrgängigen Menüs bestellen Ihre Gäste eine Käseauswahl. Der Küchenchef lässt 9 Sorten Käse auf einem großen Teller anrichten, den Sie den Gästen anbieten sollen. Nennen Sie mindestens 5 der angebotenen Käsesorten.**

- Emmentaler
- Allgäuer Bergkäse
- Bavaria blu
- Cambozola
- Harzer Roller
- Camembert

38 **Nach einem guten Essen präsentieren Sie Ihren Gästen eine Käseauswahl.**

Sie erklären den Gästen die Käsesorten.

Ordnen Sie zu, indem Sie die Ziffern von 6 der insgesamt 9 Käsearten in die Kästchen eintragen.

Käsesorten	*Käsearten*
(1) Speisequark	Hartkäse
(2) Gorgonzola	
(3) Harzer Roller	Rahmfrischkäse
(4) Gouda	
(5) Allgäuer Bergkäse	
(6) Walnuss-Schmelzkäse	Frischkäse
(7) Mascarpone	Weichkäse (Edelpilz)
(8) Tête de Moine	
(9) Mozzarella	Schnittkäse

39 **Welcher Käse ist kein Edelpilzkäse?**

(1) Roquefort
(2) Gorgonzola
(3) Stilton
(4) Gruyère
(5) Bavaria blu

40 **Um welchen Käse handelt es sich bei der nachstehenden Abbildung?**

(1) Roquefort
(2) Bel paese
(3) Raclette
(4) Gouda
(5) Tête de Moine

41 Nennen Sie das Herkunftsland und den Namen des abgebildeten Gerichts.

1. Schweiz, Fondue
2. Norwegen, Honigkäse
3. Deutschland, Schmelzkäse
4. Schweiz, Raclette
5. Italien, Mascarpone

16 Arbeiten im Bankettbereich

Bankette sind in vielen gastronomischen Betrieben ein eigenständiger und wichtiger Bestandteil des Umsatzvolumens.

Aus diesem Grunde arbeiten viele Hotels und Restaurants mit einer eigenen Bankettabteilung.

16.1 Organisationsstruktur

1 Die Bankettabteilung wird vom Bankett-Management geleitet und betreut.

Über welche Qualifikationen sollte ein/eine Bankett-Manager/in verfügen?

- Neben einer gründlichen Fachausbildung (Hofa, Refa oder Koch) wäre eine zusätzliche Qualifikation als Hotelbetriebswirt/in sinnvoll, weil auch kaufmännische Aspekte von Wichtigkeit sind.

2 Zählen Sie die Aufgabenbereiche einer Bankettabteilung auf.

- Erstellung von Bankett-Arrangements und Veranstaltungsunterlagen
- Führung von Beratungsgesprächen mit Gästen bzw. Kunden
- Abschließen von Bankettvereinbarungen, evtl. durch Verträge
- Koordinationspflicht mit den verschiedenen Abteilungen
- Informationen (Memos) an alle am Bankett beteiligten Abteilungen des Betriebes
- Erstellung von Organisationsplänen
- Verantwortung bei der Vorbereitung, Durchführung, Abschluss und Nachbereitung einer Bankettveranstaltung

16.2 Organisationsmittel

1 Für den Verkauf von Veranstaltungen ist es wichtig, dass sich das Unternehmen mit seinem Angebot auf dem Markt präsentiert und aktive Werbung betreibt.

Durch welches Organisationsmittel kann dies am erfolgreichsten geschehen?

(1) Durch eine komplette Bankett- oder Veranstaltungsmappe sowie die Präsentation im Internet

(2) Durch Mund-zu-Mund-Propaganda

(3) Durch gezielt ausgearbeitete Menüvorschläge

(4) Durch ein umfassendes Weinsortiment

(5) Durch bequeme Anreisemöglichkeiten und ausreichend gute Parkmöglichkeiten

2 Welche wichtigen Hinweise muss eine Bankett- und Veranstaltungsmappe enthalten?

- Hinweise auf den idealen Standort
- Hinweise auf die Rahmenbedingungen des Hotels/Restaurants
- Hinweise auf das Bewirtungs- und Beherbergungsgebot des Hotels

3 Geben Sie Beispiele für Bankett- und Veranstaltungsmappen.

- Standort:
  - Abseits vom Alltagslärm im Grünen gelegen
  - Günstige Anbindung zu Bundesstraßen, Autobahn
  - In der Nähe eines internationalen Flughafens
  - Kulturelles Angebot der Region
- Rahmenbedingungen des Hotels bzw. Restaurants:
  - Räumlichkeiten mit Raumplänen und Raumgrößen, Nutzungsmöglichkeiten und Platzkapazitäten
  - Tagungs- und Kommunikationstechnik
  - Vermittlung von Bühnen, Musik, Laufstegen usw.
- Bewirtungs- und Beherbergungsangebot:
  - Speisen- und Getränkeangebot
  - Unterbringungsmöglichkeiten (bei Veranstaltungen in Restaurants ohne Beherbergungsbereich)
  - Anzahl, Art und Ausstattung der Gästezimmer
  - zusätzliche Einrichtungen im Wellness- und Fitnessbereich

4 Welche Voraussetzungen sind nötig, damit eine Verkaufsabteilung effektiv arbeiten kann?

- Ein mit allen gängigen Kommunikationsgeräten eingerichtetes Verkaufsbüro
- Gut geschultes Verkaufspersonal, das in Kenntnis aller betrieblichen Möglichkeiten sachkundig Verkaufsgespräche führen kann

5 Welchem Zweck dient ein Veranstaltungsplan?

- Er ist in Verbindung mit dem Veranstalterauftrag die Grundlage für das Erstellen der Veranstaltungsvorschau. Diese dient der Vorinformation aller Abteilungen.
- Der Plan informiert die Verkaufsabteilung jederzeit darüber, welche Räume zu welchen Zeiten noch für weitere Veranstaltungen zur Verfügung stehen.
- Der Plan ist Grundlage für die Vorbereitung einer Informationstafel im Empfangsbereich zur Orientierung der eintreffenden Gästegruppen.

6 **Welches Organisationsmittel ist nachfolgend abgebildet?**

Datum↓ Raum→	Bad Soden	Eschborn	Kronberg	Königstein
Montag 3. 4.		19^{30} bis 22^{00} Lichtbildervortrag Kunstverein		16^{00} bis 20^{00} Weinprobe Fa. Reinhard
Dienstag 4. 4.	10^{30} bis 13^{00} Empfang der IHK			13^{00} bis 20^{00} Skatmeisterschaft
Mittwoch 5. 4.		11^{30} bis 16^{00} Familienfeier Rudolf		
Donnerstag 6. 4.	9^{30} bis 15^{00} Wohnungsbauges. Herr Franke			10^{00} bis 14^{00} Jubiläumsempfg. Fa. Helm
Freitag 7. 4.			11^{00} bis 17^{00} Hochzeitsfeier Lehnert	
Samstag 8. 4.			8^{30} bis 18^{00} Seminar „Betriebsberatung"	
Sonntag 9. 4.		12^{00} bis 16^{00} Konfirmation Fam. Huber		

1. Ein Tafelorientierungsplan bzw. Serviceablaufplan
2. Eine Checkliste
3. Eine Bankettvereinbarung
4. Ein Veranstaltungsplan
5. Ein Übersichtsplan über die Räumlichkeiten

7 **Um welchen Plan handelt es sich bei der nachfolgenden Abbildung?**

Raum	m^2	Länge in m	Breite in m	Höhe in m	Konferenzen, Tagungen, Semin.				Ges. Anlässe	
					Parlament	Block	U-Form	T-Form	Theater	Cocktail
Bad Soden	27	7,55	3,60	2,55	20	18	18	17	30	30
Eschborn	27	7,55	3,60	2,55	20	18	18	17	30	30
Kronberg	27	7,55	3,60	2,55	20	18	18	17	30	30
Königstein	27	7,55	3,60	2,55	20	18	18	17	30	30
Harz	72	10,41	7,10	2,54	50	28	30	30	70	80

1. Um einen Service-Dienstplan
2. Um einen Raumplan mit Nutzungsangaben
3. Um eine Checkliste für Aufbauten und Kommunikationsmöglichkeiten
4. Um einen Zeit- und Arbeitsablaufplan
5. Um einen Veranstaltungsauftrag

8 **Ordnen Sie den nachfolgenden Abbildungen die Funktionsbezeichnung zu, indem Sie die Ziffern in die beiden Kästchen eintragen.**

(1) Veranstaltungsplan
(2) Checkliste für Kommunikationsmaterialien
(3) Bankettvereinbarung
(4) Orientierungsplan der Veranstaltungsräumlichkeiten
(5) Veranstaltungsauftrag
(6) Bestuhlungsplan
(7) Tafelorientierungsplan
(8) Serviceablaufplan

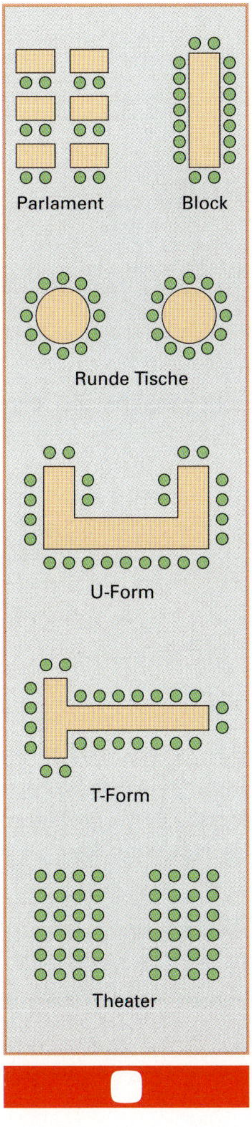

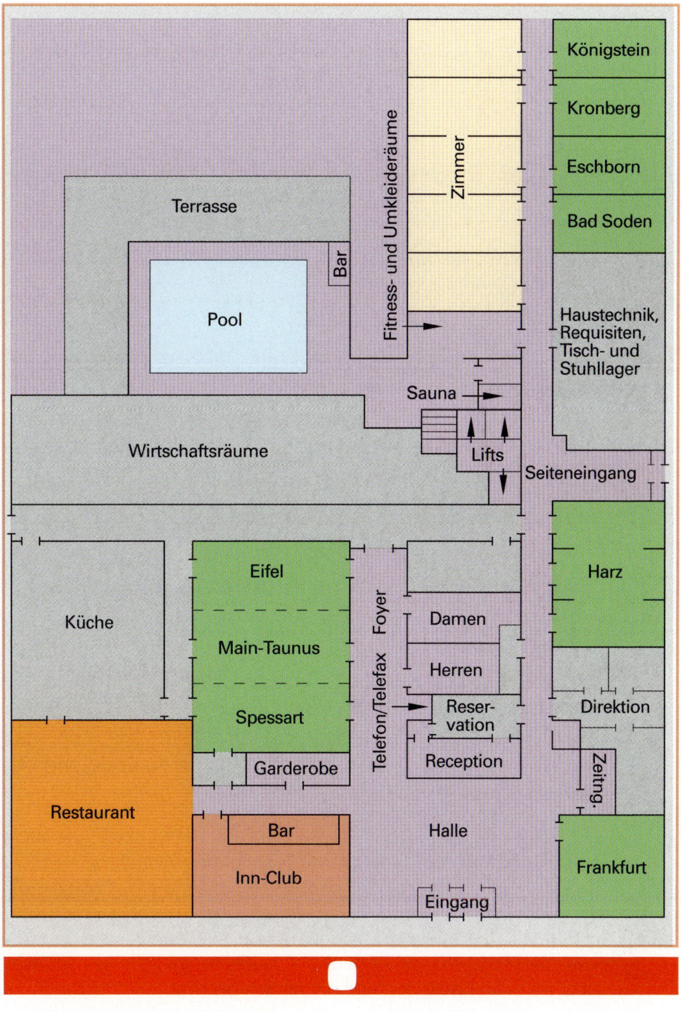

9 **Damit bei den Verkaufsgesprächen mit Kunden/Gästen nichts vergessen wird, bedient man sich verschiedener Checklisten.**

Welche wichtigen Punkte müssen in einer Checkliste für Materialien, Kommunikation und Vermittlungen enthalten sein?

- Stichwort der Veranstaltung (z. B. Seminar)
- Zeitraum
- Teilnehmerzahl
- Tagungsgetränke, Essen
- Unterbringung
- Technische Anlagen und Ausstattung
- Vermittlungen (z. B. Musik)
- Drucksachen (z. B. Stadtpläne)

16.3 Vorbereiten und Durchführen eines Banketts

Bankette sind Sonderveranstaltungen, bei denen immer ein festliches Essen in Form eines Menüs oder Büfetts im Mittelpunkt steht.

1 **In Ihrem Hotel findet ein Bankett statt. Über die Bankettvereinbarung erhalten Sie folgende Informationen:**

Personen:	***70***
Menü:	***5-Gang***
Aperitif:	***19.00 Uhr***
Beginn des Essens:	***20.00 Uhr***
Ende des Banketts:	***ca. 24.00 Uhr?***

Der Raum steht ab 15.00 Uhr zur Vorbereitung zur Verfügung.

Welche Planung des Personaleinsatzes ist sinnvoll und kostengünstig?

(1) Drei von insgesamt sieben Bankettkellnern beginnen zur Vorbereitung um 15.00 Uhr, die vier anderen Bankettkellner beginnen um 17.00 Uhr zur gemeinsamen Bankettbesprechung. Die drei Bankettkellner, welche die Vorarbeiten leisteten, machen bis 23.00 Uhr Dienst, die verbleibenden Kollegen führen den Service zu Ende und bereiten noch den Raum für das nächste Bankett vor.

(2) Da das Bankett wahrscheinlich über die Arbeitszeit von sechs Bankettkellnern hinausgeht, decken drei Aushilfskellner der Stewarding-Abteilung das Bankett ein. Die sieben Bankettkellner treten ihren Dienst zur Tafelüberprüfung und Vorbesprechung um 17.00 Uhr an. Somit können diese das Bankett die ganze Zeit über betreuen.

(3) Das Bankett wird von den sechs Bankettkellnern von 18.00 Uhr an vorbereitet, eingedeckt und bis zum Ende der Veranstaltung betreut.

④ Die sieben Bankettkellner beginnen um 14.00 Uhr mit der Bereitstellung der Tafelgeräte und ab 15.00 mit dem Tafelstellen und Eindecken. Die Arbeiten sind um 18.30 Uhr beendet und setzen sich in einer Servicebesprechung fort. Da der Mitarbeitereinsatz auf acht Stunden beschränkt ist, müsste das Bankett um 23.00 Uhr beendet sein.

⑤ Die sieben Bankettkellner beginnen ihren Dienst mit den Vorbereitungsarbeiten um 13.30 Uhr, stellen anschließend die Tafel, decken ein und beginnen anschließend ab 19.00 Uhr mit dem Service. Ihr Dienst endet um 22.00 Uhr und wird ab diesem Zeitpunkt von sieben Aushilfskellnern übernommen.

Folgende Planung des Personaleinsatzes ist sinnvoll und kostengünstig:

2 Gäste, die ein Bankett vereinbaren wollen, wünschen eine offene Tafelform.

Die Bankettleiterin zeigt den Gästen eine Übersicht über mögliche Tafelformen.

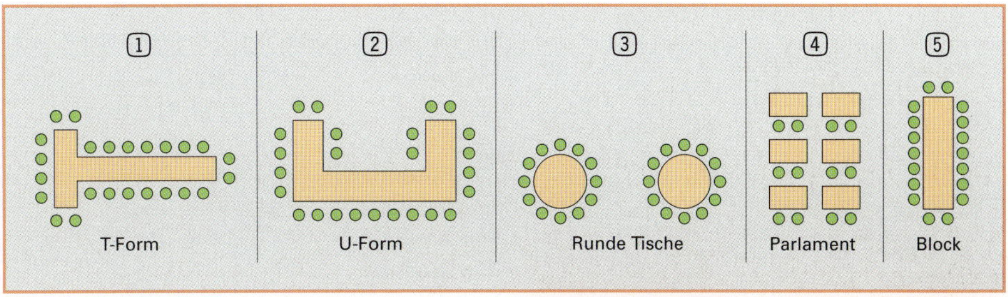

Welche Tafelform empfiehlt sie den Gästen?

3 Welche Tafelformen haben <u>keinen</u> deutlich erkennbaren „Kopf" und sind deshalb kommunikationsfreundlicher?

① Blockform/U-Form

② Kamm-Form/T-Form

③ E-Form/Runde Form

④ Runde Form/Blockform

⑤ Blockform/T-Form

4 Welche Plätze sind an einer festlich eingedeckten T-Tafel für die Ehrengäste vorgesehen?

① Die Plätze in der Mitte des Tafelschenkels

② Die Plätze in der Mitte der Tafelstirn

③ Die Plätze an den beiden Enden der Tafelstirn

④ Die Plätze am unteren Ende der T-Tafel

⑤ Spielt bei einer T-Tafel keine Rolle

5 **Welcher Platzbedarf wird an einer Bankett-Tafel (Blockform) in der Regel pro Gast gemessen?**

1. Cirka 40 cm
2. Cirka 50 cm
3. Cirka 65 cm
4. Cirka 75 cm
5. Cirka 90 cm

6 **Um welchen Plan handelt es sich bei den nachfolgenden Abbildungen?**

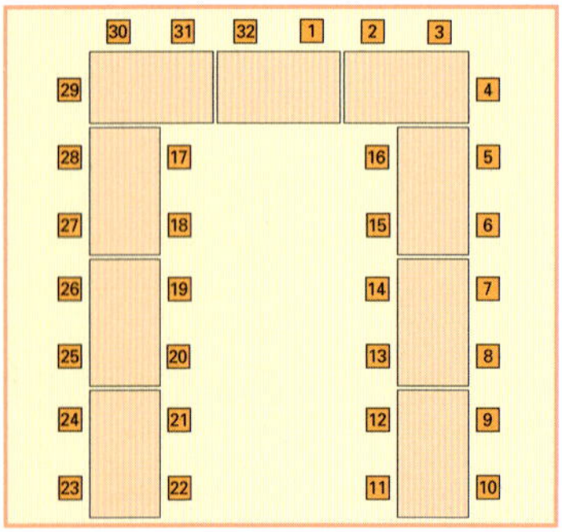

Gästeliste

Name d. Gastes	Platz-Nr.	Name des Gastes	Platz-Nr.
Frau Domes	32	Frau Seibert	5
Herr Domes	1	Herr Neumann	6
Herr Reimann	2	Herr Rudolf	7
Frau Rosenbach	3	Frau Prange	8
Herr Dahlberg	4	Frau Libert	9
Frau Ahrend	31	usw. ...	
Frau Brunner	30	...	
Herr Lehmann	29	...	

1. Veranstaltungsplan
2. Dienstplan
3. Serviceablaufplan
4. Tafelorientierungsplan für Gäste
5. Raumplan

7 **Die Ergebnisse eines Verkaufsgespräches und die in verschiedenen Checklisten markierten Wünsche des Bestellers werden in einem Veranstaltungs-Auftrag bzw. einer Bankettvereinbarung schriftlich festgehalten.**

Wozu dient dieses Dokument?

- Durch die Unterschrift des Auftraggebers erhält der Veranstaltungs-Auftrag vertraglichen Charakter.
- Er dient außerdem
  - für eventuelle Rückfragen und Klarstellungen,
  - für die Vorbereitung und Durchführung der Veranstaltung von Seiten des Hotelbetriebes,
  - für die Abrechnung mit dem Auftraggeber.

8 **Welche Hilfsmittel verwendet der/die Bankettleiter/in bei der Bankettabsprache, damit bei der Planung und dem organisatorischen Ablauf nichts vergessen wird?**

(1) Urlaubspläne und Zimmerpläne

(2) Tafel- und Serviceorientierungspläne

(3) Arbeitsablaufpläne und Dienstanweisungen

(4) Bankettvereinbarung und Checklisten

(5) Dienstpläne und Organigramme

Handlungsorientierte Aufgabe

9 **Sie sind Mitarbeiter/in im Service der Bankettabteilung des Hotels Jeunesse.**
In ihren Räumlichkeiten soll ein Bankett für 32 Personen stattfinden. Zwei Tage vor dem Bankett bespricht der Restaurantleiter mit Ihnen und Ihren Kollegen die Durchführung.
Er verwendet dazu die nachstehend abgebildete Bankettvereinbarung.
Diese Bankettvereinbarung ist Grundlage für die Aufgaben 1 bis 7

Hotel JEUNESSE — Bankettvereinbarung

Veranstalter: *Fa. Müller & Co.* Wochentag: *Mittwoch*

Besteller: *Frau Bertram* Datum: *15. 11. ..*
Bestelleranschrift: *Hofgartenstr. 17 – 19, 80011 Imdorf*
Rechnungsanschrift: *31468 Immobilienstadt, Neuweg 7*
angenommen am: *31. 10. ..* durch: *Reinhold Michel*

Personenzahl: *32* Raum: *Paris* Tafelform: *U-Form*
Beginn: *13^{00}* Ende: *ca. 15^{00}*

Getränke
Aperitif:
Sekt, Orangensaft, Sektcocktail
zum Essen:
Erdener Treppchen, trocken
Glottertaler Rote Bur, Weißherbst, Sekt
nach dem Essen:
Mokka, Cognac, Cremeliköre

Menü Preis: 38,50 €
Geräuchertes Forellenfilet
Sahnemeerrettich, Toast und Butter

Klare Wildkraftbrühe mit Sherry

Kalbsmedaillons mit Morchelrahm
Spargel, Erbsen, Karotten
Dauphinekartoffeln, Salatherzen

Birne Helene

Bemerkungen: *Tischreden nach der kalten Vorspeise und nach dem Hauptgang*

Menükarten: *werden vom Haus bereitgestellt*
Blumen: *– Bodenvasen, 9 Tischgestecke* – Kerzen:
Lautsprecheranlage:
Fotograf: Uhrzeit:
Musik, Tanz: Art der Bezahlung:
Gema, Tanzerlaubnis: Garderobe:

Kopien an:
Küche ☒
Restaurant ☒
Empfang ☒
Technik ☐

Datum: *31. 10. ..* ______________ Unterschrift Bankettabteilung *Bertram* Unterschrift Besteller

1 Welche notwendigen Informationen entnehmen Sie der Bankettvereinbarung bezüglich der Personen?

1. Sie gibt die Personen an, die den Plan erstellt und unterzeichnet haben.
2. Sie gibt die Personen an, die während des Banketts in der Küche Dienst tun.
3. Sie gibt die Personen an, die während des Banketts im Service Dienst tun.
4. Sie gibt die Personen an, die während des Banketts im Hause sein müssen.
5. Sie gibt die Personen an, die den Service-Ablauf miteinander besprochen haben.

2 Welches Amuse gueule würde fachgerecht zu dem festgelegten Menü passen?

1. Rauchforelle in Gelee
2. Räucherlachs mit Frischkäse
3. Kleine Terrine von Geflügelleber mit Waldorfsalat
4. Salat vom Tafelspitz mit geschabtem Meerrettich
5. Räucherfisch-Cocktail mit Melba-Toast

3 Bringen Sie die folgenden Vorbereitungsarbeiten, die im Bankettraum notwendig sind, in die richtige Reihenfolge, indem Sie die Ziffern in die Kästchen eintragen.

Dekorieren der Tafel und Eindecken der Couverts

Auflegen der Tafeltücher

Auflegen der Moltons

Ausgleichen eventueller Wackeltische

Stellen und Ausrichten der Tische zur Tafel

Stühle ausrichten, Platzteller einsetzen, dann Stühle ausdrehen

Schlusskontrolle und Zurückdrehen der Stühle

4 Welche Gegenstände müssen Sie vor dem Eintreffen der Gäste auf einer Bankettafel eingedeckt haben?

1. Platzteller, Aschenbecher, Dessertteller, Mundservietten
2. Pfeffermühlen, Kerzenständer, Mundservietten, Aschenbecher
3. Mundservietten, Brotteller, Kerzenständer, Platzteller
4. Mundservietten, Brotteller, Dessertteller, Fingerbowle
5. Pfeffermühlen, Platzteller, Aschenbecher, Salzstreuer

5 **Welche und wie viele Tisch- und Tafelgeräte müssen Sie auf Grund des Menüs für die einzelnen Gänge zum Eindecken der Festtafel und als Reserven auf dem Servicetisch bereitstellen? Der Hauptgang wird von der Platte vorgelegt.**

Gänge	Tafel- und sonstige Geräte	Festtafel	Servicetisch
Vorspeise	Fischbesteck, Brotteller, Mittelmesser Weißweingläser	32 32 32	2 2 3
Suppe	Mittellöffel oder Bouillontassenlöffel Suppengedecke	32 –	3 35
Hauptgang	Tafelmesser und Tafelgabel Roséweingläser Menagen Vorlegebestecke Löffel für Sauce	32 32 6 6 6	3 3 2 2 2
Dessert	Mittellöffel und Mittelgabel Sektgläser	32 32	3 3
außerdem	Servietten Menükarten Tischgestecke/Bodenvasen	32 32 8/2	6 6 1/0

6 **Wie bezeichnet man die nachfolgend abgebildeten Organisationspläne?**

Service-bereich	Gäste	Name der Bedienung
I	1 – 4	Anton
II	5 – 10	Dora
III	11 – 16	Gustav
IV	17 – 22	Jürgen
V	23 – 28	Martin
VI	29 – 32	Paula

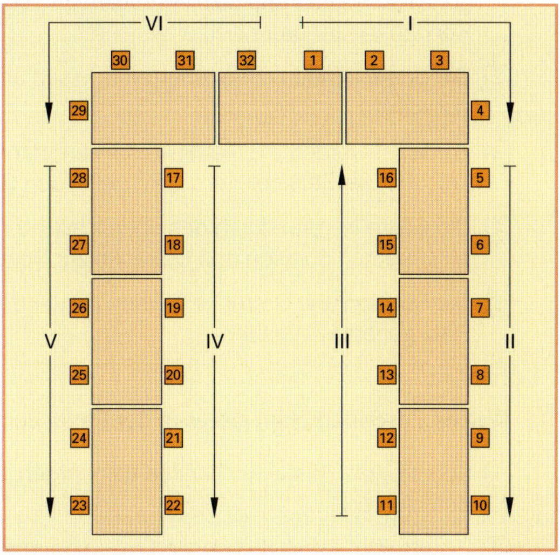

① Tafelorientierungsplan für Gäste und Gästeliste

② Tafelorientierungsplan für Service und Mitarbeiterzuordnung

③ Arbeitsrichtlinien für den Aperitifservice

④ Veranstaltungsplan mit Checklisten

⑤ Reservierungsplan mit Sitzordnung für die geladenen Gäste

7 **Vor dem Menü bieten Sie Ihren Gästen im Foyer Aperitifs. Die Gäste stehen in Gruppen zusammen und unterhalten sich.**

In welchem Fall arbeiten Sie korrekt?

1. Sie stehen mit dem Tablett mit Aperitif-Getränken in der Nähe der Eingangstür und warten, bis sich die Gäste an Sie wenden.
2. Einer Dame, die ein alkoholfreies Getränk wünscht, bieten Sie einen Campari-Orange an.
3. Gästen, die ihr erstes Glas leergetrunken haben, bieten Sie sofort ein zweites Glas an mit der Frage: „Darf ich Ihnen nachschenken?“
4. Sie gehen mit dem Tablett mit verschiedenen Aperitifs von Gast zu Gast und fragen: „Darf ich Ihnen einen Aperitif anbieten?“
5. Sie stellen sich in die Mitte des Foyers und rufen halblaut: „Aperitifs sind nur hier zu haben.“

---

10 **Sie werden beauftragt, das Serviceteam über den geplanten Bankettservice für die Abendgala zu informieren!**

Wie informieren Sie Ihre Kollegen über den Bankettservice richtig?

1. Die festlichen Tafeln müssen von den Servicemitarbeitern ständig sauber gehalten werden und halbleere Platten werden nach dem Vorlegen von den Köchen wieder ordentlich angerichtet.
2. Die Gäste können die platzierten Speisen anschauen und zum Verzehr selbst auswählen.
3. Zunächst werden die Getränke serviert, dann die Speisen gebracht und auf ein Zeichen des Serviceleiters gleichzeitig den Gästen serviert.
4. Die Gäste werden durch das übersichtliche Anordnen der nach Gruppen aufgebauten Speisen und Getränke zur Bestellung angeregt.
5. Die Speisen und Getränke werden den einzelnen Gästen serviert, so wie sie Platz genommen haben.

11 **Welche Besonderheiten gelten in der Regel beim Bankettservice?**

1. Sobald viele Gäste am Bankett teilnehmen, sollte man den Vorlegeservice durchführen.
2. Rechts vom Ehrengast serviert man von rechts, links vom Ehrengast setzt man die Teller von links ein.
3. Suppengedecke werden beim Bankettservice grundsätzlich von rechts eingesetzt und von links ausgehoben.
4. Bankettservice bedeutet Gleichzeitigkeit der Bedienungsabläufe nach einem Zeichen des Serviceleiters.
5. Beim Bankettservice wird grundsätzlich kein Supplement (Nachservice) gereicht.

12 **Die Abbildung zeigt ein Bankettgedeck. Bestimmen Sie die Speisenfolge, die zu dem Gedeck passend ist.**

1. Kalte Vorspeise mit Brot und Butter – Suppe – Fischgang – Hauptgang – Käse
2. Warme Vorspeise – Suppe – Hauptgang von Fisch – Warme Süßspeise – Käse
3. Suppe – Fischgang – Hauptgang – Käse – Dessert
4. Suppe – Warme Vorspeise – Fischgang – Salatgang – Hauptgang – Käse
5. Kalte Vorspeise mit Brot und Butter – Suppe – Fischgang – Salatgang – Hauptgang – Käse oder Dessert

13 **Sie stellen fest, dass ein Gast während des Bankettablaufs das falsche Besteck benutzt hat.**

Wie verhält man sich richtig?

1. Man macht den Gast darauf aufmerksam und bittet ihn, besser darauf zu achten.
2. Man reagiert überhaupt nicht darauf, um den Gast nicht bloßzustellen.
3. Man ersetzt unaufgefordert und diskret die falsch benutzten Besteckteile.
4. Man fordert im Beisein der Gäste einen Kollegen auf, die falsch benutzten Besteckteile nachzudecken.
5. Man beschwert sich beim Serviceleiter über den Gast.

14 **Welche Speise wird als <u>nicht</u> bankettfähig angesehen?**

1. Gebratene Frischlingskeule
2. Geschnetzeltes Kalbsfilet
3. Wiener Beuscherl
4. Gedünstetes Lachsfilet
5. Heilbuttfilet im Blätterteig

15 **Bei einem Bankett werden die Getränke wie nachfolgend angegeben gereicht: Aperitif, Weißwein, Rotwein, Sekt.**

Welches Glas im fertigen Gedeck bezeichnet man als Richtglas?

1. Das Sektglas
2. Das Weißweinglas
3. Das Wasserglas
4. Das Rotweinglas

16.4 Büfett-Service

1 **Die klassische Art des kalten Büfetts ist der Ursprung des Büfettservices. Im Lauf der Zeit haben sich verschiedene Variationen von Büfetts ergeben.**

Nennen Sie verschiedene Arten von Büfetts.

- Frühstücksbüfett
- Brunchbüfett
- Lunchbüfett
- Salatbüfett
- Süßspeisenbüfett
- Kuchenbüfett
- Büfett mit nur warmen Speisen
- Kombiniertes Büfett mit kalten und warmen Speisen
- Themenbüfetts wie z. B.:
  Käsebüfett, Fischbüfett, Jagdbüfett usw.

2 **Von welchen Faktoren sind Größe und Form einer oder mehrerer Büfetttafeln abhängig?**

1. Von der Größe und dem Zuschnitt des Raumes und der Anzahl der Gäste
2. Von der Anzahl der Mitarbeiter und der Bezahlungsart
3. Von der Anzahl der Köche und der Anzahl der Schauplatten
4. Von der Größe der Gästegruppe und der Anzahl der Getränkekellner
5. Von der Anzahl der Platten mit Schüsseln und Saucen sowie der Anzahl der Köche, die am Büfett vorlegen

3 **Bei speziellen Büfetts bedient man sich Chafing dishes.**

Wozu dienen sie?

1. Zum Warmhalten von Speisen
2. Zum Warmhalten von Aufgussgetränken
3. Zum Erwärmen von Fertigprodukten
4. Zum Zubereiten von warmen Süßspeisen
5. Zum Warmstellen von Geschirr

4 **Sie arbeiten beim Aufbau eines kalten Büfetts mit und platzieren die Platten und Schüsseln.**

Worauf haben Sie dabei zu achten?

1. Alle Saucen sollen an beiden Tafelenden stehen, damit die Gäste sie besser erreichen können.
2. Zur Dekoration dürfen aus hygienischen Gründen nur künstliche Blumen und Obst verwendet werden.
3. Zu den jeweiligen Speisen werden die passenden Getränke gestellt.
4. In der Mitte des Büfetts werden die Essbestecke und die Servietten platziert.
5. Der Aufbau der Platten und Schüsseln soll der Reihenfolge der klassischen Speisenfolge entsprechen.

5 **Bei welcher Büfettform können sich viele Gäste in kürzester Zeit mit Speisen versorgen, was aber mit dem Nachteil verbunden ist, dass der attraktive Charakter des Büfetts darunter leidet.**

1. Eine besonders lange Tafel herrichten
2. Eine Büfetttafel in Hufeisenform aufbauen
3. Eine Büfetttafel in quadratischer Form erstellen
4. Das Büfett dezentralisieren und mehrere Büfettinseln planen
5. Das Büfett in einem Nebenraum aufbauen

16.5 Blumendekorationen

Neben der Qualität von Küche und Service tragen eine gepflegte Einrichtung und stilvolle Dekorationen zum Wohlbefinden unserer Gäste bei.

1 Welche Anforderungen stellt man an Blumendekorationen im Bankettbereich?

- Sie sollen dem Anlass entsprechend arrangiert sein.
- Die Gäste dürfen durch die Größe und Höhe der Gestecke bei der Unterhaltung nicht gestört werden.
- Tische und Tafeln sollten nicht durch zu üppige Blumenarrangements überladen wirken.
- Bei der Blumenauswahl ist darauf zu achten, dass sie nicht zu stark duften und keinen Blütenstaub absondern.
- Es sollten nur frische Schnittblumen für die Tisch- und Tafeldekoration verwendet werden.
- Blumentöpfe mit Erde sind aus hygienischen Gründen auf Büfetts oder Banketttafeln ungeeignet.

2 Was ist bei der Bestellung oder Gestaltung von Blumengestecken bezüglich der Tisch- bzw. Tafelform zu beachten?

- Die Gestecke werden in Größe und Form den Tafelformen angepasst.
- Runde bzw. kugelige Gestecke eignen sich für runde oder quadratische Tafeln.
- Auf langen Tafeln werden mehrere in länglicher Form gehaltene Blumengestecke dekorativ verteilt.

3 In Ihrem Betrieb werden Blumengestecke selbst hergestellt.

Nennen Sie Arbeitsrichtlinien für die Steckarbeit.

- Die verwendeten Steckschalen müssen einwandfrei sauber sein, sollten aus Glas sein oder zum Speiseporzellan passen.
- Steckschaum wässern, zuschneiden und in die Schalen einfüllen.
- Steckschaum immer 2 Finger breit über den Gefäßrand ragen lassen.
- Die Stängel von Blättern und Blumen mit einem scharfen Messer schräg anschneiden und mit dem Ende etwa 2 bis 4 cm tief in den Steckschaum stecken.
- Die einzelnen Blüten sollen in ihrer Höhe abgestuft über- und untereinander angeordnet sein.
- Gesteck mit Blättern und Gräsern ausfüllen, bis der Steckschaum nicht mehr zu sehen ist.

4 Welche Blumengruppe eignet sich am besten für ein Bankett-Tischgesteck?

(1) Usambaraveilchen, Gladiolen

(2) Moosröschen, Fresien

(3) Maiglöckchen, Anemonen

(4) Flieder, Fresien

(5) Gladiolen, Gerbera

Handlungsorientierte Aufgaben: Kaltes Büfett 1 bis 9

Zum Ende Ihrer Ausbildung möchte Ihnen Ihr Ausbilder mehr Verantwortung übertragen. Sie werden von Ihrem Betrieb mit den Vorbereitungen und der Durchführung eines kalten Büfetts für 40 Personen beauftragt. Die Verkaufsgespräche wurden bereits geführt und die Termine, Räumlichkeiten, Dekoration sowie die Speisen festgelegt. Getränke sollen à la carte angeboten, aber pauschal dem Veranstalter in Rechnung gestellt werden.

1 Der Gastgeber legt großen Wert auf eine kommunikationsfreundliche Tafelform. Er wünscht größere Gästegruppen bilden zu können.

Welche Form wählen Sie nach Rücksprache mit dem Veranstalter für 40 Personen aus?

(1) Innen offene, quadratische Blockform mit je 10 Plätzen

(2) Lange schmale Tafel mit 20 Plätzen je Seite

(3) 10 kleine Tische 120 × 80 cm für je 4 Personen

(4) 5 große runde Tische für je 8 Personen

(5) 2 T-Tafeln mit je 20 Personen

2 Vom Küchenchef erfahren Sie, dass das gesamte Büfett auf 7 Platten je 35 × 50 cm sowie in 8 Schüsseln und 2 Saucieren angerichtet wird.

Wie groß planen Sie die Büfetttafel, um eine aufgelockerte Anrichtefläche zu erhalten? Für die Teller wird ein Guéridon schräg angestellt.

(1) 4,50 m

(2) 3,50 m

(3) 2,50 m

(4) 6,00 m

(5) 7,00 m

3 Wie nennt man die bodentiefen Verkleidungen von Büfetttafeln?

1. Tischschürzen
2. Überhänger
3. Faltvorhänge
4. Überlappungen
5. Skirtings

4 Wodurch bestimmt man die Laufrichtung der Gäste am Büfett?

1. Durch die Anrichteweise am Büfett
2. Durch das Trennen von Gästegruppen
3. Durch die Platzierung der Hauptplatten
4. Durch die Platzierung der Teller
5. Durch die Platzierung von Brotsorten

5 Sie sehen in der Abbildung ein durchnummeriertes kaltes Büfett.

Ordnen Sie die Ziffer den jeweiligen Speisen zu, damit Sie letztlich eine fachgerechte Büfettpräsentation erhalten. Brot und Butter sind bereits am Gästetisch eingedeckt.

Schokoladenmousse	Bündner Fleisch und Tiroler Speck
Grüne Sauce	Tellerstapel
Salat von frischen Früchten	Schauplatte Rehrücken mit Beilagen
Salat von geräucherten Forellen	Pilzsülze
Internationale Käseauswahl	Melonenkugeln in Portwein mariniert
Waldorfsalat	Rucolasalat mit Röstbrotwürfeln
Feldsalat mit Walnussdressing	Radieschensprossen
Hasenpastete	Süßspeisen-Variationen
Kalbsmedaillons mit Lebermus	Cumberlandsauce

6 **Welche Dekorationen sollten aus hygienischen Gründen nicht auf einer Büfetttafel stehen?**

1 Schnittblumengestecke

2 Kerzenhalter mit Kerzen

3 Künstliche Blumengestecke

4 Topfpflanzen

5 Dekorationsbänder

7 **Welches der abgebildeten Gedecke würden Sie bei der Vorbereitung dieses Büfetts für die Gäste auflegen lassen?**

1

2

3

4

5

8 **Wie viele Tafellöffel und Vorlegebestecke mit je fünf Stück in Reserve und welche Schneidewerkzeuge benötigen Sie am Büfett?**

1. 12 Tafellöffel, 20 Vorlegebestecke, Käsehobel
2. 7 Tafellöffel, 8 Vorlegebestecke, Käsemesser
3. 3 Tafellöffel, 6 Vorlegebestecke, Käsemesser, Käsehobel
4. 8 Tafellöffel, 10 Vorlegebestecke
5. 12 Tafellöffel, 13 Vorlegebestecke, Käsehobel, Käsemesser

9 **Um einen reibungslosen Ablauf des kalten Büfetts zu gewährleisten, bitten Sie den Küchenchef, zum Vorlegen der Speisen Köche abzustellen.**
Außerdem benötigen Sie Servierpersonal für den Getränkeservice und das rechtzeitige Ausheben der benutzten Teller und Bestecke an den Gästetischen.

Welche Zahl an Köchen und Servicefachkräften wird benötigt?

1. 6 Köche und 4 Servicefachkräfte
2. 3 Köche und 4 Servicefachkräfte
3. 6 Köche und 6 Servicefachkräfte
4. 2 Köche und 8 Servicefachkräfte
5. 6 Köche und 2 Servicefachkräfte

17 Sonderveranstaltungen

Sonderveranstaltungen sind heute ein wichtiger Teil der Erlebnisgastronomie. Dabei handelt es sich um besonders attraktive, wirkungsvolle Angebote. Um erfolgreich zu sein, muss die Veranstaltung von Anfang bis Ende perfekt durchorganisiert sein.

17.1 Der Gast im Mittelpunkt

1 Wie kann man Stammgäste halten und neue Gäste werben?

- Durch Qualität und Beständigkeit
- Durch neuartige, attraktive Angebote

2 Wodurch erhalten Sie Informationen über Gewohnheiten und Wünsche unserer Gäste?

- Durch eine gezielte Fragebogenaktion
- Diese wird nach Abschluss ausgewertet und bei künftigen Planungen berücksichtigt.

17.2 Aktionen

Aktionen dienen dazu, dem Wunsch unserer Gäste nach Abwechslung entgegenzukommen.

1 Neben der Gastorientierung und der Wirtschaftlichkeit gibt es weitere wesentliche Aspekte, die bei jeder Aktion wichtig sind.

Nennen Sie diese.

- Stammgästen und Hausgästen wird etwas Besonderes geboten.
- Neue Gästekreise können erschlossen werden.
- In der Öffentlichkeit wird der Bekanntheitsgrad des Betriebes gefördert.
- Kapazitätsauslastung während ruhigerer Betriebszeiten bzw. Zwischensaisonzeiten wird angestrebt.

2 **Orden Sie den 6 verschiedenen Aktionen je 2 Beispiele zu, indem Sie die Ziffern in die Kästchen eintragen.**

Beispiele	*Aktionen*
(1) Münsterländer Schmaus	Produktbezogene Aktionen ☐ ☐
(2) Kartoffel, Kartoffel, Kartoffel	
(3) Maischolle	Saisonbedingte Aktionen ☐ ☐
(4) Fürstenhochzeit	
(5) Viva España	Internationale Spezialitäten ☐ ☐
(6) Vegetarische Köstlichkeiten	
(7) Stadtgründung	Themenbezogene Aktionen ☐ ☐
(8) Frische Krebse	
(9) Fränkisches Weinfest	Aktionen zu Jahrestagen ☐ ☐
(10) Die Bretagne zu Besuch	
(11) Gedenkjahr für Dichter	Regionale Spezialitäten ☐ ☐
(12) Jazz-Brunch	

3 **Welche Maßnahme zur Verkaufsförderung wird als Aktion bezeichnet?**

(1) Die Abgabe von Werbegeschenken an Reisevermittler zur Weitergabe an ihre Kunden

(2) Die Mitwirkung der Mitarbeiter bei der Organisation von Werbemaßnahmen

(3) Die Belieferung von Reisevermittlern mit Hotelprospekten für deren Kundenberatung

(4) Die Einladung zu einer Spezialitätenwoche (z. B. Asiatische Woche)

(5) Die Information über unser Hotel im Verbandsmagazin der Reisevermittler

☐

17.3 Planung und Durchführung

Für die Mitarbeiter ist die Abwechslung mindestens so wichtig wie für die Gäste.

1 **Welche Auswirkungen hat die Einbeziehung möglichst aller Mitarbeiter in die Planung und Organisation einer Aktion?**

- Der Alltagsroutine wird entgegengesteuert
- Teambewusstsein wird geweckt
- Durch die Herausforderung Neues zu unternehmen wird die Motivation gefördert
- Aktionsbezogene Schulungen dienen der Fortbildung
- Fachliches Können in besonderen Situationen kann bewiesen werden

2 Welche Planungen organisatorischer Art sind vor einer Aktion anzustellen?

- Jahresplanung
- Detail-Planung
- Ablauforganisation

---

3 Wie entsteht eine Jahresplanung?

- Zunächst sammelt man Vorschläge und Ideen.
- Aus diesen werden die besten und attraktivsten ausgewählt und ein Jahres-Aktion-Plan erstellt.
- Anschließend werden die unterschiedlichen Aufgaben den jeweiligen Abteilungen für eine Vorausplanung übertragen.

---

4 Wie sieht eine Detail-Planung im Service für eine Aktionswoche anlässlich des Gedenkjahres eines berühmten Musikers der Stadt XY aus.

- Die Raum- und Tischdekoration soll dem Anlass angepasst sein.
- Das Servierpersonal wird entsprechende Kostüme aus der Schaffenszeit des Künstlers tragen.
- Die Menükarten stellen z.B. einen Konzertflügel oder eine Violine dar.
- Die Auszubildenden haben experimentiert und weiße Servietten mit schwarzem Seidenpapier fächerförmig gefaltet, sodass Klaviertasten erkennbar werden.
- Die einzelnen Gänge werden durch einen historisch verkleideten Zeremonienmeister ausgerufen.
- Zwischen den Menügängen werden die Gäste mit Kompositionen des gefeierten Künstlers unterhalten.
- Nach dem Menü wird Mokka in kleinen Tassen mit eingebranntem Scherenschnittbild des Künstlers und Pralinen in kleinen Konzertflügeln aus Kuvertüre serviert.
- Die Mokkatassen erhalten die Gäste als Erinnerungsgeschenk.

5 Welche Dekorationen dürfen in Veranstaltungsräumen ausschließlich auf Tischen und Theken stehen?

(1) Papiergirlanden und Luftschlangen
(2) Kunststoffdekorationen
(3) Offenes Licht wie Kerzen oder Petroleumlampen
(4) Drapierungen aus leicht entflammbaren Dekostoffen
(5) Dekorationen aus natürlichem Laub und Nadelholzzweigen

6 Welche Richtlinie über das Dekorieren von Veranstaltungsräumen bei Aktionswochen ist korrekt?

1. Das Abbrennen von Feuerwerkskörpern ist nur bei geöffneten Fenstern gestattet.
2. Heizkörper sowie Beleuchtungskörper dürfen nicht direkt mit buntem Papier umwickelt werden.
3. Hängende Dekorationen aller Art dürfen bis zum Boden reichen.
4. Gardinen und Bühnenvorhänge müssen aus Baumwollmaterial gefertigt sein.
5. Papierdekorationen dürfen ohne besondere Behandlung verwendet werden.

7 Welche Dekorationsmaterialien eignen sich für eine vorweihnachtliche Raumdekoration?

1. Gladiolen und Erlenzweige
2. Nelken und Stechpalmenzweige
3. Tulpen und Fichtenzweige
4. Orchideen und Lärchenzweige
5. Kiefernzweige mit roten Kerzen

8 Für einige Sonderveranstaltungen wurden spezielle Speisen ausgesucht.

Ordnen Sie zu, indem Sie die Ziffern der Anlässe bei den speziellen Speisen eintragen.

Anlässe	***Typische Speisen***
	Tiramisu
(1) Österreichische Woche	Beuscherl
	Fondue Neuchâtel
(2) Badisches Weinfest mit Federweißem	Zampone
	Flammbrot
(3) Schweizer Spezialitätenwoche	Zwiebelkuchen
	Tafelspitz
(4) Elsässer Tage	Bäckeofen
	Schneckensuppe
(5) Italienische Nächte	Raclette

Handlungsorientierte Aufgaben: Wildwoche 1 bis 8

In Ihrem Hause wird als Aktion eine Wildwoche stattfinden. Sie sind an der Erstellung einer Speisekarte und einer speziellen Weinkarte für diese Wildwoche beteiligt.

1 Sammeln Sie zunächst Gerichte in Kurzfassung für die Aktions-Karte. Später müssen Sie dann die einzelnen Gerichte in eine kartengerechte Fassung bringen.

- Wildschweinschinken mit Feldsalat
- Hasenpastete mit Cumberlandsauce und Waldorfsalat
- Rebhuhngalantine mit Cassissauce
- Wildkraftbrühe mit Polentaklößchen
- Steinpilzsuppe mit Hirschstrudel
- Kürbissuppe mit Rehschinkenscheiben
- Wachtelbrüstchen auf Rucolasauce
- Wildentenbrust in Sanddorngelee
- Rebhuhn mit Ingwersauce und wildem Reis
- Fasan mit feiner Kastanienfüllung im Wirsingmantel
- Frischlingsfilet in Wacholderrahm mit Kürbisgemüse
- Gebratener Gämsrücken mit Pfifferlingen
- Hasenfilet mit Steinpilzscheiben im Mangoldblatt
- Hasenrücken mit Schokoladensauce, Trüffelnudeln
- Wildkaninchen auf Gemüsebett, Kartoffelnudeln
- Rehrücken mit Hagebuttensauce und Steinpilzauflauf
- Hirschmedaillons auf Holundersauce, Mandelkartoffeln
- Wildente mit Quittenkompott, Brokkoliflan

2 In welcher Reihenfolge führen Sie die einzelnen Bestandteile eines Gerichtes in der Speisekarte auf?

(1) Hirschrücken mit Wacholderrahmsauce nach Waidmannsart, Pfifferlinge, Kartoffelkroketten, Rosenkohl, Selleriesalat und Preiselbeeren

(2) Hirschrücken nach Waidmannsart mit Wacholderrahmsauce, Rosenkohl, Pfifferlinge, Kartoffelkroketten, Selleriesalat und Preiselbeeren

(3) Hirschrücken nach Waidmannsart, Rosenkohl, Pfifferlinge, Kartoffelkroketten, Selleriesalat, Wacholderrahmsauce und Preiselbeeren

(4) Hirschrücken mit Pfifferlingen nach Waidmannsart, Preiselbeeren, Kartoffelkroketten, Rosenkohl, Selleriesalat und Wacholderrahmsauce

(5) Hirschrücken nach Waidmannsart mit Selleriesalat, Rosenkohl, Kartoffelkroketten, Pfifferlinge, Preiselbeeren und Wacholderrahmsauce

3 **Welche der aufgeführten Weine eignen sich am besten für Ihre Weinkarte zur Wildwoche?**

Entscheiden Sie sich für drei Weine aus der folgenden Weinliste.

(1) Becksteiner Tauberklinge, Silvaner

(2) Rödelseer Küchenmeister, Kerner

(3) Walporzheimer Kräuterberg, Portugieser

(4) Haberschlachter Heuchelberg, Trollinger

(5) Kreuznacher St. Martin, Ruländer

(6) Assmannshäuser Höllenberg, Spätburgunder

(7) Oppenheimer Herrenberg, Müller-Thurgau

4 **Ordnen Sie zu, indem Sie die Ziffern von 3 der insgesamt 6 Dekorationsmittel in die Kästchen eintragen.**

(1) Violettgelbes Tischband, fünfarmige Kerzenleuchter und Rosengestecke

(2) Kornähren, Kürbisse und Maiskolben

(3) Kastanien, Herbstlaub, Hagebuttenzweige

(4) Girlanden, vierblättrige Kleepflänzchen, Glitzerkonfetti

(5) Spielzeug, buntes Geschirr, bunte Luftballons

(6) Äpfel, Nüsse, Tannenzweige

Wildwoche

Silvester

Erntedank

5 **Eine größere Gesellschaft von 40 Personen möchte an der Wildwoche teilnehmen. Die Gäste wünschen vier runde Tischen à 10 Personen.**

Was ist beim Auflegen von quadratischen Tischtüchern auf runden Tischen zu beachten?

(1) Auf das Tischtuch kommt sofort eine Deckserviette.

(2) Die Tischtücher sollen genau mit der Tischplatte abschließen.

(3) Die zu langen Ecken der Tücher werden nach innen geschlagen.

(4) Der Tuchüberhang braucht nur 10 cm betragen.

(5) Die Tischtücher müssen mit den Ecken genau vor den Tischbeinen hängen.

6 Die Gäste haben zu den Wildgerichten einen Assmannshäuser Höllenberg, Spätburgunder ausgewählt.

Wie servieren Sie den Flaschenwein korrekt?

1. Sie stellen jedem Gast eine Flasche (0,5 Liter) Rotwein hin.
2. Sie gießen dem Gast den Rotwein von rechts ein.
3. Sie schenken dem Gast Rotwein von links ein.
4. Sie servieren dem Gast den Rotwein im Römer.
5. Sie gießen den Wein am Büfett in eine Portionskaraffe und stellen diese dem Gast ein.

7 Was sollte unmittelbar nach einer Aktion bzw. Aktionswoche stattfinden?

- In einem gemeinsamen Gespräch wird eine Veranstaltungsanalyse vorgenommen.
- Es findet eine Erfolgskontrolle sowie eine möglichst offene Manöverkritik statt.

8 Sowohl beim Bankett als auch bei besonderen Veranstaltungen wie Aktionswochen ist es besonders wichtig, dass die Gedecke nicht nur optisch schön aussehen sondern auch fachlich richtig eingedeckt sind.

Die drei abgebildeten Gedecke weisen Fehler auf. Versuchen Sie die Fehler herauszufinden.

Achten Sie dabei genau auf die vorgegebenen Informationen und Besteckgrößen.

Zum besseren Vergleich sind Tafel- und Mittelbestecke nebenstehend abgebildet.

Menü 1

Kalte Vorspeise mit Toast und Butter

Warmes Fischgericht

Wildgericht

Warme Süßspeise

- Alle Besteckteile liegen direkt an der Tischkante.
- Beim Dessert ist eine Fischgabel eingedeckt.
- Brotteller mit Buttermesser fehlt.
- Fischgabel muss nach oben versetzt sein.

Menü 2

Kalte Vorspeise
auf Toast

Fischgericht

Wildgericht

Schwarzwald-Eisbecher

- Richtglas steht richtig, die anderen Gläser sind falsch platziert.
- Bis auf die Fischgabel sind rechts und links alle Besteckteile falsch eingedeckt.
- Dessertgabel ist nicht nötig.

Menü 3

Kalte Vorspeise mit
Toast und Butter

Fischgericht

Wildgericht

Käse

- Glas ist falsch platziert.
- Brotteller gehört nach links.
- Buttermesser fehlt.
- Vorspeisenmesser fehlt.
- Zum Hauptgang gehört eine Tafelgabel.
- Dessertgabel Griffende nach links, Dessertmesser Griffende nach rechts und Schneide nach unten

IHK

IHK-Abschlussprüfung

Restaurantfachmann/Restaurantfachfrau

Service

27 Aufgaben
60 Minuten
100 Punkte

Bearbeitungshinweise

Hier wichtige Informationen, die bereits bei den Übungen beachtet werden sollen.

Bearbeiten Sie die Aufgaben mit Kugelschreiber, denn die Lösungen müssen auf einem Durchschreibeblatt erkennbar sein.

Sie können die Aufgaben in beliebiger Reihenfolge bearbeiten.

Empfehlung: Notieren Sie die Lösungen zunächst nur auf dem Aufgabenblatt. Erst wenn Sie sicher sind oder am Ende der Prüfungszeit, übertragen Sie auf den Lösungsbogen.

Wenn Sie Lösungsziffern ändern wollen, dann durchstreichen Sie die bereits eingetragene Ziffer deutlich und schreiben Sie die neue unter diese Kästchen, nicht daneben, nicht darüber.

Aufgabe Nr. 7

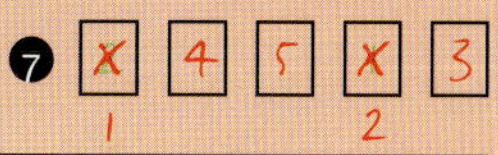

Lösung und Bewertung

Wenn Sie mit einem Prüfungssatz „durch“ sind, vergleichen Sie zunächst Ihre Ergebnisse mit den Lösungen auf Seite 436.

Jetzt zur Bewertung. Die ganze Arbeit wird bei der IHK immer mit 100 Punkten bewertet (gleichsam eine 100-prozentige Lösung). Diese 100 Punkte werden auf die Anzahl der Aufgaben des Prüfungsfaches verteilt. Wenn nun wie hier im Prüfungssatz 1 – Service – 27 Aufgaben zu lösen sind, werden diese 100 Punkte auf die Zahl der 27 Aufgaben verteilt.

Die Rechnung lautet: 100 Punkte : 27 = 3,7037 Punkte je Aufgabe. Beachten Sie: **Je Aufgabe.**

Sind zur Lösung einer Aufgabe mehrere Schritte notwendig, werden die Punkte für die ganze Aufgabe auf die Teilschritte verteilt. Beispiel Aufgabe 10: Die ganze Aufgabe mit 3,7037 Punkten ist zu verteilen auf 2 Schritte.

Die Rechnung: 3,7037 Punkte : 2 = 1,85185 Punkte. Eine Teillösung, „ein Kästchen“ bringt bei der Aufgabe 7 also 1,85185 Punkte. Bei Aufgabe 11 teilen Sie entsprechend durch 3, bei Aufgabe 27 durch 5 usw.

Wenn Sie mit der Auswertung fertig sind, zählen Sie zusammen. Auf Seite 17 ist die Notenskala. Sind Sie zufrieden? Darf man gratulieren?

Hinweis: Die IHK rechnet zuerst die Punkte aller Prüfungsteile zusammen und bildet erst dann eine Gesamtnote. Rechenschema Seite 17.

Lösungsbogen

Restaurantfachmann
Restaurantfachfrau
Service

IHK-Abschlussprüfung

Diese Kopfleiste bitte unbedingt ausfüllen!

Prüflingsnummer

Familienname, Vorname (bitte durch eine Leerspalte trennen, ä = ae etc.)

Aufgabe Nr.	❶ ❷ Liter ❸ ❹ ❺ Gramm
Aufgabe Nr.	❻ ❼ ❽ ❾ ❿
Aufgabe Nr.	⓫ ⓬ ⓭ ⓮
Aufgabe Nr.	⓯ Dollar , ct ⓰ ⓱
Aufgabe Nr.	⓲ ⓳ ⓴
Aufgabe Nr.	21 22
Aufgabe Nr.	23 24 25
Aufgabe Nr.	26 27 Liter ,

Bearbeiten Sie die Aufgaben, indem sie die Kennziffern der richtigen Antworten entsprechend den Bearbeitungshinweisen auf dem Deckblatt in die Kästchen auf dem Lösungsbogen eintragen! Bei Offen-Antwort-Aufgaben (z. B. Rechenaufgaben) tragen Sie das Ergebnis in die Kästchen auf dem Lösungsbogen ein.

1. Aufgabe

Sie sehen auf einer Flasche mit Reinigungsmittel nebenstehendes Symbol.
Was bedeutet es?

1. Nur tropfenweise verwenden
2. Darf nicht mit anderen Stoffen vermischt werden
3. Vor Gebrauch mischen
4. Giftige Stoffe
5. Ätzende Stoffe

2. Aufgabe

Auf einer Flasche mit Reinigungsmittel steht: „Gebrauchsfertige Lösung: 2,5 ml ≙ 1 Messbecher auf 1 Liter Wasser."

Wie viel Liter Reinigungslösung lassen sich aus 1 Liter Konzentrat herstellen?

3. Aufgabe

Auf Ihrer Tageskarte stehen *Pochierte Eier auf Toast*. Ein Gast will wissen, was man unter pochieren versteht. Welche Aussage ist richtig?

1. Garen in Wasserdampf bei etwa 110 °C
2. Garen in heißem Fett bei 175 °C
3. Garen in heißen Fett und Wasserdampf bei 100 °C
4. Garen in umgebender Flüssigkeit bei 100 °C
5. Garen in umgebender Flüssigkeit unter 100 °C

4. Aufgabe

Welcher Stoff ist bei einem Zuckerkranken in zu geringem Maße vorhanden?

1. Saccharase
2. Amylase
3. Lipase
4. Insulin
5. Inulin

5. Aufgabe

Nach den Empfehlungen für eine richtige Ernährung sollte der Mensch 55% seines Energiebedarfs durch Kohlenhydrate decken. 1 Gramm Kohlenhydrate liefert 17 kJ. Ein Mensch hat einen Energiebedarf von 12000 kJ.

Wie viel Gramm Kohlenhydrate muss dieser Mensch zu sich nehmen?

6. Aufgabe

Welches Gericht ist fachlich richtig zusammengestellt?

1. Seezungenfilet, Mornaysauce, Waldorfsalat
2. Pökelzunge, Robertsauce, Apfelgelee
3. Pochierte Eier, Gemüsesalat, Kroketten
4. Rehmedaillons, Remouladensauce, Rigatoni
5. Hühnerbrust, Geflügelrahmsauce, Risipisi

7. Aufgabe

Welches Menü ist in der richtigen Reihenfolge erstellt?

1. Schneckenpfanne – Rinderkraftbrühe mit Klößchen – Tournedos – Frischlingsbraten – Käseauswahl
2. Königinpastete – Rinderkraftbrühe mit Eierstich – Hasenbraten – Heilbutt vom Grill – Eis nach Wahl
3. Geflügelkraftbrühe – Seezungenröllchen – Tournedos – Salat von frischen Früchten
4. Kraftbrühe mit Grießnockerln – Steinbutt – Omelett – Tournedos – Käseauswahl
5. Cocktail von Meeresfrüchten – Omelett – Pilzcremesuppe – Tournedos – Topfenpalatschinken

8. Aufgabe

Es wird folgendes Menü angeboten:

Geflügelbrühe mit Fadennudeln
Honigmelone mit Parmaschinken
Gebratenes Roastbeef mit Saisongemüse und Herzoginkartoffeln
Pistazieneis

Beurteilen Sie dieses Menü. Entspricht es den fachlichen Regeln?

1. Ja, es entspricht den fachlichen Regeln.
2. Nein, die Beilagen passen nicht zum Hauptgericht.
3. Nein, die Reihenfolge der Gänge ist nicht richtig.
4. Nein, die Farben wiederholen sich.
5. Nein, die Rohstoffe wiederholen sich.

9. Aufgabe

Ein Ehepaar besucht ein Restaurant. Welche Frage des Bedienungspersonals ist unangebracht?

1. Darf ich Ihnen aus dem Mantel helfen?
2. Darf ich bei der Auswahl der Speisen behilflich sein?
3. Darf ich unsere Spezialitäten empfehlen?
4. Hier ist die Speisenkarte. Es genügt doch eine?
5. Darf ich einen Aperitif servieren?

10. Aufgabe

Ordnen Sie die Angaben auf dem Weinetikett entsprechend zu.

1. Baden
2. 2002
3. Bereich Kaiserstuhl
4. Ruhländer
5. Endinger Engelsberg
6. Spätlese

Rebsorte

Prädikat

11. Aufgabe

Ordnen Sie die Fachbezeichnungen bei der Sektherstellung entsprechend zu.

1. Grundweinverschnitt
2. Hefe-Zucker-Lösung
3. Jahrgangssekt
4. Enthefen
5. Ausgesuchte Spätlesen
6. Champagner

Dosage

Cuvée

Degorgieren

12. Aufgabe

Ein Gast bittet um eine Empfehlung für die Kombination eines Rohkostsalates, er fragt: „Was passt denn gut zusammen?" Was empfehlen Sie?

1. Karotten, Artischocken, Schwarzwurzeln
2. Karotten, Sellerie, Kohlrabi
3. Karotten, Bohnen, Paprika
4. Rote Bete, Brokkoli, Gurken
5. Blumenkohl, Radieschen, Auberginen

13. Aufgabe

Bei den Vereinbarungen für ein Sonderessen wünscht der Gastgeber, dass den Gästen auf Wunsch nachserviert wird. Wie bezeichnet man diese Vereinbarung in der Fachsprache?

1. Service mit Supplément
2. Service à la carte
3. Service à part
4. Service à discretion
5. Service à la minute

14. Aufgabe

Für bestimmte Kartoffelzubereitungen ist die Formgebung typisch. Ordnen Sie den Abbildungen die Ziffer der entsprechenden Fachbezeichnung zu.

1. Birnenkartoffeln
2. Macairekartoffeln
3. Bernykartoffeln
4. Herzoginkartoffeln
5. Bäckerinkartoffeln
6. Lorettekartoffeln

15. Aufgabe

Eine Ingenieurgruppe aus Kanada erhält eine Gesamtrechnung über 468,00 €. Der Leiter der Gruppe will einen Scheck in kanadischen Dollar ausstellen. Der Kurs ist 1,00 ≙ 1,31 Dollar.

Wie viele kanadische Dollar entsprechen dem Rechnungsbetrag?

Situation zur 16. bis 21 Aufgabe

Wir führen eine Aktionswoche „Fische aus heimischen Gewässern“ durch.

16. Aufgabe

Warum ist Frischfisch in der Regel leichter verdaulich als Schlachtfleisch?

1. Fisch hat geringeren Eiweißgehalt
2. Fisch hat höheren Fettgehalt
3. Fisch hat weniger Bindegewebe
4. Fisch hat festere Zellwände
5. Fisch hat weniger Mineralstoffe

17. Aufgabe

Bringen Sie die Bestandteile des Gerichtes mit einer Forelle in eine kartengerechte Reihenfolge, indem Sie die Ziffern 1 bis 5 entsprechend eintragen.

Forelle	☐
Salzkartoffeln	☐
Blattsalate	☐
nach Art der Müllerin	☐
zerlassene Butter	☐

18. Aufgabe

Das Gericht wird auf die Aktionskarte gesetzt. Welches Angebot entspricht den Vorschriften zur Preisauszeichnung.

1. Forelle nach Müllerinart, je 100 g 3,00 €
2. Forelle nach Müllerinart, Preis nach Größe
3. Forelle nach Müllerinart, Preis 6,00 bis 9,00 €
4. Forelle nach Müllerinart, Preis ab 8,00 €
5. Forelle nach Müllerinart, Preis nach Gewicht

☐

19. Aufgabe

Die Forelle nach Art der Müllerin wird serviert. Wir setzen in Verbindung damit einen Teller zur Ablage der Gräten ein. An welcher Stelle innerhalb des Gedeckes ist ein Grätenteller zu platzieren?

1. In der Mitte oberhalb des Fischtellers
2. Genau oberhalb des Weinglases
3. Neben dem Brotteller links
4. Links oberhalb des Brottellers
5. Rechts neben dem Fischmesser

☐

20. Aufgabe

Sie filetieren eine Forelle nach Art der Müllerin. Bringen Sie die dazu erforderlichen Arbeitsschritte in die richtige Reihenfolge.

Forelle präsentieren	☐
Mittelgräte herausnehmen	☐
Bauch- und Rückenflossen entfernen	☐
zweites Filet säubern	☐
servierfertig zusammensetzen	☐
obenliegendes Filet abheben	☐

21. Aufgabe

Von welchem Tier stammt ein Frischlingsrücken?

1. Kleiner Fisch
2. Frisch gelieferter Schweinerücken
3. Ferkel eines Wildschweins
4. Wildkalb
5. Frisch geborenes Kalb

22. Aufgabe

Bringen Sie die Einzelschritte des Services in die richtige Reihenfolge.

Beratung des Gastes

Bonierung der Bestellung

Servieren des Bestellten

Bestellung des Gastes

Abrechnung beim Gast

Ausheben des Geschirrs

23. Aufgabe

Beim Garen von Fleisch werden verschiedene Garverfahren angewendet.
Ordnen Sie den Garverfahren die entsprechenden Erklärung zu.

Erklärung	Garverfahren
1. unter 100 °C garen	Poelieren
2. in Dampf garen	
3. in kräftig sprudelnder Flüssigkeit garen	Schmoren
4. ohne Fett oder mit wenig Fett durch Kontaktwärme garen	
5. anbraten und in Flüssigkeit weitergaren	Grillen
6. in Butter dünsten, dann bräunen und mit wenig Fond ablöschen	

24. Aufgabe

Ordnen Sie den Fachausdrücken aus dem Bereich Bar die entsprechenden deutschen Bezeichnungen zu.

Deutsche Bezeichnungen	Fachausdrücke
1. Zerstoßenes Eis	dash bottle
2. Elektrischer Mixer	
3. Spritzer	strainer
4. Barsieb	
5. Spritzflasche	crushed ice
6. Schüttelbecher	

25. Aufgabe

Ordnen Sie den Bezeichnungen für Spezialbestecken die entsprechenden Nummern der Abbildungen zu.

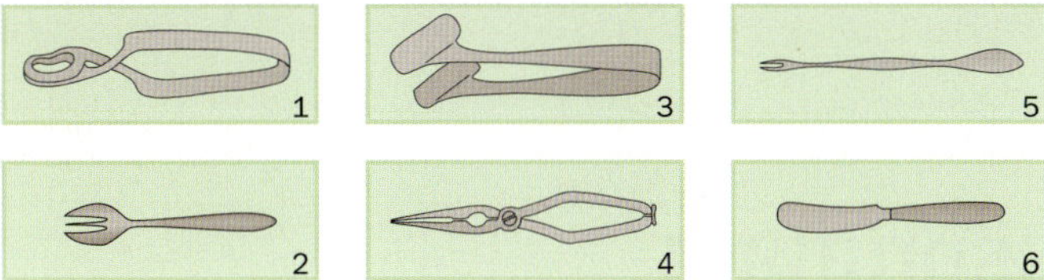

Spargelzange

Schneckenzange

Austerngabel

26. Aufgabe

Ordnen Sie den Weinen das entsprechende Weinanbaugebiet zu.

1. Baden
2. Nahe
3. Rheingau
4. Pfalz
5. Württemberg
6. Franke
7. Mosel

Ürziger Schwarzlay

Escherndorfer Lump

Deidesheimer Herrgottsacker

27. Aufgabe

Ein Veranstalter trifft mit unserem Haus folgende Vereinbarung: 80 Gäste, je Gast dreimal 0,1 Liter Weißwein (Einschenken und zweimal nachschenken). Weitere Getränke gehen auf Rechnung des Gastes. Beim Einschenken am Tisch kalkuliert man mit einem Schankverlust von 5 Prozent. Mit wie viel Liter Weinbedarf ist zu rechnen (eine Stelle nach dem Komma)?

IHK

IHK-Abschlussprüfung

Restaurantfachmann/Restaurantfachfrau

Restaurantorganisation

3 Aufgaben
90 Minuten
100 Punkte

Lösung und Bewertung

Im Prüfungsfach Restaurantorganisation werden handlungsorientierte Situationsaufgaben gestellt. Was ist darunter zu verstehen?

Situationsaufgaben nennt man Aufgaben, die von einer bestimmten, konkret beschriebenen Situation ausgehen. Das haben Sie schon auf Seite 17 unter der Überschrift *Situative Aufgabeneinheiten* kennengelernt. *Handlungsorientierung* bedeutet, dass die Fragestellung auf notwendige oder erforderliche Handlungen abzielt, die in der Praxis vorkommen.

Die Fragen werden in Form der Offen-Antwort-Aufgaben gestellt. Sie können also nicht ankreuzen, sondern müssen selbst stichwortartig formulieren. Selbstverständlich werden sinngleiche Begriffe berücksichtigt. Es ist also gleich, ob sie Beistelltisch oder Guéridon schreiben oder Speisenfolge statt Menü.

Die Anzahl der bei einer Teilaufgabe zu erreichenden Punkte ist vorgegeben und gibt Ihnen zugleich einen Hinweis auf den Umfang der erwarteten Antwort. Die Gesamtpunktzahl eines Prüfungssatzes ist auf 100 ausgerichtet.

Um Sie mit dieser Prüfungsform vertraut zu machen, folgen ein Überblick über mögliche Prüfungsbereiche und konkrete Prüfungsaufgaben mit Lösungen. Die Lösungen beginnen Seite 437.

Überblick über Prüfungsgebiete im Prüfungsbereich Restaurantorganisation

- Führen einer Station
- Angebotserstellung und Kalkulation, Arbeitsplanung
- Aufbau und Gestaltung von Angebotskarten

Lösungsbogen

Restaurantfachmann
Restaurantfachfrau
Restaurantorganisation

IHK-Abschlussprüfung

Beispiele für Prüfungsaufgaben – die gesamte Prüfung umfasst 100 Punkte.

Situation

Ihr Betrieb führt eine Aktionswoche durch. Das Thema: *Spargel und Wein*.

Ausrichten von Festlichkeiten und Veranstaltungen

1. Aufgabe: (Gesamt 53 Punkte, ca. 45 Minuten Bearbeitungszeit. Hier nur teilweise ausgeführt.)

1.1 (4 Punkte)

Unterbreiten Sie **4** Vorschläge für Suppen von oder mit Spargel.

______________________ ______________________

______________________ ______________________

1.2 (10 Punkte)

Als Besonderheit wird den Gästen die freie Kombination von Spargel mit einer ergänzenden Beilage nach eigener Wahl angeboten. Beispiel: *500 Gramm Spargel mit gekochtem Schinken*

Nennen Sie **10** Möglichkeiten zur Ergänzung einer Portion gekochten Spargels.

______________________ ______________________

______________________ ______________________

______________________ ______________________

______________________ ______________________

______________________ ______________________

1.3 (9 Punkte)

Ein Gast bestellt eine Portion *Gekochter Spargel mit gekochtem Schinken*.

Welche passenden Weine empfehlen Sie? Unterbreiten Sie 3 Vorschläge aus dem Bereich der Qualitätsweine mit Angabe von Anbaugebiet und Rebsorte.

______________________ ______________________

______________________ ______________________

Warenwirtschaft

2. Aufgabe: (Gesamt 18 Punkte, 15 Minuten Bearbeitungszeit)

2.1 (10 Punkte)

Sie werden beauftragt, eine Lieferung mit Spargel anzunehmen. Nennen Sie **5** Punkte, die Sie bei der Warenannahme kontrollieren müssen.

2.2 (4 Punkte)

Bei Spargel werden Schäl- und Kochverlust zusammen mit 28 Prozent veranschlagt. Wie viel Gramm Einkaufsgewicht müssen für 500 Gramm tischfertigen Spargel veranschlagt werden?

Der Rechenweg ist anzugeben.

2.3 (4 Punkte)

Für ein kg Spargel werden im Einkauf 6,40 € bezahlt. Berechnen Sie die Materialkosten für den Spargel einer Portion. Der Rechenweg ist anzugeben.

Werbung und Verkaufsförderung

3. Aufgabe: (Gesamt 29 Punkte, ca. 30 Minuten Bearbeitungszeit)

3.1 (20 Punkte)

Nennen und erläutern Sie für die Aktion *Spargel und Wein* fünf interne und fünf externe Möglichkeiten der Verkaufsförderung.

3.2 (9 Punkte)

Nach Abschluss der Aktionswoche *Spargel und Wein* wird der Erfolg der Veranstaltung überprüft. Schlagen Sie 3 aussagekräftige Möglichkeiten einer Erfolgskontrolle vor.

Lösungen zu Prüfungsfragen Restaurantfachmann/-frau

Die Aufgabennummern sind – analog zum Prüfungsfragenteil – farbig hervorgehoben. Die entsprechenden Lösungen sind schwarz gedruckt.

1.1 Sicherheit und Gesundheitsschutz

8 [1]
9 [5]
10 [2] [3] [6]
11 [3]
12 [5]
13 [5]
14 [2]
15 [6] [1] [2] [3]
16 [5]
24 [3]
25 [2]
26 [1]
27 [2]
28 [4]
29 [4]
30 [5]
31 [3]

1.2 Umweltschutz

5 [2]
6 [1]
7 [4]
8 [5]
9 [1]
10 [4]
11 [5] [3] [2]

1.3 Hygiene

13 [3] [6] [1]
14 [4]
15 [6] [3] [5]
16 [3]
17 [3]
21 [3]
22 [3]
42 [3]
43 [4]
44 [3]
45 [6] [5] [1]
49 [3]
50 [5]
51 [5]
52 [3]
53 8 l = 8000 ml = 100 %
80 ml = 1 %
54 1 l = 1000 ml
1000 ml : 2,5 ml = 400
400 l Wasser
55 20 ml : 1000 ml = **1 : 50**
59 [5]
60 [2]
61 [3]

2.1 Bestandteile der Lebensmittel

17 [3]
18 [3]
19 [1]
20 [1]
21 [3] [1]
22 [3]
23 [3] [5] [1]
24 [4] [1] [3] [3]
49 [1]
50 [2]
51 [5]
52 [1]
53 [5]
64 [1]

65 5
66 2
67 4
68 5 4
69 4 2 6
70 5 2
71 3
72 4
80 5
81 4
82 5
83 2
84 3
85 3
86 6 1 5
87 4 6 3
88 3
89 3

2.2 Stoffwechsel

26 6 2 4
27 2
28 3
29 4 1 5 3 2 6
30 2
31 5 2 4
32 4
33 5
34 6 4 3
44 6 1 4
45 3 1 4
46 4
47 3 4 5
48 5
49 2
50 3
51 3
52 4
53 3
54 4
55 1

56
14 % = 56 g
100 % = **400 g**

57
100 % = 150 g
62 % = 93 g Trockenmasse
100 % = 93 g
45 % = 41,85 ~ **42 g**

58
70 % = 12 g
100 % = 17,1 ~ **17 g**

59
115 mg · 2,5 = 287,5 mg

900 mg = 100 %
287,5 mg = 31,9 ~ **32 %**

60
7 g × 1,2 = 8,4 g
17 g × 0,2 = 3,4 g
11,8 g

30 g = 100 %
11,8 g = 39,3 ~ **39 %**

61
100 % = 12 000 kJ
55 % = 6 600 kJ
6 600 : 17 ~ **388 g KH**

62
21 g × 1,8 × 17 kJ = 642,6 kJ
7 g × 1,8 × 37 kJ = 466,2 kJ
= 1108,8 kJ
~ **1109 kJ**

63
25 g × 0.83 × 37 = 767, 75 kJ
1 g × 0,83 × 17 = 4,25 kJ
772,00 kJ

3 Grundtechniken

2 3
5 6 3 7 5 1
6 5
7 1 2 6
8 5
9 4 2 1
10 5
11 5
12 5
13 4
14 2
22 5
23 4

24 [6] [5] [4]
25 [5] [1] [2]
35 [3] [1] [6]
36 [2] [3] [4]
37 [1] [3] [5]
38 [3]
39 140 : 25 = **5,6**
40 120 : 50 = **2,4**
41 400 g × 2,4 = **960 g**

42
Zucker	1 Teil	= **2,500 kg**
Fett	2 Teile	= 5,000 kg
Mehl	3 Teile	= **7,500 kg**

43 10 : 4 = **2,5**

4.1 Suppen, Saucen und Butterzubereitungen

3 [2]
7 [4] [2] [5]
8 [1]
10 [2] [3] [4]
11 [5]
12 [4]
13 [6] [2] [7]
14 [4]
16 [6] [2] [7]
17 [2] [6] [5] [3] [1] [4]

4.2 Gemüse, Salate und Pilze

1 [1]
3 [3]
4 [3]
6 [1]
7 [1] [3] [7]
14 [4] [3] [1] [5] [2]
15 [3]
16 [2]
17 [4]

4.3 Obst

1 [5]
4 [4]

4.4 Kartoffeln

1 [1] Dauphinekartoffeln
[2] Lorettekartoffeln
2 [3]
3 [2]
4 [2] [3] [7]
6 [5] [2] [4]

4.5 Getreide

2 Vollkornmehl: [1] [3] [5] [6]
Auszugsmehl: [2] [4]
7 [6] [1] [5]
9 [3] [2]
10 [4]
11 [4]
13 [1]
14 [3]

16 2,500 kg – 2,050 kg = 0,450 kg
2,500 kg = 100 %
0,450 kg = **18 %**

17 70 % = 90 g
100 % = ~ **129 g**

18 100 % = 12,200 kg
85 % = **10,370 kg**

19 2500 g : 70 g = 35,7
~ 35 Portionen

20
Trockenware	70 g	100 %
Wasser	98 g	140 %
Gekocht	**168 g**	240 %

21 200 %

22
Einkauf	2,000 kg	1,20 €
Kartoffeln	1,600 kg	1,20 €
	1,000 kg	**0,75 €**

23 850 g ≙ 1,10 €
80 g ≙ **0,10 €**

24

Einkauf	1,000 kg	100%	18,00 €
Verkauf	0,150 kg	15%	
gep. Pilze	0,850 kg		18,00 €
	1,000		**21,18 €**

29 (1) Chicorée
(2) Endivie
(3) Frisée
(4) Winterportulak
(5) Rauke (Rucola)
(6) rote Salatzichorie
(7) Radicchio
(8) Feldsalat

34 (1) Austernpilze
(2) Champignons
(3) Pfifferlinge
(4) Steinpilze
(5) Egerlinge

36 (5) (2) (1) (3) (4) (9) (6) (10) (8) (7)

4.6 Milch, Milchprodukte und Käse

5 (1) (6) (4)

8 (5)

10 (1)

12 (4)

14 (5)

15 (2) (4) (3)

20 (5)

21 (3)

4.7 Eier

3 (4)

8 (4)

4.8 Fische

2 (4) (6)

3 (3)

6 (5)

10 (1)

11 (3)

12 (1)

4.9 Krebs- und Weichtiere

1 (5) (2) (1)
(3) (6) (4)

3 (2)

4.10 Schlachtfleisch

7 (3)

8 1 Filetgulasch
2 Tournedos
3 Filetsteak
4 Chateaubriand

9 (2)

10 (1)

11 (3) (5) (2)

12 (7) (1) (2)

14 (3) (2) (1)

4.11 Hausgeflügel

6 (3) (2)

7 (4)

9 (2) (3) (4)

10 (4) (3) (5)

11 (5) (1) (4)

4.12 Wild und Wildgeflügel

4 (2)

5 (4)

7 (1) (4) (2)

8 (4) (3) (1)

9 11,20 € × 7,2 = 80,64 €
80,64 € : 60 = **1,34 €**

10 0,040 kg × 60 = 2,400 kg

Einkauf	6,000 kg	100 %
Verlust		60 %
gekocht	2,400 kg	40 %

6,000 kg : 1,200 kg = **5 Hähnchen**

11 2,20 € × 6 = 13,20 €
13,20 € : 60 = **0,22 €**

12

Einkauf	3,200 kg	100 %
Verlust		35 %
gekocht	2,080 kg	65 %

2,080 kg : 0,170 kg = **12 Portionen**

13 23 %

14 0,180 kg × 65 = 11,700 kg

Einkauf	**17,206 kg**	100 %
Verlust		32 %
gekocht	11,700 kg	68 %

15 3,060 kg : 0,170 kg = 18 Portionen
5,90 € × 4,200 = 24,78 €
24,78 € : 18 = **1,38 €**

16

Einkauf	1,000 kg	100 %	5,60 €
Verlust		28 %	
Braten	0,720 kg	72 %	5,60 €
	0,180 kg		**1,40 €**

17 70 % = 210 g
100 % = 300 g

300 g = 2,60 €
1,000 kg = **8,67 €**

27 [2]

4.13 Vorspeisen

8 [3]

9 [1]

4.14 Nachspeisen

10 [3]

5.2 Alkoholfreie Getränke

14 [5]

15 [2]

16 [3]

17 [2] [1] [4]

18 [3]

19 [4]

35 [2] [2] [1]

36 [4] [3] [2]

37 [4]

59 12,800 kg = 100 %
8,830 kg = ~ **69 %**

60 72 % = 9,0 l
100 % = **12,5 l**

61 0,72 l = 1,60 €
0,2 l = 0,44 €

5.3 Alkoholische Getränke

11 [3]

12 [3]

14 [1] [3] [2]

20 [2]

25 [4]

27 [3]

28 [5]

29 [4]

35 [4]

36 [1]

37 [2]

41 [4]

42 [2]

43 [3] [6]

44 [4] [6]

49 [7] [6] [4]

50 6 5 4
58 3 4 2
65 2 1 4
66 4
72 3 4 2
73 6 3 1 5
74 5 2 4
75 1 4
76 4
77 5
78 3,2 %
79 83
80 36

81
0,4 l × 91 = 36,4 l
97 % = 36,4 l
100 % = 37,5 l
50,0 l – 37,5 l = **12,5 l**

82
0,2 l × 85 = 17,0 l
95 % = 17,0 l
100 % = 17,9 l
18 Flaschen

83
0,75 l × 456 = 342,0 l
0,20 l × 1642 = 328,4 l
13,6 l
342 l = 100 %
13,6 l = ~ **4 %**

6.1 Menüaufbau

14 1
15 4
16 5
17 3
18 1
19 3
20 4
21 3
23 4
24 5
25 2 5 1 4 3
26 5 4 1 2 3
27 2 6 3 4 1 5
28 3
29 4
30 5 1 7 6 2 4 3

6.2 Korrespondierende Getränke

6 2 5 6 8
7 4 2 5 3 1
8 5
9 3 7 5
10 4
11 3 4 1

6.3 Speisekarte

1 3 1 6 8 7 10 5 2 4 9
3 2
4 5
5 3
7 5
8 5
9 5
10 3
11 1
12 2
13 1
15 1
16 1

6.4 Berechnungen zur Speisenproduktion

1 8,400 kg – 7,140 kg = 1,260 kg
8,400 kg = 100 %
1,260 kg = **15 %**

2 4,200 kg – 2,940 kg = 1,260 kg
4,200 kg = 100 %
1,260 kg = **30 %**

3 0,160 kg × 60 = 9,600 kg
16,000 kg – 9,600 kg = 6,400 kg
16,000 kg = 100 %
6,400 kg = **40 %**

4 5,750 kg – 2,500 kg = 3,250 kg
2,500 kg = 100 %
3,250 kg = **130 %**

5 0,3 l × 162 = 48,6 l
50,0 l – 48,6 l = 1,4 l
50,0 l = 100 %
1,4 l = **2,8 %**

6 680 g × 12 = 8160 g
8160 g : 80 g = **102 Portionen**

7 100 % = 30,000 kg
70 % = 21,000 kg
21,000 kg : 0,200 kg = **105 Portionen**

8 100 % = 5,550 kg
65 % = 3,608 kg
3,608 kg : 0,160 kg = **22 Portionen**

9 100 % = 2,50 l
96 % = 2,40 l
2,40 l : 0,04 l = **60 Gläser**

10 0,160 kg × 65 = 10,400 kg
65 % = 10,400 kg
100 % = **16,000 kg**

11 0,140 kg × 50 = 7,000 kg
70 % = 7,000 kg
100 % = 10,000 kg
80 % = 10,000 kg
100 % = **12,500 kg**

12 0,1 l × 2 × 85 = 17,0 l
96 % = 17,0 l
100 % = 17,7 l ~ **18 Flaschen**

13 0,8 m × 1,2 m = **0,96 m²**

14 6 cm + 80 cm + 6 cm = 92 cm
92 cm × 16 = **14,72 m**

15 3,5 dm × 3,5 dm × 2 dm = 24,5 dm³
24,5 l

16 5,2 dm × 4,8 dm × 12,8 dm =
319,49 cm³ = ~ **319 l**

17 Angebot A

Listenpreis	300,00 €
15% Rabatt	45,00 €
rab. Betrag	255,00 €
3% Skonto	7,65 €
	247,35 €

Angebot B

Listenpreis	270,00 €
3% Skonto	8,10 €
	261,90 €

Ersparnis **14,55 €**

18 Angebot 1

Rechnungsbetrag	400,00 €
3% Skonto	12,00 €
	388,00 €

Angebot 2

Rechnungsbetrag	380,00 €
Bezugskosten	35,00 €
	415,00 €

19 Angebot A

Einkauf	1,000 kg	100%	5,30 €
Verlust	0,450 kg	45%	0,00 €
Filet	0,550 kg	55%	5,30 €
	1,000 kg		**9,64 €**

Angebot B **9,50 €**

21

Einkauf	1,000 kg	100%	21,80 €
Verlust	0,220 kg	22%	0,00 €
Filet	0,780 kg	78%	21,80 €
	1,000 kg		**27,95 €**

22 0,060 kg × 70 = 4,200 kg
27,95 € × 4,200 = **117,39 €**

23 17,40 € × 0,8 = 13,92 €
13,92 : 4 = **3,48 €**

24

Einkauf	1,000 kg	100 %	20,00 €
Ausbeute	0,200 kg	20 %	20,00 €
	0,100 kg		**10,00 €**

25 [3]

26 [5]

27 [1]

28 MK = 100 % = 6,20 €
GK = 125 %
SK = 225 % = **13,95 €**

29 MK = 100 % = **4,00 €**
GK = 135 %
SK = 235 % = 9,40 €

30 SK = 60 000 + 80 000 = 140 000
SK = 140 000 = 100 %
G = 30 800 = **22 %**

31

SK	8,50 €	100 %	
G		24 %	
KP	10,54 €	124 %	100 %
UB			15 %
NVP	**12,12 €**		115 %

32

SK	4,40 €		100 %
G	1,01 €		~ **23 %**
KP	5,41 €	100 %	
UB		15 %	
NVP	6,22 €	115 %	100 %
MwSt			19 %
IP	7,40 €		119 %

33 119 % = 178,50 €
19 % = **28,50 €**

34

KP		100 %	
UB	**60,00 €**	12 %	
NVP	560,00 €	112 %	100 %
MwSt			19 %
IP	666,40 €		119 %

35 [4]

36 230 %

37 305 %

38 27,69 €

39 8,41 €

40 4,69 €

41 17,68 €

42 16,67 €

43 220 %

44 3,6

45 19 %

46

Umsatzbeteiligung	**59,48 €**	15 %	
Nettoverkaufspr.	456,03 €	115 %	100 %
MwSt			19 %
Inklusivpreis	542,68 €		119 %

47 2000,00 € : 22 = 90,91 täglich

Umsatzbeteiligung	90,91 €	12 %	
Nettoverkaufspr.	848,48 €	112 %	100 %
MwSt			19 %
Inklusivpreis	**1009,70 €**		119 %

7.1 Werkstoffe und Wäschepflege

2 [4] [6] [2]

5 [5]

6 [4]

7 [4] [1] [3]

8 [5]

11 [2] [1] [2] [2] [1] [2]

13 [3] [5] [1]

14 [4]

19 [5] [3] [2] [1] [4]

20 [1]

21 [2]

23 [4]

26 [3]

27 5

29 3 1 2 5 4

30 5 2 3 1 6 4 8 7

31 3

32 3 4 1

34 3

35 1 3 5 6

36 2 4 5 6

39 1

7.2 Vorbereitungsarbeiten

9 3 1 2

10 2

11 2

16 4

17 3

18 4

19 3 4 1

20 3

29 5 1 6

30 1

31 3 1 4 2 5

32 4

33 5

34 1

35 3

7.3 Servieren und Ausheben

10 1

11 4

12 3

13 1

14 3

7.4 Frühstück und Frühstücksservice

1 3

2 4

3 5

6 2 5 1 4

7 2

8 2 3 4 1

10 4 1 2

17 4

28 4

30 1

31 3 2 1

32 2

33 4

34 4

35 2

36 5

37 5

39 4

40 3

41 3

43 2

44 1

45 4 1 7 3

7.5 Gedecke

1 2

2 3

3 4 3 2 1 5

4 5

5 4 2 1 6 5 3 7

6 2

7 5

8 4
9 5
10 4
11 3
12 4
13 3
14 1
15 2 4 1 3

7.6 Umgang mit Gästen

4 2
5 1 3 4 2 6 5
12 3 3 1 1 3
13 2
14 4
15 4

7.7 Festliche Tafel – Bankett

1 5
2 3
3 6 4 3 1 5 2
4 5
5 5
6 2
7 1
8 3
9 4
15 4 3 2
19 4
20 2 1 4 7 6 9 3 8 5
21 2
23 5
24 2
25 2
26 1
27 2
28 3 5
29 1 2 2 1 2 1

7.8 Getränkebüfett

6 4
7 3
8 5 4 6 1 3 2
9 4
10 2
11 4
13 4
14 1 3 4 2 5 6
15 G1 G7 G9 F8 F4 G6 F3 G1 G5 G2
16 2
17 4
18 4
19 2 4
20 5
21 3
22 5 4 6 1 8 2 3 7
23 3 6 8 9 2 10 1 4 5 7
24 3
25 2
26 3
27 3
28 3
29 2
30 2 6 5 1 4 3 7
31 4
32 2

33 [4]
34 [1]
35 [1]
36 [4]
37 [4]
38 [3]
39 [2] [1] [5]
40 [1]
41 [2]
42 [3]
43 [1]
44 [3]
45 [1]
46 [2]
47 [2] [9] [6] [4]
48 [5]
49 [1]
50 [5] [4] [7] [3] [2]
55 [2] [3] [1]
56 [2]
57 [5]
58 [3]
59 [2] [1] [4] [3] [5]
60 ◇1 [2]
60 ◇2 [5]
60 ◇3 [3]

7.9 Getränkeservice

4 [3]
5 [2] [1] [4] [3] [5] [6]
7 [5] [2] [6] [3] [4] [1] [7]
8 [5]
9 [1]
11 [3] [2] [4] [5] [1] [6]
12 [5]
13 [7] [2] [4] [9] [10] [8]

7.10 Abrechnen mit Betrieb und Gast

5 [5]
11 [4] [2] [6] [3] [1] [5]
12 [2]
13 [3]
14 [4]
15 [5]
16 [1]
17 [1]
18 [3] [1] [5] [2]
19 [3]
20 [4] [1] [5] [2] [6] [3] [7]
21 [4]
22 [4]
23 [2]
24 [4]
25 [3]
26 [3] [1] [6]
32 [5]
33 [5]

34 Die Mehrwertsteuer ist nicht 19 % ausgehend von Endbetrag.

Der Endbetrag ist
100 % + 19 % also 119 %.

119 % = 595 €
19 % = **95 €**

35 119 % = 246,00 €
19 % = **39,28 €**

36 19 % = 399,00 €
119 % = **2499,00 €**

37 119 % = 426,50 €
19 % = **68,10 €**

38 342,00 € · 1,42 = **485,64 USD**

39 30 € · 1,56 = **46,80 CHF**

40 468 · 1,31 = **613,08 CAD**

8.3 Unternehmensleitung

9 3 1 5 4 6 2

10 5

8.5 Kommunikation mit dem Markt

32 4

33 4

34 4

35 3

36 4

37 5

38 4

39 1

9.4 Verkauf im Restaurant

8 3

9 4 2 6 5 9 1 7 3 10 8

9.5 Reklamationen

4 3

9.6 Rechtsvorschriften

1 4

10 Wirtschaftsdienst

10 4

11 6 4 1 5

10.1 Materialkundliche Grundlagen

5 4

6 3

9 3

10 1

11 3

12 1

13 2

18 1

19 2

24 3 5 1 7 6 2 4

33 2

34 5

36 6 1 4 7

40 1

41 4

42 5

43 3

45 2

46 4

47 4

48 2

49 5

50 4

51 5 6 2

10.2 Arbeitsabläufe

5 4

8 3

10 4

11 2

16 5

17 5

10.3 Umweltschutz

10 [2]

10.4 Arbeitssicherheit

4 [3]
6 [5]

Hausdame, handlungsorientiert

1 –
2 [5]
3 [5]
4 [1]
5 [3]

11.1 Wareneinkauf

8 [2]

11.2 Warenannahme

4 [5]
6 [5]

11.3 Warenlagerung

2 [4]

11.4 Warenausgabe und Bestandskontrolle

1 [5]

11.5 Wareneinsatzkontrolle/Lagerkennzahlen

7 27 500,00 €
9 11
11 33

12.1 Grundbegriffe der Organisation

5 [5]
18 [5]

12.2 Organisation im Gastgewerbe

1 [3]
3 [4]
4 A B
C D
5 [2]
6 [3]
9 [2]
10 [1]
11 [1]
12 [2]
13 [2]
16 [5]
17 [1]
18 [2]
19 [3]

13 Restaurantorganisation

6 [4]
7 [4]
8 [5]
9 [2]
10 [4]
11 [3] [1] [4] [2] [5]
12 [4]
14 [2]
15 [3] [9] [4] [6] [8] [1] [7] [2] [5]
16 [3]
17 [1]
19 [1]

14.1 Wein

1 2 7 3 6 4 5 1

2 6 2 3 5 1 4

6 6 1 10 2 7 3 5 9 8 4

7 1

9 5

10 2 5 4 1 3 6

11 4 1 5 3 2

14 3 1 4 2

15 3 1 4 2

16 5 1 3

17 2

18 4

19 5

20 3 7 5 4

21 6 5 4 3 1 7 2

22 5 4 1 3

23 4

24 5

25 4

26 5

14.2 Likörwein

1 1

2 4

3 2 1 5

4 3

5 5

6 2

14.3 Schaumwein – Champagner

5 3 1 2

7 3

9 10 6 2 5 7 3 8 9 4 1

10 3 1 2

14.4 Spirituosen

1 4

2 3 4 5 6

3 5

4 1

5 4

7 4

14.5 Bar

1 1 5 7 6 4 8 3 2

2 2 3 1

4 3 1 2

5 2 4 8 9 1 7

7 9 8 6 2 3 1 7 4 10 5

8 4 3 1 2 1 4 3
3 1 2 2 4 4 3
2 2 4 4 1 3 4

11 2 3 1

12 5

13 3

14 5

15 3 4 1 5 6 2

16 5

17 2

18 4

20 4 1 5 2 6 3

21 3

22 3

23 3

24 1

25 5

26 1

15.1 Anforderungen zur Führung einer Station

2 5
3 3
4 2

15.2 Besondere Gedeckausstattung

1 3 4 6 5 2 1
2 4
3 2
4 4
5 5
6 2
7 5
8 1
9 5

15.3 Spezial-Gedecke

1 3
2 1
3 4
4 1
5 3
6 2
7 5
8 3
9 5
10 3
11 7 8 4 10 1
12 2
13 1
14 3
15 3
16 4

15.4 Arbeiten am Tisch des Gastes

5 2
6 4
7 3
8 6 1 5 3 7 4 2
9 2
10 3 6 5 1 7 2 8 4
11 5
12 1
13 1
14 2
18 2 7 1 5 3 4 6 8
20 4 3 2 1
21 4 2 1 5 3
22 6 2 1 7 4 3 5
28 3
29 1
30 4
31 2
32 4 6 5 3 2 8 7 1
33 6 4 1 9 7 2 8
34 5
35 3
36 1
38 5 7 1 2 4
39 4
40 5
41 4

16.2 Organisationsmittel

1 1
6 4
7 2
8 6 4

16.3 Vorbereiten und Durchführen eines Banketts

1 (1)
2 (3)
3 (4)
4 (2)
5 (4)
6 (4)
8 (4)

9 Handlungsorientierte Aufgaben

◆1 (1)
◆2 (3)
◆3 (6) (4) (3) (2) (1) (5) (7)
◆4 (3)
◆5 –
◆6 (2)
◆7 (4)

10 (3)
11 (4)
12 (5)
13 (3)
14 (3)
15 (5)

16.4 Büfett-Service

2 (1)
3 (1)
4 (5)
5 (4)

16.5 Blumendekorationen

4 (2)

Handlungsorientierte Aufgaben: Kaltes Büfett

◆1 (4)
◆2 (1)
◆3 (5)
◆4 (4)
◆5 (16) (2) (18) (4) (14) (7) (13) (6) (8) (12) (1) (10) (3) (11) (9) (15) (17) (5)
◆6 (4)
◆7 (3)
◆8 (5)
◆9 (2)

17.2 Aktionen

2 (2)(6) (3)(8) (5)(10) (4)(12) (7)(11) (1)(9)
3 (4)

17.3 Planung und Durchführung

5 (3)
6 (2)
7 (5)
8 (5) (1) (3) (5) (4) (2) (1) (4) (2) (3)

Handlungsorientierte Aufgaben: Wildwoche

◆2 (2)
◆3 (3) (4) (6)
◆4 (3) (4) (2)
◆5 (5)
◆6 (2)

Lösungsbogen

Restaurantfachmann
Restaurantfachfrau
Service

IHK-Abschlussprüfun

Diese Kopfleiste bitte unbedingt ausfüllen!

Prüflingsnummer

Familienname, Vorname (bitte durch eine Leerspalte trennen, ä = ae etc.)

Aufgabe Nr.	
Aufgabe Nr.	❶ 5 ❷ (Liter) 4 0 0 ❸ 5 ❹ 4 ❺ (Gramm) 3 8 8
Aufgabe Nr.	❻ 5 ❼ 3 ❽ 3 ❾ 4 ❿ 4 – 6
Aufgabe Nr.	⓫ 2 – 1 – 4 ⓬ 2 ⓭ 1 ⓮ 4 – 6 – 3
Aufgabe Nr.	⓯ (Dollar , ct) 6 1 3 , 0 8 ⓰ 3 ⓱ 1 – 4 – 5 – 2 – 3
Aufgabe Nr.	⓲ 1 ⓳ 4 ⓴ 1 – 4 – 2 – 5 – 6 – 3
Aufgabe Nr.	㉑ 3 ㉒ 1 – 3 – 4 – 2 – 6 – 5
Aufgabe Nr.	㉓ 6 – 5 – 4 ㉔ 5 – 4 – 1 ㉕ 3 – 1 – 2
Aufgabe Nr.	㉖ 7 – 6 – 4 ㉗ (Liter ,) 2 5 , 3

Lösungsbogen

Restaurantfachmann Restaurantfachfrau Restaurantorganisation

IHK-Abschlussprüfung

Ausrichten von Festlichkeiten und Veranstaltungen

1.1 **Punkte 4**

Z. B. Spargelbrühe mit Ei
Spargelbrühe mit Pfannkuchenstreifen

Spargelcremesuppe
Spargelcremesuppe mit Spitzen von weißem und grünem Spargel

1.2 **Punkte 10**

Bewertet werden alle Kombinationen, die den zarten Geschmack berücksichtigen, z. B. Ei, Kalbfleisch, Pute, Schinken usw.

1.3 **Punkte 9**

Bewertet werden mit je 3 Punkten harmonierende Qualitätsweine mit Angabe von Rebsorte und Anbaugebiet.

Und weitere Fragen ergeben

Summe der 1. Aufgabe **Punkte 53**

Warenwirtschaft

2.1 **Punkte 10**

Empfänger
Menge
Zustand Gebinde

Übereinstimmung mit Bestellung
Qualität

2.2 **Punkte 4**

72 % ≙ 500 g

100 % ≙ **694 g**

2.3 **Punkte 4**

1000 g ≙ 6,40 €	Allgemein: E 2.2 x 6,40 € =
694 g ≙ **4,44 €**	Folgefehler berücksichtigen

Summe der 2. Aufgabe **Punkte 18**

Werbung und Verkaufsförderung

3.1 **Punkte 20**

Je Maßnahme und je Erläuterung ein Punkt.

3.2 **Punkte 9**

Je aussagekräftiger Möglichkeit 3 Punkte,
z. B. Umsatzvergleich mit früheren Aktivitäten, Auslastung im Vergleich zu üblichen Wochen, Auswertung von Gastfragebögen, Verbesserung des Bekanntheitsgrades

Summe der 3. Aufgabe **Punkte 29**
